CW01498102

LOUISE LABÉ
UNE CRÉATURE
DE PAPIER

www.droz.org

MIREILLE HUCHON

LOUISE LABÉ
UNE CRÉATURE
DE PAPIER

LIBRAIRIE DROZ S.A.
11, rue Firmin-Massot
GENÈVE
2006

Publié avec le concours
de l'école doctorale « Concepts et langages »
et de l'équipe de recherche « Sens et Texte »
de l'Université de Paris-Sorbonne

ISBN : 2-600-00534-X
ISBN-13 : 978-2-600-00534-0
ISSN : 1420-5254

> ...ce Chaos sutil
> Ou de Raison la *Loy se labe*rynte*

Louise Labé est un mystère. Apparue comme une comète dans le ciel lyonnais de 1555, entraînant, en son sillage, une cohorte de poètes qui la célèbrent et dont certains brilleront dans la Pléiade, elle disparaît dès l'année suivante du firmament poétique avant de resurgir quelques siècles plus tard comme la plus grande poétesse française[1].

Sainte-Beuve, dans son portrait de Louise Labé, cite *in extenso* un de ses sonnets :

> Tant que mes yeus pourront larmes espandre,
>   A l'heur passé avec toy regretter :
>   Et qu'aus sanglots et soupirs resister
>   Pourra ma voix, et un peu faire entendre :
> Tant que ma main pourra les cordes tendre
>   Du mignart Lut, pour tes graces chanter :
>   Tant que l'esprit se voudra contenter
>   De ne vouloir rien fort que toy comprendre :
> Je ne souhaitte encore point mourir.
>   Mais quand mes yeus je sentiray tarir,
>   Ma voix cassée, et ma main impuissante,
> Et mon esprit en ce mortel sejour
>   Ne pouvant plus montrer signe d'amante :
>   Prirey la Mort noircir mon plus cler jour.

---

* Jeu de mots sur le nom de Louise Labé (*Loy se labe*) du poète lyonnais Maurice Scève dans la pièce « En grace du Dialogue d'Amour et de Folie » dans les « Escriz de divers Poëtes à la louenge de Louize Labé Lionnoize », *Euvres de Louïze Labé Lionnoize*, Lyon, Jean de Tournes, 1555, p. 127. Toutes les références aux *Euvres de Louïze Labé Lionnoize* renvoient à cette édition donnée ici en fac-similé.

[1] Léopold Sédar Senghor, *Anthologie des poètes du XVIᵉ siècle*, Paris, Bibliothèque mondiale, 1955, p. 113. Le renouveau du texte et le développement

qui, à lui seul, « resterait la couronne immortelle de Louise »[2], tout autant « admirable de sensibilité » aux yeux du lecteur du XIXᵉ siècle, qu'à celui du XXIᵉ siècle.

Vers rares d'une poétesse à la plume rare. En effet, on ne connaît d'elle qu'un livre publié en 1555 chez l'éditeur lyonnais Jean de Tournes, *Euvres de Louïze Labé Lionnoize,* réimprimé en 1556. Ce recueil de cent quatre-vingts pages de petit format comprend, après une dédicace à M. C. D. B. L. (initiales qui correspondraient à Mademoiselle Clemence de Bourges Lyonnoise)[3], un « Debat de Folie et d'Amour » en prose, puis, trois élégies et vingt-quatre sonnets, soit seulement vingt-trois pages de vers qui ont assuré à Louise Labé sa gloire universelle de poétesse. Le dernier tiers de l'ouvrage n'est pas de Louise Labé. Il recueille un sonnet « Aus Poëtes de Louïze Labé », suivi des « Escriz de divers Poëtes, à la louenge de Louïze Labé Lionnoize », un ensemble de vingt-quatre pièces (dont une en grec, une autre en latin et quatre en italien). Elles ne sont pas signées, mais individualisées, pour un nombre limité d'entre elles, par des initiales ou des devises. Fort curieusement, la seule pièce d'hommage à Louise Labé avec signature explicite ne se trouve pas dans cet ouvrage ; œuvre du poète Jacques Peletier du Mans, elle est présente dans les *Opuscules* qui accompagnent *L'Art poëtique* qu'il publie à la même date chez Tournes. De cette année

---

de la critique ne datent que de l'édition lyonnaise de 1762 et se font, surtout, à partir de 1824 et de l'édition de Claude Bréghot du Lut et de N. F. Cochard, suivie des éditions de Prosper Blanchemain (1875) et de Charles Boy (1887). Voir pour le descriptif des éditions, Louise Labé, *Œuvres complètes,* éd. Enzo Giudici, Genève, Droz, 1981, p. 237-248.

[2]   Sainte-Beuve, *Panorama de la littérature française,* Paris, La Pochothèque, 2004, p. 153. Pour lui, *« ces yeux qui tarissent, montrer signe d'amante,* ce sont là des beautés qui percent sous les rides et qui ne vieillissent pas ».

[3]   Cette dédicace est datée du 24 juillet 1555, alors que l'ouvrage est donné comme « Achevé d'imprimer ce 12. Aoust, M.D.LV. ». Il s'agit donc, comme souvent, d'un ajout de dernière heure. Les divers exemplaires conservés montrent d'intéressantes corrections sous presse (voir *infra,* p. 109 et p. 169).

1555, date aussi le fameux portrait de Louise Labé par Pierre Woeiriot, puisque l'exemplaire de la gravure conservé à la Bibliothèque Nationale de France porte la mention « LOISE LABBE LIONNOISE » et la date de 1555[4].

Après 1556, du vivant de Louise Labé, il ne paraît aucune autre édition de ses œuvres. Il n'y a pas trace d'une quelconque production littéraire de sa part, pas le moindre sonnet, pas la moindre élégie, pas un vers. Fait encore plus surprenant, tandis que les poètes sont exceptionnellement nombreux à chanter ses louanges dans ses *Euvres*, plus personne ne la célèbre : ni pièce laudative, ni simple mention. Les poètes de ce milieu du XVIe siècle sont pourtant si friands de louange, si habitués à se citer entre eux, à s'échanger leurs dernières compositions, à dresser des listes d'excellence, qu'un pareil silence ne laisse d'intriguer.

Il y a plus. Le poète lyonnais Claude de Taillemont, qui a pourtant participé par trois pièces, qu'il signe de sa devise, aux « Escriz de divers Poëtes », ne la mentionne pas dans le poème intitulé « Melpocarite de Qelqes Damoêzellɇs » de *La Tricarite* (1556) où il cite en abondance les dames qu'il connaît. François de Billon, dans *Le fort inexpugnable de l'honneur du Sexe Femenin* de 1555, fait allusion, au cours d'un développement sur les courtisanes, à la Belle Cordière de Lyon, mais, comme femmes savantes et « poetrices » lyonnaises, il nomme Marguerite de Bourg, Claudine et Jane Scève, Claude Peronne, Jeanne Gaillard, Pernette Du Guillet, à l'exception de Louise Labé. Louise Labé n'apparaît pas non plus dans la liste de femmes contemporaines qu'évoque la poétesse et traductrice Marie de Romieu, « auctrice » du *Brief discours que l'excellence de la femme surpasse celle de l'homme* de 1581[5].

Quant à sa vie[6], elle est énigmatique. Les seules certitudes concernent son état civil et celui de sa famille sur laquelle il existe d'intéressants et assez nombreux documents d'ar-

---

[4]   Voir la reproduction, *infra*, p. 102.

[5]   *Les premieres œuvres poetiques de Ma Damoiselle Marie de Romieu*, Paris, L. Breyer, 1581, f. 11r°. Son imprimeur la présente comme l'« auctrice », f. 12r°.

[6]   Pour un dernier état de la question, voir Madeleine Lazard, *Louise Labé*, Paris, Fayard, 2004.

chives[7]: elle fut fille et femme de cordiers illettrés[8]. Mais, ni sa date de naissance[9], ni celle de sa mort[10] ne sont connues avec précision. Toutefois, l'existence du long testament très détaillé, en date du 28 avril 1565, de «dame Loyse Charlin, dite Labé, veuve de feu Sire Ennemond Perrin, en son vivant bourgeois citoyen habitant à Lyon», signé au domicile de Thomas Fortin, banquier d'origine florentine, en présence d'un maître ès arts, d'un Florentin, d'un Piémontois, d'un apothicaire, d'un cordonnier et d'un couturier (ces deux derniers ne sachant pas signer)[11], donne de Louise Labé l'image d'une femme aisée, sans enfant, et qui s'apprête, en ces périodes de troubles religieux qui ont suivi l'occupation de la ville de Lyon par les protestants en 1562-1563, à mourir en bonne catholique. Le nom de Labé est un nom d'emprunt. Le père de Louise Labé, Pierre Charly, qui avait épousé, en premières noces, la veuve du cordier Jacques Humbert, dit Labé, conserva ce nom (une sorte de «raison commerciale, attachée au négoce des cordes[12]») lorsque, veuf à son tour, il épousa Etiennette Roybet avec qui il eut cinq enfants, dont Louise. Louise appartenait donc à un milieu d'artisans et l'on n'a pas manqué de s'interroger sur la manière dont une femme de sa condition sociale avait pu acquérir la culture et les connaissances que supposent les œuvres publiées sous son nom.

Face à l'absence de témoignages permettant d'établir une biographie sûre, les écrits des poètes qui accompagnent ses *Euvres* de 1555 ont été interprétés comme des indices des faits

---

[7] Voir Georges Tricou, «Louise Labé et sa famille», *Bibliothèque d'Humanisme et Renaissance*, V, 1944, p. 60-104; Madeleine Lazard, *op. cit.*, «La famille du cordier», p. 29-37.

[8] Voir Georges Tricou, *op. cit.*, p. 65.

[9] Les dates proposées par la critique s'échelonnent de 1515 à 1524. Voir Enzo Giudici, *Louise Labé*, Paris, Nizet, 1981, p. 15.

[10] A la date du 30 août 1566, Thomas Fortin, l'exécuteur testamentaire de Louise, passe commande d'une pierre tombale pour «la feu dame Loyse Charly pour icelle eriger à Parcieu». Il faut donc supposer un décès entre avril 1565, date de son testament, et août 1566.

[11] Voir la reproduction de ce document dans Louise Labé, *Œuvres complètes*, éd. Enzo Giudici, p. 197-205.

[12] François Rigolot, «Signature et Signification: les baisers de Louise Labé», *The Romanic Review*, I, LXXV, 1984, p. 16.

marquants de sa vie. Ils ont laissé présumer l'existence d'un brillant cénacle qu'elle aurait entretenu autour d'elle[13]. Mais ne faut-il pas s'étonner qu'aucun poète n'ait gardé le souvenir de ces réunions, tandis qu'existent des traces ferventes d'entretiens littéraires entre poètes, dans des préfaces d'ouvrages publiés chez Jean de Tournes, telles les discussions passionnées au château de Bissy en Mâconnais entre les poètes Pontus de Tyard et Maurice Scève ?

Comment considérer la Belle Cordière, désignation devenue traditionnelle pour évoquer Louise Labé ? Cette dénomination n'est accolée à son nom qu'en 1584, soit quelque vingt ans après son décès. Or, plusieurs pièces contemporaines, dès 1547, évoquent le personnage de la Belle Cordière de Lyon comme courtisane et, en 1573, dans une querelle entre historiens, Louise Labé est désignée comme une célèbre courtisane publique, réputation que ne lui dénient pas les siècles suivants jusqu'au XIXᵉ siècle qui a voulu la réhabiliter et en faire une femme de lettres en butte à la misogynie calomnieuse ou une héroïne amante des plus grands, Clément Marot, Henri II[14], ou soumise à la vindicte de poètes éconduits comme Olivier de Magny ou Claude de Rubys qui se seraient vengés en lui faisant la pire des réputations[15].

Plutôt que de se tourner vers son hypothétique cénacle où se seraient rencontrés les plus grands esprits de son temps, de reconstituer sa biographie par les écrits poétiques de sa plume ou de celle de ses prétendus amis auxquels on voudrait accorder force de vérité, au déni de la liberté de la fiction, il vaut d'examiner, dans leur contexte et sans a priori, les dires contemporains et le seul vestige qui nous soit resté des activi-

[13] Voir Prosper Blanchemain, *Poètes et Amoureuses du XVIᵉ siècle*, Paris, Léon Willem, 1877, p. 191 - 195. Pour Alfred Cartier, « Les poètes de Louise Labé », *Revue d'Histoire Littéraire de la France*», I, 1894, p. 433-440, qui étudie les écrits des poètes de Louise Labé : « Ainsi se trouvera reconstituée cette réunion brillante de lettrés, d'artistes et de savants, qui entoura Louise pendant un certain nombre d'années et lui forma une véritable cour » (p. 433).

[14] Luc Van Brabant, *Louise Labé et ses aventures amoureuses avec Clément Marot et le dauphin Henry*, Coxyde-sur-mer, éd. de la Belle sans sy, 1966 ; Karine Berriot, *Louise Labé -La Belle Rebelle et le François nouveau*, Paris, Seuil, 1985.

[15] Voir Prosper Blanchemain, *op. cit.*, p. 190.

tés littéraires de Louise Labé, le livre publié chez Jean de Tournes.

L'ouvrage est doté d'un privilège du roi (permission exclusive de mettre en vente un ouvrage imprimé) pour cinq ans[16]. Ce privilège, qui reprend les termes de la demande de Louise Labé sollicitant son obtention, fournit quelques renseignements utiles sur les circonstances de la publication. Autorisation y est donnée à Louise Labé de publier un dialogue de Folie et d'Amour, des sonnets, des odes et des épîtres qu'elle aurait composés depuis longtemps; selon les termes de ce privilège, certains de ses amis lui auraient soustrait des pièces qu'ils auraient divulguées sous une forme imparfaite en divers endroits; craignant qu'ils veuillent les faire imprimer dans un état peu satisfaisant, elle souhaiterait les mettre en lumière après les avoir revues et corrigées[17]. De textes de Louise Labé antérieurs à cette édition des *Euvres* de 1555, il n'y a toutefois aucune survivance tant imprimée que manuscrite. Par ailleurs, l'ouvrage ne contient aucune des odes dont il est fait état dans le privilège et les épîtres promises ont fait place aux élégies. La seconde édition, publiée par Jean de Tournes en 1556[18], donne en titre les œuvres de Louise Labé comme « Revues et corrigees par ladite Dame », alors qu'il n'y a pas de modification par rapport à l'édition originale. Pourquoi le portrait de Louise

---

[16] L'édition porte la date du 13 mars 1554, mais il s'agit en fait d'une notation en ancien style, selon le calendrier Julien, avec début de l'année à Pâques. Le nouveau style, avec le commencement de l'année au 1er janvier, sera en vigueur à partir de 1563 et se généralisera en France en 1582 avec l'adoption du calendrier grégorien qui établit les années bissextiles.

[17] Voir *in fine*, fac-similé, p. 175-176, le texte du privilège et plus particulièrement le passage : « Reçue avons l'humble suplicacion de notre chere et bien aymee Louïze Labé, Lionnoize, contenant qu'elle auroit des long tems composé quelque Dialogue de Folie et d'Amour: ensemble plusieurs Sonnets, Odes et Epitres; qu'aucuns ses Amis auroient souztraits, et iceus encores non parfaits, publiez en divers endroits. Et doutant qu'aucuns ne les vousissent faire imprimer en ceste sorte, elle les ayant revuz et corrigez à loisir les mettroit volontiers en lumiere, à fin de suprimer les premiers exemplaires ».

[18] Il existe également une contrefaçon, imprimée en 1556, mais qui ne comporte pas le texte du poème en grec et est exclusivement composée en caractères romains, alors que les éditions sorties de l'atelier Jean de Tournes offrent les textes de vers en italiques. Il paraît également en 1556 une édition à Rouen chez Jean Garou.

Labé par Pierre Woeiriot, dont un état porte, comme la page de titre des *Euvres*, la mention « LOISE LABBE LIONNOISE » et la date de 1555, n'a-t-il pas été intégré à l'ouvrage, alors même que certaines pièces des « Escriz de divers Poëtes, à la louenge de Louïze Labé Lionnoize » s'inspirent manifestement de cette représentation ? Comment rendre compte d'un second état de ce portrait qui ne fournit plus le nom de Louise Labé, mais évoque, par comparaison avec la célèbre courtisane de l'Antiquité, une Laïs lyonnaise à fuir ?

Les conditions de publication de l'ouvrage sont particulièrement obscures, tout autant que l'identité de la plupart des poètes qui ont pris la plume pour louer Louise. Ces « Poëtes de Louïze Labé » (selon la désignation générique donnée par les *Euvres*), au lieu de les considérer dans sa ruelle[19] ou dans son lit, il importe d'en restituer le cercle dans l'atelier même du célèbre imprimeur lyonnais Jean de Tournes pour mieux comprendre les enjeux de cette publication, en ce milieu du XVIe siècle, si brillant dans l'histoire littéraire poétique et dans l'histoire de la ville de Lyon.

Dans l'apparent concert de louanges des « Escriz de divers Poëtes », pourquoi la première des vingt-quatre pièces de ses admirateurs, une ode écrite en grec, en faisant de Louise Labé une nouvelle Sappho (en un temps où l'on exhume les œuvres de la poétesse grecque), invite-t-elle au doute sur l'origine de cette nouvelle poétesse :

> Les odes de l'harmonieuse Sapho s'étaient perdues par la violence du temps qui dévore tout ; les ayant retrouvées et nourries dans son sein tout plein du miel de Vénus et des Amours, Louise maintenant nous les a rendues. Et si quelqu'un s'étonne comme d'une merveille, et demande d'où vient cette *poétesse* nouvelle, il saura qu'elle a aussi rencontré, pour son malheur, un Phaon aimé, terrible et inflexible ! *Frappée par lui d'abandon*, elle s'est mise, la malheureuse, à moduler sur les cordes de sa lyre un chant pénétrant ; et voilà que, par ses poésies mêmes, elle enfonce vivement aux jeunes cœurs les plus rebelles l'aiguillon qui fait aimer[20] ?

---

[19] Au sens que le XVIIe siècle donnera à ces alcôves où certaines femmes tenaient salon.

[20] Traduction par Sainte-Beuve, *op. cit*, p. 139.

Comment interpréter ces vers de l'ode à attribuer au poète Olivier de Magny, prétendument amant de la poétesse :

> Le Tems ce dous loisir nous baille,
> De pouvoir gayement ici
> Dire et ouir meintes sornettes,
> Et adoucir nostre souci,
> En contant de nos amourettes (p. 147)?

Et si les *Euvres de Louïze Labé Lionnoize* étaient une chimère élaborée par les soins de poètes qui auraient mystifié le lecteur…Qui se cacherai(en)t derrière le masque de cette «poetrice», de cette moderne Sappho «douce, lesbienne, dixiesme muse amoureuse, poeteresse», selon les qualificatifs que Maurice de La Porte, dans ses *Epithetes* (1571), accorde à la poétesse grecque[21] ?

---

[21]   Pour la bibliographie des ouvrages critiques concernant Louise Labé, voir Louise Labé, *Œuvres complètes*, éd. Enzo Giudici, p. 248-256, et Daniel Martin, «Bibliographie d'agrégation 2004-2005», *Nouvelle Revue du XVIe siècle*, 22/2, 2004, p. 127-142.

MAGNIFICENCES DE LYON
ET FUREUR POÉTIQUE
AU MILIEU DU SIÈCLE

La publication des *Euvres de Louïze Labé Lionnoize* est indissociable de la ville de Lyon et du contexte poétique contemporain, l'année 1555 se manifestant comme une période exceptionnellement faste. En titre de ses œuvres, Louise Labé se revendique comme «Lionnoize»[1]. La mention du lieu de naissance est certes d'usage parmi les poètes; c'est ainsi que Pierre de Ronsard est le Vendômois, Joachim Du Bellay, l'Angevin et Jacques Peletier, du Mans. Mais, cette appartenance lyonnaise est soulignée à maintes reprises et jusqu'à satiété. C'est le cas des intitulés des sections des *Euvres*: «Debat de Folie et d'Amour, par Louïze Labé Lionnoize», «Escriz de divers Poëtes, à la louenge de Louïze Labé Lionnoize»; de certains titres de pièces, «En grace du Dialogue d'Amour, et de Folie, Euvre de D. Louïze Labé Lionnoize», «A Dame Louïze Labé, Lionnoize, la comparant aus Cieus», «Des louenges de Dame Louïze Labé, Lionnoize». La dernière pièce des «Escriz de divers Poëtes» évoque Louise, fille de Vénus, en «pucelle Lionnoize» (p. 161), «Ninfe Lionnoize» (p. 173) et mentionne les particularités topographiques de la ville de Lyon. Par ailleurs, deux des participants à l'hommage à Louise Labé, Maurice Scève et Claude de Taillemont (les seuls qui signent de leur devise leurs poèmes et offrent des jeux de mots sur le nom de Louise Labé), ont activement contribué à l'une des plus fastueuses entrées royales du siècle, celle de Henri II, puis de Catherine de Médicis à Lyon en 1548. La ville de Lyon s'impose avec une insistance toute particulière dans cette entreprise des *Euvres de Louïze Labé Lionnoize*.

---

[1]   Voir François Rigolot, «Louise Labé et les «dames lionnoises»: les ambiguïtés de la censure», *Le signe et le texte*, Lexington, French Forum publishers, 1990, p. 13-25.

Antoine Du Pinet, *Plans, Pourtraitz et descriptions de plusieurs villes et forteresses, tant de l'Europe, Asie, et Afrique, que des Indes et terres neuves*, Lyon, J. d'Ogerolles, 1564, p. 28-29.

I. SOMPTUOSITÉS LYONNAISES

La ville apparaît dans sa magnificence aussi bien dans la relation de l'entrée royale de 1548 rédigée par Maurice Scève, que dans les pièces de 1555 à la gloire de Louise Labé, qu'il s'agisse des « Escriz de divers Poëtes » en fin de ses *Euvres*, ou du poème de ses *Opuscules* que le poète Jacques Peletier du Mans dédie « A Louïse Labe, Lionnoese » (seul texte de louange de Louise Labé à porter une signature) et qui est pour moitié consacré à une évocation de la ville de Lyon, si attirante par son renom[2].

Délices et opulence de la ville de Vénus

Au milieu du XVIe siècle, les textes contemporains fournissent de Lyon, « cité tresnoble et tresantique, aujourd'hui le second œil de France »[3], une image brillante et concordante. Joachim Du Bellay, dans un poème des *Regrets* (1558) adressé au plus fameux poète lyonnais d'alors, Maurice Scève, la célèbre tant pour sa beauté géographique et architecturale que pour sa splendeur et admire cette cité marchande avec ses artisans, ses banquiers, ses imprimeurs :

> Sceve, je me trouvay comme le filz d'Anchise
> Entrant dans l'Elysee, et sortant des enfers,
> Quand, après tant de monts de neige tout couvers
> Je viz ce beau Lyon, Lyon que tant je prise.
> Son estroicte longueur, que la Sone divise,
> Nourrit mil artisans, et peuples tous divers :
> Et n'en desplaise à Londre', à Venise, et Anvers,
> Car Lyon n'est pas moindre en faict de marchandise.
> Je m'estonnay d'y voir passer tant de courriers,
> D'y voir tant de banquiers, d'imprimeurs, d'armuriers,
> Plus dru que lon ne voit les fleurs par les prairies.
> Mais je m'estonnay plus de la force des pontz,
> Dessus lesquelz on passe, allant dela les montz,
> Tant de belles maisons, et tant de metairies[4].

La situation de Lyon frappe l'imagination[5]. C'est la ville des amours du Rhône et de la Saône qui y ont leur confluent. Au XVIe siècle, en un temps où n'avaient pas encore été effectués les travaux de remblaiement qui devaient conduire à repousser ce confluent au sud de la ville, vers la Mulatière, c'est très près du centre de la ville, juste en dessous de l'abbaye d'Ainay, que

---

[2]   Voir fac-similé, *in fine.*

[3]   Jean Lemaire de Belges au premier livre des *Illustrations de Gaule* (chapitre XIII), *Œuvres,* éd. Stecher, Louvain, J. Lefever, 1882, I, p. 85.

[4]   Joachim Du Bellay, *Les regrets*, Paris, Federic Morel, 1558, f. 33r°.

[5]   Voir Françoise Joukovsky, « Lyon ville imaginaire », *Il Rinascimento a Lione,* Rome, Edizioni dell'Ateneo, 1988, p. 419-441.

les deux fleuves « se joignent par un baiser perpetuel »[6]. Leur fusion est un thème privilégié par les poètes, véritable *topos* que cette union du masculin et du féminin, de la force et du calme. Pour Maurice Scève, dans le dizain XVII de la *Delie* (1544) :

> Plus tost seront Rhosne, et Saone desjoinctz,
> Que d'avec toy mon cœur se desassemble :
> Plus tost seront l'un, et l'aultre Mont joinctz,
> Qu'avecques nous aulcun discord s'assemble :
> Plus tost verrons et toy, et moy ensemble
> Le Rhosne aller contremont lentement,
> Saone monter tresviolentement,
> Que ce mien feu, tant soit peu, diminue,
> Ny que ma foy descroisse aulcunement.
> Car ferme amour sans eulx est plus, que nue[7].

Tout autant que les « Lyonnais naturels », les poètes de passage se plaisent à cette évocation. Tel est le cas, avant Jacques Peletier ou Joachim Du Bellay, de Clément Marot qui, de retour de son exil de Ferrare, parle du port somptueux de la Saône et de son impétueux mari[8].

Dans les « Escriz de divers Poëtes » qui accompagnent les œuvres de Louise Labé, cette image est bien présente[9] avec, entre autres, l'évocation des grands bras tortueux du Rhône impétueux. Dans une des trois pièces italiennes à la louange de

---

[6]   Antoine Du Pinet, *Plantz, pourtraitz et descriptions de plusieurs villes et for-teresses, tant de l'Europe, Asie, et Afrique, que des Indes et terres neuves*, Lyon, Jean d'Ogerolles, 1564, p. 31.

[7]   Maurice Scève, *Delie*, éd. Gérard Defaux, Genève, Droz, 2004, I, p. 12.

[8]   Voir *Les Œuvres de Clement Marot*, Lyon, Constantin, 1544 : « Epistre a Monseigneur le Cardinal de Tournon. Marot retournant de Ferrare à Lyon », p. 213. Voir aussi Joachim Du Bellay dans son ode à Mellin de Saint-Gelais dans le *Recueil de poesie*, Paris G. Cavellat, 1553, p. 31 :

> « Comme la Saone doulce et lente
> Dedans son sein non fluctueux
> Coule beaucoup moins violente,
> Que le fort Rhosne impetueux ».

[9]   Voir dans l'« Epitre à ses amis, des gracieusetez de D.L.L. :

> Car ny pour voir des monceaus d'or
> Assemblez dedens un tresor,
> Ny pour voir flofloter le Rone,
> Ny pour voir escouler la Sone » (p. 135).

Louise Labé, il est fait référence à une arrivée en ces lieux où l'on voit tranquillement la Saône se laisser entraîner entre les bras du Rhône et où le courant est si lent qu'elle entre en son lit sans trop savoir comment[10].

Ville des amours du Rhône et de la Saône, Lyon est aussi sous le signe de Vénus. C'est la ville de Fourvière, nom dont l'étymologie est, au XVIe siècle, *Forum Veneris*, « le forum de Vénus », car un temple de Vénus aurait été anciennement élevé sur cette colline. Cette origine est reprise dans la dernière pièce des « Escriz de divers Poëtes » qui fait de Vénus la mère de Louise et qui évoque ce mont où elle est célébrée et à qui elle a donné son nom ; une indication en marge précise : « Le mont de Fourviere anciennement apelé forum Veneris »[11].

Dans sa *Concorde des deux langages* (1513), l'historiographe et poète Jean Lemaire de Belges, sous le couvert du temple de Vénus bâti sur un roc au confluent d'Arar (nom ancien de la Saône) et de Rhodanus, évoque un cercle artistique où l'on parle français, toscan et latin, où sont réunis musiciens et poètes qui œuvrent à la louange de Vénus et qui s'étudient chacun à servir Amour, par toutes sortes de pièces poétiques :

> Là ne voit on que gloire qui foisonne,
> Là se produit lascivité comicque,
> Liricques vers dont amours on blasonne.
>
> Là recite on, d'invention saphicque,
> Maint noble dit, cantilennes et odes,
> Dont le stille est subtil et mirificque.

---

[10] Voir la pièce X. Charles Fontaine, dans l'*Ode de l'antiquité et excellence de la ville de Lyon*, Lyon, J. Citoys, 1557, consacre plusieurs strophes aux caresses et à l'accouplement des deux fleuves.

[11] Voir p. 166. Voir aussi la pièce XIX :

> « Mesmement aupres de ce pont
> Opposé viz à viz du mont,
> Du mont orguilleus de Forviere :
> En cet endroit ou je te vois
> Egaier meinte et meintefois
> Entre l'une et l'autre riviere » (p. 142).

Il n'y a qu'une seule autre indication marginale dans l'ensemble du texte, à propos du nom *pins*: « apherese pour sapins » (p. 154).

> Tout ce qui est en livres ou en codes
> Se met avant, hympnes et elegies,
> Chansons, motetz, de cent tailles et modes,
>
> Là se deduit, par genëalogies,
> Le tronc d'Amours, son los qui resplendit,
> Et le nombre des graces eslargies.
>
> Là main gosier barritonnant bondit,
> Qui lay pronunce ou balade accentue,
> Virelay vire ou rondel arrondit.
>
> Maint serventois là endroit se punctue,
> Chant royal maint s'i chante et psalmodie ;
> Brief ung chascun se y penne et esvertue.
>
> D'Amours servir ung chascun s'estudie,
> Par quoy lëans j'ouÿs si doulx tumulte
> Que ou monde n'est semblable melodie[12].

Il s'agit de la transposition poétique du cercle qui, au début du XVIᵉ siècle, réunissait dans une maison des pentes de la colline de Fourvière des artistes comme le peintre Jean Perréal, des savants comme le médecin Symphorien Champier, des poètes comme Jean Lemaire de Belges et que certains n'ont pas hésité à appeler l'Académie de Fourvière. Humbert Fournier décrit à son ami Symphorien Champier[13] les activités de ces amis, sur cette fameuse montagne de Fourvière consacrée à la Vierge. Elles sont toutes vouées aux lettres et aux beaux-arts. A côté d'entretiens portant sur la religion, la philosophie ou la morale, la compagnie se divertit par le récit de contes, de plaisanteries et de nouvelles. Humbert Fournier dit se faire le singe de Pétrarque et chanter des sonnets en rimes toscanes, quand un autre déclame en véritable orateur. Certains jouent les personnages de comédies qui réjouissent la compagnie. On y pratique des instruments de musique à rendre jaloux les oiseaux du voisinage qui accourent pour entendre ces concerts

---

[12]   Jean Lemaire de Belges, *La concorde des deux langages,* éd. Jean Frappier, Paris, Droz, 1947, p. 19.

[13]   Lettre latine de 1507, publiée par Symphorien Champier à la fin de son livre, *De quadruplici vita,* et citée par Jacqueline Boucher, *Lyon et la vie lyonnaise au XVIᵉ siècle*, Lyon, Editions lyonnaises d'art et d'histoire, 1992, p. 103.

avec flûtes, luths et guitares. Parties de jeux de palets, de boules et de quilles finissent d'occuper les amis qui se reposent en admirant, des terrasses, la ville à leurs pieds. C'est une colline inspirée que Fourvière, élément privilégié d'un décor dont on célèbre la somptuosité.

La beauté de la situation de Lyon est incomparable pour l'historien lyonnais Guillaume Paradin. Qu'on jette les yeux de part ou d'autre, ce ne sont que superbes collines aux vignobles généreux, palais et maisons de plaisances avec jardins et vergers, fraîcheur des fontaines, murmure des petits ruisseaux. « On y nage jusques aux yeux dans les delices champestres »[14]. La très longue pièce qui conclut le recueil des hommages des poètes de Louise Labé décrit, en neuf strophes de quatorze vers, le plaisant jardin situé au dessus de la plaine du confluent des deux fleuves, c'est-à-dire sur la seconde colline de Lyon, la côte Saint- Sébastien, nommée à partir de la fin du XVIe siècle, Croix-Rousse. C'est un lieu de délices au milieu des fleurs et des arbres, avec sa fontaine et son labyrinthe. Il est orné de treilles avec des colonnes enrichies de romarin et de rosiers, d'arceaux couverts de coudriers et d'un bocage aux cent variétés d'arbres, peuplé d'oiseaux. La fontaine est tapissée d'herbe toujours verdoyante, avec des fleurs multicolores, comme des soucis, des violettes, des jacinthes. Le ruisseau de la source, en s'épandant, constitue un labyrinthe dans le pré. Cette description de jardin évoque les descriptions enchanteresses que fait Claude de Taillemont dans le *Discours des Champs faez* paru à Lyon, chez Michel Du Bois, en 1553.

L'auteur de cette dernière pièce des « Escriz de divers Poëtes » mentionne dans la description du beau jardin, entre marjolaines et thym, l'inscription des six vers de la devise d'Henri II, ainsi que l'existence de colonnes. C'est rappeler le passé antique de la ville. Sur les collines de Lyon, de

---

[14]   Guillaume Paradin, *Memoires de l'histoire de Lyon*, Lyon, Antoine Gryphe, 1573, p. 2. Voir Antoine Du Pinet, *op. cit.*, p. 30: «Et si sa situation est exactement consideree, que se trouvera il plus delectable ? estant (comme elle apparoit) emmuree d'une part de deux costaux fructueux, diaprez d'une diverse verdeur, dont terre, arbres, et la plante du bon Janus sont coulourees: D'autre part si l'œil humain vient à balancer l'amenité des deux fleuves qui l'undoyent, l'un d'un cours sommeillant, l'autre impetueux, les delices des jardins, magnificence de ses manoirs, n'est ce assez suffisant argument pour faire revivre en elle le Tempé Thessalien ?»

nombreux vestiges romains ont été mis au jour au XVIe siècle. Guillaume Paradin signale qu'en 1529 ont été trouvées les tables claudiennes et que le petit cercueil de verre avec des osselets d'enfant, découvert montée Saint-Sébastien, a été offert au roi François Ier, particulièrement amateur de ce genre d'antiquités. De multiples travaux d'archéologie sont rédigés à Lyon, qu'il s'agisse d'antiquités lyonnaises, avec les recherches de Symphorien Champier ou de Pierre Sala qui rédige les *Antiquitez de Lyon*, ou d'antiquités italiennes avec les apports de Gabriel Symeoni (qui s'est aussi intéressé à *L'origine et antichita di Lione*), et ceux des *Antiquités romaines* de Guillaume Du Choul. Les Lyonnais constituent des collections, ainsi la célèbre collection de médailles de Guillaume Du Choul. *Le promptuaire des médailles*, paru en 1553 chez Guillaume Rouillé, avec l'invention de ses neuf cent cinquante médailles, témoigne bien de cette passion de l'Antiquité et de la collection qui anime les milieux humanistes lyonnais. Dès le début du siècle, dans sa maison des pentes de Fourvière, appelée l'Antiquaille, le fortuné Pierre Sala faisait collection de livres et de vestiges archéologiques.

Du passé antique de la ville, l'imaginaire collectif retient deux événements spectaculaires et dramatiques qu'historiens et antiquaires du XVIe siècle n'omettent pas de rappeler. Le premier est le grand incendie qui détruisit la ville en une nuit, au temps de Néron, et qui n'a laissé du passé glorieux que quelques reliques d'aqueducs et d'édifices comme le palais de Sévère, l'amphithéâtre de la côte Saint-Sébastien, le théâtre de Fourvière[15]. Le second est celui qui valut son nom actuel à la Saône, dénommée Sagona à cause des flots de sang des dix-neuf mille martyrs immolés, au temps des premières persécu-

---

[15] Pour Gabriel Symeoni, *Description de la Limagne d'Auvergne en forme de dialogue*, trad. Antoine Chappuys, Lyon, Guillaume Rouillé, 1561, p. 8: « il n'est resté en ce lieu autres enseignes, que certaines piecetes de tuiles consumez, de vases, et statues brisees, de conches de terre cuite, de Porfires, serpentins, alabastres, marbres, mosaics, voutes par dessous terre, fondemens hauts, et de merveilleuse grandeur ». Sur les ruines romaines à Lyon, voir Frédérique Lemerle, *La Renaissance et les antiquités de la Gaule*, Brepols, 2005, p. 110-112.

tions chrétiennes, sur la colline de Saint-Just et qui auraient rougi la Saône jusqu'à Mâcon[16].

Lyon est, en ce milieu de siècle, une ville particulièrement opulente. Le prouvent les fastes de l'entrée d'Henri II et de Catherine de Médicis, le 23 septembre 1548, mis en scène par Maurice Scève, « conducteur et ordinateur des ystoires et triumphes qu'il convient faire et dresser pour les entrées du roy et de la royne prochaines »[17], avec l'aide de Claude de Taillemont[18], et relatés

[16] Voir Antoine Du Pinet, *op. cit.*, p. 31, qui parle de « l'effusion horrible du sang des dixneuf mille martyrs tyranniquement massacrez au lieu monteux appellé ores la croix decolle, qu'on afferme avoir esté espandu en si execrable abondance : que la rue qui de cest exces est nommee gorguillon, recevant l'affluence de ceste misere sanguinolente, en rougist la Saone jusques pres de Mascon »; la montée du Gourguillon conduit encore de la cathédrale Saint-Jean à la colline de Fourvière. *Sagona* proviendrait de *a sanguine martyrum* selon Symphorien Champier, *L'antiquité de la cité de Lyon*, [1529], Lyon, Henry Georg, 1884, p. 8.

[17] Le nom de Maurice Scève apparaît à plusieurs reprises dans les délibérations du Consulat (voir celle du 11 septembre 1548, citée par Verdun-L. Saulnier, *Maurice Scève*, Genève, Slatkine, 1981, t. I, p. 330 : « Semblablement, a esté ordonné payer lesd. deniers à monsr Me *Maurice Sève*, la somme de 50 livres t. pour les poynes et vaccations par luy prises à faire dresser lesd. ystoires, composer les factures et inventions, aussi à faire besogner les painctres, pour le faict desd. entrées, suyvant la charge qui luy a esté baillée par led. Consulat »). Le nom de Claude de Taillemont cité par Claude de Rubys n'a pas été retrouvé dans les archives.

[18] Claude de Rubys, *Histoire veritable de la ville de Lyon. Contenant ce, qui a esté obmis par Maistres Symphorien Champier, Paradin, et autres, qui cy devant ont escript sur ce subject : Ensemble ce, en quoy ils se sont forvoyez de la verité de l'histoire*, Lyon, B. Nugo, 1604, p. 375 : « Ces entrees feurent les plus sumptueuses et triumphantes qui peut estre eussent jamais esté veuës en France, eu esgard aux riches et magnificques accoustrements d'où furent parez ceux qui furent en cest entree, tant à pied que à cheval, qui firent bien paroistre que lors la ville estoit riche et opulente. Comme aux sumptueus Portaux, Arcades, Obelisques, Prospectives, et Theatres y dressez, enrichis d'infinité de figures, les unes eslevees en bosse, les autres couchees en platte paincture : accompaignees d'escripteaux, divises, grotesques, festons, et chaspiteaux bastis d'une excellente symmetrie. Pour dresser les plans et modelles de quoy, et en faire les descriptions et devises, ne falut pas, comme despuis, escorcher la Riviere du Doux : car il y avoit lors à Lyon gens capables de telles et plus grandes entreprinses. C'estoyent Maurice Seve et Claude Taillemond, tous deux Lyonnoys, et tesmoignés par Marot, et autres grands personnages, pour deux des plus doctes et mieux disans Poëtes de leur temps : ce que tesmoignent aussi leurs escripts. Ils firent ceste belle entreprise : non point comme mercenaires, pour avoir de l'argent, mais pour faire honneur à leur patrie ».

dans le détail, par Maurice Scève lui-même, dans *La Magnificence de la superbe et triumphante entree de la noble et antique
Cité de Lyon faicte au Treschretien Roy de France Henry
deuxiesme de ce Nom, Et à la Royne Catherine son Espouse le
XXIII. de Septembre M. D. XLVIII*[19]. De son statut de ville marchande et de ville internationale, témoigne bien la composition du cortège qui défile devant le roi, et où se retrouvent
«Messieurs de la Justice, les Mestiers, Artisans, Notables, les
Nations, Enfantz de Ville et conseillers». Après la bande des
arquebusiers et celles des métiers, constituées des bouchers,
cartiers, couturiers; teinturiers, orfèvres, tissotiers; charpen-
tiers, selliers, maçons; tisserands, cordonniers, espingliers;
chapeliers, fondeurs; pelletiers et des «quatre centz et treze
Imprimeurs portantz pourpoint, chausses, et souliers jaulnes,
le collet et bonnet noir avec le petit touppet de plume blanche
sur le derriere, pour la derniere trouppe des gentz de mes-
tier», viennent les nations lucquoise, florentine, milanaise,
les Allemands. La nation florentine est richement représentée avec les trente-sept membres de la seigneurie, «vestus de
robe de velours cramoisy rouge de haulte couleur à collet
quarré double d'un fort beau drap d'or violet, plusieurs gros
bouttons d'or aux manches», montés sur de grands chevaux
turcs et des genets d'Espagne, chacun précédé de quatre
valets. Elle suscite l'admiration des spectateurs: «elle ne
povoit estre asses contemplee en passant pour le grand desir,
que le monde prenoit à veoir si superbe et riche compagnie».
Les étrangers, qui étaient venus en nombre à Lyon au siècle
précédent, s'étaient ainsi regroupés en nations, organisations
ayant leurs propres statuts; celui qu'avait adopté la nation florentine en 1504 et qu'avaient approuvé les consuls de Florence régissait la vie économique, politique, juridique et religieuse du groupe des immigrés florentins qui élisait chaque
année à sa tête un consul[20].

C'est à sa situation privilégiée pour le commerce, au
confluent de ses deux fleuves, que Lyon doit l'exceptionnelle

---

[19]   Voir Maurice Scève, *The Entry of Henri II into Lyon. September 1548*. A Fac-
       simile with an Introduction by Richard Cooper, Arizona, Tempe, 1997.

[20]   Jacqueline Boucher, *Présence italienne à Lyon à la Renaissance*, Lyon,
       LUGD, 1994, p. 14-15. La nation avait même organisé son propre culte
       dans une chapelle concédée par le couvent des Jacobins.

prospérité dont elle jouit dans ces années 1550. Lyon est, de fait, le plus grand centre de commerce du royaume, avec, depuis le XVᵉ siècle, ses quatre foires annuelles (aux Rois, à Pâques, en août et à la Toussaint) d'une durée chacune de quinze jours, concentrant une grande partie du commerce international et jouissant de privilèges, comme la franchise des marchandises ou l'immunité des marchands. Sont importés, pendant ces foires (qui permettent l'échange entre les marchandises nordiques et méditerranéennes), entre autres, des textiles ou des épices, alors que sont exportés soieries, quincaillerie ou livres. L'industrie de la soie s'est développée de manière exceptionnelle à partir de 1536[21] avec l'octroi par François Iᵉʳ de lettres patentes et le dynamisme du marchand piémontais Etienne Turquet ; grâce à l'immigration des ouvriers italiens, quelque 12 000 personnes, vingt ans plus tard, vivent de cette industrie.

Cette ville en pleine expansion (passée de 30 000 habitants en 1500 à 55 000 au milieu du siècle), sans université et sans cour souveraine, est la ville des échanges internationaux et la créancière habituelle des rois (le testament de Louise Labé fait référence au crédit qu'elle avait au Grand Parti du roi, système créé en 1555 pour consolider les dettes royales envers Lyon[22]). Jacques Peletier, dans la deuxième strophe de sa pièce à la louange de Louise Labé, célèbre cette vocation en évoquant le marchand qui étale soie fine, pierre orientale et or, et en rappelant combien les rois puisent pour leurs campagnes militaires dans le trésor de la ville. Guillaume Paradin ne dit pas autre chose en soulignant que, grâce à ses fleuves, lui abondent les biens de toutes pars « et luy est faicte communication des marchandises de toutes les mers, et des changes et commerces de toutes les nations qui sont soubz le soleil. Lesquelles non seulement y font grand profit, mais aussi ont moyen et pouvoir d'accommoder les grandz Roys en leurs importans affaires » (p.1). Au confluent entre l'Italie et la

---

[21] François Iᵉʳ, en 1536, par lettres patentes, accorde l'exemption des charges de la ville aux ouvriers en soierie. En 1554, selon Mathieu de Vauzelles, docteur conseiller de la ville et avocat consultant, les métiers de la soie concernent 12000 personnes, voir Jacqueline Boucher, *op. cit.*, p. 51.

[22] Jacqueline Boucher, *op. cit.*, p. 59. Système qui aurait dû rapporter de gros intérêts aux prêteurs, mais se révéla désastreux pour eux.

France, Lyon est aussi une place stratégique pour les campagnes d'Italie; les rois y séjournent souvent avant leurs opérations militaires.

Dans cette cité du commerce, les banques occupent une place prépondérante; les banquiers sont d'origine étrangère, principalement italienne ou allemande et les marchands florentins (Salviati), gênois ou lucquois (Bonvisi) tiennent, avec quelques Allemands, le haut du pavé[23]. Lyon est devenu, en ce milieu du XVIe siècle, le centre bancaire de l'Europe[24]; c'est là que sont fixés les cours des changes et la lettre de change est un des moyens de paiement privilégié lors des foires[25]. Comme le dit Charles Fontaine, parisien d'origine et lyonnais d'adoption, dans l'*Ode de l'antiquité et excellence de la ville de Lyon*

---

[23] Voir Arlette Jouanna, Philippe Hamon, Dominique Biloghi, Guy le Thiec, *La France de la Renaissance*, Paris, Robert Laffont, 2001, p. 115 et p. 136: «les grandes familles italiennes sont riches et puissantes. Les Bonvisi de Lucques, par exemple, frappent les Lyonnais par leur magnificence...Les Ruccelai, les Gadagne, qui ont un magnifique hôtel lyonnais, les Salviati, font aussi partie des familles prestigieuses. Les Italiens participent à la vie urbaine par l'organisation de fêtes somptueuses et par une charité ostentatoire: quelques-uns obtiennent des lettres de naturalité et s'enracinent dans la ville. Les grands commerçants lyonnais, drapiers, épiciers, libraires, tels que les Panse, les Camus, les Regnault, les Senneton, font également grande figure. Les Nommées (pour les impositions) de 1545 montrent la prééminence sociale des marchands: ils forment 5,98% des contribuables, paient 27, 75% des estimes et constituent 89,52% et 100% des deux tranches fiscales les plus élevées».

[24] Dans la décennie 1460, le transfert à Lyon d'une des succursales des Médicis de Genève marqua les débuts de l'exceptionnelle et rapide ascension économique de Lyon.

[25] Un système d'assurances maritimes y a aussi été mis en place. Claude de Rubys, dans *Les Privileges, Franchises et Immunitez octroyees par les Rois treschretiens, aux Consuls, Eschevins, manans et habitans de la ville de Lyon, et à leur posterité*, Lyon, Antoine Gryphe, 1573, tire les conséquences politiques de cette vocation commerciale de la ville. En raison du faible nombre de nobles et de bourgeois, il a été nécessaire de recevoir les marchands dans le consulat: «Toutesfois puisque nous sommes en une ville du tout dediée au commerce et traffic de marchandise, et où la pluspart des habitants sont marchans, à l'occasion de quoy le nombre des nobles et des bourgeois y est si petit, qu'à peine en pourroit on ordinairement trouver asses pour remplir nostre consulat, mesme pendant que le nombre des eschevins sera si grand que de douze: nous avons jusques icy esté forcez quasi par un desastre et malheur inevitable d'y recevoir les marchans» (p. 71).

(1557), Lyon est maintenant renommée en trafic, attirant à ses foires les marchands des plus lointaines contrées ; c'est une ville de gens laborieux et actifs, « experte à la lucrative » et qui ne gaspille pas son argent, délaissée toutefois par la noblesse au profit des champs. Où, s'exclame-t-il, trouver une ville qui ait une telle réputation en changes, foires et marchandises, elle qui est supérieure à Venise et à Anvers ?

L'esprit de fête

Pour prendre toute la mesure des représentations de cette ville riche et brillante, de leur pouvoir symbolique, des recherches artistiques, il faut s'arrêter sur les descriptions des créations de Maurice Scève et de Claude de Taillemont relatées par la *Magnificence* où elles sont agrémentées de gravures dues à Bernard Salomon qui collabore activement avec Jean de Tournes de 1545 à 1561[26]. Maurice Scève avait déjà participé à une entrée. En 1540, pour celle d'Hippolyte d'Este, le cardinal de Ferrare, qui venait d'être nommé archevêque de Lyon, il avait été chargé de proposer des tableaux vivants et des scènes allégoriques : deux de ces histoires, par exemple, mettaient en scène un aigle. Mais l'importance des créations de l'entrée royale de 1548 est sans commune mesure avec celles qui accompagnaient l'entrée d'Hippolyte d'Este.

Les éléments antiques, les symboles, les devises y sont fréquents, ainsi que les allégories et les personnifications. Les constructions y sont monumentales et chargées ; ainsi, par exemple, l'obélisque en forme de pyramide, soutenu par quatre lions, avec des Victoires aux couronnes de laurier, des Discordes aux ailes de papillon tentant d'allumer un feu qu'éteignent de petits Amours ; l'arc triomphal du temple d'Honneur et de Vertu ; des satyres dans un décor de ruines. Au passage du roi, se déroulent des scènes mythologiques : ainsi, dans un pré descendant de la colline de Fourvière, a été reconstitué un parc de cerfs, de biches et de chevreuils chassés par Diane et ses Nymphes, richement habillées à l'antique ; Diane présente au roi un lion venu s'incliner devant elle.

---

[26] Voir Peter Sharratt, *Bernard Salomon, illustrateur lyonnais*, Genève, Droz, 2005.

Certaines compositions sont subtiles avec une mise en scène complexe à valeur allégorique à interpréter. Tel est le cas du double arc du port Saint-Paul fait à l'antique et de la Perspective du Change.

La Perspectiue
du Change.

Sous les arches de l'arc du port Saint-Paul, sont représentées d'une part, une femme semblant dormir, la Saône, fleuve lent et doux, le coude appuyé sur un vase versant du vin rouge et, de l'autre main, tenant des roseaux (pour manifester combien ses rivages sont marécageux), d'autre part, le Rhône avec une face terrible et furieuse, tenant d'une main un timon prouvant qu'il est navigable et appuyé sur un vase versant du vin blanc ; sur la colonne séparant leurs deux arches, un masque de Méduse jette de l'eau qui mouille ceux qui tentent de s'approcher[27].

Sur la place du Change figurant la ville de Troie, se trouvent la statue de Pallas avec sa lance et son bouclier à tête de Méduse et la statue de Neptune, avec son trident. Devant le roi, Neptune frappe de son trident le roc dont sort un cheval qu'il présente à Pallas, comme étant créé pour servir son heureux chevalier ; Pallas, en réponse, plante sa lance en terre, en fait un olivier, arbre de paix, signifiant ainsi que la force d'Henri II sera tellement crainte des ennemis que leur mauvais vouloir se transformera en paix. Si la perspective de la place du Change est transformée en Troie, c'est par référence à l'assimilation de Lyon à une autre Ilion, ancien nom de Troie[28]. L'utilisation de représentations significatives se retrouve dans la comédie italienne, *Calandra,* du cardinal Bibbiena, qui fut jouée à cette occasion et qui commence, grande nouveauté dans le genre de la comédie, par l'avènement de l'Aube sur son chariot menée par deux coqs et se termine par la survenue de la Nuit traînée par deux chouettes. Des passages du « Debat de Folie et d'Amour » sont inspirés de cette pièce[29].

Cette entrée solennelle, dont on retiendra les aspects mythologiques et allégoriques, a tout particulièrement marqué

---

[27] Voir le texte de *La magnificence de la superbe et triumphante entree de la noble et antique Cité de Lyon…*, f. 4r° : « Et au pillastre du mylieu estoit apposé une grand masque de femme riant, sa teste environnée de Serpentz gettanz eau par la gueule, et elle par quatre partz d'entre ses dentz, et si menuement, que ceulx, qui cuidoient venir boire du vin, ne s'appercevoient qu'ilz estoient tous mouillez, qui servoit d'une grand risee ».

[28] Voir Jean Lemaire de Belges, *La concorde des deux langages*, p. 13, à propos du temple de Vénus à Fourvière : « Là est le chief de la Gaule celticque,/ Reflourissant comme ung aultre Ilïon/ Et succroissant en sa valeur anticque ».

[29] Voir Louise Labé, *Œuvres complètes*, éd. Enzo Giudici, p. 115 ; p. 121.

les imaginations comme un des événements les plus gran-
dioses offerts au monarque, même si la population lyonnaise
ne l'a pas toujours appréciée à la mesure de sa splendeur, à en
croire le drapier Jean Guéraud, contrôleur de l'entrée des
draps de soie et d'argent à partir de 1552 ; dans la chronique
qu'il tient de 1536 à 1562[30], il signale le mécontentement du
peuple qui, à cause de l'heure tardive d'entrée de la reine, ne
put bien l'apercevoir et le soulagement du peuple à voir partir
la cour, en raison des insolences et fâcheries des gens de cour.
Il a été supposé que Louise Labé avait dû assister à cette entrée,
dans la mesure où son frère François, d'après les documents
d'archives, y tint un rôle de joueur d'épée, ce qui lui valut,
ainsi qu'à ses onze compagnons, deux écus d'or et un pourpoint de satin et de taffetas[31].

Indépendamment de ces spectaculaires entrées, Lyon aime
les fêtes. Charles Fontaine célèbre les festins et les banquets
qui s'y déroulent. Passe-temps et divertissements en ville et
sur l'eau, de jour et de nuit, y sont habituels et, parmi ceux-ci,
tiennent le premier rang les momeries, défilés masqués sur des
chars à partir de thèmes érudits. Il s'agit d'un divertissement
d'origine florentine. Jean Guéraud relate plusieurs de ces spec-
tacles, particulièrement fréquents en ce milieu de siècle[32] ;
ainsi, en 1552, la grande diablerie de Gadaigne et des Florentins, qui retraçait l'histoire de Proserpine et de Pluton, peu prisée toutefois des quelque 30 000 spectateurs venus l'admirer,
contrairement au succès remporté l'année suivante par la
momerie des Lucquois qui mettait en scène Jupiter, Pallas,
Mercure, Vénus et Pan. Dans celle de février 1553, le chariot
de Pallas, Junon, Vénus et Mercure était traîné par un monstre
déguisé en femme, un cerf et une licorne et était précédé d'un
roi maure chevauchant un éléphant. En 1554, une momerie
met en scène les allégories des trois parties du monde richement parées ; une autre, en 1555, les quatre temps de l'année.
Là encore, comme dans l'entrée royale, coexistent figures
mythologiques et allégories.

[30]   *La chronique lyonnaise de Jean Guéraud*, 1536-1562, éd. Jean Tricou, Lyon,
       Imprimerie audinienne, 1929.
[31]   Georges Tricou, *op. cit.,* p. 70.
[32]   Jacqueline Boucher, *Présence italienne à Lyon à la Renaissance*, p. 130.

Les *Euvres* de Louise Labé font, à plusieurs reprises, allusion aux divertissements de la vie lyonnaise. Dans le « Debat de Folie et d'Amour », sont mentionnés les masques magnifiques, les devises bien inventées, les festins et les banquets de l'amoureux pour sa dame (p. 86) ; dans l'élégie II, les joutes, les jeux, les belles devises entrepris par les prétendants de Louise (p. 106) et, dans le sonnet où elle dit fuir la ville, les masques, les tournois et les jeux qui lui sont devenus ennuyeux (p. 120). La fin de l'« Ode en faveur de D. Louïze Labé, a son bon Signeur. D.M. » (p. 141) contient le souvenir d'une de ces momeries ; ce texte est, en effet, présent dans le second livre des *Odes* d'Olivier de Magny paru en 1559 sous le titre « Ode du Temps et de l'Occasion presentée en une momerie à Monsieur d'Avanson » (f. 69v°). S'y trouvent le Temps vêtu d'azur, avec sa grande faux et avec sa barbe grise, portant sur son vêtement un millier d'ailes de plumes pour symboliser sa fuite rapide, et l'Occasion, chauve derrière ; la pièce se termine par l'allusion à la survenue d'un autre masque. Les Lyonnais, qui s'étaient plu aux fastes mythologiques de l'entrée d'Henri II, ne pouvaient que se complaire à la lecture de ceux du « Debat de Folie et d'Amour ». C'est à l'occasion du festin de Jupiter que se fait, dans le « Debat », la querelle entre Amour et Folie, querelle dans laquelle se trouvent impliqués les dieux mythologiques, Vénus, Jupiter, Apollon et Mercure[33].

Indépendamment du « Debat », certains de ces personnages sont omniprésents dans l'ensemble des *Euvres*. L'Amour et ses attributs, arc, flèches et carquois, sont aussi mis en scène dans l'élégie III et, entre autres « Escriz de divers Poëtes », dans le sonnet IV en contemplation de Louise Labé, dans le sonnet XVI, dans le rondeau XVIII et dans la dernière pièce. Vénus, qui occupe une grande place dans le « Debat », est aussi présente dans les sonnets de Louise Labé (sonnets V, XXII) et dans les « Escriz de divers Poëtes », tout particulièrement dans la dernière pièce où elle s'adresse longuement à sa fille Louise, avant de s'envoler dans son char attelé aux colombes ; Louise y est aussi fille de Mars, patronage évoqué dans l'élégie I. Apollon est mentionné dans cette même élégie, dans son rôle

---

[33]   Voir l'argument, fac-similé, p. 9.

de dieu de la poésie; dans la dernière pièce des «Escriz de divers Poëtes», à côté de la filiation qui fait de Louise la fille de Vénus et de Mars, est proposée une filiation poétique où elle est issue d'Apollon et de Diane (Diane et ses nymphes s'illustrant dans le sonnet XIX de Louise Labé). Une autre figure mythologique, absente du «Debat», mais qui s'imposait dans l'entrée d'Henri II, est ici particulièrement longuement décrite: Méduse. Deux des pièces des «Escriz de divers Poëtes» lui sont consacrées: le sonnet VI et l'ode XIX. Comme l'entrée d'Henri II orchestrée par Maurice Scève, les *Euvres* de Louise Labé, dans leur ensemble, relèvent donc d'un même imaginaire où les figures mythologiques et les allégories illustrent les fastes d'une ville[34].

Mais, le temps des fêtes brillantes fut de courte durée. L'horizon s'obscurcit. Si Jean Guéraud se plaît à l'évocation de ces fêtes lyonnaises, sa chronique met en valeur des événements tragiques et de plus en plus sombres à partir de 1555, qu'il s'agisse du déchaînement des éléments (crues historiques de la Saône, tonnerres en janvier, véritables déluges) ou de ces bûchers qu'on allume pour les hérétiques. Pour l'année 1555, il évoque le passage en mai à Lyon de Nostradamus, homme très savant en chiromancie, mathématiques et astrologie, qui, selon lui, fit d'importantes révélations, tant du passé que de l'avenir, allant jusqu'à deviner les pensées; il se rendait à la cour sur ordre du roi, mais il craignait vivement qu'on lui fît un mauvais parti, disant qu'il était en grand danger d'avoir la tête coupée avant le 25 août, prédiction claire, mais qui ne s'est pas avérée…

---

[34]   De même, dans un autre ouvrage, édité sous un nom féminin, les *Comptes amoureux par Madame Jeanne Flore, touchant la punition que faict Venus de ceulx qui contemnent et mesprisent le vray Amour,* paru à Lyon en 1542, les personnages mythologiques occupent une place de choix. Madame Méduse est une des devisantes et Amour et Vénus sont des personnages importants, objets de description. Ainsi Amour, envoyé par sa mère Vénus, déploie ses ailes, n'oublie pas de prendre son arc et ses flèches d'or fin et de plomb, arrive au château de Pyralius le jaloux, comparable au labyrinthe de Dédale; il décoche ses flèches sur un jeune gentilhomme lyonnais et la femme du vieux mari jaloux. Le char, le temple de Vénus sont longuement décrits. Il y a ainsi des constantes dans la production littéraire à Lyon: Vénus dans la ville de Fourvière fait recette.

Les troubles religieux se multiplient. A partir de 1561, la ville connaît d'importants désordres. Barthélemy Aneau, le principal du collège de la Trinité qui avait été fondé en 1527, est massacré. D'avril 1562 à juin 1563, Lyon est occupée par les protestants armés. Le culte catholique est interdit, les églises sont transformées en temples, il est créé un consistoire de cinquante-trois membres et de cinq pasteurs. Durant l'été 1564, une épidémie de peste ravage la ville : l'imprimeur Jean de Tournes en mourut.

En ces temps difficiles, l'entrée du roi Charles IX à Lyon est bien différente de celle d'Henri II en 1548. Dans la longue pérégrination de la cour sur le territoire français, commencée au début de 1564 et qui dura plus de deux ans, l'étape lyonnaise était initialement prévue de trois mois. Mais la peste sévissait dans la ville depuis avril et, après que plusieurs membres de la cour furent touchés par la maladie, la cour quitta en hâte la ville en juillet[35].

Comme le remarque l'historien lyonnais, Claude de Rubys, cette entrée, en raison de la misère du temps, « ne fut ny sumptueuse en habits, ny ingenieuse en apparat de Theatres et Perspectives »[36]. Les échevins avaient dû faire recouvrir de feuillages les maisons infestées de la peste dans la rue de Bourgneuf où débutait le cortège de l'entrée royale. Ils avaient fait tendre de futaines les façades où furent accrochés plus de mille écussons aux armes du roi[37]. Les compositions, en nombre restreint, furent le plus souvent emblématiques et même ésotériques. Le défilé fut très limité. Seuls les notables[38] et les marchands se retrouvèrent dans le cortège : il avait été interdit aux corporations de métiers de participer au défilé,

---

[35]   Voir Claude de Rubys, *Histoire veritable,* p. 402. Le roi avait souhaité rester à Lyon pour surveiller la construction d'une citadelle, afin de « s'assurer pour l'avenir de la ville ». « Et quoy que la peste rengregeat de jour à autre, à cause de la grande meslange qui s'y faisoit par le moyen de la Court, et qu'elle se mit dans les maisons des Princes et Princesses, comme en la maison de la Royne de Navarre, et en celle de monsieur de Nemours, si ne voulut il point partir de Lyon, qu'il la vit en deffence ».

[36]   *Id., ibid.,* p. 402.

[37]   Voir Jean Boutier, Alain Dewerpe, Daniel Nordman, *Un tour de France royal. Le voyage de Charles IX (1564-1566)*, Paris, Aubier, 1984, p. 296.

[38]   Claude de Rubys, *op. cit.,* p. 402 : « Les enfants de la ville [c'est à dire les fils de l'oligarchie lyonnaise] y marcharent meslez deux à deux, d'un Catholique et d'un Protestant ».

par crainte des troubles ou peut-être pour sanctionner leur attitude durant les événements religieux précédents[39].

Le temps où la Renaissance lyonnaise brillait de tous ses feux contraste singulièrement avec celui de la décennie de 1560, celle de sa mort que Louise Labé met en scène dans son testament en date de 1565[40] :

> *Item* ladite testatrice, au cas qu'elle decede en cette ville de Lyon, eslit la sepulture de son corps en l'eglise de N.-D. de Confort, et où decedera ailleurs, veult estre enterrée en la paroisse du lieu où elle decedera, et veult estre enterrée sans pompe ny superstitions, à sçavoir de nuict et à la lanterne, accompagnée de quatre prestres, outre les porteurs de son corps[41].

Splendeurs de l'imprimerie

Centre commercial et bancaire de premier ordre, Lyon s'impose aussi dans le domaine de l'imprimerie, en concurrente directe de Paris. Le poète Charles Fontaine, qui a travaillé pour l'imprimeur Jean de Tournes et le libraire Guillaume Rouillé, célèbre, dans l'*Ode de l'antiquité et excellence de la ville de Lyon,* l'imprimerie lyonnaise par l'image du « million de dents noires » qui mordent le papier et qui permettent une diffusion universelle[42].

---

[39] Jean Boutier et *alii, op. cit.,* p. 297.

[40] Dans son testament, Louise Labé fait d'importants dons à l'Aumône générale de Lyon, à qui l'ensemble de ses biens reviendrait en cas de défaillance de ses héritiers universels, ses deux neveux.

[41] Voir Louise Labé, *Œuvres complètes,* éd. Enzo Giudici, p. 199.

[42] Charles Fontaine, *op. cit,* p. 16 :

> « En mille maisons au dedans,
> Un grand million de dents noires,
> Un million de noires dents
> Travaillent en foires et hors foires,
>
> Sur estampe blanche mordans
> D'une merveilleuse morsure,
> Qui sans entrer avant dedans
> Dure sans fin et sans mesure »

et p. 17 : « Et se fait connoistre par tout
> Ou le soleil se leve et couche,
> Avec honneur sans fin en bien,
> Tant bien sa morsure elle touche ».

Il existe à Lyon une liberté d'expression pour l'imprimerie, inconnue à Paris où veillent la faculté de théologie et le Parlement[43]. Cette situation (absence d'université, absence de parlement) y a favorisé le développement exceptionnel de l'imprimerie et a influé, dès le début, sur les types de publication privilégiés par les presses lyonnaises : plutôt que pour des ouvrages de théologie, de droit ou les textes classiques, les imprimeurs marquent une prédilection pour les ouvrages en langue vulgaire, à la diffusion plus large, ainsi que pour les traités pratiques (commerce, éducation)[44].

Au milieu du XVIe siècle, on compte, aux alentours de la rue Mercière, une centaine d'imprimeurs et quelque six cents personnes vivent de l'industrie du livre. En 1540, les échevins de Lyon n'hésitent pas à déclarer que « l'art de l'imprimerie est le plus beau et le plus grand en cette ville qu'il soit en la chrétienté »[45]. La diffusion est internationale ; les livres imprimés à Lyon sont aussi bien vendus en Italie, qu'en Allemagne ou en Espagne. Sont restés célèbres les ateliers des marchands imprimeurs Sébastien Gryphe et Jean de Tournes. C'est un prestigieux atelier que celui de Sébastien Gryphe, où sont imprimés, entre 1530 et 1556, les grands noms de l'humanisme comme Erasme, Melanchthon ou Vivès, les classiques latins, comme Cicéron ou César, des livres de droit. François Rabelais en fera son imprimeur exclusif pour sa production savante en latin, lui confiant ses éditions d'Hippocrate et de

---

[43]   Voir Francis Higman, « Le levain de l'Evangile », *Histoire de l'édition française*, Paris, Fayard, 1989, p. 383 : « loin des parlements et des universités, Lyon bénéficiait d'une peu efficace surveillance de ses presses ». (« [La censure] n'avait guère d'autorité autre que locale : la Faculté de théologie de Paris, toute prestigieuse qu'elle était, n'avait pas de statut national ou international ; pour porter plein effet dans les terres du Roi très-chrétien, il fallait qu'un décret soit enregistré non seulement dans le Parlement de Paris, mais dans les six Parlements provinciaux » (p. 376)).

[44]   Guillaume Fau et *alii*, « L'imprimerie à Lyon au XVe siècle : un état des lieux », *Revue française d'histoire du livre*, n° 116-117, 2003, p. 193.

[45]   Nathalie Zemon Davis, « Le monde de l'imprimerie humaniste : Lyon », *Histoire de l'édition française*, p. 303. Voir aussi l'édit de Fontainebleau du 28 décembre 1541, cité par Verdun-L. Saulnier, *op. cit.*, II, p. 61 : « Il n'y a aujourd'huy lieu en la chrestienté où il se face plus bel ouvrage, n'en plus de diverses sciences, qu'il se fait audit Lyon, où une grand partie, tant de nostre royaume, qu'autres pays et provinces estrangers se fournissent de livres, avec tel et si bon prix, qu'il ne sçauroit estre plus raisonnable ».

Galien, des lettres médicales de Giovanni Manardi, de la topographie de Rome par Giovanni Bartolomeo Marliani. Sébastien Gryphe ne dédaigne pas de donner des textes en vernaculaire, comme une édition des œuvres de Clément Marot. Son atelier est le rendez-vous des érudits tels Etienne Dolet, Barthélemy Aneau ou Guillaume Scève et un haut lieu de discussions humanistes[46].

Jean de Tournes, fils d'un orfèvre lyonnais, tout d'abord compagnon chez Sébastien Gryphe où il a travaillé comme correcteur avec Etienne Dolet, se met à son compte à partir de 1542 et deviendra, en 1559, imprimeur du roi à Lyon. Durant sa carrière de plus de vingt ans, il a publié un demi millier d'ouvrages, loués pour la qualité de leur impression[47]. Nombre

[46] Lucien Febvre, *Le problème de l'incroyance au XVIe siècle. La religion de Rabelais*, Paris, Albin Michel, 1942, p. 42, en a fait une description enthousiaste dans son évocation du «petit monde d'imprimeurs ouvert aux nouveautés, fort cosmopolite, actif, original, turbulent, - un aimant pour les gens de lettres, attirés de loin par cette flamme lyonnaise, illuminante et réchauffante : tous se cherchant, se découvrant, apprenant à s'aimer ou à se détester, dans des boutiques comme celle de Gryphe le Wurtembergeois : Sébastien Greif de Reitlingen près Tubingue, l'imprimeur au griffon, fixé à Lyon depuis la fin de 1522, travaillant à son compte depuis 1528, vulgarisateur des éditions aldines, inlassable propagateur des écrits érasmiens. Sa maison, l'asile de vingt collaborateurs et correcteurs réputés, d'Alciat et de Sadolet à Rabelais et à Dolet, en passant par les Sussannée, les Baduel, les Hotman, Baudoin, Guilland, Ducher et autres ; le lieu de rendez-vous de cent beaux esprits du lieu ou de partout : de Marot à Macrin, des deux Scève (Maurice et son cousin Guillaume) à Jean de Boyssoné, Nicolas Bourbon, Barthélemi Aneau et combien d'autres, Français ou Impériaux ? Fréquenter chez Gryphe, avoir ses entrées dans les cercles qui se formaient et se déformaient sans cesse autour des presses lyonnaises ; d'ailleurs pouvoir, en feuilletant les nouveautés, connaître instantanément ce qui se pensait et s'écrivait de plus aigu, de plus neuf en France, aux Pays-Bas, en Allemagne et en Italie : quel rêve pour les débutants perdus dans leur province natale, quel flot de désirs confus vers l'Athènes, non pas du Rhône, comme nous dirions aujourd'hui, mais, à cette date encore, de la Saône - vers le "Lion" allégorique chanté par Clément Marot ».

[47] Voir Alfred Cartier, *Bibliographie des éditions des de Tournes, imprimeurs lyonnais*, 2 volumes, Paris, Editions des Bibliothèques nationales, 1937-1938. Voir Nathalie Zemon Davis, *op. cit.*, p. 315 : « Ses livres sont toujours imprimés en beaux caractères et élégamment disposés, mais ils sont en outre richement illustrés de bois gravés dessinés tout spécialement par l'artiste lyonnais Bernard Salomon. L'éventail des classiques, des œuvres religieuses et surtout littéraires demeure large, mais dès les années 1550,

d'entre eux sont illustrés par les soins de Bernard Salomon, en particulier les Bibles et les Nouveaux testaments ; ainsi publie-t-il en 1553 les *Quadrins historiques de la Bible* et, en 1554, les *Figures du nouveau testament*, ouvrages qui servent la propagande réformée. Son édition de la Bible de 1551, édition réformée, est considérée comme « la plus belle qui existe »[48]; c'est dans la version de Genève de 1545 qu'il publie en 1554 le *Nouveau testament*. S'il a pu contribuer à la diffusion d'ouvrages réformés dans les années 1560[49], au tournant du milieu du siècle, c'est, comme on le verra ultérieurement, dans la mouvance évangélique de la reine Marguerite de Navarre qu'il s'inscrit[50].

L'année 1555 est reconnue par les bibliographes modernes comme la grande année de l'atelier de Jean de Tournes, par le nombre et la qualité de ses impressions ; de son atelier sortent, cette année-là, des éditions de textes anciens en latin (Hippocrate, Platon, Cicéron), des traductions en français de textes anciens (Xénophon, Artémidore, César) ou contemporains (Alciat), les créations de trois poètes : outre Louise Labé, Jacques Peletier, avec *L'amour des amours*, *L'art poëtiqu¢* et une réimpression de son *Dialogu¢ d¢ l'Ortograf¢ e Prononciacion Françoes¢*; Pontus de Tyard, avec *Les Erreurs amoureuses augmentees d'une tierce partie*. *Plus un livre de vers lyriques* et *Le solitaire second, ou prose de la musique*. La création poétique,

---

il équilibre la multiplication de ses publications en grec et latin par des livres en français, en italien, et autres langues vernaculaires, dont beaucoup sont de petit format ».

[48]   Suzanne Baddeley, *L'orthographe française au temps de la Réforme*, Genève, Droz, 1993, p. 285.

[49]   *Id., ibid.*, p. 201 – 207.

[50]   Voir le développement que lui consacre le Père Dominique de Colonia, *L'Histoire littéraire de la ville de Lyon*, Lyon, François Rigollet, 1730, II, p. 610 : « Jean de Tournes peut être mis au niveau des deux Gryphius, dont il fut contemporain. Il se distingua dans son siecle par la beauté et la netteté de ses caractéres, par l'exactitude de sa correction, et par le bon choix, et le grand nombre des Livres qu'il publia. Sa dévise, ou plûtôt son symbole, étoient deux viperes ou deux serpens entortillez avec ces mots de l'Evangile : *Quod tibi fieri non vis, alteri ne feceris*. Il eut le malheur de se laisser entraîner par les erreurs du tems, dont il fut infecté par quelques habiles Correcteurs étrangers, qu'il entretenoit dans sa maison. Il mourut Protestant à Lyon, où il étoit né Catholique ».

contrairement à ce que laisserait entendre la production de 1555, n'est pas, pour autant, une spécialité exclusive de ses nouveautés. En 1554, par exemple, il avait publié *L'histoire de nostre temps* de Guillaume Paradin, *L'arithmetique*, *L'algebre* de Jacques Peletier, la *Cosmographie du Levant* d'André Thévet[51].

Jean de Tournes fournit souvent des préfaces justifiant ses choix ou ses parti-pris d'imprimeur. Un avis final de l'imprimeur aux imprimeurs dans l'édition de 1545 des œuvres posthumes de Bonaventure Des Périers dénonce l'appât du gain qui fait multiplier les contrefaçons défectueuses et Jean de Tournes y prend l'engagement de ne pas imprimer de livre nouveau déjà imprimé par un autre, invitant ses confrères à agir de même. La dédicace de son édition italienne d'*Il Petrarca* à Maurice Scève en date du 25 août 1545 est d'une exceptionnelle importance. Elle montre les liens étroits qui l'unissaient aux auteurs dont il publiait les œuvres. Il y donne de précieux éléments autobiographiques : il explique comment il eut à composer les œuvres de Luigi Alamanni, ce qui l'invita à apprendre la langue toscane[52]; il relate la découverte par

---

[51] En 1556, deux nouvelles créations : *Choréide. Autrement louange du bal aux dames* de Berenger de La Tour d'Albenas et *le Discours du temps* de Pontus de Tyard.

[52] Voir la traduction qu'en donne Verdun-L. Saulnier, *op. cit.*, I, p. 40, d'après l'édition de 1550 : « Au non moins vertueux que docte Maurice Scève, Son très affectionné, Jean de Tournes.

Voici seize ans et plus, Monsieur, que je commençai à travailler dans la maison de M. Sébastien Gryphe : et, dès le début, je fus parmi les compositeurs qui eurent à composer pour les planches d'imprimerie les divines œuvres de M. Luigi Alamanni, gentilhomme à qui la France donne autant d'honneur que l'Italie de gloire : circonstance qui m'invita, non seulement à apprécier, mais aussi à aimer avec une complaisance particulière cette langue toscane, si bien que je résolus de persévérer dans cette langue vulgaire dans la mesure de mes facultés. Ayant donc fait tailler ces caractères, et d'autres convenables pour éditer des poètes et d'autres œuvres de plaisance, je me souvins aussitôt d'avoir vu Pétrarque imprimé très grossièrement en un mince volume, ce qui me parut aussi injurieux pour le Poète que rebutant pour le lecteur. Et là-dessus je me suis mis à m'entraîner dans cette langue que notre pays estime tant aujourd'hui, en particulier à la Cour de notre grand Roi. Et me souvenant d'avoir appris de plus d'un homme de valeur et digne de foi que Votre Seigneurie fut un de ceux qui retrouvèrent le tombeau de Madonna Laura, je voulus en savoir le fin mot de vous-même ; la gentillesse de votre divin esprit se montre, ici comme partout, pleine de sympathie : vous me fîtes le récit complet ».

Maurice Scève du tombeau de Laure, la femme chantée par Pétrarque, à Avignon, en 1533.

Il travailla avec un certain nombre d'auteurs qui jouèrent le rôle d'éditeurs critiques et de correcteurs et qui participèrent activement à la qualité éditoriale des ouvrages sortis de ses presses. Qu'il s'agisse d'Antoine Du Moulin, de Charles Fontaine ou de Jacques Peletier, qui ont aussi, tous trois, pour particularité d'être des poètes. Le fils de Jean de Tournes a remarquablement résumé les rapports de son père avec ses écrivains dans l'avis au lecteur de l'édition de 1569 de la traduction de Suétone par Georges de La Boutière. L'affection que son père portait à la « république littéraire » l'invita à toujours s'entourer de personnages savants et excellents en toutes disciplines qui puissent par leur esprit critique et le recours aux vieux manuscrits corriger les fautes des livres imprimés, offrir au public des traductions du grec et du latin, « et pour le dire en un mot le secourir de leur savoir en tout ce qu'il pouvoit conjecturer devoir apporter plaisir et proffit à ceux qui cherissent les Muses »[53].

La composition du défilé de l'entrée royale atteste la toute puissance des nations italiennes, avec ses marchands et ses banquiers. Toutefois, si la ville est fortement italianisée, elle n'en est pas redevable qu'à sa vocation commerciale. La culture italienne occupe une place de choix, ce dont témoignent les publications dans cette langue. Jean Lemaire de Belges, dans la *Concorde des deux langages*, montre l'harmonie des deux cultures, française et italienne. Dans le cercle qui, au début du XVIe siècle, se réunissait sur la colline de Fourvière et qu'il évoque dans son ouvrage, on chantait aussi des sonnets en rimes toscanes. Il est remarquable que Louise Labé (qui chargera, de ses volontés testamentaires, un banquier florentin, Thomas Fortin), commence ses sonnets par un sonnet en italien et que, sur les vingt-quatre pièces des « Escriz de divers Poëtes », trois soient écrites en italien. Ces textes non signés ont été attribués à des Italiens qui vivaient à Lyon. Le nom de Gabriel Symeoni a été avancé, non sans raison[54]. Symeoni le

---

[53]   Suétone, *De la vie des XII Cesars*, Lyon, Jean II de Tournes, 1569, « L'imprimeur au lecteur ».

[54]   Pour Toussaint Renucci, *Un aventurier des lettres du XVIe siècle, Gabriel Symeoni florentin*, Paris, Didier, 1943, p. 86, on reconnaît sa facture dans

florentin, arrivé à Lyon vers 1550 et qui s'occupe tout particulièrement d'antiquité, fournit des traductions italiennes d'ouvrages français, publie en français et en italien son ouvrage
consacré aux épitaphes et aux médailles antiques[55] ou celui
qui traite de l'origine du duché de Ferrare (1553); il montre
aussi son intérêt pour la poésie, avec *Le Tre parti del campo dei
primi studi* (1546) et les *Satire alle Berniesca* (1549) et, au
milieu du siècle, il est en relation avec Maurice Scève qui, en
tête de l'*Interpretation grecque, latine, toscane et françoise du
Monstre ou Enigme d'Italie* (Lyon, A. Voulant, 1555), dédie un
sonnet à son ami.

A Lyon, de nombreux ouvrages sont imprimés en italien. Si
la publication des *Opere toscane* de Luigi Alamanni en 1532 est
encore un phénomène isolé, les publications italiennes se multiplient au milieu du siècle[56]. De 1530 à 1589, il a été recensé
cent une éditions d'ouvrages italiens publiées à Lyon contre
cinquante à Paris[57]. Guillaume Rouillé, marchand libraire,
formé à Venise chez Gabriele Giolito, publia en 1547 une

ces pièces (emploi de l'expression familière « mai sempre » ou l'habitude
de consacrer ses vers à un seigneur ou à une dame afin de les immortali-
ser). Il fait remarquer que Luigi Alamanni, à qui ont été également attribuées ces pièces, vivait loin de Lyon depuis plus de douze ans. Pour Marie
Madeleine Fontaine, « Louise Labé et son entourage lyonnais: les libertés
d'une société complexe », *Cahiers Textuel*, n° 28, 2005, p. 17, qui récuse
l'attribution à Gabriel Symeoni, elles peuvent aussi être l'œuvre de Français parlant l'italien.

[55] Voir Toussaint Renucci, *op. cit.*, p. 86, où Gabriel Symeoni présente ainsi
ses activités lors de son séjour lyonnais dans son *Autografia*: « Il se lia
d'une amitié étroite et éternelle avec Guillaume Choul, gentilhomme
lyonnais, éminent antiquaire et animateur des esprits distingués. Il y traduisit de français en toscan sa *Castramatation*, suivie de la *Religion des
Romains* et un autre livre des bêtes féroces; il y écrivit lui-même, en
abrégé, dans trois autres volumes, l'histoire, depuis le déluge, de tous les
faits des Romains avec toutes les choses les plus singulières, qui furent à
Rome autrefois, et les revers de cinq cents médailles, pour la copie des
quelles, il reçut cent écus de Guillaume Roville, le plus grand des imprimeurs qui fût alors non seulement en France, mais dans toute l'Italie et
dans l'Allemagne. Il recueillit toutes les épitaphes des marbres antiques de
Lyon, en faisant un traité qu'il intitula les Antiquités de Lyon ».

[56] Voir Jean Balsamo, « L'italianisme lyonnais et l'illustration de la langue
française », *Lyon et l'illustration de la langue française*, Lyon, ENS éditions,
2003, p. 211-229.

[57] Nicole Bingen, *Philausone*, Genève, Droz, 1994, p. 24.

édition du *Nuovo Testamento*, dans la version de Antonio Bruccioli, placée sous le parrainage d'Hippolyte d'Este, le cardinal de Ferrare qui fut aussi archevêque de Lyon de 1538 à 1551 ; ce fut, pour ce libraire, le prélude à une importante activité éditoriale en italien, avec soixante-dix ouvrages en cette langue sur les huit cent trente-quatre éditions qu'il publia durant sa carrière ; ces productions italiennes n'étaient pas seulement destinées au marché lyonnais, mais étaient aussi diffusées en Italie.

Guillaume Rouillé s'attache à fournir des éditions des trois grands auteurs italiens, Dante (*La Commedia*, 1551), Pétrarque (*Il Petrarca con nuove e brevi dichiarationi*, 1550) et Boccace (*Il Decamerone*, 1555), grâce au concours de l'humaniste Lucantonio Ridolfi. Il met aussi à la disposition du public en 1550 le célèbre ouvrage de Baldassare Castiglione, *Il Cortegiano*[58]. Lucantonio Ridolfi publie également chez Guillaume Rouillé des dialogues qui mettent en scène une société franco-italienne, riche de débats. Tel est le cas de celui qui oppose un Français (Claude de Herberay) et un Florentin (Alessandro degli Uberti) discutant du *Decamerone* de Boccace et de questions linguistiques à propos des trois auteurs canoniques, Dante, Pétrarque et Boccace, et qu'il rapporte dans le *Ragionamento havuto in Lione da Claudio de Herbere, gentil'huomo franzese, e da Alessandro degli Uberti, gentil'huomo fiorentino, sopra alcuni luoghi del Cento Novelle del Boccacio* (1557) ou celui qui relate une discussion portant sur l'origine de l'amour, yeux ou oreille, dans l'*Aretefila* (1562), où sont aussi évoqués les poètes lyonnais Maurice Scève et Pontus de Tyard.

Jean de Tournes, qui avait donc appris la langue toscane à l'occasion de la composition des œuvres de Luigi Alamanni, en un temps où il travaillait chez l'imprimeur Sébastien Gryphe, n'est pas en reste pour les impressions en italien. Il publie, en 1551, une édition de l'*Extraordinario libro de architettura* de Sebastiano Serlio en italien et une autre en français. Dans ce même atelier, le recueil d'Antoine Du Moulin sur la physionomie est traduit et édité la même année en italien. L'édition *Il Petrarca*, publiée en 1545 avec un poème liminaire de Maurice

---

[58]   Cet ouvrage, publié en 1528 à Venise, avait été traduit en français en 1537 à la demande de François Ier et revu par Etienne Dolet qui le publie en 1538 chez François Juste.

Scève, est rééditée en 1547 et en 1550; Jean de Tournes imprime *Il Dante* en 1547. Sur le marché de l'édition lyonnaise, il y a donc place pour des éditions concurrentes des grands textes italiens et les productions de Jean de Tournes, en ce domaine, précèdent souvent celles de Guillaume Rouillé[59].

La connaissance de l'italien s'était répandue et les éditions bilingues sont nombreuses dans les années 1550. Les éditions des grands classiques italiens sont aussi destinées à l'apprentissage de cette langue et le recueil de rimes (*Rimario*) dû à Lucantonio Ridolfi qui accompagne, à partir de 1551, certaines éditions de Pétrarque doit aider à la composition de poèmes en italien à partir de rimes ou de vers complets. Les femmes s'initient aussi à l'italien. Une épître de Jean-Baptiste Du Four (connu pour ce seul texte), imprimée à la fin du *Decamerone* de 1555, met en avant l'intérêt de la cour de France et particulièrement des dames pour l'italien, mais aussi celui des dames de Lyon[60]; l'auteur y cite, entre autres, Marguerite de Bourg qui dispose, chez elle, de beaucoup de livres de philosophie, d'arts libéraux, et des plus beaux auteurs de la langue toscane; mademoiselle d'Yvort (que mentionne aussi le poète Claude de Taillemont) et Clémence de Bourges, la quatrième Grâce, qui fournit un accompagnement musical aussi bien à des textes toscans que français[61] et à qui Louise Labé dédie son livre.

II. LES ILLUSTRATIONS
DE LA FUREUR POÉTIQUE

Les *Euvres de Louïze Labé Lionnoize* sont intimement liées à la ville de Lyon. Toutefois, la date de publication, la spécificité

---

[59]   Nicole Bingen, «Les éditions lyonnaises de Pétrarque dues à Jean de Tournes et à Guillaume Rouillé», *Les poètes français de la Renaissance et Pétrarque*, Genève, Droz, 2004, p. 139-155.

[60]   Jean Balsamo, *op. cit.,* p. 223.

[61]   Emile Picot, *Les Français italianisants au XVIe siècle*, Paris, Champion, 1907, t. II, p. 13: «Che dirò io di madamigella Clemenza di Borges, figliuola della gentilissima madama la generala di Piemonte, la quale accompagna si bene la voce con la mano che tocca gli instrumenti di musica, tanto nelle parole toscane che nelle franzese, e aggiugne tanta gratia all' arte che par' che da Palade sia stata chiamata per quarta compagna alle tre Grazie».

des ouvrages sortis à cette même époque de l'atelier de Jean de Tournes, le renom de certains des poètes qui ont participé aux louanges de Louise Labé, invitent à inscrire cette entreprise dans un contexte national.

Une décennie exceptionnelle

L'époque de publication des *Euvres de Louïze Labé Lionnoize* est exceptionnelle dans l'histoire de la poésie française et la décennie qui la précède offre quelques événements majeurs qui ont fortement marqué l'évolution ultérieure de la poétique française. Entre le temps de la publication de la *Delie* de Maurice Scève (1544) et des *Rimes* de Pernette Du Guillet (1545), une des premières œuvres publiée par l'imprimeur Jean de Tournes, et celui des *Euvres* de Louise Labé, en dix ans, le paysage poétique a beaucoup changé. En 1545, aucun des auteurs de la future Pléiade n'a encore publié quelque écrit. Les figures tutélaires de Clément Marot, décédé l'année précédente, et de Mellin de Saint-Gelais s'imposent encore sans rivales. Le premier *Art Poetique François*, dû à la plume de Thomas Sébillet, paraît en 1548 et fournit à plusieurs reprises la liste canonique des poètes français d'alors: Clément Marot, Mellin de Saint-Gelais, Hugues Salel, Antoine Heroët, Maurice Scève. Il prélude à une réflexion sur les pratiques poétiques, suivi très rapidement de la publication des ouvrages théoriques majeurs du XVIe siècle. En effet, en 1549, paraît la fameuse *Deffence, et illustration de la Langue Françoyse* de Joachim Du Bellay; en 1552, Pontus de Tyard publie le *Solitaire premier, ou prose des Muses et de la fureur poëtique*; en 1555, Jacques Peletier son *Art poëtiqu* et Antoine Fouquelin sa *Rhetorique françoise* dont les deux tiers des exemples sont empruntés aux œuvres poétiques les plus récentes (principalement de Pierre de Ronsard, Joachim Du Bellay, Jean-Antoine de Baïf) et ont été disposés par Ronsard lui-même (qui semble aussi avoir rédigé le chapitre sur la métaphore).

C'est l'époque de la constitution de recueils qui s'inspirent de la tradition du *Canzoniere* de Pétrarque qui comportait trois cent soixante-six pièces (sonnets, chansons, madrigaux, ballades, sextines), avec une prédilection pour le sonnet. Vasquin Philieul en donne en 1548 une traduction en français sous le titre de *Laure d'Avignon* avec cent quatre-vingt-seize sonnets, des madrigaux, des stanses et des chants; en 1539, était déjà paru chez l'imprimeur Gilles Corrozet un petit opuscule, *Six sonnets de Petrarque sur la mort de sa dame Laure traduictz d'italien en françois par Clement Marot*. Un ensemble de sonnets français, qui regroupe douze traductions de Pétrarque, date de 1547, dans les *Œuvres poétiques* de Jacques Peletier[62]. En 1549, suivent l'*Olive* de Joachim Du Bellay avec un nombre de cinquante sonnets (accompagnés de vers lyriques), passé à cent quinze dans l'édition de 1550, *les Erreurs amoureuses* de Pontus de Tyard, avec des chants et des épigrammes, et, en 1550, le *Repos de plus grand travail* de Guillaume Des Autels avec des formes variées. Dans ces textes, domine toutefois le sonnet, forme neuve en français, si l'on veut bien considérer que le premier sonnet imprimé et désigné comme sonnet se trouve dans les six sonnets traduits de Pétrarque en 1539 par Clément Marot[63] et que c'est Jacques Peletier qui fournit le premier recueil plus étendu de ces formes, dans son édition de 1547, où il donne également parmi des vers lyriques une « Ode de Pierre de Ronsart à Jacques Peletier » (« Des beautez qu'il voudroit en s'Amie »), premier texte de Pierre de Ronsard à être publié[64]. Avant cette mode des sonnets, Maurice Scève avait publié en 1544 la *Delie*, un ensemble de quatre cent quarante-neuf dizains qui se conforme au plan traditionnel des *canzonieri* pétrarquistes.

Au temps de Louise Labé, ode et sonnet sont très marqués de l'empreinte de Pierre de Ronsard (1524-1585) qui a fait une

[62] Dans les « Autres menues traductions de l'Autheur », « Douze Sonnetz de Petrarque: Scavoir est sept de ceux qu'il fit du vivant de sa Dame Laure: et cinq autres depuis la mort d'icelle ».

[63] Voir Jacques Roubaud, *La forme du sonnet français de Marot à Malherbe*, 1989.

[64] Dans la seconde préface de l'*Olive* (1550), Joachim Du Bellay, *Œuvres poétiques*, I, éd. Henri Chamard, Paris, Nizet, 1982, p. 12, souligne la nouveauté de ces formes: « Voulant donques enrichir nostre vulgaire d'une nouvelle, ou plustost ancienne renouvelée poësie, je m'adonnay à l'immitation des anciens Latins et des poëtes Italiens, dont j'ay entendu ce que m'en a peu apprendre la communication familiere de mes amis.Ce fut pourquoy, à la persuasion de Jaques Peletier, je choisi le sonnet et l'ode, deux poëmes de ce temps la (c'est depuis quatre ans) encores peu usitez entre les nostres: étant le sonnet d'italien devenu françois, comme je croy, par Mellin de Sainct Gelais, et l'ode, quand à son vray et naturel stile, representée en nostre langue par Pierre de Ronsard ».

entrée fracassante en littérature avec son livre des *Odes* de
1550 (il n'avait publié jusque-là que des pièces isolées dont
l'ode à Jacques Peletier de 1547), imitation des odes de
Pindare, et où il prétend, à tort, être le premier à avoir enrichi
le français de ce nom d'ode. En 1552, il publie les *Amours* de
Cassandre, un recueil de cent quatre-vingt-deux sonnets, en
un style élevé qu'il abondonnera en 1555 pour le style bas de
la *Continuation des amours*. L'ouvrage est accompagné en 1552
de partitions musicales et, en 1553, d'un long commentaire de
Marc-Antoine Muret. En 1555, paraissent ses *Hymnes*. Il est
aussi, avant cette date, l'auteur d'un *Livret de Folastries,* autant
d'ouvrages divers qui montrent un goût certain de la recherche
formelle.

Les recueils à la gloire de figures féminines se sont multipliés
en dix ans, après la publication de la *Delie* de Maurice Scève. Les
poètes chantent à l'envi leur dame : qu'il s'agisse de l'Olive de
Joachim Du Bellay en 1549 ; de la Pasithée de Pontus de Tyard
dans ses *Erreurs amoureuses* de 1549, augmentées en 1551 avec
la *Continuation des erreurs amoureuses ;* de la Sainte de Guillaume
Des Autels dans le *Repos de plus grand travail* (1550) et l'*Amoureux repos* (1553) ; de la Cassandre dans les *Amours* de Pierre de
Ronsard (1552) et le *Bocage* (1554), de Marie dans la *Continuation des amours* (1555) ; de Meline dans *Les Amours* de Jean-
Antoine de Baïf (1552), de Francine dans les *Quatre livres de
l'Amour de Francine* du même auteur ; de La Castianire dans *Les
amours* d'Olivier de Magny (1553) ; de L'Admirée dans les
Sonnets, odes et mignardises de Jacques Tahureau (1554). Le
poète, en ces années-là, est donc le poète d'une femme, parfois
de femmes successives, comme le Ronsard de Cassandre, puis
de Marie ou le Baïf de Meline, puis de Francine. Les *Euvres* de
Louise Labé offrent une variante intéressante à ce schéma traditionnel, avec les « Poëtes de Louïze Labé », plusieurs poètes
chantant apparemment la même femme.

C'est de 1555 que date, sous la plume de Pierre de Ronsard,
la liste des auteurs appelés à constituer la Pléiade : Joachim Du
Bellay, Jean-Antoine de Baïf, Etienne Jodelle, Pontus de Tyard,
Rémi Belleau, Jacques Peletier[65], liste qui offrait, deux ans plus

---

[65]   Pierre de Ronsard, « Hymne du treschrestien roy de France Henri II », *Les
Hymne*s, Paris, A. Wechel, 1555, p. 36.

tôt, les noms de Jean de La Péruse et de Guillaume Des Autels à la place de Rémi Belleau et de Jacques Peletier[66]. En 1556, Pierre de Ronsard évoquera « Belleau, qui viens en la brigade/ Des bons pour accomplir la setiesme Pleiade » et, en 1563, il déclarera : « Il me souvient d'avoir autrefois accomparé sept poëtes de mon temps à la splendeur des sept estoilles de la Pleiade, comme autrefois on avoit fait des sept excellens Poëtes grecs qui florissoient presque d'un mesme temps. »[67] Avant la restriction du nombre des poètes à sept, il avait enrôlé dans la Brigade de nombreux contemporains. Dans l'édition de 1553 du poème « Des iles fortunees » dédié à Marc-Antoine Muret, il invitait à monter sur le bateau appareillé pour fuir les malheurs de l'Europe : Baïf, Denisot, Tahureau, De Mesme, Du Parc, Du Bellay, Dorat, Jodelle, Maclou, Castaigne, Paschal, Maumont, Belleau, Fremiot, Des Autels, Tyard, La Fare, Colet, Gruget, Navières, La Péruse, Tagault. Le lyonnais Pontus de Tyard et, au début, le lyonnais Guillaume Des Autels sont donc intimement liés aux recherches de ce groupe.

Dans *Le fort inexpugnable de l'honneur du Sexe Femenin,* en 1555, François de Billon fournit une liste des poètes français de ce temps qui réunit des poètes célébrés par Thomas Sébillet et des poètes de la Brigade, en accueillant Salel, Heroët, Ronsard, Du Bellay, Saint-Gelais, Marot, Jodelle, Baïf, Peletier, Belleau, Tyard et Magny[68]. Dans le développement suivant consacré aux poétesses lyonnaises, à propos de Claudine et de Jeanne Scève, il évoque leur frère Maurice « dont les

[66] Pierre de Ronsard, « Elegie à Jean de la Péruse », *Cinquiesme Livre des Odes*, Paris, Vve Maurice de La Porte, 1553, p. 178-179.

[67] Voir « Elegie à Betophle de Choiseul », dans Rémi Belleau, *Odes d'Anacreon*, 1556, et « Epistre au Lecteur », *Premier livre du Recueil des Nouvelles Poésies*, 1564 ; textes cités par Jean Paul Barbier, *Ma bibliothèque poétique, Troisième partie. Ceux de la Pléiade*, Genève, Droz, 1994, p. 7.

[68] François de Billon, *Le fort inexpugnable de l'honneur du Sexe Femenin*, Paris, J. d'Allyer, 1555, f. 29v° : « Entre lesquelz de maintenant, le Heroique Salel, si honorablement gratifié, par le treschrestien Roy François, est pour cela, le Poete Royal surnomme, Heroel (dit la Maison neuve) du Poete philosoficque à le nom, non sans merite. Puis y à Ronsart, le Pindare François, de toute gravité revetû. Du Bellay l'Horace François, Saint Gelais, des Muses le mignart, Marot le regreté, Jodelle le prompt, et Bayf le Docte, Pelletier, de la Nature imitateur, Belleau, Thiard, Mailly et autres ».

œuvres (bien commentéz) pourront un jour avoir l'heür du Petrarque » (f. 35r°).

Dans l'histoire poétique, l'année même de 1555 est restée comme une remarquable année de production poétique, si l'on veut bien considérer que sont parus à Lyon, chez Jean de Tournes, outre les *Euvres de Louïze Labé*, le troisième livre des *Erreurs amoureuses* de Pontus de Tyard, *L'amour des amours* de Jacques Peletier ; chez Thibault Payan, *Les ruisseaux* de Charles Fontaine ; à Paris, chez André Wechel, les *Quatre livres de l'Amour de Francine* de Jean-Antoine de Baïf, les *Hymnes* de Pierre de Ronsard ; chez Vincent Sertenas, la *Continuation des amours* du même Ronsard. C'est également la date de publication des trois ouvrages théoriques majeurs, d'une part, chez Jean de Tournes, *L'art poëtiqu∉* de Jacques Peletier, d'autre part, chez Antoine Wechel, *La Rhetorique françoise* d'Antoine Fouquelin et *La dialectique* de Ramus. Parmi les sept auteurs de la Pléiade cités par Pierre de Ronsard, il faut noter que Jean de Tournes est, en ce milieu de siècle, l'imprimeur exclusif de deux d'entre eux : Pontus de Tyard et Jacques Peletier. Sa production d'œuvres poétiques semble comparable à celle de l'atelier parisien d'André Wechel devenu l'imprimeur attitré de la Pléiade.

Variétés formelles dans l'œuvre de Louise Labé

C'est dans ce contexte d'effervescence poétique et de recherches formelles qu'il faut replacer les *Euvres de Louïze Labé*. L'ouvrage fournit un débat en prose qui relève de plusieurs genres littéraires à la mode au XVIe siècle dont ceux du dialogue et du paradoxe ; une série de trois élégies ; un ensemble de vingt-quatre sonnets. Ces textes sont rangés par genres, avec les titres de chaque section imprimés en capitales, DEBAT DE FOLIE ET D'AMOUR, ELEGIES, SONNETS et repris en titre courant. Les « Escriz de divers Poëtes » n'offrent pas de titre courant, ni de classement générique, s'opposant ainsi à la rigueur de l'ordonnancement des pièces de Louise Labé. Dans ces derniers textes, se trouvent données, avec indication de la forme, les pièces VI (sonnet), X et XI (sonetto), XV (epitre), XVIII (double rondeau), XIX (ode), XX (madrigale), XXI (ode), XXII (sonnet). La diversité prime, surtout dans la seconde partie de ces « Escriz ». En première partie, se lisent tout d'abord une ode grecque, une ode latine, puis neuf sonnets dont deux en italien et une ballade italienne. La seconde partie se caractérise par une grande variété des formes : à côté des étrennes, une autre épigramme, une épître, deux sonnets, une chanson, un double rondeau, trois odes, un madrigal italien et une traduction d'une pièce du poète pétrarquiste néolatin Girolamo Angeriano, grande variété de formes qui rappelle aussi les formes diverses du *Canzoniere* de Pétrarque.

Il a été relevé comment se trouvent ainsi associées des formes où se sont illustrés les représentants de la Brigade (et tout particulièrement Pierre de Ronsard, l'auteur en ce milieu de siècle de cinq livres d'*Odes* et de recueils de sonnets) et des formes qui relèvent plutôt de l'esthétique marotique, comme le rondeau[69]. Cette alliance, toutefois, concorde avec la position d'un Barthélemy Aneau, régent du collège de la Trinité de Lyon (de 1529 à 1550, puis de 1558 à 1561), dans le *Quintil Horatian* (1550), réponse critique à *La deffence, et illustration de la Langue Françoise* de Joachim Du Bellay. Celui-ci, dans le chapitre consacré aux genres de poèmes que doit choisir le poète français, invitait à laisser aux Jeux floraux de Toulouse les rondeaux, les ballades et les chansons qui corrompent le goût de notre langue et témoignent de notre ignorance ; à rejeter les épigrammes telles que les souhaitait Thomas Sébillet (c'est-à-dire formées d'un dizain avec la pointe finale du dixième vers), ainsi que les épîtres familières. Il préconisait, au contraire, la composition des odes encore inconnues de la Muse française et demandait au poète de « sonner les beaux sonnets ». Face aux partis pris de Joachim Du Bellay, Barthélemy Aneau défend les formes anciennes, rondeaux et ballades comme propres au français et d'antique invention, montrant, dans leur difficile artifice, la beauté de la langue. Pour lui, les odes, loin d'être nouvelles, correspondent aux chansons et, si elles doivent être accompagnées à la lyre, elles sont à appeler vers lyriques ; quant aux sonnets, « docte et

---

[69] Daniel Martin et Isabelle Garnier-Mathez, *Louise Labé*, Paris, Atlande, 2004, p. 52 : « En fait, en faisant alterner les genres anciens, comme l'épigramme et le rondeau, avec les genres récemment introduits dans la poésie française, comme le sonnet et surtout l'ode, la série associe dans le concert d'éloges les deux grandes mouvances poétiques qui dominent le Parnasse français : la tendance marotique et la tendance ronsardienne ».

plaisante invention italienne » selon Joachim Du Bellay, ils sont composés d'un huitain et d'un sizain et le fait qu'ils soient souvent, pour cinq vers, sur trois rimes différentes est, par cet éloignement des rimes, préjudiciable à l'harmonie. Thomas Sébillet, en 1548, avait consacré un chapitre au sonnet qu'il rapprochait de l'épigramme : « Sonnet n'est autre chose que le parfait épigramme de l'Italien, comme le dizain du Français »[70]; il relevait que le sonnet, quoique de structure un peu fâcheuse, était aujourd'hui très usité et bien reçu pour sa nouveauté et pour sa grâce.

Le changement formel est net, à comparer, d'une part, la *Delie* de Maurice Scève, exclusivement composée de dizains qu'il appelle ses « durs epygrammes » ou l'ouvrage de Pernette Du Guillet qui ne désigne pas ses multiples pièces de longueurs très différentes, à l'exception d'un « coq à l'asne » qui évoque la pratique marotique, et, d'autre part, l'ouvrage de Louise Labé où les distinctions génériques sont bien mises en valeur.

Dans le « Debat de Folie et d'Amour », c'est un catalogue de formes poétiques que fournit l'auteur, dans une sorte d'art poétique où se trouvent cités « madrigalles, sonnets, pavanes, passemeses, gaillardes », « serenades, aubades, tournois, combats tant à pié qu'à cheval », « Comedies, Tragedies, Jeux, Montres, Masques, Moresques » (p. 53). Ce « Debat » fournit un historique des satires, des comédies, des tragédies et des saltations (p. 75), à mettre en relation avec les enseignements donnés par Jacques Peletier dans son *Art poëtiqu*e ou avec ceux que développe ultérieurement Maurice Scève dans son *Microcosme*[71]. Les genres littéraires se trouvent, dans le « Debat de

---

[70]   Thomas Sébillet, *Art Poetique François*, dans *Traités de poétique et de rhétorique à la Renaissance*, éd. Francis Goyet, Paris, Le livre de poche, 1990, p.107.

[71]   Maurice Scève aime les arts poétiques. Voir dans le livre II de *Microcosme* [1562], éd. Enzo Giudici, Paris, Vrin, 1976, p. 202 :

> « Ce grand Prophete hebreu dessus la rouge mer
> En sa celeste ardeur apperçoit enflammer,
> Et durant que son peuple hors des flots sauvé range,
> Pour graces rendre à Dieu exametre louange
> Du Royal cythadere en peu de tems suivi.
> Qui des doigts resonnans, et de bouche ravi
> Ses quinquemetres fait, et trimetres courir,

Folie et d'Amour», alliés aux genres de représentation dont certains font les beaux jours fastueux du Lyon en fête.

Les *Euvres* de Louise Labé s'inscrivent donc dans une période particulièrement riche d'effervescence poétique et de réflexion théorique. Il faut noter l'importance dans la Pléiade naissante de certains poètes lyonnais, comme Pontus de Tyard et Guillaume Des Autels, alors que Maurice Scève s'impose comme figure tutélaire du Lyon artistique de ce milieu de siècle.

III. LES FEMMES DE LETTRES LYONNAISES

La troisième élégie de Louise Labé est explicitement adressée aux dames lyonnaises :

> Quand vous lirez, ô Dames Lionnoises,
> Ces miens escrits pleins d'amoureuses noises (p. 107).

Jacques Peletier, dans son ode à Louise Labé, loue les demoiselles et dames lyonnaises, plaisir des yeux et passions des âmes, aux visages si beaux. Les dames lyonnaises enflamment certaines imaginations. Pour Charles Fontaine, dans

> Et en hymnes plaisans hautement discourir,
> Que Flacce apres essaye avec le grec Pindare,
> Et en ceux, ou Saphon fut premierement rare.
> Puis du grand Solomon oit les graves Cantiques,
> D'autres plusieurs assés reverés pour antiques.
> Metre, qui par mesure, et certaine raison,
> Comme en tous instruments, consiste en l'oraison :
> Oraison haut parler, et des Muses miracle.
> Pour Heroës chanter le Pythien oracle :
> Par nombres, et par piés l'Asclepiade enjambe
> Suivant de rage armé son Archiloque ïambe.
> Et à l'Elegue mol commiserant ses pleurs
> Se lasse d'escouter ses amours, et malheurs,
> Pour ses poumons estendre à rire du Comede,
> Et à l'autel fumant ouïr le bouc Tragede,
> Qu'Eschile personné en toute gravité
> Au pere Libre offroit, pere d'authorité.
> De l'autre part Menippe entend assés plus plaire,
> Que Menandre mordant, et dur au populaire :
> L'un par ses mots masqués se rendant excessif,
> Et l'autre à imiter le Satyre lascif».

l'*Ode de l'antiquité et excellence de la ville de Lyon*, les dames sont si bien arrangées qu'on les prendrait pour de belles Nymphes ou des fées.

Elles sont en concurrence avec les Parisiennes. Une pièce, parue anonymement dans les *Fleurs de Poesie Francoyse* de 1534 (peut-être œuvre de Clément Marot) et qui est une défense des dames parisiennes, blâmées dans la pièce précédente pour leur inconstance, et une charge contre les Lyonnaises, prétend que l'on ne peut comparer celles-ci aux Parisiennes bien supérieures au chant, à la danse, par leur beauté sans artifice et par leur absence de vénalité :

> Cueur Lyonnois n'ayme que pour l'avoir.
> Cueur de Paris pour l'amour raisonnable[72].

Lyon, toutefois, a pour particularité et supériorité sur Paris d'être apparemment une ville prodigue en femmes de plume. Au chapitre qu'il consacre aux femmes écrivains, François de Billon, dans *le Fort inexpugnable de l'honneur du Sexe Femenin*, après avoir vanté Marguerite de Navarre et la sœur du roi Henri II, cite, pour Lyonnaises célèbres, Marguerite de Bourg, Claudine et Jeanne Scève, Claude Peronne, Jeanne Gaillarde, Pernette Du Guillet ; il ajoute ensuite la Mâconnaise Anne Tullonne, puis la Picarde Helisenne, auteur des *Angoisses douloureuses*. Il ne peut citer aucune Parisienne, ce dont il s'explique[73].

---

[72] *Les Fleurs de Poesie Françoyse. Hécatomphile*, éd. Gérard Defaux, Paris, STFM, 2002, p. 82. Voir Emile Picot, « La querelle des Dames de Paris, de Rouen, de Milan et de Lyon au commencement du XVIe siècle », *Mémoires de la Société de l'Histoire de Paris et de l'Ile de France*, XLIV, 1917, p. 107-162.

[73] François de Billon, *op. cit.*, f. 36r° : « Toutesfois cete grande Cité de Paris à patience, voyant qu'asséz d'autres de ses belles branches et florettes n'osent getter leur odeur de literature : tant pour la servile Coustume, qui par tout s'efforce étandre son bras usurpatif, que pour le trouble de l'Heresye, qui a gardé de germer beaucoup de belles Plantes, au moien de la continue Rosée de Suspicion qui tumbe sur tout ce que l'on s'efforce metre en lumiere. Pour cela Paris est contraint en cete saison de se payer du commun Proverbe, le confessant veritable, qui est, Que souvent les bons le perdent pour les mauvais ».

Louise Labé et Pernette Du Guillet,
«les deux dames lyonnoises excellentes en savoir
et en poesie»

De cette liste de François de Billon, la postérité n'a guère retenu que le nom de Pernette Du Guillet que certains considèrent comme la grande inspiratrice de la *Delie* de Maurice Scève, bien qu'aucune preuve formelle n'ait pu être apportée à ce sujet. Son nom est souvent mentionné avec celui de Louise Labé. Aux yeux de certains, en compagnie de Maurice Scève, elles constitueraient, «fameuse triade», la véritable Ecole lyonnaise[74].

En 1573, Louise Labé et Pernette Du Guillet sont associées sous la plume de l'historien Guillaume Paradin dans ses volumineux *Memoires de l'histoire de Lyon* comme Lyonnaises d'exception. Un chapitre entier est consacré aux deux dames lyonnaises excellentes en savoir et en poésie, seuls écrivains à être signalés dans son ouvrage, pourtant auteur, l'une et l'autre, d'une seule et mince œuvre. Guillaume Paradin fait une présentation dithyrambique des deux poétesses et surtout de Louise Labé à partir des éloges décernés en fin de ses *Euvres* par les divers poètes.

Il existe, à coup sûr, un parallélisme entre les deux poétesses, qui n'ont publié, chacune, à dix ans d'intervalle, qu'un volume, chez le même imprimeur Jean de Tournes : *Rymes de gentile, et vertueuse dame D. Pernette du Guillet lyonnoise* (1545, réimprimé en 1546, 1547 et 1552)[75] et *Euvres de Louïze Labé Lionnoize* (1555, avec réimpression en 1556). Les deux ouvrages sont accompagnés de pièces d'éloge que des poètes dédient aux deux poétesses. Celui de Pernette Du Guillet, posthume, s'achève sur quatre épitaphes de ses amis, dont deux de Maurice Scève[76], textes qui occupent trois des quatre-vingts pages du recueil, proportion sans commune mesure

---

[74]   Enzo Giudici, *Louise Labé e l'Ecole lyonnaise*, Naples, Liguori, 1964, p. 305.

[75]   Voir Verdun-L. Saulnier, «Etude sur Pernette du Guillet et ses *Rymes*», *Bibliothèque d'Humanisme et Renaissance*, 1944, p. 7-119.

[76]   La seconde d'entre elles commence par un vers : «Beauté mortelle icy en vain souspire» qui est la traduction d'un des vers du sonnet de Pétrarque trouvé dans la tombe de Laure, voir *infra,* p. 152.

avec la place accaparée par les vingt-quatre pièces d'hommages amicaux à Louise Labé.

Les deux ouvrages débutent par des plaidoyers en faveur des femmes: le premier par une préface d'Antoine Du Moulin (alors correcteur chez Jean de Tournes)[77] aux dames lyonnaises, le second par une dédicace de Louise Labé à Clémence de Bourges qui est aussi une exhortation pour les vertueuses dames à élever leurs esprits au-dessus des quenouilles et des fuseaux et une invitation à l'écriture pour d'autres femmes. Dans sa préface, Antoine Du Moulin parle des «bons espritz, qu'en tous artz, ce Climat Lyonnois a tousjours produict en tous sexes». Il dit publier cet ouvrage, à partir des brouillons donnés par le mari de Pernette («son dolent mari», «son affectionné mari») pour faire, par l'intermédiaire d'une d'entre elles, honneur aux dames et faire priser les dames lyonnaises en maintes contrées, mais aussi comme une incitation personnelle pour celles-ci à participer par les lettres à la réputation que se sont acquises les dames d'Italie qui ternissent le lustre de maints hommes doctes[78].

La préface d'Antoine Du Moulin est aussi prétexte à dresser un portrait élogieux de Pernette Du Guillet, «si parfaicte-

---

[77]   Voir *infra*, p. 172.

[78]   Voir *Rymes de gentile, et vertueuse dame D. Pernette du Guillet lyonnoise*, Lyon, Jean de Tournes, 1545, p. 5, où Antoine Du Moulin dit avoir mis en lumière ces pièces (épigrammes, chansons et autres diverses matières) «tant pour satisfaire a ceulx, a qui privément en maintes bonnes compaignies elle les recitoit a propos, comme la plus part faictz a leur occasion, que aussi pour ne vouloir perdre soubz silence d'eternel oubly chose, qui vous peust non seulement recreer, mais faire honneur a vous, Dames Lyonnoises, et vous faire priser en maintes contrees toutes les fois, que ces petites, et louables jeunesses siennes seront en grande admiration leues de tous. Et quand ce ne seroit, quelles pourront inciter quelcune de vous, ou d'ailleurs, et l'animer aux lettres, pour participer de ce grand et immortel los, que les Dames d'Italie se sont aujourdhuy acquis, et tellement, que par leurs divins escriptz, elles ternissent le lustre de maintz hommes doctez, et comme en France semblablement tant de honnestes et vertueuses Dames, et Damoiselles s'y adonnent avec une grance expectation de leur perpetuelle renommée au grand honneur, et louange de tout ce Royaume: et quand ce ne seroit (rediray je) que pour toutes ces justes, et louables occasions, ne devrois je estre jugé ingrat, et oultrageux a vous toutes, si, ayant cecy entre mains, je vous eusse celé ce petit esguillon de vous poulser a plus hault bien en perpetuelle recommandation de votre renommée?».

ment asseurée en tous instrumentz musiquaulx, soit au Luth, Espinette, et autres », adonnée à l'étude des « bonnes lettres, par lesquelles elle avoit eu premierement entiere et familiere congnoisssance des plus louables vulgaires (oultre le sien) comme du Thuscan, et Castillan, tant, que sa plume en pouvoit faire foy », ayant des rudiments de latin, aspirant à apprendre le grec et apparaissant comme un exemple de vertu.

La mention de connaissances de l'italien et de l'espagnol est justifiée par la présence de pièces spécifiques dans ces *Rymes*. Elles comportent des pièces écrites en italien et la traduction en vers français d'une pièce extraite, comme le dit le titre, « de la prose du parangon italien », texte dont il existe une traduction française en prose, restée manuscrite et attribuée au roi François I[er][79]. Par ailleurs, en tête d'une longue pièce de cent quatre-vingt-huit vers, le titre de « Conde claros de Adonis », demeuré énigmatique, est en fait une référence à un schéma musical célèbre issu d'une romance espagnole du XVe siècle, « Conde Claros de Montaluan »[80].

C'est sous le signe de la merveille que sont célébrées les deux poétesses. L'ode grecque en tête des écrits à la louange de Louise Labé souligne le miracle étonnant de la naissance de cette nouvelle poétesse[81]. Pour Antoine Du Moulin, dix ans auparavant, il est « quasi incroyable » que, dans sa courte vie, Pernette Du Guillet ait pu acquérir la dextérité en tous instruments de musique, ce qui suppose usuellement une vie pour atteindre une telle perfection, sa facilité étant cause d'ébahissement pour les plus expérimentés.

Tout comme la biographie de Louise Labé est reconstituée à partir des données extraites de son ouvrage et des paroles laudatives de ses poètes, les connaissances sur la vie de Pernette Du Guillet proviennent de la préface d'Antoine Du Moulin, de l'analyse que l'on a faite des *Rymes,* des épitaphes où il est précisé qu'elle est morte le 16 juillet 1545 et qu'elle est

---

[79]   BNF, manuscrit fonds français 1723, fol. 34 r°, « Parangon translaté d'ytalien en francoys par le Roy »; selon Verdun-L. Saulnier, *op. cit.*, p. 41, qui a exhumé ce manuscrit, le poème de Pernette Du Guillet n'en serait qu'une adaptation en vers.

[80]   Voir *Silva de romances (Zaragoza, 1550-1551)*, Zaragoza, Cathedra Zaragoza, 1970, p. 390.

[81]   Voir *supra*, p. 13.

« bourgeoise ». Aucun document officiel, contrairement au testament de Louise Labé, n'atteste son existence et son mariage. Or l'hypothèse de ses amours avec Maurice Scève, formulée au début du XXe siècle à partir de ressemblances entre les œuvres des deux poètes, de la présence de deux épi-taphes de Maurice Scève à la fin de ses œuvres, a acquis force de vérité[82]. Pernette Du Guillet serait la Delie chantée par Maurice Scève et l'on a reconstitué toute une histoire poé-tique[83]. Toutefois, ces conjectures sont simplement fondées sur l'utilisation du nom de Maurice Scève en anagramme dans un des sonnets, sur les jeux de mots à propos de la transcrip-tion latine de Scève, *saevus,* « sévère », et sur la personnalité du poète, renommé pour son savoir, ses vertus et sa faconde, qui apparaît en filigrane de ces *Rymes.* Du côté de *Delie*, un certain nombre de dizains de Maurice Scève laissent entendre des amours contrariées avec une femme mariée. De ces rapproche-ments, on a donc conclu aux amours de Pernette Du Guillet et de Maurice Scève, en s'étonnant tout de même quelque peu de la complaisance du mari…

Il est des différences significatives dans l'histoire des textes des deux poétesses. Avec les éditions de ses œuvres chez Jeanne de Marnef, Pernette Du Guillet apparaît dans le milieu des éditions parisiennes. Tel ne sera pas le cas de Louise Labé. Par ailleurs, alors qu'il n'existe aucune variante ou adjonction entre les diverses éditions des *Euvres* de Louise Labé, les édi-tions des *Rymes* de Pernette Du Guillet offrent de nombreux textes nouveaux. Dans l'édition de 1552, parue, comme la pre-mière, chez Jean de Tournes, mais avec, en page de titre, la mention « Augmentees », ont été ajoutées, à l'édition de 1545 reprise ligne à ligne, trois pièces : les « Mommeries de cinq

---

[82]   Joseph Buche, « Pernette du Guillet et la 'Délie' de Maurice Scève », *Mélanges de philologie offerts à Ferdinand Brunot*, Paris, Société nouvelle de librairie et d'édition, 1904, p. 33-39.

[83]   Verdun-L. Saulnier, *op. cit.*, p. 11 : « La grande affaire de sa vie, ce fut sa liaison avec Maurice Scève. Ils s'étaient rencontrés au printemps 1536, alors que le poète atteignait la trentaine. On retrouvera l'histoire poétique de cette aventure dans les *Rymes* de Pernette et dans la *Délie* de Scève. » Voir pour la critique de cette reconstruction bibliographique, Enzo Giudici, *Maurice Scève, poeta della Délie*, Rome, Edizioni dell'Ateneo, 1965, p. 85-101.

Postes d'amour », « Pour une anathomie » et « A un sot Rimour, qui trop l'importunoit d'aymer ». Ces pièces évoquent singulièrement les pratiques poétiques de Clément Marot par les jeux de rhétoricien adressés au « sot rimeur » (*rimasser, rimoyer, rimacher, rimoner, rimasse, rimaillerie…*) et celles de Maurice Scève par l'obscurité philosophique de l'anatomie, alors que les facéties de la momerie[84] relèveraient plutôt d'une plume masculine. A conserver l'hypothèse des brouillons donnés par le mari, il y a lieu de supposer la découverte de nouvelles pièces dans ces brouillons par le mari ou par celui à qui il les aurait confiés et, dans ce contexte, le caractère de ces pièces est quelque peu étonnant. Rien, pourtant, dans leur présentation, ne laisse entendre qu'elles ne soient pas de Pernette Du Guillet.

Il en est autrement dans les deux éditions parisiennes parues chez Jeanne de Marnef en 1546 et en 1547, sous le titre, *Les Rithmes et poesies de gentile et vertueuse dame D. Pernette du Guillet Lyonnoise. Avec le Triumphe des Muses sur l'Amour: Et autres nouvelles compositions.* Aux textes de Pernette Du Guillet, ont été ajoutées d'une part, six pièces anonymes, signées d'initiales (correspondant, entre autres, aux noms de Mellin de Saint-Gelais, Victor Brodeau, Claude Gruget, Jean Maugin), d'autre part, quatre des sept pièces présentes dans le *Panegyric des damoyselles de Paris sur les neuf Muses*, ouvrage édité chez Jean de Tournes en 1545 par Antoine Du Moulin : « Le triumphe des Muses contre Amour », « Les obseques d'Amour », « Complainte d'une damoyselle fugitive », « L'amante loyalle qui depuis ha esté variable ». Jeanne de Marnef a donc fusionné deux ouvrages sortis en 1545 de l'atelier de Jean de Tournes[85], mais en faisant une sélection de textes pour le second. Elle a éliminé les pièces qui se rapportaient aux dames

---

[84]   C'est une momerie qu'Olivier de Magny utilisera pour célébrer Louise Labé (voir *infra* p. 222) et c'est le terme que Jacques Peletier emploiera pour dénoncer la supercherie (voir *infra*, p. 225). La coïncidence n'est sûrement pas fortuite.

[85]   Il faut noter les liens qui unissent l'imprimeur Jean de Tournes et Jeanne de Marnef, veuve de l'imprimeur Denis Janot : un autre ouvrage poétique, qui avait été publié en 1545 chez Jean de Tournes, est publié en 1546 par Jeanne de Marnef, *La Fontaine d'amour*, œuvre de Charles Fontaine.

de Paris[86] et, en particulier, celle qui avait donné son titre à l'opuscule, le «Panegyric»[87] qui célébrait les vertus de onze Parisiennes nommément citées, comparées aux Muses. Ce texte semble se rattacher à la fameuse querelle des dames de Paris, qui avaient été l'objet de violentes attaques quelque quinze ans plus tôt dans une polémique où Clément Marot fut partie prenante[88]. Certaines des femmes du «Panegyric» apparaissaient déjà dans les échanges de pièces d'alors[89]. Or, en quinze ans, le temps avait fait son œuvre… et l'on n'a pas relevé que ce «Panegyric» des dames de Paris, décaties, ne pouvait qu'être une pièce satirique éclose en milieu lyonnais et que, même si elle était de rédaction antérieure, la publication, à cette date à Lyon, n'était guère valorisante pour ces Pari-

---

[86] Voir Beatrice H. Beech et George T. Beech, «"Les obsèques d'Amour", un poème de 1546 et une controverse parisienne sur les femmes et l'amour», *Seizième Siècle*, 2005, n° 1, p. 237-256.

[87] Non plus que les pièces ironiques qui l'accompagnent: «A celles qui se sont plaintes d'estre au nombre des Muses» et le huitain aux Muses.

[88] La querelle qui mettait, nommément, en cause, les épouses de notables parisiens, avait débuté par une pièce qui circulait en manuscrit en 1529 et qui fut publiée à Lyon, en 1533, dans l'édition François Juste de *l'Adolescence clementine* de Clément Marot, «Les gracieux adieux faitz aux Dames de Paris»; cette pièce, très injurieuse pour des dames parisiennes accusées de vénalité et de mœurs dissolues, était accompagnée dans cette édition d'une «Epistre des excuses de Marot faulsement accuse d'avoir faict certains Adieux au desadvantage des principales Dames de Paris», où Clément Marot se défendait d'être l'auteur de la première de ces pièces, ce qui lui valut les injures de «Six dames à Clement Marot» (pièce écrite par un homme), auxquelles il répondit par une pièce «Aux dames de Paris qui ne vouloient prendre les precedentes excuses en payement», toujours publiée dans cette édition lyonnaise. Voir, pour ces pièces, Clément Marot, *Œuvres poétiques complètes*, éd. Gérard Defaux, Paris, Garnier, 1990, I, p. 679-680. Un manuscrit fournissait des noms identiques de femmes cocufiant leurs maris, *La Semonce faicte à Paris des Coquus en May 1535* (voir éd. Anatole de Montaiglon, Paris, 1866).

[89] Voir dans «Les gracieux adieux»: «Adieu Vicourt, au combat fiere» et, dans le «Panegyric», p. 7:

> «O muses que vous semble?
> N'estes vous pas ensemble,
> D'advis, qu'à la Vicourt
> Pour son esprit et grace,
> On luy garde sa place
> En vostre belle Court?».

siennes. La parisienne Jeanne de Marnef ne s'y est pas trompée, en éliminant de son édition les pièces qui relèvent de cette querelle, privilégiant les pièces qui ont pour particularité d'être mises sous plume féminine; tel est le cas de trois des quatres pièces retenues, puisque le récit des « Obseques d'Amour » est fait par la muse Thalie.

La variante de titre de l'ouvrage chez Jeanne de Marnef est intéressante, facilitée par l'ambiguïté des termes *rime* et *rythme* au XVIe siècle. Le titre de *Rymes*, choisi par Antoine Du Moulin, est sous le patronage italien. Il sert à désigner un ensemble de pièces poétiques opposées à la prose. Ainsi en est-il des *Rime del Bembo* (à considérer avec ses *Prose*). Le titre *Rithmes et poesies*, utilisé par Jeanne de Marnef, accentue le caractère musical de certains des textes de Pernette Du Guillet, souligné par ailleurs dans cette édition par l'addition de titres à plusieurs poèmes pour mettre en avant leur caractère de chanson. Cette spécificité était, toutefois, manifeste dès l'édition première avec la présence de quatre chansons déjà bien connues pour avoir trouvé place dans des recueils de chansons publiés antérieurement en 1540 et 1541[90], ainsi que par la mention de « Conde claros de adonis ». Cette dernière pièce, imitée du grec de Théocrite, est une réponse à une chanson de Mellin de Saint-Gelais publiée cette même année 1545 chez Jean de Tournes, *La deploration de Venus sur la mort du bel Adonis,* qui eut un immense succès au XVIe siècle[91], reprise dans de nombreux chansonniers, donnée par Thomas Sébillet comme une ode si connue et chantée qu'il n'est besoin de la citer, mais considérée par Joachim Du Bellay dans *la Deffence, et illustration de la Langue Francoyse,* II, IV, non comme ode, mais comme chanson vulgaire. Dans l'édition Jean de Tournes de 1547 de *La deploration,* Antoine Du Moulin ajoute à la chanson de Mellin de Saint-Gelais la pièce de Pernette Du Guillet, avec la mention suivante: « Suite a la dite fable, invention de D. Pernette du Guillet et non de l'Espaignol », rétablissant sa

---

[90]   Pernette Du Guillet, *Rymes*, éd. Victor E. Graham, Genève, Droz, 1968, p. X.

[91]   Elle est présente dans Saingelais, *Œuvres de luy tant en composition, que translation, ou allusion aux Auteurs Grecs, et Latins*, Lyon, Pierre de Tours, 1547, p. 49, sous le titre « Elegie ou chanson lamentable ». Elle est suivie d'une « Chanson sur une Espaignolle, Dizied me Dama graciosa... ».

vérité, dans la mesure où, dans un certain nombre d'éditions, le texte du « Conde claros de Adonis » de l'édition de Pernette Du Guillet est donné comme une « Suite à ladicte fable prise de l'espagnol ».

Alors que la classification par genres est primordiale dans les *Euvres* de Louise Labé, dans l'édition de 1545 des *Rymes*, les pièces sont présentées sans indication de genres, avec seulement quelques titres thématiques[92]; la fiction du « petit amas de rymes » évoqué par Antoine Du Moulin qui dit en donner une copie d'après brouillons (« papiers confusement extraicts ») est préservée[93].

Ces brouillons de Pernette Du Guillet conservent aussi l'écho de maints poètes contemporains et la critique a relevé les multiples correspondances et reprises de vers d'auteurs, tels Jean Lemaire de Belges, Clément Marot, Mellin de Saint-Gelais, Charles de Sainte-Marthe, Bonaventure Des Périers, Jean de Boyssoné. Comme pour Louise Labé, des rapprochements avec certains textes de poètes masculins ont fourni matière à l'hypothèse d'un dialogue poétique entre poète et poétesse: avec Olivier de Magny pour Louise Labé, avec Maurice Scève pour Pernette Du Guillet[94]. Ainsi sa treizième épigramme est démarquée du dizain CXXXVI de la *Delie* avec la reprise de vers identiques, le texte des *Rymes* de 1545 apparaissant comme une ébauche de celui de la *Delie* de 1544.

[92] « Parfaicte amytié »; « Conde claros de adonis »; « Coq à l'asne »: « La nuict »; « Desespoir traduict de la prose du Parangon Italien »; « Confort ».

[93] Perrine Galand-Hallyn et Fernand Hallyn, «« Recueillir des brouillars »: éthique de la silve et poétique du manuscrit trouvé », *Le poète et son œuvre*, Genève, Droz, 2004, p. 27-30, mettent en avant comment les deux œuvres des poétesses jouent sur le *topos* du manuscrit trouvé et volé et comment elles s'apparentent ainsi au genre de la silve, inspiré au XVIᵉ siècle des *Silvae* de Stace et qui regroupe des écrits aux titres généraux, comme *Poemes*, ou génériques comme *Epigrammes, Elégies*, ou reprenant l'intitulé de Stace, comme *Meslanges, Jeux rustiques*, écrits qui ont pour particularité d'associer un caractère biographique et une réflexion sur l'écriture.

[94] Voir Josiane Rieu, « Pernette du Guillet: poétique et réflexivité dans les *Rymes* (1545)», *Dans les miroirs de l'écriture,* Montréal, Université de Montréal, 1998, p. 33-47.

Pernette Du Guillet, *Rymes*

L'heur de mon mal, enflammant le desir
Feit distiller deux cueurs en un debvoir :
Dont l'un est vif pour le doulx desplaisir,
Qui faict que Mort tient l'autre en son pouvoir.
Dieu aveuglé, tu nous as faict avoir
Du bien le mal en effect honnorable :
Fais donc aussi, que nous puisions avoir
En noz espritz contentement durable
(p. 14).

Maurice Scève, *Delie* (dizain CXXXVI)

L'heur de nostre heur enflambant le desir
Unit double ame en un mesme povoir :
L'une mourant vit du doulx desplaisir
Qui l'autre vive a fait mort recevoir.
Dieu aveuglé, tu nous as faict avoir
Sans aultrement ensemble consentir,
Et posseder, sans nous en repentir,
Le bien du mal en effect desirable :
Fais que puissions aussi long temps sentir
Si doulx mourir en vie respirable
(p. 65).

Les poètes qui célèbrent Louise Labé et Pernette Du Guillet n'hésitent pas à faire des jeux de mots sur leur nom : « la loy se laberinthe » et « Belle à soy » pour Louise Labé ; « Onc Perle nette en vif », « Son per n'eut » et « Une en son per nette » (p. 79) dans les épitaphes pour Pernette Du Guillet, alors même que, dans son œuvre, se trouvent des anagrammes de Maurice Scève : « VICE A SE MUER », « CE VICE MUERAS » (p. 11)[95] et des jeux sur la transcription latine de son nom[96].

Le traitement réservé à cette poétesse fauchée par la mort dans la fleur de l'âge peut surpendre. Des jeux de mots sur son

---

[95] Voir le texte du dizain, *infra,* p. 165.

[96] Pernette Du Guillet, *Rymes*, p. 32 :

> « D'un qui est haultement en ses escripts divins,
> Comme de mon, severe
> Et chaste tellement, que chascun l'en revere » ;
> « Puis que, de nom et de faict, trop severe
> En mon endroict te puis apercevoir ».

Il n'est pas impossible que le dizain sur la lettre R (p. 12) joue sur l'équivalence *Scève/sévère*.

nom par ceux qui lui écrivent des épitaphes, peu de considération pour son œuvre à laquelle on n'hésite pas à ajouter
quelques pièces qui rappellent d'autres pratiques poétiques ou
des pièces extraites d'un autre recueil de poésies, qui relevait à
l'origine du vieil antagonisme entre Parisiennes et Lyonnaises.
L'année précédant la première édition des *Rymes*, Antoine
Du Moulin avait révélé au public un *Recueil des œuvres de feu
Bonaventure des Periers* et il évoquait en des lignes émues « les
elegans et beaulx escriptz, reliques vrayement sacrees » de son
ami. L'histoire éditoriale des œuvres de Pernette Du Guillet ne
laisse pas entendre que son œuvre ait été ainsi considérée.

Clémence de Bourges,
«ceste perle vrayement orientale
entre les damoiselles de Lyon»

Claude de Rubys, dans son *Histoire veritable de la ville de
Lyon*, en 1604, contre violemment Guillaume Paradin (avec
qui il était déjà en 1573 en virulente opposition), en parlant
des deux poétesses, Louise Labé et Pernette Du Guillet,
comme de deux insignes courtisanes et en ne leur reconnais-
sant aucune existence littéraire[97]. Mais il est une Lyonnaise
qu'il décrit en des termes dithyrambiques, une jeune morte,
et l'on n'est pas peu surpris de constater qu'il s'agit de
Clémence de Bourges, la destinatrice même de la préface des
Euvres de Louise Labé, la fille de Claude de Bourges, seigneur
de Myons et général de Piémont (la critique, qui ne manque
pas de relever qu'elle appartenait à un milieu social beaucoup
plus élevé que Louise Labé, y voit alors une caution sociale et
morale donnée à la poétesse). Le nom de Clémence de Bourges
se trouve associé à ceux de Maurice Scève et de Claude de
Taillemont, que Claude de Rubys considère comme deux des
plus excellents poètes de leur temps et qu'il cite à deux
reprises dans son ouvrage de 1604. D'une part, il salue leur
rôle d'ordonnateurs dans l'entrée royale de 1548 et leur res-
ponsabilité pour les plans et les modèles des arcs de
triomphes, des obélisques, des théâtres et pour la rédaction
des devises et des descriptions[98]. D'autre part, il les évoque à

---

[97]   Voir *infra*, p. 121-125.
[98]   Voir *supra*, p. 23.

propos des épitaphes, alors perdues, qu'ils écrivirent à la mort de la jeune fille qu'il situe vers 1557[99]. La mort de Clémence est l'occasion pour Claude de Rubys de dresser un portrait très élogieux de la jeune fille qu'il a bien connue et avec qui il dit avoir été élevé. Il la présente comme une perle orientale douée de toutes les perfections, dotée d'une voix angélique, experte en instruments et tout particulièrement à l'épinette dont elle joua en présence du roi[100]. Quoique encore jeune écolier, lui-même lui dédia une épitaphe, où il la célèbrait pour sa beauté, pour ses dons musicaux qui lui faisaient surpasser Amphion et Sappho[101], pour sa chasteté qui lui valut d'être portée en terre avec une couronne de fleurs, symbole de sa « pudicité virginale ».

---

[99] Pour une mise au point sur cette date controversée, voir Verdun-L. Saulnier, *Maurice Scève*, II, p. 247, qui récuse l'hypothèse d'une mort en 1562 (proposée, entre autres, dans Louise Labé, *Œuvres*, éd. Charles Boy, Paris, Alphonse Lemerre, 1887, II, p. 123).

[100] Claude de Rubys, *Histoire veritable*, p. 384: « Au même temps mourut aussi ceste perle vrayement Orientale entre les damoiselles de Lyon, CLEMENCE DE BOURGES, fille de noble Claude de Bourges, seigneur de Myons, et General de Piedmont, et de Damoiselle Françoise de Mornay, elle fut renommée pour une des plus accomplies en toutes sortes de vertus, qui fut de long temps à Lyon, et doüée de tant de perfections, qu'elles la rendoyent admirable. Elle estoit conformement à son nom accompaignee de Clemence, et de bien dire: avec une voix angelique, la musique, et le jeu de tous instrumens, luy estoient familiers, et sur tout le jeu de l'Espinette, auquel elle fit quelques fois honte aux Organistes du Roy, joüant en presence de leurs Majestez, elle fut portee en terre descouverte, avec le chappeau de fleurs en la teste, tesmoing de sa pudicité virginale. Ces grands Poëtes Maurice Sceve, et Claude Taillemond, ne faillirent de luy faire des doctes Tumbeaux, que l'injure du temps nous a faict perdre ».

[101] *Id., ibid.*, p. 384: « Je luy fis (encores que jeune escolier) cest Epitaphe: non comme Poëte, *Namque ego me illorum dederim, quibus esse Poëtas: excerpam numero*: comme dit Horace, mais pour le devoir auquel m'obligeoit l'amitié que nous avions contractée par la nourriture que nous avions pris ensemble en nos jeunes ans.

> Ou est CLEMENCE, Nature? Où sont les traicts
> Que mis avois en elle si parfaicts?
> Faicte l'avois pleine d'heur et de grace,
> Sage de corps: d'esprit bell', et de face.
> Et qui fuyant les poignantes lamettes
> D'oysiveté, Violes, Lucs, Espinettes,
> Avec la voix si à poinct accordoit:
> Qu'un Amphion, ou Sapho devançoit:
> NATURE dit, que MORT à tout pouvoir
> Par dessus elle: et l'a voulu avoir.

Il faut reconnaître qu'est bien mystérieuse la présence, dans cet ouvrage de Claude de Rubys, des deux figures féminines des *Euvres de Louïze Labé*, Louise Labé en insigne courtisane, Clémence de Bourges dans toute sa pureté virginale. De plus, Claude de Rubys loue Clémence de Bourges en des termes voisins de ceux qu'emploient les Poètes de Louise Labé pour célébrer cette dernière dans les «Escriz de divers Poëtes», comme une des figures féminines les plus accomplies en toutes sortes de vertus et douée de tant de perfections admirables.

A propos de Clémence de Bourges, Claude de Taillemont, dans la célébration qu'il fait de quelques demoiselles dans *La Tricarite,* dit qu'Apollon est son seul ami et qu'elle vient s'ajouter aux neuf Muses, filles de Mémoire, comme dixième muse rendant ainsi pair leur nombre. Il laisse donc entendre qu'elle compose de la poésie[102]. Le poète Philibert Bugnyon, dans *Les Erotasmes,* pourrait faire allusion à Clémence de Bourges, dans le poème où est évoquée Clémence, cousine de Gelasine, et où il est fait état de ses qualités de conversation, de ses aptitudes pour la danse, le luth, le chant, la couture ou l'écriture[103]. La

> Laissons donc MORT, filer, tailler, et tordre :
> Et prions Dieu qu'il face par son ordre,
> Et par le sang pretieux de son fils,
> Qu'un jour voyons, CLEMENCE, en Paradis.»

[102] Voir Claude de Taillemont, *La Tricarite. Plus Qelqes chants, an faveur de pluzieurs Damoêzelles,* Lyon, Jean Temporal, 1556, p. 97. Fac-similé donné dans l'éd. Gabriel-A. Pérouse et *alii,* Genève, Droz, 1989.

[103] Philibert Bugnyon, *Erotasmes de Phidie et Gelasine [1557],* éd. Gabriel-A. Pérouse et M.-Odile Sauvajon, Genève, Droz, 1998, p. 25 :

> « Soit à tenir quelque honeste propos,
> Soit à baller en sale posément,
> Soit à jouer harmonieusement
> Du Luth, donnant à tout esprit repos ;
>
> Soit à chanter avecques les suppos
> Musiciens, vivans joyeusement,
> Soit à piquer ouvrage exquisement,
> Soit à écrire, elle emporte le los.
>
> Gentile Dame, et Riante bien née,
> Nature t'a de ses graces ornée,
> De ses vertus et dotz inestimables.
>
> O combien est heureuse ta cousine
> Clemence, ô toy felice Gelasine !
> O toutes deux pour tresgrands biens aimables !».

plupart de ces qualités sont précisément celles qui ressortent du seul sonnet des «Escriz de divers Poëtes» (pièce XXII, p.150) à faire référence aux dons littéraires de Louise Labé que, par ailleurs, le titre de la pièce IX, à « D. Louïze des Muses ou premiere ou diziéme couronnante la troupe» (p. 130) assimile à la dixième muse.

Clémence de Bourges est aussi célébrée comme «la perle des Damoiselles Lyonnoises de son temps» par Antoine Du Verdier qui lui consacre une rubrique en 1585 dans sa *Bibliotheque* (dictionnaire d'auteurs où l'on retrouvera aussi Louise Labé), évoquant sa jeunesse employée à l'exercice de la poésie et de la musique[104]. François de Billon, dans *Le fort inexpugnable de l'honneur du Sexe Femenin*, dit que de Bourges sont sorties d'honnêtes «gentifemmes», et il fournit, avec le nom de Clémence de Bourges en manchette, la mention d'une rivalité entre Bourges et Lyon pour savoir laquelle des deux villes doit s'approprier la demoiselle dotée d'un si noble esprit et des aptitudes à toutes honnêtetés[105]. Rien n'a survécu d'une éventuelle production littéraire de Clémence de Bourges.

[104] *La Bibliotheque d'Antoine du Verdier, seigneur de Vauprivas, Contenant le Catalogue de tous ceux qui ont escrit, ou traduict en François, et autres Dialectes de ce Royaume, ensemble leurs œuvres imprimees et non imprimees*, Lyon, B. Honorat, 1585, p. 218: «CLEMENCE DE BOURGES, la perle des Damoiselles Lyonnoises de son temps employa sa jeunesse à l'exercice de la Poësie et de la Musique: et eut l'esprit accompaigné de tant de graces, et le corps orné de tant de beauté, que le feu sieur du Perat gentilhomme doüé de toustes les bonnes parties qu'on sçauroit souhaiter luy donna son cœur et se voua entierement à son service. Il feit une chanson sur le nom de sa Clemence que Francisco Roussel mit en musique à 4. parties, disant ainsi:

O que je vis en estrange martyre
Voyant de moy esloigner ta douceur,
Et que je n'ay le moyen de te dire
L'affection qui cause ma douleur.
Mais s'il te plait juger à la couleur
Et du desir prendre à l'œil cognoissance
Lors sans parler pourras lire en mon cœur
J'aime vertu, sur toute, la Clemence».

Il précise ensuite que, juste avant leur mariage, le seigneur du Perat fut tué à Beau repaire en Dauphiné et que Clémence ne lui survécut pas.

[105] François de Billon, *op. cit.*, f. 214v°: «Ainsi que pour exemple se peult bien icy alleguer d'une jeune Damoyselle, Pour le noble Esprit de laquelle et vive adresse à diverses honnestetéz, tout ainsi que jadis y eût debat entre deux Viles de Grece, à qui d'elles pour sa reputation montreroit un

La mystérieuse Jeanne Flore

Les deux petits ouvrages de Pernette Du Guillet et de
Louise Labé, seules œuvres connues des deux poétesses lyonnaises, sorties à dix ans d'intervalle du même atelier, chez le
même imprimeur à ses tout débuts pour l'ouvrage de Pernette
Du Guillet, imprimeur reconnu pour les œuvres de Louise
Labé, avec, dans les deux cas, la participation de Maurice
Scève pour les pièces annexes, ne font toutefois pas exception
dans le paysage lyonnais. Une production lyonnaise antérieure se donne aussi comme l'œuvre d'une femme, sous la
signature de Jeanne Flore. Il s'agit des *Comptes amoureux par
Madame Jeanne Flore, touchant la punition que faict Venus de
ceulx qui contemnent et mesprisent le vray Amour*, publiés chez
Denis de Harsy vers 1542, précédés de la publication de *la
Pugnition de l'Amour contempné* (1540, chez François Juste),
qui se revendique comme « extrait de l'amour fatal de
madame Jeanne Flore ».

Le public à qui Jeanne Flore dédie son livre est celui des
jeunes dames amoureuses qui s'adonnent loyalement au vrai
service d'amour. Jeanne Flore, dans son épître dédicatoire à
madame Minerve sa cousine, demande d'excuser la rudesse de
son langage : « C'est œuvre de femme, d'où ne peult sortir
ouvraige si limé, que bien seroit d'ung homme discret en ses
escriptz ». Les préfaces des ouvrages de Pernette Du Guillet et
de Louise Labé joueront aussi sur ce *topos* de l'humilité féminine et d'une œuvre en devenir. Pour évoquer l'œuvre de
Pernette Du Guillet, Antoine Du Moulin parle de « ces petites,
et louables jeunesses siennes ». Louise Labé, dans sa préface,
invoque aussi « ses jeunesses », écrits où elle n'aurait cherché
qu'un honnête passe-temps et que ses amis auraient trouvé
moyen de lire à son insu, et l'auraient invitée à publier.

Les *Comptes amoureux* offrent des récits qui mettent en
scène la puissance de l'amour sur les humains et la vengeance
d'Amour quand on le méprise. Ils se lisent comme une reven-
dication féminine au droit à l'amour (rejet du mariage des

certain Philosophe y avoir eté nay, la Vile de Lyon en semblable, et la sus-
dite de Bourges sont en hazard d'avoir un jour la picque, sur ce que cete
Damoyselle etant nommée Clemence de Bourges, Lyon soutient estre de
son creü, et l'autre au contraire pour le regard du Surnom ».

barbons avec de toutes jeunes filles, célébration de l'amour charnel). Des devisantes, au temps des vendanges, y racontent des histoires de vieux maris trompés, d'assouvissement du désir des jeunes amants, empruntées à des ouvrages italiens comme le *Decameron* de Boccace, le *Songe de Poliphile* de Francesco Colonna, le *Mambriano*, poème chevaleresque du XVe siècle, ou le *Roland amoureux* de Matteo Maria Boiardo.

Cet ouvrage instaure un dialogue avec Maurice Scève. En effet, celui-ci avait publié en 1535 chez l'imprimeur François Juste la traduction d'un ouvrage espagnol, *La deplourable fin de Flamette, Elegante invention de Jehan de Flores Espaignol*, roman psychologique dans la suite de la *Fiammetta* de Boccace. Cette traduction commençait par un huitain où Maurice Scève approuvait les peintres d'avoir fait Amour aveugle, texte qu'il reprendra en partie dans le trente-septième dizain de *Delie*.

La deplourable fin de Flamette	Maurice Scève, *Delie* (dizain XXXVII)
Bien paindre sceut qui feit amour aveugle,	Bien paindre sceut, qui feit Amour aveugle,
Enfant, Archier, pasle, maigre, volaige,	Enfant, Archier, pasle, maigre, volage:
Car en tirant ses amants il aveugle,	Car en tirant ses Amants il aveugle,
Et plus que enfants les faict mols de couraige.	Amolissant, comme enfantz, leur courage:
Pasles par cure, et maigres par grand raige,	Pasles par cure, et maigres par grand rage:
Plus inconstants que Pamphile au desert.	Plus inconstants que l'Autumne, ou Printemps.
Donc, ô lecteur, celluy n'est pas bien saige	Aussi, ô Dieu, en noz cœurs tu estens
Qui pour aymer est de son sens desert.	L'amour par l'Or plaisant, chault, attractif,
	Et par le Plomb tu nous rendz mal contentz,
	Comme mol, froid, pesant, et retrainctif (p. 22).

Jeanne Flore, en tête des *Comptes amoureux*, dans un huitain[106] qui est une évidente réponse à Maurice Scève[107], prétend au contraire qu'Amour n'est pas aveugle, mais qu'il aveugle ceux qui se refusent à aimer.

Jeanne Flore pourrait bien être un pseudonyme en relation avec Jehan de Flores, version féminine d'un nom masculin, fleurant la mystification. En effet, l'ouvrage qui provient d'un cercle italianisant lyonnais en liaison avec Ferrare pose le problème de l'identité de son auteur : une femme qui s'appellerait Jeanne Flore, mais qui est totalement inconnue par ailleurs ? Une Lyonnaise, qui aurait pris ce pseudonyme ? L'hypothèse d'une supercherie est plausible : « Un écrivain mâle, pourquoi pas un érudit de la *soladitas lugdunensis* du temps de Dolet, ne se serait-il pas diverti à écrire ces contes ?». Il pourrait tout autant s'agir d'un ouvrage collectif[108] d'un groupe mixte dont on a essayé d'identifier certaines plumes[109]. Dans cet ouvrage de Lyonnaise, « divertissement misogyne » ou « simple invita-

---

[106] *Contes amoureux par Madame Jeanne Flore*, éd. Gabriel-A. Pérouse, Lyon, CNRS, 1980, p. 95 :

> « Madame Egine Minerve aux nobles dames amoureuses.
> Gardez vous bien du vray Amour offendre,
> Lequel n'est pas comme on le painct, aveugle :
> Sinon en tant que les Cruelz aveugle,
> Qui n'ont le cueur entier, piteux, et tendre.
> Le voilà jà tout prest de son arc tendre
> Contre qui n'ayme usant du malefice
> De Cruaulté : doncques au sainct service
> D'amour vueillez de bon vouloir entendre ».

[107] *Id., ibid.*, p. 23 : « On imagine bien, autour de Scève et des siens, un groupe italianisant, très jeune, tout occupé aux « questions d'amour » ».

[108] *Id., ibid.*, p. 24 : « On croit y sentir la présence d'un groupe d'hommes et de femmes qui ont trié, remodelé, interpolé (à la requête d'un commerçant du livre) les contes réunis par une première personnalité, probablement féminine (Jeanne Flore, cette fois ?), qui avait choisi la thèse centrale de l'exaltation d'Amour et de l'injonction d'aimer : personnalité qui avait ses raisons pour se cacher ou a disparu prématurément ». Voir aussi Claude Longeon, « Du nouveau sur les *Comptes Amoureux* de Madame Jeanne Flore », *Hommes et Livres de la Renaissance*, Saint-Etienne, Université Jean Monnet, 1990, p. 259-267, et *Actualité de Jeanne Flore*, Paris, Champion, 2004.

[109] Voir l'introduction des *Contes amoureux par Jeanne Flore*, Publications de l'Université de Saint-Etienne, 2005, par Régine Reynolds-Cornell, p. 9-39.

tion hédoniste aux plaisirs des sens »[110], il importe de noter une fois encore la présence de Scève en filigrane et de se poser la question de l'authenticité d'une écriture féminine lyonnaise, d'autant que pour Pernette Du Guillet également a été formulée l'hypothèse d'un pseudonyme[111], et que l'on a douté de l'existence de cette femme énigmatique. Et si Scève avait, sous le nom de Pernette Du Guillet, publié certains de ses propres brouillons et de certains de ses amis…La transformation du huitain de Pernette Du Guillet en dizain CXXXVI de la *Delie*, mentionnée précédemment[112], évoque singulièrement la réécriture du huitain sur l'Amour aveugle de la *Deplourable fin de Flamette* pour le dizain XXXVII de la *Delie*. Jeux de plume dans cette cité où prime l'esprit de fête ?

[110] *Id., ibid.*, p. 9.
[111] Voir Enzo Giudici, *op. cit.*, p. 59-71 pour le rappel de quelques hypothèses.
[112] Voir *supra* p. 61.

IMAGES DE LOUISE LABÉ

Chaque siècle s'est taillé une image de Louise Labé à l'aune de ses propres préoccupations. Elle apparaît comme une sorte de poupée de cire modelée par les fantasmes de chaque époque, opérations facilitées par les incertitudes de sa biographie.

I. ANAMORPHOSES DE LOUISE LABÉ
AU MIROIR DU TEMPS

L'œuvre de Louise Labé, d'aspect composite avec sa prose, ses vers et le long hommage des divers poètes, n'a pas eu une diffusion constante. Pendant plus de deux siècles, elle n'a guère été accessible aux lecteurs. De 1556, date de la seconde édition de ses œuvres, à 1762, il n'existe aucune édition de ses poésies. Celle des *Œuvres de Louise Charly, lyonnoise dite Labé, surnommée la belle Cordiere*, parue à Lyon en 1762 chez les frères Duplain avec des gravures de Nonnotte, offre l'ensemble des pièces de Louise Labé accompagné des écrits des divers poètes et de l'ode de Jacques Peletier, ainsi que des recherches sur sa vie et une liste d'auteurs qui ont traité de Louise Labé. L'avertissement des éditeurs (« une Société de gens de Lettres de Lyon ») précise combien son ouvrage était devenu rare et que l'on ne comptait plus à Lyon que deux exemplaires de ses œuvres, dont celui du Président de Fleurieu prêté pour la reproduction.

Avant cette édition de 1762, seul le « Debat de Folie et d'Amour » avait eu encore quelque faveur dans le monde de l'édition. En 1578, il est édité à Paris, chez J. Parent, dans un ouvrage intitulé *Histoires et amours pastorales de Daphne et Chloe, escrite premierement en grec par Longus et maintenant mise en François. Ensemble Un Debat judiciel de Folie et d'Amour, fait par Dame L.L.L.* Le nom du traducteur de Longus n'est pas mentionné et l'auteur du « Debat » n'est identifié que par ses initiales, L.L.L.[1]. Il faut conclure de cette opération que le nom de Louise Labé dans les années 1570 ne fait pas recette, qu'à sa poésie, est préféré son débat en prose, dont la valeur rhétorique est précisée en titre par l'ajout de l'adjectif *judiciel* [« judiciaire »]. Le débat trouve sa place dans un ensemble consacré à l'amour, puisque l'ouvrage de Longus (auteur grec du IIe siècle), traduit par Jacques Amyot en 1559, est une pastorale qui met en scène deux enfants abandonnés que recueillent des bergers et qui s'initient à l'amour.

Contrastes

Ce n'est pas, alors, la poétesse qui plaît au public, mais l'auteur de la prose du « Debat de Folie et d'Amour ». Antoine Du Verdier, dans sa *Bibliotheque* de 1585, recueil bibliographique, accorde une place de choix à ce débat qui avait été transposé en anglais en 1584 par Robert Greene[2] et sera plusieurs fois réimprimé ; au XVIIe siècle, il semble avoir inspiré Jean de La Fontaine dans sa fable de *L'amour et la folie* (livre XII, 14). Au contraire, au XXe siècle, paraîtront des éditions exclusivement poétiques, négligeant le débat[3]. Par ailleurs, les « Escriz de divers Poëtes, à la louenge de Louïze Labé Lionnoize » n'ont pas toujours la faveur des éditeurs et plusieurs éditions, au cours des siècles, en font l'économie. Le public a donc souvent une connaissance de l'œuvre de Louise Labé, pourtant peu abondante, seulement par fragments.

Au XVIIe siècle, l'œuvre de Louise Labé, négligée par les éditeurs, n'a guère été l'objet de commentaires. Toutefois, le poète et érudit Guillaume Colletet (1598-1659), qui lui

---

[1]   En fin d'ouvrage, il y a la reprise d'une des pièces des « Escriz de divers Poëtes », l'ode de Jean-Antoine de Baïf, qui est ici fautivement attribuée à Louise Labé, précédée de cette mention « D.L.L. à ses amis, des gracieusetez par elle receuës », lecture bien rapide faite de l'intitulé de cette pièce en 1555, « Epitre à ses amis, des gracieusetez de D. L. L. » (pièce XV, p. 133).

[2]   Dorothy O'Connor, *Louise Labé. Sa vie et son œuvre*, Genève, Slatkine reprints, 1972, p. 129.

[3]   Voir, par exemple, *Les Sonnets de Louise Labé*, édition de L. Picha, Paris, 1920, ou *Œuvres poétiques de Louise Labé avec un poème d'Aragon à la mémoire de Louise Labé*, éd. Roger Schafter, Porrentruy, Aux Portes de France, 1943.

réserve, dans ses *Vies des poetes français,* une notice sugges-
tive[4], après avoir rappelé le portrait contrasté que les historiens du XVIe siècle ont dressé du personnage de Louise Labé,
parle de l'écrivain à partir de ses productions. C'est le langage
de la passion que l'œuvre de Louise Labé fait entendre. Son
esprit y paraît :

> fin, juste, aisé, brillant et d'un caractère à faire honte au
> pedantisme que Ronsard et ses semblables introduisirent
> depuis elle dans notre poesie. Tout ce qu'elle tire de son
> propre fonds est d'une tendresse à faire plaisir : tout ce
> qu'elle emprunte d'ailleurs reçoit de nouvelles graces du
> tour heureux qu'elle lui donne : mais par tout de l'amour
> et de cet amour qui ne respire que feux, que langueur et
> que jouissance[5].

Guillaume Colletet cite pour preuve le sonnet XVIII (« Baise
m'encor, rebaise moy et baise... »), témoignage des mouvements de passion auxquels elle se laissait emporter :

> C'était sa maniere de se peindre elle mesme dans tous ses
> ouvrages où le cœur semble toujours avoir beaucoup plus
> de part que l'esprit.

Pour lui, le style de Louise Labé est pur par rapport au mauvais
goût de son temps et elle sait s'approprier ce qu'elle tire de
l'imitation des anciens. A propos du sonnet XIII (« Oh si j'estois en ce beau sein ravie... »), il remarque combien « ces vers
ne passeront pas aupres de ceus qui voudront les examiner sur
un pied de morale et de religion. Pour en juger plus favorable-
ment on pourrait ne les regarder que comme des licences
Poetiques, mais il est sur que Louise Labé en prenait encore
plus en conduite qu'en poesie »[6]. Cette analyse critique très
fine des œuvres de Louise Labé, restée manuscrite, n'a eu
qu'une diffusion très limitée.

Au XVIIIe siècle, plusieurs ouvrages consacrés à l'histoire
de Lyon restituent la figure de la gloire lyonnaise de son

---

[4]   Voir Guillaume Colletet, *Vies des poètes français,* BNF, ms. f. fr. n. a.
      n° 3073, f. 257r°-258v°, pour la notice concernant Louise Labé. Ce
      manuscrit est une copie partielle du manuscrit de la Bibliothèque du
      Louvre, faite avant sa destruction dans l'incendie de 1871.

[5]   *Id., ibid.,* f. 257v°.

[6]   *Id., ibid.,* f. 258r°.

temps, s'attachant de façon privilégiée à l'examen de ses mœurs. Le Père Dominique de Colonia, qui, dans *L'Histoire littéraire de la ville de Lyon* de 1730[7], considère que le plus joli des ouvrages de Louise Labé est son ingénieux dialogue, estime qu'il y a quelque vérité dans les témoignages du XVIe siècle qui soutiennent que Louise Labé avait gâté ses talents par un libertinage de mœurs, certes plus raffiné que celui des Phrynées ou de Laïs, mais tout aussi condamnable. En 1746, Charles-Joseph de Ruoltz-Montchal prononce, devant l'Académie des Sciences et Belles Lettres de Lyon, un *Discours sur la personne et les ouvrages de Louise Labé Lyonnoise* qu'il publie en 1750, et l'abbé Pernetti, dans ses *Recherches pour servir à l'histoire de Lyon,* en 1757, s'appuie sur des documents d'archives, pour prétendre que, dans la mesure où son mari a fait d'elle son héritière universelle, elle ne saurait être coupable des excès qu'on lui reproche et que, par ailleurs, l'existence de manuscrits de vers latins qu'elle aurait composés (vers dont il n'eut connaissance que par ouï-dire) ne pouvait que disculper la belle Cordière : pour lui, « une vie aussi occupée que la sienne est trop opposée à l'oisiveté, source ordinaire du désordre »[8]!

Au contraire, c'est la figure d'un libertinage éclairé que l'érudit Bernard de La Monnoye, au XVIIIe siècle, reconnaît dans cette femme voluptueuse, une vraie Ninon de Lenclos :

> si sa conduite a pu donner lieu à l'accusation de libertinage, elle l'assaisonnait du moins de tout ce que l'esprit a de plus séduisant, et les talents de plus agréable. Nos jeunes Seigneurs, ignorans, si courus, si fêtés par nos Belles ; nos petits-maîtres, toujours à l'affût d'une conquête, et nos Turcarets, avec tout leur or, lui auroient vainement montré leurs desirs ; elle auroit rejeté leur hommage : elle méprisoit egalement la grandeur, la sotise, et l'opulence. On ne la metera point au rang des Laïs, mais on pourra la regarder comme la Leontium ou la Ninon Lenclos de son siecle[9].

[7]   Dominique de Colonia, *L'Histoire littéraire de la ville de Lyon,* II, p. 543.
[8]   Abbé Pernetti, *Recherches pour servir à l'histoire de Lyon,* Lyon, les frères Duplain, 1757, I, p. 351.
[9]   Voir ses remarques dans Jean-Antoine Rigoley de Juvigny, *Bibliothèques françoises de La Croix du Maine et de Du Verdier*, Paris, Saillant et Nyon, 1772-1773, t. II, p. 42.

Le XIXᵉ siècle, lui, se caractérise par une importante activité éditoriale autour du texte de Louise Labé. C'est l'édition de 1824 donnée par N. F. Cochard et Claude Bréghot du Lut qui remet en lumière Louise Labé, avec, en tête, le « Dialogue imaginaire entre Sappho et Louise Labé de M. Dumas », apologie de Louise Labé et de sa vertu. Deux autres éditions importantes suivent : celle de Prosper Blanchemain en 1875 (qui met en avant l'influence sur son œuvre du poète Olivier de Magny) et celle de Charles Boy en 1887. Ces éditions ont pour particularité de situer Louise Labé dans une réflexion par rapport à un éternel féminin, offrant des justifications de sa moralité ou ne dédaignant pas l'hypothèse de collaboration d'hommes à sa création[10]. Selon la notice que Pierre Larousse lui consacre dans son *Dictionnaire* de 1866, elle est une des illustrations féminines de Lyon, à classer parmi les meilleurs écrivains du XVIᵉ siècle, « aussi celebre par ses galanteries que par ses vers ». Pour lui, « Son luxe et le mépris dans lequel elle tenoit les esprits vulgaires excitèrent l'envie et la médisance ; les dames de Lyon s'efforcèrent de la faire passer pour une courtisane éhontée ». Le XXᵉ et le XXIᵉ siècle continueront à expliquer par la calomnie les propos désobligeants tenus sur la personnalité et les mœurs de Louise Labé.

L'icône moderne

Le XIXᵉ siècle célèbre une femme de passion aux élans étrangers aux mœurs contemporaines qui se seraient assagies. Le XXᵉ siècle préfère parler de l'authenticité de ses accents, de sa sincérité sublime. Selon Enzo Giudici, qui souligne la réussite des sonnets XIII, XIV et XVIII, « toutes les vingt-quatre pièces, en général, palpitent d'une sincérité et d'une vie qu'on rencontre difficilement chez les poètes de l'époque »[11] et « dans aucun *canzoniere* de l'époque on ne trouve autant de présence et de personnalité, cet *égotisme* vigoureux et irrésistible, qu'en celui de Louise Labé »[12].

---

[10]   Michèle Clément, « La réception de Louise Labé dans les éditions du XIXᵉ siècle : la résistance au féminin, la résistance du féminin », *Masculin/Féminin dans la poésie et les poétiques du XIXᵉ siècle*, Lyon, Presses universitaires de Lyon, 2002, p. 49.

[11]   Enzo Giudici, *Louise Labé*, p. 54.

[12]   *Id., ibid.*, p. 56.

Au XIXᵉ siècle, les femmes poètes s'emparent de l'image de Louise Labé. Auparavant, aucune d'entre elles ne s'est recommandée de cette illustre devancière, silence qui n'a pas manqué d'intriguer[13]. Marceline Desbordes Valmore, dans *Les Pleurs* (1833), après avoir cité le sonnet XIV et les premiers vers de l'élégie III, consacre, elle, une centaine de vers à la célébrer[14]. Et c'est au côté de Marceline Desbordes Valmore ou de Renée Vivien que Louise Labé va être inscrite comme représentante de la grande poésie amoureuse féminine, aux accents brûlants[15]. Au XXIᵉ siècle, dans la copieuse *Anthologie de la*

---

[13] Evelyne Berriot-Salvadore, *Les femmes dans la société française de la Renaissance*, Genève, Droz, 1990, p. 455, à propos de «la caractérologie de l'écrivaine», justifie ainsi l'absence de référence à Louise Labé chez les poétesses du XVIᵉ siècle: «Dans la deuxième moitié du siècle, en effet, les poétesses qui veulent bien montrer au public leurs «modestes» essais n'ont plus rien de commun avec une Louise Labé ou une Helisenne de Crenne dont elles récusent la rhétorique amoureuse et l'amoralisme. Pour la plupart des écrivains femmes qui s'expriment en 1570 et 1600, il s'agit avant tout de savoir concilier les devoirs d'une morale bourgeoise reconnue et les légitimes aspirations féminines au savoir». Dans son article «Les héritières de Louise Labé», *Louise Labé, les voix du lyrisme*, Saint-Etienne et Paris, Université de Saint-Etienne et Editions du CNRS, 1990, p. 93-106, elle relève le «silence étonnant» de celles qui devraient apparaître comme les héritières directes de Louise Labé.

[14] Marceline Desbordes Valmore, *Les Pleurs*, Paris, Charpentier, 1833, p. 237:

> « Et tu chantas l'amour; ce fut ta destinée
> Belle! et femme! et naïve, et du monde étonnée,
> De la foule qui passe évitant la faveur,
> Inclinant sur ton fleuve un front tendre et rêveur,
> Louise! tu chantas. A peine de l'enfance
> Ta jeunesse hâtive eut perdu les liens,
> L'amour te prit sans peur, sans débats, sans défense;
> Il fit tes jours, tes nuits, tes tourments et tes biens!
> Et tousjours par ta chaîne au rivage attachée,
> Comme une nymphe triste au milieu des roseaux,
>   Des roseaux à demi cachée,
> Louise! tu chantas dans les fleurs et les eaux...
>
> Tout ce que tu voyais de beau dans l'univers,
> N'est-ce pas? comme au fond de quelque glace pure,
> Coulait dans ta mémoire et s'y gravait en vers!
> Oui! l'âme poétique est une chambre obscure
> Où s'enferme le monde et ses aspects divers!».

[15] Robert Sabatier, *Histoire de la poésie française, La poésie du XVIᵉ siècle* Paris, Albin Michel, 1975, p. 115: «Comme plus tard une Renée Vivien,

poésie érotique française (plus de neuf cents poèmes), qui dénie
l'existence jusqu'à la seconde partie du XXe siècle «de poésie
franchement érotique écrite par des femmes», elles sont reje-
tées du corpus de l'anthologie, mais associées sous une même
bannière: «Là aussi, il faut insister: Louise Labé, Marceline
Desbordes-Valmore, Renée Vivien et bien d'autres encore, ont
certes écrit des vers brûlants et quels! mais qui ressortissent à
la grande poésie amoureuse bien plus qu'à la poésie érotique»,
les femmes «dédaignant le mot cru, l'allusion franche, l'évocation physique trop précise»[16].

La vision que l'époque actuelle se fait de Louise Labé privilégie ce qui relève de la libération des mœurs et de la femme.
C'est une valorisation du plaisir des sens qui est célébré dans
la poésie de Louise Labé, ainsi, dans cette évocation du baiser,
tenue pour particulièrement voluptueuse:

> Baise m'encor, rebaise moy et baise:
> Donne m'en un de tes plus savoureus,
> Donne m'en un de tes plus amoureus:
> Je t'en rendray quatre plus chaus que braise (p. 120).

C'est une idée de la Renaissance que représenterait Louise
Labé, d'un temps heureux où la parole aurait été libérée, où
l'on aurait chanté le plaisir charnel, où une femme d'extraction
modeste aurait pu se hisser au plus haut niveau intellectuel.
C'est un modèle de la femme écrivain, quasi atemporel, avec la
spécificité d'une écriture féminine[17] et ses peines pour s'impo-
ser[18] qui est mise en valeur.

Depuis le XXe siècle, Louise Labé est devenue une figure
emblématique dans les études de genre (histoire des femmes,

---

elle fait l'amour dans ses vers, elle halète, elle supplie et c'est une tempête
charnelle, l'appel montant de la jouissance qui conduit l'être à se sublimer
dans des régions proches de la mort ».

[16] Jean-Paul Goujon, *Anthologie de la poésie érotique française*, Paris, Fayard,
2004, p. 17.

[17] Pour Enzo Giudici, *op. cit.,* p. 63, à propos de l'attribution du «Debat» à
Scève, formulée par Pierre de Sainct-Julien (voir *infra,* p. 133): «jamais
l'auteur de la *Délie* et du *Microcosme* n'aurait pu écrire ou inspirer une
prose d'une telle finesse et d'une telle malice féminines».

[18] Madeleine Lazard, *op. cit.*, p. 224. La difficulté d'être une femme écrivain
en France expliquerait les injures et les accusations de courtisanerie qui
se sont multipliées sur le personnage de Louise Labé.

des rapports entre sexes, construction des identités de sexe) qui se sont particulièrement développées outre-Atlantique. Pour certains critiques, son œuvre est une illustration du discours lyrique féminin et de la représentation du désir féminin, avec subversion de certains codes masculins[19]. En France, c'est le nom de Louise Labé qu'a pris le centre de recherches de l'Université Lumière Lyon 2, dédié à l'égalité des hommes et des femmes; ce centre, récemment créé, a pour objectif de s'intéresser à la « construction des identités sexuées, du masculin et du féminin; aux représentations culturelles et symboliques de la différence des sexes et à leur traitement dans les langues et au dispositif social de différence des sexes (situation différenciée et dissymétrique des hommes et des femmes, systèmes de sexualité…)». Le lesbianisme n'hésitera pas à revendiquer comme emblématique la figure de Louise Labé et à suggérer une amitié particulière qui aurait pu l'attacher à la jeune Clémence de Bourges, la dédicataire de son ouvrage[20].

La distinction entre reconnaissance d'une écriture féminine et d'une écriture féministe anime la discussion actuelle[21]. Tout au long du siècle dernier, la figure de Louise Labé s'est imposée comme une des premières féministes, l'épître dédicatoire, où elle prie les vertueuses dames d'élever un peu leur esprit par dessus leurs quenouilles et leurs fuseaux, devenant un morceau d'anthologie des écrits féministes. Pour Emile

---

[19]	Cette naissance du sujet féminin, la reconnaissance de la subjectivité féminine coïncideraient avec une interrogation critique sur les modèles poétiques pétrarquistes qui privilégient, avec le poète chantant sa Laure, une subjectivité exclusivement masculine, voir Deborah Lesko Baker, *The subject of Desire. Petrarchan Poetics and the Female Voice in Louise Labé*, West Lafayette, Purdue University Press, 1996, p. 163. Dans l'œuvre de Louise Labé, qui met en scène les moments particuliers de l'expérience amoureuse, il y aurait appropriation des codes masculins par une voix féminine, l'homme devenant objet du désir féminin (voir Gisèle Mathieu-Castellani, « La parole indiscrète de Louise Labé », *Cahiers Textuel*, 28, 2005, p. 100).

[20]	Marie-Jo Bonnet, *Les relations amoureuses entre les femmes du XVIe au XXe siècle*, Paris, O. Jacob, 2001, p. 69.

[21]	Voir le préambule de Béatrice Alonso, « Ecriture « féminine », écriture féministe », *Louise Labé 2005*, Saint-Etienne, Publications de l'Université de Saint-Etienne, 2004, p. 7-16.

Henriot, elle lève « l'étendard des revendications féministes les plus fortes »[22].

C'est déjà en héroïne de la liberté que la Révolution l'avait célébrée. L'*Almanach de Lyon* de 1790 décrit ainsi le drapeau du Bataillon Belle Cordière, un des 28 bataillons de la garde nationale:

> « Louise Charly, femme d'un cordier, fit, en 1550, un poème sur la liberté. Sa beauté et sa science ont formé l'emblème suivant:
>
> « La belle Cordière est vêtue simplement, assise sur un lion; une guirlande de fleurs lui descend de l'épaule gauche au côté droit; de la main droite elle tient une pique entrelassée de lis, et surmontée du chapeau de GUILLAUME TELL, *restaurateur de la liberté Helvétique*, à ladite pique est encore adapté un ruban sur lequel est cette légende:
>
> *Tu prédis nos destins, Charly, belle Cordière,*
> *Car pour briser nos fers tu volas la première.*
>
> « De l'autre côté du ruban est gravé:
>
> *Belle Cordière, ton espoir n'était pas vain.*
>
> « Au chapeau de Guillaume Tell est le panache aux trois couleurs. De la main gauche, Louise Labé tient son poème sur la liberté Françoise, qui est appuyé sur un globe terrestre. Le lion tient sous une de ses pattes le livre de la Constitution; à côté est l'autel de la patrie, où brûle le feu du patriotisme; d'un côté est une plante d'olivier, signe de la paix, et de l'autre une de laurier, signe de la gloire; des livres en désordre sont à ses pieds, qui désignent sa science[23].

Si l'œuvre de Louise Labé inspire de plus en plus d'érudits[24], le personnage de Louise Labé a incité à la création. Qu'il

---

[22] Emile Henriot, « Courrier littéraire, L.L., écuyère, amoureuse et poétesse », *Le Temps*, 11 novembre 1924. Tom Conley, dans la préface à l'ouvrage de Deborah Lesko Baker, *The subject of desire*, p. XIV, évoque, à son propos, « the first and most resonant and integrally feminist poetry in all of french literature ».

[23] *L'Almanach de Lyon*, 1790, p. 36; voir Louise Labé, *Œuvres*, éd. Boy, I, p. 183-184.

[24] La critique universitaire s'est particulièrement développée au cours du siècle dernier. Elle n'a pas hésité à s'interroger sur la mise en recueil; sur les textes qui font sens les uns par rapport aux autres; sur la diversité des

s'agisse d'Aragon qui compose une « Plainte pour le quatrième centenaire d'un amour » en 1941 dans *Les yeux d'Elsa*; qu'il s'agisse des évocations romancées de Karine Berriot, dans *Parlez-moi de Louise* (Le Seuil, 1980), de François Pédron, dans *Louise Labé, La femme d'amour* (Fayard, 1984), de Florence Weinberg, dans *Longs désirs, Louise Labé, Lyonnaise* (Editions lyonnaises d'Art et d'Histoire, 2002).

Comme le dit Madeleine Lazard, dans la plus récente biographie consacrée à Louise Labé : « On ne s'étonne pas que poètes, romanciers, dramaturges de nos jours encore séduits par la Belle Cordière se soient emparés d'une figure légendaire assez imprécise pour permettre les jeux de l'imagination »[25], « chaque époque recréant de la poétesse lyonnaise une image conforme à ses modes et à ses goûts »[26].

Dans la célébration, l'époque actuelle rejoint le temps de Louise Labé. Les jugements modernes apparaissent tout aussi dithyrambiques que les pièces des « Escriz de divers Poëtes » qui accompagnaient l'édition de 1555 des *Euvres de Louïze Labé Lionnoize*. Il importe de considérer « la poésie de Louise Labé comme l'un des moments les plus originaux et les plus parfaits de tout le XVIe siècle français »[27]; Louise Labé, comme « one of the most brilliant and sensuous women poets of all time »[28].

II. LE DOUBLE DE SAPPHO

Au-delà de la diversité des images de Louise Labé que chaque siècle s'est modelées, il y a, toutefois, une perma-

---

genres représentés dans cette œuvre pourtant mince. L'inscription de l'œuvre de Louise Labé au programme d'agrégation de lettres en 2005, en la légitimant au rang des auteurs canoniques, a stimulé l'analyse des textes dans leur diversité. A l'épreuve de style de ce concours, le choix d'un passage du « Debat de Folie et d'Amour » dont il fallait étudier le burlesque, atteste que la prose de Louise Labé est actuellement considérée à l'égal de ses œuvres poétiques.

[25]   Madeleine Lazard, *op. cit.*, p. 256.

[26]   *Id., ibid.*, p. 221.

[27]   Enzo Giudici, *Louise Labé*, p. 82.

[28]   *The Literary encyclopedia*, 16 september 2004.

nence du XVIᵉ au XXIᵉ siècle : Louise Labé en réincarnation
de Sappho.

Les représentations de Sappho

La poétesse grecque, renommée depuis l'Antiquité[29] tant
par ses vers que par ses amours, est restée comme une figure
emblématique du lyrisme (quoique l'on ne connaisse d'elle, à
l'époque moderne, que de rares textes, un Hymne à Aphrodite,
une Ode à l'aimée et quelques fragments poétiques, tel le fragment sur la solitude de minuit) et comme la représentation de
la femme en proie aux passions dévastatrices.

Il faut écouter cette Ode à l'aimée (découverte en grec par
les humanistes de 1554 et appelée, après sa traduction en français en 1556, à une fulgurante fortune) pour saisir la véhé-
mence des accents, cette liberté du style, et comprendre cette
fusion de l'expérience et de l'écriture :

> Celui-là me paraît être l'égal des dieux, l'homme qui assis
> en face de toi, de tout près, écoute ta voix si douce. Et ce
> rire enchanteur, qui, je le jure, a fait fondre mon cœur
> dans ma poitrine, car dès que je t'aperçois un instant, il ne
> m'est plus possible d'articuler une parole.
> Mais ma langue se brise et, sous ma peau, soudain se
> glisse un feu subtil ; mes yeux sont sans regard, mes
> oreilles bourdonnent.
> La sueur ruisselle de mon corps, un frisson me saisit
> toute : je deviens plus verte que l'herbe, et peu s'en faut, je
> me sens mourir (ô Agallis).
> Mais on doit tout oser puisque... [30]

C'est au double registre de la femme lyrique et de la femme
passionnée que renvoie la première référence à Sappho pour
évoquer Louise Labé. Elle date de la publication de ses *Euvres*
et se trouve dans la première des vingt-quatre pièces qui lui
sont offertes dans le bouquet d'hommages que lui composent
ses poètes[31]. L'auteur de cette pièce anonyme, écrite en grec, y

---

[29] Sans égale selon Strabon (historiographe grec du Iᵉʳ siècle av. J.-C.),
      XIII, 2.
[30] Traduction empruntée à *Alcée-Sapho*, texte établi et traduit par Théodore
      Rienach, Paris, Belles lettres, 1994, p. 194.
[31] Voir fac-similé, p.125, et traduction en français, *supra*, p. 13.

évoque les odes perdues de Sappho, restituées par cette nouvelle poétesse, ses amours tout autant dévastatrices que celles de Sappho pour le beau et inflexible Phaon et le chant pénétrant qu'elle module sur les cordes de sa lyre, propre à susciter toutes les émotions, même chez les jeunes cœurs les plus rebelles. De même, au siècle suivant, à en croire Guillaume Colletet, dans ses *Vies des poetes français*, cette assimilation de Louise Labé à Sappho concerne aussi bien l'esprit que les mœurs ; de toutes les femmes qui ont pu être comparées à Sappho, aucune ne l'est avec plus de pertinence, en raison de la délicatesse de son esprit et de l'irrégularité de sa conduite.

La comparaison de Louise Labé avec Sappho perdure à l'époque actuelle[32], bien que, de l'image même de Sappho, on ait pu, au fil du temps, privilégier certains traits sur d'autres.

Poète à la voix féminine ou femme scandaleuse. Quel sens, par exemple, a en tête l'abbé Irailh (1717-1794) quand il évoque Louise Labé et Clémence de Bourges comme « les deux Sapphos du XVIe siècle »[33] ? Certainement pas celui auquel pourrait songer le lecteur actuel. Souvent, dans les références à la nouvelle Sappho, c'est Sappho comme modèle même de l'excellence de la poésie féminine et comme femme passionnée pour un amour malheureux qui sert de référence. Tel est le cas de l'auteur du *Parnasse des dames* (1773), pour qui « Louise Labé sçut si bien parler le langage passionné de l'Amour, qu'elle est peut-être le seul de nos Poëtes que nous puissions opposer à Sapho »[34]. Tel est le cas dans le « Dialogue imaginaire entre Sappho et Louise Labé de M. Dumas » en tête de

[32] Robert Sabatier, *Histoire de la poésie française, La poésie du XVIe siècle*, p. 117 : « Louise Labé se situe en continuatrice de Sappho "l'amour lesbienne" ».

[33] Abbé Irailh, *Querelles littéraires ou mémoires pour servir à l'Histoire des Révolutions de la République des Lettres depuis Homère jusqu'à nos jours*, Paris, Durand, 1761, I, p. 158-164.

[34] Louis-Edme Billardon de Sauvigny, *Parnasse des dames*, Paris, Ruault, 1773, t. II, p. 67. Il fournit une anthologie très remaniée des œuvres de Louise Labé. Il cite toutefois dans son intégralité le sonnet XVIII avec le commentaire suivant : « Il n'y avait qu'une rivale de Sapho qui pût faire de pareils vers. Ce dernier sonnet surtout est beaucoup trop libre, je l'avoue. Fallait-il le supprimer ? Il nous reste encore des statues antiques devant qui la pudeur est peut-être obligée de baisser les yeux : mais quel homme né avec un peu de goût auroit le courage de les mutiler ? ».

l'édition donnée, en 1824, par N. F. Cochard et Claude Bréghot du Lut[35] qui se sont appliqués, comme le dit Sainte-Beuve, à « restituer à Louise Labé son honneur comme femme, en même temps qu'à lui maintenir sa gloire comme poète »[36].

Sappho traîne toutefois une réputation sulfureuse. Ainsi la langue française qui connaissait, depuis le XIVe siècle, le terme de *sapphique* pour désigner une forme métrique particulière, l'emploie, à partir du XVIIIe siècle, pour ce qui est relatif à l'homosexualité féminine et le XIXe siècle n'a pas hésité à créer le terme de *sapphisme* comme substantif correspondant à ce dernier sens. Le XVIIe siècle, lui, avait traduit par *hommesse* la désignation de *mascula* [« mâle »] *Sappho* employée par le poète latin Horace et la signification de ce nom ne laissait pas place au doute. Le philosophe et essayiste Pierre Bayle, dans la notice de son célèbre *Dictionnaire historique et critique* de 1697 consacrée à Sappho, mentionne que sa passion amoureuse s'étendait sur les personnes de son sexe, mais que « si elle avait eu pour but de se passer de l'autre moitié du genre humain, elle se trouva frustée de son attente, car elle devint éperdument amoureuse de Phaon »[37]; il s'interroge sur les trois significations proposées pour ce qualificatif de *mascula* : soit il désigne Sappho comme tribade, soit il souligne son attachement pour les sciences plutôt que pour le maniement du fuseau et de la quenouille, soit il met en avant le courage de son suicide. Déjà, Porphyre (philosophe du IIIe siècle) proposait une double explication : Sappho s'était illustrée en poésie, domaine masculin, ou elle était une tribade. Cette face de Sappho n'est pas étrangère au XVIe siècle et semble s'être imposée au cours du siècle, si l'on en croit les justifications qu'André Thevet, dans *Les vrais pourtraits et vies des hommes illustres* (1584), s'est cru obligé de multiplier pour la défense

---

[35] « Un Dialogue, composé par M. DUMAS, sert de préface : sous une forme, pour ainsi dire dramatique, il fait connoître le caractère de Louise Labé et le genre de son talent, ainsi que les rapports et les différences qui existent entre elle et l'immortelle Sappho ; et il finit par signaler le but qu'on s'est proposé d'atteindre, en reproduisant pour la sixième fois le recueil entier de ses ouvrages. »

[36] Sainte-Beuve, *op. cit.*, p. 134.

[37] Pierre Bayle, *Dictionnaire historique et critique*, Rotterdam, Reinier Leers, 1697, II, p. 1009.

de Sappho, traitant de calomnie les insinuations selon lesquelles Sappho se serait abandonnée aussi bien aux hommes qu'aux femmes. Pour lui, le nom de mâle lui aurait été donné car elle faisait ce qui sied à un homme en composant de si excellents vers ou alors parce qu'elle aurait entrepris d'entrer à Leucade, où seulement les hommes osaient s'approcher; l'accusation d'homosexualité proviendrait du fait qu'elle avait pour amies des femmes[38]. Que l'on discute du terme *mascula* d'Horace, l'épître qu'Ovide met sous la plume de Sappho, largement diffusée au XVIe siècle en français, fait directement référence aux mœurs lesbiennes de la poétesse et la traduction française[39] est sans ambiguïté[40]. Le texte était bien connu en français: Octovien de Saint-Gelais en avait donné une célèbre traduction

---

[38] André Thevet, *Les vrais pourtraits et vies des hommes illustres,* Paris, G. Chaudiere, 1584, f. 56r°. Le chapitre «Sapho lesbienne poetrice» est analysé par François Rigolot, *Louise Labé Lyonnaise ou la Renaissance au féminin*, Paris, Champion, 1997, p. 34-40.

[39] *XXI. Epitres d'Ovide. Les dix pemieres sont traduites par Charles Fontaine Parisien: le reste est par lui revu, et augmenté de Prefaces*, Lyon, J. de Tournes et G. Gazeau, 1556, p. 408:

> «Les trois filles que j'ay si fort aymees
> Plus ne seront de par moy reclamees:
> Trop vieilles et laides ores me semblent:
> Amythones aussi plus ne s'assemblent
> Avecques moy ne Cydno leur compagne,
> L'esbat leur laisse des chams et de champagne.
> Atthis si belle et qui tant fort valoit
> Plus ne me plait ainsi qu'elle souloit:
> Ni autre cent, voire et cent davantage:
> Je leur laisse de joye l'heritage.
> O mauvais homme tu tiens or' comme maitre
> Ce qui jadis souloit à meinte autre estre».

Même si le vers «Ni autre cent, voire et cent d'avantage» traduit incomplètement le vers latin «Atque aliae centum quas non sine crimine amavi» («et cent autres que je n'ai pas aimées sans crime»), le lecteur pouvait toujours revenir à la version latine.

[40] Cet ensemble de références remet en cause l'analyse de Joan DeJean, *Sapho: les fictions du désir*, trad. François Lecercle, Paris, Hachette, 1994, qui note, à propos de l'ode à Aphrodite: «Sappho déclare sa passion… comme une passion non partagée pour une personne de sexe indéterminé (que les traducteurs de la Renaissance supposent toujours masculin)» (p. 32); «le seizième siècle ne se préoccupe que d'adapter à un protagoniste masculin tous les scénarios érotiques proposés par le premier poète du désir féminin» (p. 34).

(dont la première édition date de 1502) et Charles Fontaine en procurera une édition révisée en 1556 chez Jean de Tournes.

Beaucoup de controverses concernent cette figure de la femme poète que l'on a essayé d'exonérer de mœurs particulières. L'hypothèse de l'existence de deux Sappho se trouve bien représentée dans l'Antiquité. Selon Athénée (13, 596c), c'est la courtisane et non la poétesse qui est tombée amoureuse de Phaon et Elien, dans l'*Histoire variée* (12, 19), à côté de la Sappho célébrée par Platon, dit qu'il y eut à Lesbos une autre Sappho courtisane et non poétesse. Parallèlement à cette tradition de deux Sappho, l'une poétesse et l'autre courtisane, il faut relever celle qui recense deux Sappho poétesses. Dans la Souda (dictionnaire du Xe siècle), sont ainsi distinguées : la Lesbienne d'Eresos, poétesse lyrique de la 42e Olympiade (VIIe siècle avant J.-C.), contemporaine du poète Alcée, calomniée pour ses amitiés féminines, auteur de neuf livres de chants lyriques ; la Lesbienne de Mytilène, joueuse de lyre qui se jetta du haut du rocher de Leucade par amour pour Phaon le Mytilénien et dont certains ont dit qu'elle aurait aussi écrit de la poésie lyrique.

Sappho dans l'œuvre de Louise Labé

La première des vingt-quatre pièces qui célèbrent Louise Labé, ode écrite en grec, est entièrement consacrée au parallélisme entre Louise Labé et Sappho. Le lecteur moderne, qui ignore le grec, peut la lire dans la traduction française que n'omettent pas de lui fournir les plus diligents éditeurs, quand ils reproduisent ces pièces diverses. Mais quelle ne devait pas être la perplexité du lecteur du XVIe siècle, auquel il n'était pas fourni de traduction ! Ils étaient si peu nombreux à lire le grec. C'était évidemment lettre morte pour la plupart d'entre eux et, tout particulièrement, pour ces dames lyonnaises auxquelles Louise Labé s'adresse souvent dans ses vers comme à des destinataires privilégiées. En position inaugurale, la lecture de ce texte relève, en fait, d'un plaisir d'initié, accessible seulement à quelques savants. Mais ceux qui pouvaient le décrypter, devaient être à même d'en savourer la subtilité et la nouveauté. Dans cette ode, se trouvent conjugués les traits traditionnellement attachés à la poétesse – son amour pour un homme cruel qui l'amena, par désespoir, à se jeter du haut d'un rocher de

Leucade – et l'actualité la plus brûlante, c'est à dire la redécouverte de ses textes poétiques en ce milieu de siècle.

Le lecteur non helléniste avait-il plus de chance de saisir
les autres allusions à Sappho contenues dans les *Euvres* de
Louise Labé? Il n'est pas sûr pour ce qui concerne les pièces
des «Escriz». Savait-il que l'on appelait Sappho la dixième
muse, en lisant le sonnet dédié «À D. Louïze, des Muses ou
premiere ou diziéme couronnante la troupe (p. 130)»? Dans la
dernière strophe de la dernière pièce qui célèbre la harpe
«Methimmoise» et la bande lyrique qui florissait jadis en
Grèce (p. 173), comprenait-il que celle-ci incluait Sappho? Ce
sont autant d'allusions érudites que les poètes de Louise Labé
ont disséminées dans les pièces qu'ils lui consacrent.

Les mentions de Sappho que l'on trouve dans les propres
textes de Louise Labé semblent plus intelligibles pour un
public plus large. Dans le «Debat de Folie et d'Amour»,
Sappho figure à la fin d'une liste d'excellents poètes en compagnie d'«Orphee, Musee, Homere, Line, Alcee» (p. 55). En tête
de sa première élégie, après une référence à l'inspiration
épique, Louise Labé rappelle qu'au temps de ses amours, elle
n'avait pas la puissance de lamenter sa peine et sa souffrance,
mais que, depuis lors, Apollon a, de sa fureur divine, rempli
d'ardeur sa poitrine et lui a donné la lyre, qui avait l'habitude
de chanter les vers de «l'Amour Lesbienne» (p. 100). Le souvenir du poète latin Ovide est vif. L'ensemble des élégies de
Louise Labé s'inspire en effet de son épître de Sappho à Phaon,
longue plainte d'une amante délaissée. Elle est le modèle générique qui a présidé à leur rédaction[41]. Ainsi, le thème du départ
de l'amant, soudain pour le Phaon de l'épître de Sappho chez
Ovide, est repris dans l'élégie II. La renommée internationale,
dont Louise Labé se vante dans l'élégie II, où elle fait allusion
à la louange des gens savants et à sa réputation qui toucherait
l'Espagne, l'Italie et l'Allemagne, est semblable à celle que
Sappho se reconnaît. L'élégie I commence par des considéra-
tions de poétique sur la poésie lyrique: la poétesse évoque,
après les feux de l'amour, l'ardeur de la fureur divine; dans

---

[41]   Voir, pour l'intertexte ovidien, Daniel Martin, *Signe(s) d'Amante*, Paris,
Champion, 1999, p. 174-180; Michèle Clément, «Louise Labé et les arts
poétiques», *Méthode!*, 2004, p. 67-69.

l'élégie III, elle parle de « ces miens escrits pleins d'amoureuses noises ». De même, dans l'épître d'Ovide, prennent place des remarques qui relèvent de l'art poétique[42].

Le récit d'événements autobiographiques est de rigueur dans les épîtres d'Ovide[43]. Il en est de même pour les élégies de Louise Labé à partir desquelles on a bâti sa biographie, qu'il s'agisse de ses amours, de ses hauts faits guerriers ou des hommes qui la courtisent. Ainsi raconte-t-elle qu'elle a été prise par l'amour à seize ans et qu'elle compose la troisième élégie au cours du treizième été de cet amour (p. 110); qu'elle va en armes, porte la lance, fait voler les bois (p. 109); qu'elle est sollicitée de maints grands seigneurs prêts à la servir et à organiser des fêtes en son honneur (p. 106). L'épître de Sappho par Ovide a donc servi de patron à ces élégies qui correspondent exacte-

---

[42]   *XXI. Epitres d'Ovide,* p. 407 : « Tu te pourras ores emerveiller
              Pourquoy je veus meintenant travailler
              A faire vers piteus et lamentables,
              Fuyant cantiques souëfz et delectables :
              Comme ainsi soit que soye à chantz lyriques
              Plus ententives qu'à vers melancoliques,
              Or est venu certes le tems et l'heure
              Que m'amour faut, que je regrette et pleure.
              Là servira à mon mal soufreteus
              Elegie, qui est stile piteux.
              Rien ne feroit à si langoureus termes
              Le son du lutz, pour apaiser mes larmes ».

[43]   *Id., ibid.,* p. 413 :
              « A peine j'eus premier six ans passez
              Quand je perdi, en douleur trop amere,
              Les miens plus chers, se furent pere et mere :...
              Pour te conter toute ma destinee,
              Un frere j'eus, qu'amour desordonnée :
              Tant aveugla, que serf se voulut faire
              D'une femme publique et mercenaire »
       et p. 414 :
              « De toy viennent mes regretz et mes pleintes,
              Mes grandes pleurs, et mes grieves compleintes ».
       Le texte d'Ovide est à double destinataire, soit adressé à Phaon, soit aux dames :
              « Or vous dames toutes de cil païs
              Gardez voz cœurs qu'ils ne soient trahis » (p. 412);
              O jeunes dames du païs où nous sommes » (p. 424).
       Il en est de même dans les élégies de Louise Labé.

ment au modèle générique de l'élégie, tel que le définit Thomas Sébillet dans *l'Art Poetique François* de 1548, comme épître amoureuse, traitant de l'amour, de ses plaisirs et de ses tristesses, selon les modèles d'Ovide et de Clément Marot[44]. Ce qui a été considéré comme autobiographique ne relève que des conventions du genre.

Sont tout autant sujets à caution les prétendus éléments biographiques que l'on serait tenté d'extraire des sonnets. Ceux qui mettent en scène, avec les tourments, les ennuis et les larmes, le désir (II, III) et le lit mol (V, IX) renvoient aux odes de Sappho. Le sonnet VI pourrait se réclamer de l'Ode à l'aimée; le sonnet VII de l'Ode à Aphrodite et le sonnet IX de son amour pour le cruel Phaon; il a été vu comme une interprétation du fragment sapphique 74 où Sappho se lamente d'être en pleine nuit, au coucher de la lune et des étoiles, étendue seule sur son lit[45].

A côte d'allusions directes, la figure de Sappho est donc omniprésente dans l'ouvrage de Louise Labé, aussi bien sous la plume de ses poètes que sous la sienne. Elle s'impose comme parangon lyrique et comme exemple de conduite amoureuse. Elle est modèle d'excellence, la femme en proie à l'amour inflexible comme dans l'épître d'Ovide, soumise aux modifications physiques de la passion comme dans l'Ode à l'aimée. Les références sont peut-être encore plus nombreuses qu'il n'y paraît. Tous les exercices virils auxquels se livre Louise Labé pourraient-ils être aussi une mise en scène de la «mascula Sappho»? De toutes manières, cette présence de Sappho dans

[44] Thomas Sébillet, *Art Poetique François*, Paris, A. L'Angelier, 1548, I, chapitre VII. Le récit de l'*innamoramento* dans l'élégie III est inspiré du *Temple de Cupido* de Marot avec le même vers: «Hors de sa trousse une sagette il tire» (Stanislas Piotr Koczorowski, *Louise Labé, Etude littéraire*, Paris, Champion, 1925, p. 47). Les enseignements de Jacques Peletier, dans son *Art poëtiqué* de 1555, sont différents, non pas pour le sujet qui relève toujours des amours et de ses joies et de ses tristesses, mais pour les auteurs de référence (Tibulle et Properce se substituant à Clément Marot et à Ovide) et pour le mètre adopté qui n'est plus le seul décasyllabe, comme le veut Thomas Sébillet, mais le distique avec alternance d'alexandrin et de décasyllabe.

[45] Voir *Alcée-Sapho*, p. 247: «La lune s'est couchée ainsi que les Pléiades, la nuit est en son milieu: l'heure passe et je suis étendue dans mon lit toute seule».

les *Euvres* de Louise Labé relève de jeux savants et atteste la
profusion des représentations de Sappho à cette époque.

Il n'est pas sans intérêt de relever que Sappho apparaissait
déjà dans l'édition parisienne de 1546 des œuvres de Pernette
Du Guillet, dans une pièce intitulée « Response de la dame a
l'Amy dissimulé L.P.A. », œuvre de Jean Maugin. Y étaient
évoqués les pleurs et les plaintes de la dame face à un amant
ingrat et infidèle et une invite aux dames :

> Gardez vous bien, ô Dames amoureuses,
> Que ne soyez, comme moy, langoureuses ;
> Gardez vous bien de voir un tel ingrat[46].

Exhortation dont le dernier vers des œuvres de Louise Labé
garde le souvenir :

> Et gardez vous d'estre plus malheureuses (p. 123).

Sappho, le modèle d'excellence

L'image de Sappho est complexe en 1555. Avant la période
de publication des *Euvres* de Louise Labé et les années 1550, la
présence de Sappho s'est imposée comme exemple de prédilection dans le genre du paradoxe. Elle apparaît ainsi dans un
des paradoxes que soutient Ortensio Lando dans ses *Paradossi*
de 1543, à savoir que l'excellence de la femme est plus grande
que celle de l'homme. Sappho s'y trouve en compagnie de
Carmente, prophétesse d'Arcadie qui aurait inventé les sciences
humaines, de Leontia, courtisane d'Athènes qui écrivit un livre
contre Théophraste. L'auteur dit que Sappho inventa les vers
sapphiques et surpassa tous les meilleurs poètes de son temps

---

[46] Voir Pernette Du Guillet, *Rymes*, éd. Graham, p. 160 :

> « Or ay-je enfin, apres longue attente,
> Leu ton escrit, qui tant me mescontente,
> Qu'impossible est, veu mon cruel tourment,
> D'avoir jamais de toy contentement.
> J'ay de Sapho leu les pleurs, et les plaintes
> De Medea, Philis, et d'autres maintes,
> Pour leurs Amants ingratz et infideles :
> Mais (comme croy) oncq' aucune d'entre elles
> N'eut de se plaindre et douloir achoyson
> Telle que j'ay, ne meilleure raison.
> Sapho a plaint le reffus langoureux
> De son amy Phaon le rigoureux ».

avec qui elle a rivalisé avec succès, tout comme la poétesse Corinne qui l'emporta sur le poète grec Pindare (Vᵉ siècle avant J.-C.)[47].

Sappho est aussi présente dans un autre paradoxe, *La pazzia*, paru en 1540 (dont l'auteur est incertain : Ascanio Perso ou Vianeso Albergati ou Ortensio Lando lui-même), et qui sera traduit en 1566 en français par Jean Du Thier sous le titre *Les Louanges de la Folie, traicté fort plaisant en forme de paradoxe*. Alors que les femmes se devraient de coudre, filer et vaquer aux tâches domestiques, certaines s'adonnent à la philosophie, à la musique ou à la poésie. L'auteur met ainsi en scène cette femme savante qui se persuade que l'esprit du divin Homère ou l'âme de la sage Sappho lui est entré au corps[48].

C'est aux côtés des grands de l'Antiquité que Sappho est mentionnée à l'époque moderne. Ainsi en est-il dans le commentaire sur le *Banquet* de Platon rédigé par Marsille Ficin et traduit en français en 1546. Dans son chapitre sur les passions que Vénus fait endurer aux amants, Marsille Ficin précise comment les mélancoliques rongés par l'âpreté de la bile noire cherchent le soulagement dans les plaisirs de la musique et de l'amour et il cite Sappho aux côtés de Socrate et de Virgile[49].

---

[47] En voici la traduction qu'en donne Charles Estienne en 1553 dans ses *Paradoxes,* éd. Trevor Peach, Genève, Droz, 1998, p. 226 : « Veritablement celuy [l'esprit] des femmes est bien d'autre façon, et s'il est vray ce que dit Aristote, que les personnes composées de chair plus noble et delicate sont de meilleur esprit que les autres, qui faict doute que la charnure de la femme ne soit plus tendre et molette que celle de l'homme ? Ne voit on pas aussi par experience leur esprit en toutes subtiles inventions exceder de grande eminence celuy des hommes ? Voyez au catalogue des inventeurs de choses, si elles ne sont pas inventrices de plusieurs excellents et nompareils ouvrages, et mesmement des lettres qui rendent les hommes si grands et apparens. Qui est pour vous monstrer que tout ainsi que d'elles naissent les hommes, aussi font les sciences que nous appellons humaines, comme il soit ainsi que la bonne dame Carmente les ayt premierement inventées, par le moyen desquelles avint que la sçavante Leontia confuta et gaigna en dispute et raisons le sçavant Theophraste. Sappho trouva les vers qui de son nom furent appellez sapphiques, et eut grande contention à l'encontre de plusieurs excellens poëtes de son temps, tous lesquelz à la fin elle rendit confuz ainsi que (non sans grande louange) feit la belle Corinne ».

[48] Voir *infra*, p. 137, note 141.

[49] *Le Commentaire de Marsille Ficin, Florentin sur le Banquet d'Amour de Platon : faict François par Symon Silvius, dit J. De la Haye, Valet de Chambre*

Elle est, dans un autre passage, en compagnie de Socrate et d'Anacréon[50]. Dans les *Comptes amoureux par Madame Jeanne Flore*, l'auteur, par la voix de madame Méduse, y évoque une demoiselle parée de tous les dons, surpassant Hortensia en bien dire, la « noirette Sapho » en poésie, Orphée pour jouer du luth, Hébé pour danser, Arachné dans les travaux d'aiguille[51].

Sappho est donc un élément de comparaison dans l'excellence et une référence d'autorité dans les discours sur les femmes, souvent dans des contextes qui relèvent du paradoxe. Elle est citée aux côtés des hommes de l'Antiquité les plus célèbres. Mais cet éloge de l'excellence ne suppose aucune connaissance directe de ses textes grecs.

Les texte grecs de Sappho

Ce n'est qu'au milieu du XVI⁰ siècle que l'œuvre de Sappho en grec est portée à la connaissance du public par les humanistes. L'Ode à l'aimée, tout comme l'Ode à Aphrodite, n'est disponible au temps de la publication des *Euvres* de Louise Labé que dans cette langue grecque. Pour la première, toutefois, le commentaire qui en est fait en latin la rend plus accessible ; une version française l'année suivant les *Euvres* de Louise Labé lui assurera un grand succès[52]. Mais, en 1555, les

---

de treschrestienne Princesse Marguerite de France, Royne de Navarre, Poitiers, J. et E. de Marnef, 1546, f. 70r° : « Socrates mesmes, lequel a esté estimé d'Aristote melancholique, estoit plus enclin que tous, commme luymesmes asseuroit, à l'art d'aymer. Mesme chose de Sappho melancholique comme elle mesme tesmoigne povons juger. Semblablement nostre poete Virgile, son effigie le monstrant avoir esté cholerique, jasoit qu'il fust chaste, toutesfois estoit fort enclin à aimer ».

[50]   *Id., ibid.*, f. 101v° : « Nous avons leu que Sapho, Anacreon, et Socrates ont esté touchés principalement de celle qui contrainct à aymer ».

[51]   *Contes amoureux par Madame Jeanne Flore,* p. 158.

[52]   Voir Robert , « Sur quelques traductions d'une ode de Sappho au XVI⁰ siècle », *Bulletin de l'Association Guillaume Budé*, XVII, 4, 1965, p. 107-122. Rémi Belleau traduit ce texte en français dans *Les odes d'Anacreon*, Paris, A. Wechel, 1556, p. 61 :

> « Traduction d'une Ode de Sapho
> Nul me semble egaler mieus
> Les hautz Dieux,
> Que celluy qui face à face

publications de ces deux textes ne touchent qu'un public
restreint de savants. Ces poèmes ont pour particularité de
se trouver dans des ouvrages de rhétorique qui fournissent
de précieux commentaires à leur propos. En 1554, à Bâle,
paraît la première édition (procurée par le savant Francesco
Robortello) du célèbre *Traité du sublime*[53], ouvrage écrit en
grec au début de l'Empire romain et attribué à Longin ; Longin,
au chapitre qui traite de la sublimité qui se tire des circonstances, offre l'Ode à l'aimée de Sappho, avec une pénétrante
analyse. Il invite à admirer comment, en voulant exprimer les
fureurs de l'amour, Sappho ramasse de tous côtés les accidents
les plus excessifs qui accompagnent cette passion et sait les
lier. Elle est agitée de mouvements contraires : elle gèle, elle
brûle, elle est, tour à tour, folle et sage, soit hors d'elle-même,

> T'oit parler, et voit la grace
> De ton souris gracieux.
>
> Ce qui va jusqu'au dedans
> De mes sens,
> Piller l'esprit qui s'esgare,
> Car voiant ta beauté rare,
> La vois saillir je me sens.
>
> Ma langue morne devient,
> Et me vient
> Un petit feu, qui furette
> Dessous ma peau tendrelette,
> Tant ta beauté me retient !
>
> Rien plus de l'œil je ne voi
> Pres de toi.
> Tousjours l'oreille me corne :
> Une sueür froide et morne
> Soudain coule dedans moi.
>
> Je suis en chasse à l'horreur,
> A la peur,
> Je suis plus palle et blesmie
> Que n'est ta teste flestrie
> De l'herbe par la chaleur.
>
> Ja peu s'en faut que la mort
> Sur le bort,
> De sa barque ne m'envoie,
> Et soudain que lon me voie
> Soufler l'esprit demy-mort ».

[53]   Chez Oporin, en grec, sous le titre *Liber de grandi siue sublimi orationis
genera*.

soit prête à mourir. Elle n'est pas éprise d'une seule passion, mais est le rendez-vous de toutes les passions. Elle fait de l'âme, du corps, de l'ouïe, de la langue, de la vue, de la couleur, autant de personnes différentes et prêtes à expirer.

A la même date de 1554, l'imprimeur Paul Manuce, savant éditeur de Cicéron, et Marc-Antoine Muret, poète et orateur érudit, projetaient une édition bilingue de Longin (grec et latin), édition qui paraîtra l'année suivante, mais sans traduction latine. C'est à cette occasion que Marc-Antoine Muret découvrit l'Ode à l'aimée. En octobre 1554, il publie une édition du poète latin Catulle avec un commentaire personnel[54]. Or, l'un des poèmes de Catulle (le carmen LI, *Ille mi par esse*) est une adaptation de l'Ode à l'aimée. Marc-Antoine Muret en fournit le texte latin, auquel il ajoute le texte grec de Sappho et un commentaire où il se targue d'être le premier à porter à la connaissance du public cette ode de Sappho. Il souligne combien lui seront redevables ceux qui sont captivés par l'enthousiasme pour l'Antiquité et le charme de la poésie tendre et voluptueuse. Il raconte comment, sur la suggestion de Paul Manuce, il avait commencé à traduire en latin le *Traité du sublime* de Longin, traité jamais publié auparavant ; ce fut pour lui l'occasion de découvrir, parmi les multiples mérites de l'ouvrage, l'enchanteresse ode de Sappho adaptée par Catulle. Quel plaisir n'allait pas prendre le public à trouver côte à côte les vers d'une femme qui excellait sur tous les autres poètes en ce genre et ceux du plus voluptueux de tous les poètes latins ! Il termine en suggérant combien chacun est impatient d'entendre la dixième muse. Cette Ode à l'aimée sera ajoutée en 1556 par Henri Estienne à sa nouvelle édition du recueil des odes du poète Anacréon, *Anacreontis odae*, qui offrait, en 1554, l'Ode à Aphrodite et le fragment sur la solitude de minuit.

François Rigolot a mis en avant l'importance, dans l'ode grecque consacrée à Louise Labé, de l'impact de cette lyrique sur le lecteur, « une véritable *théorie de l'effet poétique*, qui n'est pas sans rappeler celle du *Traité du sublime* »[55], ce qui suggère

---

[54]   *Catullus et in eum commentarius M. Antonii Mureti*, Venise, Alde Manuce, 1554.

[55]   François Rigolot, *op. cit.*, p. 59 ; p. 70.

évidemment, de la part de son auteur, une lecture du *Traité du sublime*. Pour ce critique, la paternité de cette ode reviendrait à Henri Estienne, qui, de retour de Venise, en 1555, serait passé par Lyon et aurait pu entrer en contact avec les imprimeurs lyonnais. Toutefois, le séjour lyonnais d'Henri Estienne n'est pas avéré. Dans l'hypothèse d'un travail de commande, qui a, comme on le verra, largement présidé à l'élaboration des « Escriz de divers Poëtes », il est possible d'avancer pour la rédaction de cette ode, dont il faut souligner la nouveauté à cette date, le nom de Marc-Antoine Muret, avec lequel certains des protagonistes des « Escriz » sont en rapport et à qui son projet de traduction en latin a donné une parfaite connaissance de l'ouvrage de Longin, alors que c'est en référence avec Anacréon qu'Henri Estienne, qui se passionnera ensuite pour la poétesse, s'est intéressé à elle. La collaboration de Marc-Antoine Muret aux « Escriz des divers Poëtes » pourrait apparaître d'autant plus précieuse qu'il a, en 1553, donné un long commentaire des *Amours* de Pierre de Ronsard qui accompagnait la nouvelle publication de cette édition. Comme il avait fait du Vendômois un nouveau Pindare, comment ne pas céder à la tentation de lui faire célébrer la Lyonnaise en nouvelle Sappho ?

La critique a retenu la date de 1554 pour l'exhumation de l'œuvre de Sappho par les humanistes[56], mais il faut relever que, en 1547, quelques années avant la publication de l'Ode à l'aimée présente dans le texte de Longin, les érudits avaient pu prendre connaissance de l'Ode à Aphrodite, dans un traité de rhétorique, celui de Denys d'Halicarnasse, *La composition stylistique*[57]. En effet, Robert Estienne publie, à cette date, à Paris,

---

[56]   Voir Mary Morrison, « Henri Estienne and Sappho », *Bibliothèque d'Humanisme et Renaissance*, XIV, 1962, p. 388-391.

[57]   Denys d'Halicarnasse, « La composition stylistique », *Opuscules rhétoriques*, III, éd. Germaine Aujac et Maurice Lebel, Paris, Les Belles Lettres, 1981, VI, 23, 10: « Je citerai également quelques exemples de ce type d'harmonie, en m'adressant pour les poètes à Sappho, pour les orateurs à Isocrate. Je commencerai par la poésie lyrique.

Immortelle Aphrodite, au trône chatoyant,
Rusée fille de Zeus, vers toi vont mes prières ;
N'accable pas mon cœur de dégoûts ni de peine,
        Déesse souveraine ;

l'édition princeps en grec de l'ouvrage de ce rhétoricien du Ier siècle av. J.-C. Celui-ci cite l'intégralité de l'ode dans son long développement sur l'harmonie polie dans la poésie lyrique. Comme il le dit, ce type de composition se caractérise par la fluidité des mots qui glissent avec légèreté, s'entraînent par leur liaison mutuelle comme les flots d'un ruisseau. La continuité de la chaîne des mots se fait par la douceur des liaisons, la justesse des jointures, comme un tissu de soie orné de broderies ; sont choisis les mots sonores, doux et délicats, les figures qui ont de la douceur et une certaine mollesse séduisante. Si, pour les poètes héroïques, le modèle est Hésiode, pour les tragiques, Euripide et, pour les orateurs, Isocrate, pour la poésie lyrique, les représentants sont Sappho, Anacréon et Simonide. Après avoir cité, dans son intégralité, l'Ode à Aphrodite, Denys d'Halicarnasse remarque combien la grâce et la douceur de cette poésie proviennent de la composition et de l'arrangement des mots. Comme enlacés les uns avec les autres, ils ne font en quelque sorte qu'un seul mot, tant la liaison des lettres est intime et naturelle, sans aucun hiatus de

> Viens me rendre visite : n'as-tu pas d'autres fois
> Prêté l'oreille à mon appel, de bien loin ?
> Délaissant aussitôt la maison paternelle
>   Pour me venir rejoindre,
> Tu attelas ton char d'or. Aussi beaux que rapides,
> Te menaient des moineaux, dessus la terre obscure,
> Fendant les airs à tire d'ailes, par le travers
>   Du firmament.
> Très tôt ils arrivèrent : et toi ô bienheureuse,
> Un sourire éclairant, ton visage immortel,
> Tu demandais alors quel était mon malheur,
>   Et pourquoi t'appeler,
> Et quelle était aussi la si grande ambition
> De mon cœur en délire : « Qui donc désires-tu
> Que fasse persuasion répondre à ta tendresse ?
>   Qui donc, ma Sappho, te fait mal ?
> Qui te fuit aujourd'hui, vite te poursuivra ;
> Qui refuse tes dons, bientôt t'en offrira ;
> Qui ne veut pas t'aimer, bien vite t'aimera,
>   Même contre son gré.
> Viens encore en ce jour vers moi : libère-moi
> Des douloureux soucis ; les actes que mon cœur
> Brûlerait d'accomplir, toi-même, accomplis-les ;
>   Reste mon allié ».

voyelles. Faut-il s'étonner que le style de cette ode soit doux et coulant, au regard du parfait accord des sons qui la composent ? Comme dans le cas de Longin, il est remarquable que ce texte de Sappho se trouve dans un développement sur les effets de sens : les fureurs de l'amour dans le *Traité du sublime,* la grâce et la douceur chez Denys d'Halicarnasse. La pratique des sonnets de Louise Labé semble relever de cette harmonie mise en avant par Denys d'Halicarnasse, tout autant que des modalités d'expression de la passion. On ne laisse d'être étonné de trouver chez la poétesse lyonnaise une remarquable application en français de ce que les rhétoriciens grecs considèrent comme l'essence de la poésie de Sappho. Il faut que Louise Labé ait lu dans leur texte grec les œuvres de Sappho ou que quelque humaniste lui ait fait saisir ce qui faisait l'originalité de cette poétique pour pouvoir se livrer à une exceptionnelle imitation.

Sappho et les Lyonnais

Dans les années 1550, Sappho, en représentante du lyrisme et de la femme passionnée, est souvent évoquée dans les écrits des auteurs publiés à Lyon[58], tout particulièrement chez les poètes liés à l'atelier de Jean de Tournes. Ainsi, dans *Les angoysses et remedes d'amours. Du Traverseur, en son adolescence*, ouvrage publié tout d'abord en 1536 à Poitiers, puis repris, en 1550, par Jean de Tournes, dans le passage consacré par Jean Bouchet à la « Preuve de la misere de folle amour, par histoires et fictions poetiques », les raisons de son suicide sont mentionnées. Le poète Charles Fontaine, dans *Les ruisseaux de Fontaine,* en 1555, cite la poétesse en compagnie des autres auteurs lyriques anciens, Homère, Pindare, Simonide, Stési-

---

[58] Voir Claude de Taillemont, *La Tricarite*, 1556, p. 84, dans la pièce « An faveur des dames Vertueuzés » :

> « Qi onc plus beaus vers antat
> Qe Sapho, ny mieus chantat
> Si la France n'ut trové
> Celle Margoerite,
> Qi de famç at aprové
> L'inconu merite ».

Le texte fait allusion à Marguerite de Navarre, mère de la dédicataire de la *Tricarite,* Jeanne d'Albret.

chore, Alcée, Anacréon, Virgile. Il la fige dans la mort accolant son luth[59]. Il parle longuement d'elle dans la préface sur l'épître de Sappho à Phaon qui accompagne la traduction de la vingt et unième épître d'Ovide dans l'édition qu'il donne des épîtres d'Ovide parue chez Jean de Tournes en 1556. Il fait état de deux Sappho et termine le développement qu'il consacre à la première, en mentionnant qu'à Mytilène, il y avait aussi une autre Sappho, mais de mauvaise réputation. De la première Sappho, il fournit des éléments biographiques, disant reprendre ce qu'il a écrit précédemment dans le livre des médailles publié à Lyon en 1553[60] (ce qui prouve son intérêt à cette date pour Sappho) : femme admirée pour sa sagesse par Platon, amoureuse éperdue de Phaon à cause de qui elle se suicidera, après lui avoir écrit une lettre particulièrement émouvante[61]. Toutes les femmes de Mytilène furent amoureuses de celui qui tenait sa beauté d'un onguent donné par Vénus[62] et,

---

[59] Charles Fontaine, *Les ruisseaux de Fontaine : Œuvre contenant Epistres, Elegies, Chants divers, Epigrammes, Odes et Estrenes pour ceste presente annee 1555,* Lyon, Thibauld Payan, 1555, p. 86 :

  « Autre, à elle mesme.
  Le renom encores volant,
  Bruit que Sapho fut accolant
  Son doux luc, bien qu'elle soit morte,
  Et que de luy nul chant ne sorte,
  Abbatu du sort violant ».

[60] La première édition du *Promptuaire des medailles* est parue à Lyon en 1553 chez Rouillé et c'est celle à laquelle fait référence Charles Fontaine dans sa notice des *XXI Epitres d'Ovide.* Il a donc rédigé le texte se rapportant à la médaille de Sappho et est l'auteur de l'ensemble de l'ouvrage resté anonyme, comme l'atteste une des épigrammes des *Ruisseaux de Fontaine,* p. 339, où il précise : « Apres le livre de Medales, / Et autres qu'en prose dressay ».

[61] *XXI. Epitres d'Ovide,* p. 405 : « Sappho, comme j'ay declaré au livre des medales, fut une femme Poëte, du tems de Tarquin Prisque, de laquelle Platon mesme admiroit la sapience : Ce nonobstant estant vefve d'un homme bien riche, de qui elle eut une fille, s'enamoura de Phaon desmesurement. Car comme il fut allé en Sicile, elle ayant doute d'estre peu aymée de luy, d'une ardeur et impaciente rage d'amour, proposa au peril de sa vie appaiser cette fureur, et se getta d'un mont d'Epire en la mer : ayant toutefois premierement escrit à son ami Phaon l'epitre suyvante, semée de plusieurs amoureuses et lascives afeccions, pour recouvrer le sien amy : et ne laisse aucun point qui face à l'esmouvoir d'avoir pitié et compassion d'elle ainsi par luy delaissée ».

[62] Erasme, dans *l'Eloge de la Folie,* XIV, évoque Vénus qui permit à Phaon de suffisamment rajeunir pour rendre Sappho follement éprise.

tout particulièrement, la savante Sappho dont Charles Fontaine
précise aussi qu'elle inventa une sorte de vers qui, de son nom,
sont appelés Sapphiques, qu'elle fut nommée la dixième Muse
et comptée entre les neuf Poëtes lyriques[63].

Le poète lyonnais Pontus de Tyard s'est intéressé à Sappho.
Dès le Solitaire premier ou dialogue de la fureur poetique (1552),
il cite la docte Sappho qui fit honneur au sexe féminin dans
une liste de poètes antiques où il célèbre, entre autres, Homère
et Pindare et à laquelle il compare une petite troupe de poètes
contemporains[64]. En 1555, dans le Solitaire second, ou prose de
la musique, véritable traité musical, à propos des modes de
chanter selon les anciens, il en dresse une liste ; les trois premières sont les plus fréquentes : la dorienne propre aux dévo-
tions religieuses, la phrygienne, guerrière, la lydienne plaintive ; à la lydienne, fut ajoutée par Sappho, une mixolydienne,
ainsi nommée, parce qu'elle est entremêlée à la lydienne,
propre à émouvoir ou à apaiser les passions[65].

---

[63] François de Billon, Le fort inexpugnable de l'honneur du Sexe Femenin, p. 30,
parle de deux Sappho poétesses : « Or, retournant à mon entreprinse, Puis
qu'il est necessaire faire preuve exemplaire des effectz de la Poésye par les
Muses divinement entretenue et par elles departye aux Femmes qui s'y
sont ingenieusement employées : Convient reduyre a memoire, que cent
cinquante quatre ans apres l'edification de Rome, une Dame nommée
Sapho Crexéa à doctement été florissante en cete Science poeticque.
Laquelle deslors inventa l'Archet de la Lyre ou Rebeq. Composa grande
quantité de Vers Lyriques, et grandes choses prophetiza, étant de multitude
de Disciples reveremment suyvye pour son Savoir. Depuis lequel temps
une autre Gentifemme qui fut nommée Sapho Lesbia acquist en ses jours
si louable renom, que les Romains erigerent en son honneur une Statue de
Pourfire richement ournée. Seullement pour avoir été trouvée fort experte
en Composition poetique. Les œuvres de laquelle Dame, qui tous en vers
Lyriques étoient elegamment façonnez, ont été long temps à (comme asséz
d'autres choses) perduz par la negligence de nos Ancestres, ou bien par la
destruction des Citéz d'Italye. O quelle perte Causeurs, qui de rage vous
eust maintenant fait devenir tous Poetes si les eussiez veüz ».

[64] Pontus de Tyard, Solitaire premier, éd. Silvio Baridon, Genève, Droz,
1950, p. 24 : « Homere, Thamire, Archiloque, Pindare, Hesiode, et la docte
Sapho, qui feit honneur à vostre sexe Pasithée, et qui ne se trouveroit
aujourd'huy seule non plus, que les premiers Homere, Thamire, Pindare,
et autres : lesquels une petite troupe de noz Poëtes François represente si
vivement ».

[65] Pontus de Tyard, Solitaire second, ou prose de la musique, Lyon, Jean de
Tournes, 1555 : « Les plus Antiques vrayment...chantoient ou à la
Dorienne, ou à la Phrygienne, ou à la Lydienne Mode : acommodant les

Déjà, dans *La concorde des deux langages,* Jean Lemaire de Belges faisait de Sappho la créatrice de la poésie lyrique, relevant comment on chantait dans le cercle artistique qui se réunissait à Lyon au début du siècle sur la colline de Fourvière des pièces poétiques d'invention sapphique au style subtil et mirifique[66]. Symphorien Champier, dans la *Nef des dames vertueuses* de 1515, consacrait une notice à Sappho, soulignant la merveilleuse douceur de sa veine poétique, son excellence dans les vers sapphiques[67]. Sappho était donc, au début du siècle, une des figures emblématiques du cercle artistique de Fourvière[68].

A Lyon, l'image de Sappho, en ce milieu de siècle, est d'une grande richesse. Figure composite dont rendent bien compte les *Euvres de Louïze Labé Lionnoize.* Dans le « Debat », apparaît la Sappho d'excellence, citée avec les autorités masculines, celle des paradoxes et, dans la pièce adressée « Aus poëtes de Louize Labé », c'est la suprématie de Louise qui est mise en valeur, puisqu'il est dit à ses poètes « qu'en louant sa dine poësie/ Mieus que par vous par elle vous vivez » et qu' « A ses loueurs est cause de leur gloire »; de même, dans les paradoxes, Sappho surpassait tous les poètes contemporains[69]. Dans les élégies, le

---

basses voix à la Dorienne, les moyennes à la Phrygienne, et à la Lydienne les hautes et aigues: ausquelles (ainsi qu'a dit le Curieus) fut, par la Lesbienne Saphon, ajoutee une Mixolydienne, en faveur du nombre acompli des quatre Tetracordes «(p. 105); « Les autres, plus estrangement, à la Mixolydienne esmouvoient et apaisoient les passions » (p. 106).

[66]   Jean Lemaire de Belges, *Concorde des deux langages*, p. 19:

> « Là recite on, d'invention saphicque,
> Maint noble dit, cantilennes et odes,
> Dont le stille est subtil et mirificque ».

[67]   Voir Symphorien Champier, *La nef des dames vertueuses*, Paris, Jean de Lagarde,1515, f. d1v°:

« De sapho poetique.
Sapho fut d'une isle de grece nommee lesbo poetique tresnoble et d'une voine merveilleusement doulce et plus ayant de fureur a metres liriques que aultres. Et trouva ung gendre de metres que nous avons qui d'elle est appelle saphique. Et passa tous ceulx de son temps en ce gendre de metre. De ceste sapho a feing ovide une epistolle a phaon de grand stille et merveilleuse doulceur ».

[68]   Voir *supra*, p. 20.

[69]   Joan DeJean, *op. cit.*, p. 41: "En mettant le fragment 1 dans le bagage poétique français, Labé est à l'origine de deux phénomènes qui sont essentiels à l'histoire de Sappho en France. Tout d'abord, elle est la première d'un

lecteur retrouve la Sappho des épîtres d'Ovide, victime du cruel Phaon. Dans les sonnets, revit Sappho en ses créations grecques, telle que la restituent les rhétoriciens, Longin et Denys d'Halicarnasse, qui mettent l'accent sur les particularités de sa poétique. L'ode grecque, en tête des « Escriz de divers Poëtes », conjoint les trois images et atteste un dessein concerté dans l'utilisation de cette figure dans l'ensemble de l'ouvrage. Présenter Louise Labé en nouvelle Sappho : il s'agissait en 1555 à Lyon d'un beau coup éditorial, profitant de l'actualité la plus immédiate. C'était exhumer les vers d'une nouvelle poétesse comme venaient d'être portées à la connaissance du public les pièces de la poétesse grecque, mettre en avant la voix plaintive propre à émouvoir les passions, accompagnée des sons du doux luth, et faire retentir de ce lyrisme toutes les pièces poétiques qui lui sont attribuées. C'était aussi jouer sur une figure ambiguë, car, derrière la poétesse sublime, il y a, autre Sappho ou autre visage, celui de la femme de mauvaise réputation : courtisane pour les uns, aux amitiés féminines particulières pour d'autres, celle aussi d'une poésie amoureuse à double destinataire, masculin ou féminin.

III. LE PORTRAIT DE LOUISE LABÉ
PAR PIERRE WOEIRIOT EN 1555 :
LA LAÏS LYONNAISE ET MÉDUSE

Louise Labé en Sappho, telle est l'image qui est suggérée aussi bien par les textes des hommes qui lui rendent hommage que par ses propres vers, une Sappho dont les traits ne sont pas vraiment fixés. L'existence d'un portrait de Louise Labé daté de 1555 pourrait faire croire qu'a survécu par delà les siècles une représentation exacte de sa personne. Or les circonstances de réalisation de l'œuvre, tout comme les valeurs symboliques qu'a voulu lui donner l'artiste, par l'adjonction d'inscriptions, par la présence d'une figure grotesque, montrent qu'il n'en est rien.

certain nombre de femmes, notamment Scudéry et Staël, qui, consciemment, accèdent à une position d'autorité en s'identifiant à la première femme écrivain. En outre, pour cet autoportrait en Sappho moderne, Labé inaugure ce qui sera, pendant quatre siècles, la définition dominante du sapphisme : une passion hétérosexuelle non partagée ».

Un portrait énigmatique

De Louise Labé, il reste, en effet, un portrait exécuté en 1555 (c'est-à-dire l'année même de publication de ses *Euvres*) par le graveur lorrain Pierre Woeiriot qui séjournait alors à Lyon. Ce portrait est aujourd'hui connu par deux épreuves (représentant deux états différents de la même gravure) conservées respectivement au département des estampes de la Bibliothèque nationale de France[70] et dans la collection Albertina du Cabinet des estampes de Vienne[71]. Il a été retouché au XIXe siècle par le graveur lyonnais, Henri-Joseph Dubouchet, qui l'a modifié apparemment pour faire ressortir des traits plus amènes. Cette copie, plus souriante, orne généralement les ouvrages actuels consacrés à Louise Labé, certains ayant tendance à considérer que la poétesse n'était guère flattée par l'épreuve originale; toutefois, dès la fin du XIXe siècle, était dénoncée, dans cette figure remaniée, « une figure de convention à l'usage des journaux de modes du XIXe siècle »[72].

Ce n'est qu'au XIXe siècle, qu'a été exhumé à la Bibliothèque nationale le premier exemplaire de cette gravure sur cuivre représentant Louise Labé. Il offre, dans une tablette, les indications suivantes : « LOISE LABBE LIONNOISE » (avec la date de 1555, une croix de Lorraine et les initiales P. W.). L'existence de l'autre état de la collection Albertina a été signalée dès le XIXe siècle[73], mais est passée inaperçue jusqu'à l'article de Louis Dunand en 1962[74]. Cet état, toujours avec la date de 1555, la signature P. W. et la croix de Lorraine, présente, dans la tablette, à la place de la mention « LOISE LABBE

---

[70] Pierre Woeiriot, Ed. 5 b. Rés., fol. 41. Voir Alexandre-Pierre-François Robert-Dumesnil, *Le Peintre-graveur*, Paris, G. Warée, 1835-1871, t. VII, n° 289. Voir, pour la description, Mizué Iwai, *Pierre Woeiriot (1532-1599)*, mémoire DEA, Paris-Sorbonne, 1983.

[71] Albertina, Fr. I. 4, fol. 15, n°39.

[72] Voir Félix Desvernay, *Etude biographique et bibliographique sur Claudius Brouchoud, suivie … d'une note sur deux portraits de Louise Labé dite la Belle Cordière*, Lyon, chez tous les libraires, 1887.

[73] Johann David Passavant, *Le Peintre-Graveur*, Leipzig, Rudoph Weigel, 1864, t. VI, p. 271.

[74] Louis Dunand, « Louise Labé dans l'esprit de son époque. A propos d'une épreuve non encore reproduite du portrait de Louise Labé gravé par Woeiriot », *Albums du Crocodile*, novembre-décembre 1962.

LIONNOISE », ce distique latin : « Qui Lugdunensem depic-
tam Laida cernis/ Heu fuge : picta licet sauciat hisce oculis »
(« Tu vois ici peinte la Laïs lyonnaise. Fuis donc, car elle pourrait, même en peinture, te blesser de ces yeux »).

Epreuve
du cabinet
des
estampes,
BNF

Une série de questions se posent. Elles concernent, d'une
part, les conditions de commande et de réalisation de ce portrait qui ne se trouve pas dans l'édition de 1555 des *Euvres* de
Louise Labé, d'autre part, sa valeur symbolique, suggérée par
le distique dévalorisant. Comment comprendre cette allusion
à Laïs, la courtisane corinthienne, qui recevait tout ce que la
Grèce comptait de personnages illustres, monnayait ses
faveurs à prix d'or, mais n'hésitait pas à se refuser à celui qui
lui déplaisait ou à se livrer gracieusement à un Diogène ?
Ce portrait de Louise Labé est une des premières œuvres
connues de Pierre Woeiriot qui, durant sa période d'activité
(1555-1589), a composé quelque quatre cents gravures. Fils et

Epreuve
de la
collection
Albertina,
Vienne

Portrait
retouché par
Henri-Joseph
Dubouchet

petit-fils d'orfèvre, il a commencé sa carrière par l'orfèvrerie[75]. Pour l'année 1555, il est resté, de ce jeune artiste de 23 ans, à côté du portrait de Louise Labé, des gravures d'ornements: six garnitures d'épées, des pendants d'oreille, et une suite de scènes antiques (le taureau de Phalaris, la femme d'Asdrubal, Phocas amené captif à Heraclius). Les autres portraits conservés sont postérieurs à celui de Louise Labé (en date de 1556, son auto-portrait et celui de François Duaren) et se multiplient à partir des années 1560 (ainsi, en 1560, le portrait du poète Louis Des Masures ou, en 1562, les portraits de Nostradamus, du luthier Gaspard Duiffroprugcar, du sous-gouverneur du Barrois, Thierry de La Mothe, ou, en 1564 et en 1566, de Jean Calvin). Le portrait de Louise Labé et l'auto-portrait de Pierre Woeiriot sont de même facture, alors que le portrait de Louis Des Masures se caractérise par une surcharge de motifs allégoriques. Le collier avec pendentif porté par Louise Labé témoigne de la maîtrise du travail d'orfèvre de Pierre Woeiriot.

En 1556, Pierre Woeiriot fait paraître à Lyon, chez Clément Baudin, un ouvrage, aux multiples illustrations, le *Pinax iconicus antiquorum ac variorum in sepulturis rituum ex Lilio Gregorio excerpta*, avec un privilège en date du 10 janvier 1555 [1556], qui lui est accordé en tant que «pourtrayeur et tailleur d'histoires» pour l'impression et la mise en vente de «certaines figures des sepultures antiques qu'il auroit pourtrait et taillé». Il s'agit d'un petit ouvrage oblong, avec des gravures de

---

[75]   Voir Pierre Woeiriot, *Livre d'anneaux d'orfevrerie de l'invention de Pierre Woeriot lorrain*, Lyon, G. Rouillé, 1561, qui précise en tête dans la «Proposee intention de l'auteur»: «Je de mon premier et propre estat, orfevre, qui des arts manuelz tracte le plus precieux et plus incorruptible subjet, qui est l'or, comme le nom de l'art le monstre, ayant par iceluy prins principe, et depuis à iceluy adjousté les arts de pourtraicture, peincture, et sculpture, perspective et Architecture, aussi de taille enlevée, et enfoncée, engraveure, et imitation du naturel, provenues tant de nature propre, que acquises par instruction des Maistres eleuz, que aussi par labeur, et exercice continuel, et imitation diligente, aveq peregrination lointaine diverse et curieuse: pour voir, connoistre, et ensuivre les singularitez antiques, et icelles à ma possiblilité renouveller et representer: En sorte que peu ne me semble, et ne me repens y avoir employé partie de ma jeunesse: Je n'ay voulu estre ingrat envers mon premier art d'orfevrerie, qui aux autres m'ha ouvert le chemin, et par lequel j'ay commencé».

PETRVS WOEIRIOT LOTARINGVS HAS FACIEBAT EICONAS CVIVS EFFIGIES HAEC EST ANNO SVAE AETATIS·Z·4

même taille[76] que le portrait de Louise Labé. Il a été souligné une « influence très vive de l'Ecole de Fontainebleau pour ces planches minuscules… finement gravées » [77]. C'est dans cet ouvrage qu'a pris place l'auto-portrait de l'artiste âgé de 24 ans selon l'inscription qui l'accompagne. Les scènes de funérailles antiques, scènes de groupes, ont pour particularité de se passer dans des décors contemporains. Ainsi, en arrière de l'ensevelissement chez les Egyptiens, prend place le château de la Motte ; chez les Scythes, le château de la Ferrandière. Une vue d'ensemble de la ville de Lyon est en arrière-plan de l'ensevelissement chez les peuples du Danube et le texte qui accom-

pagne cette gravure précise que Pierre Woeiriot, « iconum arti-
ficiosissimus delineator », a dessiné Lyon où il habitait. Dans
la dédicace de cet ouvrage à Charles III de Lorraine, Pierre
Woeiriot s'explique sur son travail de dessinateur et de graveur[78]. Il sera coutumier de fournir à son lecteur des indications précises sur ses gravures[79].

C'est dans le milieu des poètes lyonnais qu'il faut replacer
l'entreprise de Pierre Woeiriot. Il existe un témoignage remarquable de ses liens avec ce milieu littéraire, témoignage qui
montre aussi que le portrait conservé de Louise Labé n'est
qu'une trace d'une activité de portraitiste bien attestée. Dans
les *Odes, enigmes, et epigrammes* de 1557, le poète Charles
Fontaine fait, en effet, mention d'un portrait de lui par Pierre
Woeiriot, portrait qui n'a pas été conservé[80]. Dans une ode à
Monsieur d'Anguyen publiée dans le même ouvrage et où il
célèbre l'accord de la peinture et de la poésie, il fait encore
référence aux portraits de Woeiriot[81]. Il y a tout lieu de suppo-

---

[78]   Voir la traduction française du texte latin de Pierre Woeiriot à propos du
        dessin des planches d'images dans Mizué Iwai, *L'œuvre de Pierre Woeiriot
        (1532-1599)*, 1986, p. 25 : « Celles-ci, je les ai fondues et polies : j'y ai des-
        siné au simple trait, avec le plus d'art que j'ai pu, suivant la donnée de la
        description littéraire ; ensuite dessinées, je les ai gravées au burin ; enfin
        gravées, je les ai mises à la presse, tirées à l'encre ».

[79]   Mizué Iwai, *Pierre Woeiriot (1532-1599)*, 1983, p. 4 : « il a souvent écrit et
        gravé lui-même, tantôt sur la planche même d'une composition, tantôt
        dans la préface ou dans la dédicace d'une série de gravures (la plupart des-
        tinées au duc Charles III de Lorraine) son intention, son avis sur l'œuvre
        choisie quand il ne s'agissait pas d'un de ses propres dessins ou ses
        propres conceptions artistiques. Nous ne connaissons aucun graveur de
        cette époque qui ait exprimé autant de conscience professionnelle, autant
        d'orgueil et autant d'amour pour son métier que Woeiriot ».

[80]   Charles Fontaine, *Odes, enigmes, et epigrammes*, Lyon, J. Citoys, 1557,
        p. 103 :
                « A Pierre Voeriot, lors qu'il pourtrayoit l'Auteur.
                De ma plume le petit trait,
                Amy, si tu me pourtrais bien,
                Te rendra encor mieux pourtrait
                Que ce doux trait du pinceau tien
                Ne va trassant ce pourtrait mien ».

[81]   *Id., ibid.*, p. 17 : « Puis qu'en pourtraitz, prenez plaisir,
                Tesmoing Verriot qui en use,
                Vous excitez ma double Muse
                Vous louer au double à loisir ».

ser que c'est Charles Fontaine, lié à la maison de Lorraine[82], qui a introduit Pierre Woeiriot dans le cercle des divers poètes qui participent à la louange de Louise Labé[83]. Il était très intéressé par l'illustration. En 1554, il avait fait paraître chez Jean de Tournes, les *Figures du Nouveau Testament*, un ensemble de quatre-vingt-quinze sixains avec des vignettes de Bernard Salomon. A maintes reprises dans son œuvre, il évoque sa propre pratique littéraire en relation avec la peinture ou la gravure[84].

Les avis divergent quant à la qualité de l'exécution du portrait de Louise Labé. Pour certains, il s'agit d'un des meilleurs portraits du graveur[85]. Selon Louis Dunand, Pierre Woeiriot, qui a séjourné à Lyon en 1554 ou 1555 et y est revenu à plusieurs reprises jusqu'en 1572, « a pu ainsi approcher Louise Labé et a gravé d'elle-même, sur un dessin, évidemment d'après nature, ce portrait si soigné, si distingué qu'il est considéré comme le meilleur de ceux du maître »[86]; c'est, comme

---

[82] Charles Fontaine, *Fontaine d'amour*, p. 164:

> « A Monsieur le Cardinal de Lorraine.
> Puis que tu prends à ma Muse plaisir,
> Le devoir veult que pas longtemps ne cesse
> De saluer, et louer ta noblesse:
> Ains qu'à t'escrire elle prenne desir ».

[83] Il est remarquable, par ailleurs, que Charles Fontaine soit en relation avec François Duaren, à qui il envoie une épigramme, *Ruisseaux,* p. 190, et dont Pierre Woeiriot fera le portrait.

[84] Charles Fontaine, *Odes, enigmes, et epigrammes*, p. 30:

> « Les noms amis je graveray
> D'un fort ciseau, c'est de ma plume »
> ou p. 5: « Le plus grand peintre Ephesien
> N'a tel pourtrait en avant mis,
> Que mon tableau Parnassien
> Ornant mon Roy et ses amis:
> Bien que ses traits, et ses pourtraits
> Fussent sur tous ingenieus,
> Toustefois ses pourtraits et traits
> Sont envieillis par le temps vieus…»

[85] Voir Mizué Iwai, *op. cit.*, p. 15: « L'impression que les traits du personnage représenté nous donnent est d'une grande authenticité; il n'y a aucun doute que Woeiriot a exécuté ce portrait d'après nature. La plupart des chercheurs s'accordent à estimer que cette œuvre est un des meilleurs portraits du graveur ».

[86] *Id., ibid.*, p. 5.

pour l'édition de ses œuvres, sur la sollicitation de ses admirateurs qui souhaitaient conserver l'image de sa beauté que Louise Labé aurait passé commande de son portrait qui n'aurait pas été destiné à la publication dans le volume.

Au contraire, pour André Steyert, dans la *Nouvelle Histoire de Lyon*, à l'édition des œuvres de Louise Labé, « devait être joint un portrait dont la jeune femme eut le tort de confier l'exécution à Woeiriot. Celui-ci, graveur d'ornements, était incapable de dessiner d'après nature ses traits délicats. Aussi, quand Louise vit quelle horreur était née du burin de l'ouvrier, elle ne permit pas que ce portrait fût imprimé »[87]. Pour Karine Berriot, c'est « une physionomie plutôt ingrate » qui est représentée dans ce portrait « le moins réussi, techniquement parlant, et le moins expressif aussi de sa production »[88]; il pourrait s'agir d'un portrait fait de mémoire, Pierre Woeiriot ayant voulu profiter du succès de la publication; il se serait vengé de n'avoir pas été reçu dans l'entourage de Louise Labé, en l'assimilant, dans la seconde tablette, à une Laïs. Pour Enzo Giudici[89], l'inscription qui fait de Louise une Laïs lyonnaise s'expliquerait aussi par une vengeance du graveur contre Louise, mais elle tiendrait au mauvais accueil que Louise Labé avait dû réserver à ce portrait qu'elle n'avait pas souhaité, finalement, faire figurer dans l'édition de ses œuvres. Généralement, l'on considère donc que c'est Louise Labé qui aurait commandé à Pierre Woeiriot son propre portrait.

Cette gravure était-elle destinée aux *Euvres de Louïze Labé Lionnoize*? Aucune de ses caractéristiques ne s'oppose à cette éventualité. Elle est du format correspondant à l'ouvrage sorti des ateliers de Jean de Tournes[90] et elle offre, dans la version conservée à la Bibliothèque nationale, la même référence à « LOISE LABE LIONNOISE » que la page de titre des *Euvres* (avec toutefois une graphie différente et plus traditionnelle, sans tréma et sans *z* entre voyelles). Elle aurait pu, dans l'édition de 1555, prendre place au verso de la page de titre,

---

[87] André Steyert, *Nouvelle Histoire de Lyon,* Lyon, Bernoux et Cumin, 1897, tome III, p. 96.

[88] Karine Berriot, *op. cit.,* p. 116.

[89] Enzo Giudici, *Louise Labé e l'Ecole lyonnaise,* p. 476-477.

[90] 10,5cm x 7cm.

comme dans le cas de deux autres éditions sorties des ateliers
de Jean de Tournes, la même année, œuvres du poète Pontus
de Tyard : d'une part, *Les erreurs amoureuses*, avec un portrait
de femme portant en médaillon l'indication « L'ombre de ma
vie »[91] et, d'autre part, le *Solitaire second, ou prose de la musique*
avec le portrait du poète et l'indication « P.D.T. en son an 31 ».

Quelles contingences ont conduit à renoncer à la publication du portrait dans l'édition des œuvres de Louise Labé ?
S'agit-il de problèmes de réalisation matérielle ? Un fait est
troublant, révélé par des corrections qui affectent les huit premières pages du premier cahier de l'édition de 1555 de Jean
de Tournes, qui diffèrent d'un exemplaire à l'autre. En effet,
cette édition offre deux états différents. Pour la moitié du premier cahier (les quatre premiers feuillets), l'exemplaire
conservé à la Bibliothèque municipale de Lyon est divergent
de l'exemplaire de la BNF[92]. Ces pages (qui correspondent à la
dédicace à Clémence de Bourges) ont été modifiées[93] et le fait
que les coquilles de l'exemplaire de la Bibliothèque municipale de Lyon aient été corrigées dans les autres exemplaires,
atteste que celui-ci correspond au premier état. Dans les pratiques d'imprimerie du XVIe siècle, où le matériel était limité
(entre autres, le nombre de caractères dans les casses), le
papier cher, il était usuel de faire, au cours de l'impression, les
corrections de coquilles qui s'imposaient ou, pour l'auteur,
d'introduire d'éventuelles variantes ; les presses n'étaient pas
arrêtées dans l'attente de ces corrections et les feuilles fautives
déjà imprimées n'étaient pas détruites, usages qui ont pour
particularité, par rapport aux impressions actuelles, d'entraîner, pour une même édition, d'éventuelles divergences d'un
exemplaire à l'autre.

Outre des corrections de texte[94], ces pages présentent également une ornementation différente. Ainsi la première page
de la dédicace (feuillet a2v°) n'offre pas la même lettre ornée,

---

[91] Les éditions des *Erreurs amoureuses* (J. de Tournes, 1549) et de la *Conti-
      nuation des erreurs amoureuses* (J. de Tournes, 1554) de Pontus de Tyard
      offrent aussi un portrait de femme au recto de la page de titre.

[92] Ainsi que des deux exemplaires de la Bibliothèque Mazarine.

[93] Voir les deux états en fac-similé, *in fine*.

[94] Voir *infra*, p. 169.

ni la même frise. Par ailleurs, se trouve, au feuillet a4v°, une page blanche située après la dédicace à Clémence de Bourges et qui a été ornée d'un motif décoratif, un fleuron, qui est très différent d'un exemplaire à l'autre.

    Alors que, dans le second état (figure ci-dessus, à droite), a été imprimé un fleuron qui se retrouve dans plusieurs productions de Jean de Tournes sorties à même date de ses ateliers, celui du premier état (figure de gauche) est tout à fait original. Le travail d'orfèvre que rappelle ce fleuron, les ressemblances avec certains ornements gravés à même époque par Pierre Woeiriot, tels les pendants d'oreille ci-dessous, donnent à penser qu'il s'agit de son œuvre.

Il est probable que Jean de Tournes l'avait initialement chargé de l'illustration de l'ouvrage de Louise Labé. Mais comment expliquer qu'il n'y en ait plus trace ultérieurement? Pourquoi Pierre Woeiriot a-t-il été éliminé du dessein final? Un différend a-t-il opposé l'illustrateur et l'imprimeur? La publication de cet ouvrage, comme on le verra ultérieurement[95], fut conflictuelle. Il importe, par ailleurs, de ne pas oublier qu'à cette époque, Woeiriot n'en est qu'à ses tout débuts, qu'il n'a rien d'un artiste confirmé, qu'on a pu facilement refuser au jeune homme une production susceptible, par son aspect d'orfèvrerie, de ne pas plaire ou d'exciter peut-être la jalousie des graveurs habituels de l'atelier Jean de Tournes.

Louise Labé et Méduse

Un fait, toutefois, est certain. Le portrait n'est pas à la gloire de Louise Labé. Si la vitupération caractérise à l'évidence l'état conservé dans la collection Albertina avec sa mention de la Laïs à fuir, la célébration de Louise Labé n'était cependant pas le souci de Pierre Woeiriot dans le premier état qui porte l'inscription « LOISE LABBE LIONNOISE ». Il existe une preuve

---

[95] Voir *infra*, p. 225.

déterminante. Il s'agit de la présence, au-dessus de l'inscription et dans le médaillon du pendentif, d'une petite figure grotesque qui semble bien être une représentation de Méduse, une des trois Gorgones, à la tête entourée de serpents et qui pétrifiait de son regard si pénétrant ceux qui la regardaient. Cette tête se trouve dans les deux états. Dans le second d'entre eux, l'invitation à fuir celle qui blesse de son regard renforce évidemment le symbolisme de Méduse et ne fait qu'expliciter la gravure.

L'assimilation de Louise Labé à Méduse est manifeste. Ceux qui ont participé à l'entreprise de célébration de Louise ne s'y sont pas trompés. C'est ainsi que certains des « Escriz de divers Poëtes, à la louenge de Louïze Labé Lionnoize » ont été manifestement rédigés par des poètes qui avaient ce tableau sous les yeux. Tel est le cas pour la pièce clairement intitulée « A D. Louïze Labé, sur son portrait » où l'amant meurt (p. 128), peut-être à attribuer à Charles Fontaine qui semble avoir fait le lien entre Pierre Woeiriot et l'entreprise Louise Labé[96]. Tel est le cas pour la pièce (œuvre du poète Claude de Taillemont) qui commence par les vers :

> Je laisse apart Meduse, et sa beauté,
>> Qui transmuoit en pierre froide et dure,
>> Ceux qui prenoient à la voir trop de cure,
>> Pour admirer plus grande nouveauté (p. 128)

et dont les deux tercets sont une véritable description du tableau de Louise Labé et de la puissance de Méduse :

> Car d'un corps fait au comble de son mieus,
>> Du vif mourant contournement des yeus,

---

[96] Le sonnet n'est toutefois pas une forme métrique qu'affectionne Charles Fontaine. Mais ce sonnet ne saurait être, contrairement à ce que l'on en dit, l'œuvre de Pierre Woeiriot, d'autant que l'on ne connaît de sa production poétique que ses vers de dédicace à Barthélemy Aneau en date de 1561, dans le *Libro d'anella d'orefici*, Lyon, G. Rouillé, 1561 :

> « Veu que tu es Aneau, des plus parfaits
> En tout savoir a bon droit te presente
> Ton Woeiriot les Aneaux qu'il a faits
> Representant ta doctrine excellente
> D'un riche et bel Aneau et d'une belle Rose
> Tu es yssu orné de grace et bon savoir
> Si qu'en ton esprit rond ta grand science enclose
> A jamais te fera vie mortelle avoir ».

> A demi clos tournans le blanc en vuë :
> Puis d'un soupir mignardement issant,
> Avant l'apas d'un souzris blandissant,
> Les regardans en soy mesme transmue (p. 128).

L'«Ode en faveur de D. Louïze Labé, à son bon Signeur»
(pièce XIX), écrite par Olivier de Magny, est, dans toute sa
longue première partie, une mise en scène de Méduse dans un
contexte lyonnais. Le texte insiste sur la contemplation, avec
une récurrence lancinante du verbe « voir » :

> Celui qui voit son front si beau,
> Voit un ciel, ainçois un tableau
> De cristal, de glace, ou de verre…(p. 144).

Il semble qu'il y ait comme une émulation dans la composition de ces trois pièces qui évoquent Méduse et décrivent la
beauté de la dame. L'un parle « Du vif mourant contournement
des yeus,/ A demi clos tournans le blanc en vuë» (pièce VI),
l'autre «de son œil doucement hagard» (ode XIX). On relè-
vera aussi l'évocation du groupe de poètes « médusés » :

> Je viz encor tout à lentour
> Mile petis freres d'Amour,
> Qui menoient mile douces guerres :
> Et mile creintifs amoureus
> Qui tous comme moy langoureus
> Avoient leurs cœurs changez en pierres (p. 143).

C'est donc une véritable représentation de Méduse qu'il faut
lire derrière le visage de Louise Labé gravé par Pierre Woeiriot.
Louise Labé la Lyonnaise de 1555 et la figure mythologique de
Méduse…, cette surimpression ne saurait étonner. La fusion
d'éléments contemporains et d'éléments antiques est, à cette
époque-là, tout à fait dans la manière de Pierre Woeiriot,
comme le montrent les ilustrations du *Pinax iconicus*[97].
    Dans ces conditions, il est évident que le portrait de Louise
Labé n'offre rien d'aimable et qu'il n'était pas dans les desseins
de Pierre Woeiriot de flatter la femme. Il s'agit assurément
d'un jeu dont il donne la clé aux poètes dans un des deux
états, l'autre état devant vraisemblablement prendre place dans

---

[97] Voir *supra*, p. 105.

l'édition des *Euvres*. A l'évidence, des poètes ont composé des pièces à partir de ce portrait. Décrire Louise Labé en Méduse apparaît comme une sorte de thème imposé, dans l'apparente célébration que font d'elle ses poètes qui écrivent à sa louange, dévalorisant, à coup sûr, comme on le verra aussi pour d'autres thèmes proposés dont les poètes se sont joués. Subtil et compréhensible par un petit nombre d'initiés, le portrait est à l'évidence ambigu. Mais la lecture n'était peut-être pas si obscure pour les contemporains[98].

L'existence des deux états de cette édition de 1555 permet d'entrer dans l'atelier de Jean de Tournes et de saisir sur le vif la fabrication des *Euvres* de Louise Labé. Elle laisse augurer de curieuses relations entre les personnages qui ont pris part à l'entreprise de glorification de Louise Labé. En tout cas, cette Méduse, cette Laïs lyonnaise à fuir pour Pierre Woeiriot, devient, grâce aux retouches d'un graveur ultérieur, « une femme à l'eau de rose »[99]. Mais, les brouillages de l'image de Louise Labé sont une constante depuis quatre siècles.

IV. LOUISE LABÉ, ENJEU D'UNE QUERELLE D'HISTORIENS LYONNAIS

Après la publication des *Euvres de Louïze Labé Lionnoize* de 1555, rééditées en 1556, le silence s'est instauré autour de Louise Labé. Or, deux décennies plus tard, en 1573, son nom fait scandale dans une querelle entre les deux historiens qui écrivent l'histoire de la ville de Lyon, Guillaume Paradin et Claude de Rubys. Est-elle, comme le veut le premier, une Nymphe qui s'est fait connaître par ses écrits, mais aussi par sa grande chasteté, un esprit si vertueux, si rare en savoir qu'il semblait avoir été créé pour être admiré comme un vrai prodige ou est-elle, comme le prétend le second, l'une des plus insignes courtisanes de son temps ? Quelles sont les raisons de

---

[98]   Méduse est représentée, comme figure trompeuse, dans un des arcs qui avaient été dressés pour l'entrée solennelle d'Henri II à Lyon en 1548, par les poètes Maurice Scève et Claude de Taillemont, voir *supra*, p. 28.

[99]   Louis Dunand, *op. cit.*, p. 10.

sa présence dans ces deux ouvrages d'histoire lyonnaise ? Comment se fait-il que Guillaume Paradin ne trouve à mentionner, comme écrivains, que les deux poétesses lyonnaises Louise Labé et Pernette Du Guillet ?

Guillaume Paradin et les sirènes

Le chanoine Guillaume Paradin (1510-1590), doyen du chapitre de Beaujeu, publie, en 1573, chez l'imprimeur lyonnais Antoine Gryphe, un livre de près de cinq cents pages, les *Memoires de l'histoire de Lyon*. L'historien n'en est pas à son coup d'essai et il est d'une extrême prolixité. Il a mis en lumière, en 1550, une *Histoire de nostre temps*, qu'il a poursuivie abondamment après cette date ; de même, en 1552, une *Chronique de Savoye* qui sera également augmentée ; il s'intéressera aussi à la Bourgogne avec les *Annales de Bourgogne* de 1566. Dans ses *Memoires de l'histoire de Lyon*, il raconte les événements marquants depuis la création de la ville, particulièrement attentif aux faits divers, aux fêtes qui ponctuent la vie de la cité. Ainsi, pour la première partie du XVIe siècle, il mentionne les tournois et les festivités qui accompagnent les noces princières ou la libération des fils du roi François Ier qui avaient été retenus en otages en Espagne par Charles Quint. Il se plaît à la narration de faits propres à marquer les imaginations, comme la chute d'une arche du pont de Lyon, annonciatrice de la mort de l'archevêque de la ville, ou le passage d'une comète en 1528, évident présage des troubles religieux qui s'ensuivirent. Il manifeste un goût prononcé pour les histoires les plus tragiques. Il privilégie les récits dramatiques, comme le supplice de Montecuculli en 1536 (accusé d'empoisonnement sur la personne du dauphin François), l'assassinat par Cleopatra de son mari qu'elle dépèce avant de le jeter dans le Rhône, la mort accidentelle, dans l'effondrement de leur hôtellerie, de trois barons de Bourgogne venus acquérir des joyaux et des draps de soie pour leurs fiancées, l'embrasement de marchands brûlés vifs, la ruse d'un marchand italien pour sauver un criminel, le feu au Couvent des Cordeliers ; autant de faits divers qui font l'objet de chapitres complets. Les phénomènes météorologiques ont leur place, qu'il s'agisse de la Saône entièrement gelée ou de la sécheresse qui a provoqué une extrême

famine. La vie politique n'occupe qu'un espace restreint[100].
Guillaume Paradin s'attarde, cependant, sur la création de
l'Aumône générale en 1534, société de bienfaisance promue à
un grand succès (et qui voit le jour après la grande rebeine
(« révolte ») de 1531)[101] et dont le père de Louise Labé, comme
maître des métiers, eut à approuver la fondation, alimentée par
les dons et les legs (Louise Labé, dans son testament de 1565,
a prévu d'importantes donations à son profit).

Un très long chapitre (trente sur les soixante-dix-huit
pages affectées à la première moitié du XVIe siècle) est dévolu
« à la magnifique, superbe, et triomphante entrée du roi Henri
second, faite en la noble et antique cité de Lyon ». C'est le signe
manifeste d'un goût de la fête que Paradin partage avec ses
contemporains. En fait, ces pages sont intégralement empruntées à l'ouvrage qu'avait publié en 1549 l'imprimeur lyonnais
Guillaume Rouillé, *La magnificence de la superbe et triumphante
entree de la noble et antique Cité de Lyon faicte au Treschrestien
Roy de France Henry deuxiesme de ce Nom*. Aucune indication
de Guillaume Paradin ne précise qu'il s'agit d'une copie ou ne
fournit d'explications sur la provenance de ces pages parues
sans nom d'auteur.

Dans ses *Memoires de l'histoire de Lyon*, un autre chapitre se
signale à l'attention, consacré, comme le dit le titre, à deux
dames lyonnaises excellentes en savoir et en poésie sous les
règnes de François Ier et d'Henri II, les deux poétesses Louise
Labé et Pernette Du Guillet, deux astres radieux, deux
sirènes[102]. Ce chapitre est insolite dans cet ouvrage, car, par

---

[100] Guillaume Paradin rapporte toutefois quelques événements marquants
comme la sédition de 1529 provoquée par l'impôt levé sur l'entrée du vin
dans Lyon pour payer les fortifications, sédition durant laquelle fut sacca-
gée la maison de Symphorien Champier, alors conseiller de la ville. Il
fournit le nom des magistrats qui vont siéger au siège présidial créé en
1551 pour « l'abbréviation » de la justice.

[101] Grâce à l'action de Jean de Vauzelles, prieur de Montrottier, et de Pagnini,
dominicain italien. Voir Jean de Vauzelles, *Police subsidiaire à celle quasi
infinie multitude de pouvres survenus à Lyon l'an 1531*, Lyon, C. Nourry, s.d.

[102] Guillaume Paradin, *Memoires de l'histoire de Lyon*, Lyon, Antoine Gryphe,
1573, p. 355 : « En ce siecle et regne, florissoyent à Lyon deux Dames,
comme deux astres radieux, et deux nobles et vertueux esprits, ou plustost deux Syrenes, toutes deux pleines d'un grand amas et meslange de
tresheureuses influences, et les plus clers entendements de tout le sexe

ailleurs, aucun autre écrivain contemporain n'est cité par Guillaume Paradin dans le reste de son volume. De la vie littéraire, il n'a donc retenu que l'existence de ces deux poétesses, à l'unique recueil poétique.

Guillaume Paradin présente les deux Lyonnaises de façon dithyrambique, dans un langage qui n'a rien de la sobriété du style de l'historien, puisqu'il les célèbre comme deux nobles et vertueux esprits, les femmes les plus intelligentes de leur temps. La place consacrée à Louise Labé est privilégiée dans une notice composée, à l'évidence, à partir d'une analyse de ses *Euvres* et, plus spécialement, du contenu des éloges décernés par les « Escriz de divers Poëtes » (et, parmi ceux-ci, de la pièce XXIV dont Guillaume Paradin reprend certains termes)[103]. Dans la production de Louise Labé, c'est le texte en prose, le « Debat de Folie et d'Amour », qui a ses faveurs ; il fournit assez longuement l'argument[104] de ce débat qu'il considère comme docte non moins qu'ingénieux, moral et plein de traits de belle philosophie.

Le développement qui concerne Pernette Du Guillet[105] se fait, là encore, à partir des témoignages de ses contemporains

---

feminin de nostre temps. L'une se nommoit Loïse l'abbé. Ceste avoit la face plus angelique, qu'humaine : mais ce n'estoit rien à la comparaison de son esprit tant chaste, tant vertueux, tant poëtique, tant rare en sçavoir qu'il sembloit, qu'il eust esté creé de Dieu pour estre admiree comme un grand prodige, entre les humains. Car encore qu'elle fust instituee en langue Latine, dessus et outre la capacité de son sexe, elle estoit admirablement excellente, en la Poësie des langues vulguaires, dont rendent tesmoignage ses œuvres, qu'elle a laissees à la posterité : desquelles sont competans juges les Poëtes vulguaires de nostre temps ».

[103]   Voir, dans la pièce XXIV, « Chantons la face angelique » (p. 151) ; « Mais d'autre part, sa doctrine, / Sa sagesse, son savoir… / Et la chasteté fidelle,/ Qui tousjours est avec elle » (p. 172).

[104]   Guillaume Paradin, *op. cit.*, p. 356 : « Entre ses escrits se lict un Dialogue, en prose, docte non moins, que ingenieux, duquel l'argument est… Ce dialogue outre ce qu'il est fort moral, et plein de traits de belle Philosophie, il est diversifié de plaisans evenements, et succez qui adviennent aux amoureux, posez avec grande elegance, et beaux termes. Et ne s'est ceste Nymphe seulement faite cognoistre par ses escrits, ainçois par sa grande chasteté ».

[105]   *Id, ibid.*, p. 356 : « L'autre dame estoit nommee Pernette du Guillet toute spirituelle, gentille, et treschaste, laquelle à vescu en grand renom de tout meslé sçavoir, et s'est illustree par doctes et eminentes poësies, pleines

présents dans l'ouvrage. Ses qualités de dame spirituelle, gentille et très chaste, distinguée par son savoir, sont celles-là mêmes que lui reconnaissent les poètes qui la célèbrent dans les pièces annexes de ses *Rymes*. Maurice Scève la dit, en effet, « en tout savoir sur toute autre subtile » et la préface d'Antoine Du Moulin évoque « celle vertueuse, gentile, et toute spirituelle Dame D. Pernette du guillet ».

L'ouvrage de Guillaume Paradin ne se réfère donc qu'à trois œuvres littéraires contemporaines, si l'on ajoute, aux deux recueils des poétesses lyonnaises, le récit de l'entrée d'Henri II à Lyon par Maurice Scève. Guillaume Paradin semble ignorer tout du reste de la production de son temps. Une question ne cesse d'intriguer. Pourquoi s'est-il exclusivement intéressé à ces trois ouvrages publiés entre 1545 et 1555 et qui sont, tous trois, en rapport avec Maurice Scève ? En effet, il est remarquable que l'un ait été rédigé par ce poète et que les deux autres offrent des pièces de louange des deux poétesses qui sont attribuées à Maurice Scève.

La réponse pourrait bien être inscrite dans l'ouvrage même de Guillaume Paradin. Ce gros livre d'histoire offre une seule pièce préliminaire de louange, signée de Philibert Bugnyon, un sonnet de présentation au public, à l'adresse de Guillaume Paradin et des autres excellents historiographes. Ce sonnet, contrairement aux usages des pièces laudatives, ne s'intéresse pas spécifiquement à l'ouvrage qu'il introduit, ni à son auteur ; il s'agit en fait d'une réflexion générale sur la vérité de l'histoire, sur la nécessité de porter témoignage pour le futur, dans la mesure où le temps dévore tout[106].

---

d'excellence de toutes graces. Elle trespassa de ce siecle en meilleur vie, l'an de salut mille cinq cens quarante cinq. Les Poëtes François celebrerent ses obseques ».

[106] Guillaume Paradin, *op. cit.* : « A l'honneur du seigneur Paradin et autres excellens historiographes, M. Philibert Bugnyon Docteur et Advocat en la Seneschaucee, Siege presidial de Lyon, et parlement de Dombes.

Sonet.
Rien que la verité ne doit estre l'histoire,
	Et ne doit contenir que chose veuë et faite :
	A feintise ne doit ou creinte estre sugette,
	Et n'en doit esperer l'auteur qu'honneur et gloire :
Des actes des Gregeois recente est la memoire,
	Par ce qu'en ont escrit l'orateur et poëte :

Le juriste et poète Philibert Bugnyon a été très lié à Maurice Scève. Il fréquentait, dans les années 1550, avec ce dernier et avec Claude de Taillemont, le cercle du philosophe Pontus de Tyard et, comme il sera précisé ultérieurement, il est l'auteur dans les « Escriz de divers Poëtes » de la vingt et unième pièce intitulée « ode »[107]. Il fut donc partie prenante d'un des deux ouvrages qu'analyse Guillaume Paradin et il sera à considérer comme un des auteurs du groupe scévien qui révèlent les dessous de l'entreprise Louise Labé.

Claude de Rubys
et la dénonciation du mauvais historien

Ce chapitre sur ces deux dames lyonnaises que Guillaume Paradin rédige en termes si laudatifs à partir de leurs œuvres et des pièces accompagnatrices de leurs contemporains – chapitre hétérogène par rapport au reste de l'ouvrage – n'est pas passé inaperçu d'un de ses contemporains. Il est, en effet, l'année même de sa publication, l'occasion d'une virulente charge d'un personnage influent de Lyon, Claude de Rubys (1533-1613), avocat, conseiller au présidial de Lyon et, depuis 1565, procureur général de la communauté de Lyon. Elle trouve place dans les *Privileges, Franchises et Immunitez octroyees par les Rois treschretiens, aux Consuls, Eschevins, manans et habitans de la ville de Lyon et à leur posterité*, publiés chez Antoine Gryphe en 1573. Il s'agit d'un ouvrage où Claude de Rubys a souhaité fournir le texte des privilèges accordés par le pouvoir royal à la ville de Lyon et faire un commentaire sur les causes et les effets de ces privilèges. Ces commentaires constituent une véritable histoire de Lyon. A l'occasion d'une évocation

> Des fors Troyens aussi la ruyne et defaite,
> Et contre les Romains des Gaulois la victoire.
> Que si les bons esprits ne prenoyent cure et soin,
> De porter tesmoignage ainsi qu'il est besoin,
> Des gestes et vertus de toutes nations :
> Que seroyent devenus, et deviendroyent encore,
> Puis que le temps glouton tout consume et devore,
> Nôs peres anciens, et nôs successions ?
> Il y gipt un bon heur ».

[107]   Voir *infra*, p. 159.

des premiers temps de l'Eglise chrétienne à Lyon[108], il oppose à sainte Blandine (qui fut martyrisée à Lyon lors de la persécution de l'année 177) l'impudique Louise Labé et il reproche à Guillaume Paradin de ne pas avoir donné Blandine comme modèle de vertu et de lui avoir préféré cette Louise Labé qui aurait fait profession de courtisane publique jusqu'à sa mort :

> Entre lesquels martyrs furent la vertueuse dame Blandine que Paradin devoit proposer à nos dames de Lyon, pour mirouer et exemplaire de vertu et chasteté, et non ceste impudique Loyse l'Abbé, que chacun sçait avoir faict profession de courtisanne publique jusques à sa mort : et ces bons et saincts Evesques et martyrs Photinus et Ireneus[109].

La virulence de ses propos a donné naissance à l'hypothèse d'un Claude de Rubys amant finalement éconduit par la poétesse et se vengeant rageusement de cet affront[110]. En fait, à remettre cette déclaration dans son contexte, il apparaît qu'il ne s'agit pas d'une attaque contre Louise Labé, mais, dans une querelle d'historiens, d'un exemple notable pris comme prétexte pour dénoncer des méthodes particulièrement criticables. Ainsi Claude de Rubys, dans un autre passage, met en cause Guillaume Paradin pour la mauvaise lecture qu'il fait du nombre de sesterces donné dans un texte de l'historien latin Tacite ; il lui oppose l'analyse de l'humaniste Guillaume Budé et dénonce l'erreur « notable » commise alors par Guillaume Paradin.

---

[108]   Claude de Rubys, *Les Privileges*, p. 26 : « Or si ce premier commencement de la ville de Lyon fut tellement favorisé des hommes, il ne le fut d'ailleurs gueres moins de Dieu : car ladicte ville fut quasi dés sa naissance eleuë et choisie par la providence divine comme pour un asyle et comme retraicte de tous les bons et fidelles Chrestiens, et pour l'un des premiers fondemens de l'eglise Gallique, qui commença à apparoir et se manifester en ladicte ville, et recevoir persecution par les infideles, l'une des premieres de Gaule ».

[109]   *Id., ibid.*, p. 27

[110]   L'hypothèse d'une liaison entre Louise Labé et Claude de Rubys est fondée sur la récurrence du terme de « rubys » dans l' « Ode à sire Aymon », où Olivier de Magny s'en prendrait à celui qui l'aurait remplacé dans le cœur de Louise, voir Prosper Blanchemain, *Poètes et amoureuses du XVIᵉ siècle*, p. 213.

Qu'il faille interpréter le passage où il est fait référence à Louise Labé dans le cadre d'une dénonciation du travail de Guillaume Paradin, c'est ce dont témoigne, de façon incontestable, la seconde référence de Claude de Rubys à Louise Labé et à Guillaume Paradin. En effet, la connaissance purement livresque qu'a Guillaume Paradin de Louise Labé est violemment mise en cause par Claude de Rubys dans un autre de ses ouvrages, au titre polémique, *Histoire veritable de la ville de Lyon. Contenant ce, qui a esté obmis par Maistres Symphorien Champier, Paradin, et autres, qui cy devant ont escript sur ce subject: Ensemble ce, en quoy ils se sont forvoyez de la verité de l'histoire,* paru en 1604. Dans son avant-propos, où il récuse, à propos de Louise Labé, la validité du témoignage de Guillaume Paradin, il s'en prend aux mauvais historiens et à leur crédulité, à leur absence d'esprit critique qui leur permet de se laisser abuser par des fables et des mensonges[111]. Le réquisitoire est sévère. Claude de Rubys reproche tout particulièrement à Guillaume Paradin d'avoir utilisé des mémoires non authentiques, donnés par des gens qui, se jouant de sa crédulité, ont pu le berner et être bien aises de se moquer de lui.

En tout cas, comme preuve et seule preuve de ce déplorable travail d'historien, Claude de Rubys donne celle de Pernette Du Guillet et de Louise Labé, deux courtisanes, s'in-

---

[111] Claude de Rubys, *Histoire veritable*, avant-propos: «En sorte que l'un adjouste ce que l'autre a obmis ou ignoré: et bien souvent l'un releve l'autre de ce, en quoy il s'est fourvoyé de la verité, pour avoir esté mal instruict, ou n'avoir eu bonnes memoires: comme j'espere faire veoyr par bonnes preuves, que Paradin a ignoré ce qui estoit du plus important de l'histoire de Lyon: et qu'il s'est à tout propoz laissé tresbucher en des fables et mensonges: soit qu'il precipita l'impression de son œuvre sans la bien digerer ...Ou bien que, comme vray Gaulovs, il estoit de legiere croyance...Qui a été cause qu'il s'est aisement laissé tromper, dressant la plus-part de son Histoire sur des memoires, et sur des pancharres non authenticques, ny tirées d'aucunes Archives publicques, ny collationnees à aucun original: qui luy estoient la plus-part bailleez par gens, qui le voyants facile à croyre, estoyent, peut estre bien aises de se mocquer de luy».

Il renforce son propos contre le mauvais historien par le témoignage de l'historiographe François de Belleforest, qui, dans ses *Grandes annales,* «dict que Paradin est tumbé en des grandes absurditez, par faute de souvenance, et par faute d'avoir feuilletté les bons livres, et eu des bonnes instructions».

surgeant contre le fait que Guillaume Paradin ait eu l'impu-
dence de les qualifier de miroirs de chasteté et de parangons de
vertu et montrant que, s'il ne peut être fiable pour des événements qui lui étaient contemporains, il ne saurait l'être pour
des événements plus anciens. La charge est véhémente et
contre l'historien et contre les deux femmes, l'une, Pernette,
qui aurait servi de monture à un abbé et à ses moines (allusion
à Maurice Scève, pourvu de bénéfices religieux[112], ou à Jean de
Vauzelles, prieur de Montrottier, auteur de deux des épitaphes
en l'honneur de la poétesse[113]?) et l'autre, Louise, « l'une des
plus insignes courtisanes de son temps » :

> Et de faict que Paradin aye esté de ces gens, qui croyent et
> escrivent legierement, je le pourrois verifier par le recit de
> plusieurs discours fabuleux, qu'il a employez et affirmez
> pour veritables dans ses escrits : mais je me contenteray
> d'un seul, qui est en son histoire de Lyon. C'est là où il
> celebre le loz de ces deus insignes courtisannes, qui furent
> de son temps à Lyon. L'une desquelles fut Pernette du
> Guillet, laquelle servoit de monture à un Abbé, et à ses
> moynes. L'autre Loyse L'Abbé, renommee non seulement
> à Lyon, mais par toute la France, soubs le nom de la Belle
> Cordiere, pour l'une des plus insignes courtisanes de son
> temps. Et cependant il les qualifie deux mirouërs de chas-
> teté, et deux parangons de vertus. Que si le bon homme
> s'est laissé ainsi lourdement abuser en chose advenue de
> son temps à Lyon, où il estoit tous les jours : à peine
> adjoustera on foy à ce qu'il a escrit des siecles passez[114].

Claude de Rubys ajoute à ces griefs d'autres défauts majeurs de
Guillaume Paradin, comme son ignorance et son mépris de la
chronologie et des dates. Mais, selon lui, le « bonhomme » ne
se souciait que de beaucoup écrire. Dans la suite de son histoire, il dénonce l'utilisation des transcriptions littérales qu'affectionne Guillaume Paradin, comme celle du livret que les
recteurs de l'aumône générale avait rédigé ou celle de la
description de l'entrée royale de 1548 (tout en y renvoyant le

[112] Voir *infra*, p. 146.
[113] Bertrand Guégan, *Œuvres poétiques complètes de Maurice Scève*, Paris,
       Garnier frères, 1927, p. XXXII.
[114] Claude de Rubys, *op. cit.*, avant-propos.

lecteur qui souhaiterait avoir de plus amples détails sur ces événements).

Comment penser que Claude de Rubys ait pu, dans cette polémique sur la manière de concevoir le travail d'historien, fournir pour preuve centrale un témoignage qui ne soit pas incontestable, d'autant que, cinquante ans après les faits, il existait encore des témoins oculaires? Le contexte invite évidemment à donner foi à ses dires. Par ailleurs, l'ensemble de ses ouvrages atteste son souci rigoureux de la vérité historique, sa recherche constante de sources incontestables. Sa présentation des faits de la première partie du XVIᵉ siècle dans son *Histoire veritable de la ville de Lyon* est incomparablement supérieure à celle qu'en donne Guillaume Paradin, qu'il s'agisse de la vie politique ou des réalités économiques; il n'accorde aucune attention aux faits divers dramatiques, si chers à Guillaume Paradin qui leur consacrait des chapitres entiers. Du jugement que devaient porter les contemporains de Claude de Rubys sur ses travaux, un quatrain en tête de son ouvrage est éloquent; selon l'un des ses amis, il met sous les yeux du lecteur de ce nouvel ouvrage tout ce que Guillaume Paradin ignorait dans le sien[115].

La précellence manifeste de Claude de Rubys est aussi attestée par Philibert Bugnyon. En effet, ce dernier, qui a, en ouverture de l'ouvrage de Guillaume Paradin de 1573, écrit un sonnet très général sur le rôle de l'historien, fournit la même année, en tête des *Privileges* de Claude de Rubys, un sonnet extrêmement élogieux sur le travail de ce dernier[116]; il dit vou-

---

[115]   Claude de Rubys, *op. cit.*: « Quatrain, Au mesme Autheur par B. T.

        Ce RUBYS enchassé dans l'ordre de son Histoire,
        Relevé de la feuïlle, ou naïf il paroit,
        Represente à noz yeux, et grave à la memoire
        Tout ce que Paradin en la sienne ignoroit ».

[116]   Claude de Rubys, *Les Privileges*, p. 117:

    « A l'honneur et recommandation de Messeigneurs les Gouverneur, Eschevins, Advocat et Procureur syndic de la ville et communauté de Lyon

        SONET
        C'est à vous que cest euvre excellent appartient,
        Pour avoir maintenu ce grand Lyon au Roy,
        Et avoir conservez sa Justice, et la Loy,
        Que pour la plus Chrestienne et plus saincte il soustient.

loir exalter la mémoire, la prudence, la vertu, l'esprit et le savoir de Rubys, perle, honneur et gloire du pays. Le contraste est saisissant entre les deux sonnets de Philibert Bugnyon, présents dans les deux ouvrages concurrents parus la même année chez le même imprimeur, Antoine Gryphe. L'estime de Philibert Bugnyon se porte sur le travail de Claude de Rubys, alors qu'il n'a aucune considération pour celui de Guillaume Paradin. Une question peut être légitimement posée : l'allusion de Claude de Rubys à la crédulité du « bonhomme » Paradin, dont certains auraient volontairement voulu se moquer, en lui fournissant des pièces fallacieuses, concernerait-elle ces ouvrages des deux poétesses dont Guillaume Paradin a assurément pris connaissance par Philibert Bugnyon ?

En tout cas, ce chapitre de Guillaume Paradin à la gloire des deux poétesses, invoqué comme un plaidoyer en faveur des bonnes mœurs de Louise Labé, est sujet à caution. Il ne s'agit que de l'œuvre d'un homme crédule qui a pris au pied de la lettre deux ouvrages qui lui ont peut-être été fournis par jeu et pour l'abuser. Il faut donc reconnaître le caractère douteux, contestable et contesté, de la pièce majeure de la défense dans le procès en courtisanerie qui a été fait à Louise Labé.

Dans les deux importantes histoires de Lyon parues en 1573 et qui débattent de la réputation de Louise Labé, les gloires littéraires lyonnaises citées ont flori au milieu du siècle et appartiennent au même milieu littéraire : deux poétesses pour Guillaume Paradin, Louise Labé et Pernette Du Guillet, et deux poètes pour Claude de Rubys, Maurice Scève et Claude de Taillemont. Ces deux poètes, qui, selon Claude de Rubys, sont liés dans leur entreprise de célébration du roi et de la ville

> C'est de vous, que pour ses loyaux subjectz il tient,
> Pour n'avoir onc manqué, pendant le desarroy
> Des troubles, au devoir, à l'hommage et la foy
> Promise de tout temps, que cest euvre contient.
>
> C'est de vous de –Rubys perle et honneur et gloire
> Du pays, que je veil exalter la memoire,
> La prudence et vertu, l'esprit et le sçavoir.
>
> Mais je ne peux tous trois selon que meritez
> Vous louër : car je n'ay, ny peu les raritez
> D'un Homere, et le don d'un Ciceron avoir.
> Par Ph. Bugnyon Juriste
> VOULOIR ET ESPERER ».

dans l'entrée d'Henri II en 1548, le sont aussi pour lui dans leurs épitaphes à Clémence de Bourges, la dédicataire des *Euvres de Louïze Labé;* ils ont participé activement à la célébration de Louise Labé dans les « Escriz de divers Poëtes », où ils ont pour particularité d'être les seuls à fournir des poèmes signés de leurs devises et offrant des jeux de mots sur le nom de Louise Labé. Par ailleurs, Philibert Bugnyon, un des amis de Maurice Scève et de Claude de Taillemont, auteur présumé d'une pièce à la louange de Louise Labé, a partie liée avec les ouvrages des deux historiens. Autant de rapports curieux et intriguants entre ces personnages dont il importera de rendre compte ultérieurement.

V. LÉGENDE ET PARADOXES DE LA BELLE CORDIÈRE

A trente ans d'intervalle, Claude de Rubys, dans ses charges contre Guillaume Paradin, s'est intéressé de près à l'insigne courtisane. Mais, il existe une différence importante entre les deux textes où il évoque Louise Labé. Louise Labé, sous sa plume, n'est assimilée à la Belle Cordière que dans son second ouvrage de 1604 où il prétend qu'elle est connue sous ce nom dans la France entière. Dans la querelle d'historiens qui l'oppose à Guillaume Paradin en 1573, il n'est fait référence qu'à Louise Labé. Louise Labé en Belle Cordière est en fait une image tardive. Dans les témoignages qui ont été conservés, ce n'est qu'à partir de 1584, soit près de vingt ans après sa mort, que Louise Labé est formellement identifiée à la Belle Cordière. Jusque là, la Belle Cordière apparaissait seule, sans mention de Louise Labé.

La Belle Cordière, Laïs lyonnaise

Les premières allusions contemporaines relevées par les critiques concernant le personnage de la Belle Cordière datent de la fin de la première moitié du XVIe siècle[117]. La première

---

[117] Georges Tricou, *op. cit.*, p. 83, évoque le plan scénographique de Lyon, commencé vers 1545 et terminé en 1553: « Ce plan donne très exactement la petite ruelle ou cul de sac tendant de la rue Confort où était la

référence connue se trouve dans un ouvrage paru, en 1547, chez Jean de Tournes, *Le Philosophe de court* du Champenois Philibert de Vienne, avocat au parlement de Paris, ouvrage qui offre en liminaire un sonnet de Maurice Scève et appartient au genre paradoxal, l'auteur y faisant ironiquement l'éloge du mode de vie du courtisan. La Cordière y est présentée comme une courtisane estimable et non cupide, dans un développement moralisant consacré à l'avarice et à la prodigalité et où elle est opposée à une courtisane de l'Antiquité, la Laïs de Corinthe qui, elle, réclamait de l'argent[118].

François de Billon, secrétaire du cardinal Jean Du Bellay, dans *Le fort inexpugnable de l'honneur du Sexe Femenin,* dont le privilège est de 1555, ouvrage à la gloire des femmes, compare la Belle Cordière, dans ses «safres deduits» [«plaisirs lascifs»] à Cléopâtre. Mais il renvoie la faute de ses vices aux hommes qui en sont cause et qui n'hésitent pas, dans leurs propos de table, à la brocarder. Il précise comment cette Cordière est experte en tout exercice viril et spécialement aux armes et aux lettres:

> Pour myeux amplifier l'Histoire antique de laquelle Cleopatra, ilz s'efforcent souventesfois de l'acoupler à une

maison de Perrin, et l'appelle rue de la Belle Cordière, or les caractères de la légende sont contemporains du plan. En 1562, les registres consulaires la nomment aussi "rue de la Cordiere"». Selon lui, il faudrait supposer que «le mariage de Louise Charly ait précédé de quelques mois au moins le travail de l'auteur du plan scénographique». A moins (hypothèse qu'il ne formule pas) qu'il ne s'agisse d'une dénomination antérieure à Louise Labé.

[118]   Philibert de Vienne, *Le Philosophe de court*, éd. P. M. Smith, Genève, Droz, 1990, p. 138: «L'on peult voir maintenant quelles forces ont liberalité et magnificence pour aquerir la grace d'un chacun. Je sçay qu'il y a des putains et Courtisannes qui en font autrement, mais il ne fault pas estimer que ceste divinité d'Amour se puisse loger en leurs cueurs. Il n'est point mal seant à une femme de recevoir, mais il luy siet mal de demander comme enseigne leur bon maistre Ovide: Nec dare, sed pretium posci dedignor, et odi. Il ne me fache point, (dit il) de donner, mais je suis marry quand on me demande, et cela me degouste. La Laïs de Corinthe eut-elle bonne grace de demander tant d'escuz à Demosthene ? Elle le degousta si bien qu'il n'en voulut plus ouyr parler et ne se donna point l'occasion de s'en repentir. La Cordiere de Lyon est trop plus honorable qui, quelque affection de gaigner qu'elle ayt, ne semble rien moins à ses serviteurs qu'avaricieuse ».

moderne, par l'exemple de quelque pauvre simplette, ou plus tost de la belle Cordiere de Lyon, en ses safres deduitz : sans qu'ilz ayent l'entendement de considerer, que s'il y a chose en sa vie qui puisse estre taxée, les Hommes premierement en sont cause, comme Autheurs de tous maux en toutes Creatures : ny aussi sans pouvoir compenser en elle, les graces et gentilles perfections qui y sont, a tout le pis qu'on pourroit estimer de ses autres qualitéz : lesquelles, pour resolution, si mauvaises sont, des Hommes sont procedées : et les autres qui sont louables, des Cieux tant seulement. Et par cela, qui desormais voudra blasmer Femmes de sa robbe, regarde, que de soy mesme il ne forge un blason, veu que les Clercs disent en cas de Femmes, Hic et Haec, Homo.

Parquoy, comme lubrique ou autrement vicieux que puisse estre a present le Sexe Masculin, icelle Cordiere se pourra bien dire Homme : mesmement qu'elle scait dextrement faire tout honneste exercice viril, et par especial aux Armes, voire et aux Lettres, qui la pourront tousjours relever de toute notte que telz Brocardeurs (cy devant asséz promenéz) par malice enuyeuse se sauroient efforcer de luy donner : ainsi qu'ilz font à toutes, sans exception, de mil autres sornettes si tresapres, que cela bien souvent les preserve, à faute d'autres meilleurs propos, de s'endormir à la table[119].

Comparée ici à Cléopâtre, comme elle l'était plus haut à la Laïs de Corinthe, la Belle Cordière apparaît comme un type de courtisane française, non méprisable.

Telle n'est pas l'image qui est donnée d'elle dans la « Chanson nouvelle de la belle Cordiere », présente tout d'abord dans *le Recueil de plusieurs chansons divise en trois parties* (Lyon, Benoist Rigaud et Jean Saugrain, 1557) et reprise dans divers recueils du temps[120]. La Cordière y est considérée comme une vile courtisane dont est dénoncée la vénalité :

> L'autre jour je m'en allois
> Mon chemin droict à Lyon ;
> Je logis chez la Cordiere
> Faisant le bon compagnon.
> S'a dit la dame goriere [« élégante »],

[119] François de Billon, *op. cit.*, f. 15r°.
[120] Voir Louise Labé, *Œuvres*, éd. Charles Boy, II, p. 95.

> Approchez vous mon ami
> La nuict je ne puis dormir.

Viennent un avocat, un procureur, un cordonnier, un meunier, alors que le mari est invité à aller coucher ailleurs, puis un Florentin qui, tout habillé de satin, joue au gentilhomme :

> Ell' le receut doucement
> Pour avoir de la pecune [« argent »],
> Le but ou elle pretend
> C'est pour avoir de l'argent.

Les témoignages suivants ne lui sont pas plus favorables. La Belle Cordière est citée à deux reprises comme référence de mauvaises mœurs en milieu genevois. La première fois, à l'occasion d'un procès. En juillet 1552, au consistoire de l'Eglise de Genève, plusieurs dépositions sont faites contre Antonia Rosset, femme de Jean Yvard qui avait été barbier-chirurgien à l'Hôtel-Dieu de Lyon de 1539 à 1544 et qui s'était réfugié à Genève. Cette Antonia Rosset, qui était la fille de Marguerite, sœur de la seconde épouse de Pierre Charly, Etiennette Roybet, et donc bien la cousine de Louise, aurait voulu empoisonner son mari ; des témoins affirment qu'elle « frequente avec sa cuysine [« cousine »] la belle Cordiere » et qu'elle s'est « adonée à paillardise » ; la mort du mari en décembre interrompit le procès entre les époux et ne permit pas d'en savoir plus sur la prétendue action corruptrice ou criminelle de la Belle Cordière[121].

La seconde occurrence provient de la plume de Jean Calvin. En 1561, dans un pamphlet, il s'en prend violemment à Gabriel de Saconay, précenteur [chantre] de l'église Saint-Jean de Lyon, qu'il accuse de paillardise ; l'ouvrage est traduit la même année en français. A propos de la transubstantia-tion, sujet controversé, Jean Calvin prétend que, pour Gabriel de Saconay, il est aussi facile de transubstantier le pain en corps du Christ que de transfigurer une femme en homme. Il fait alors référence aux divertissements organisés par Gabriel de Saconay et où les femmes se déguisent en hommes (habitude fréquente chez les courtisanes, si l'on en

---

[121]   Voir Madeleine Lazard, *op. cit.*, p. 76-77.

croit le poète Olivier de Magny qui, dans le sonnet XXI des *Souspirs* de 1557, parle de la Tine, courtisane, qui a fort bonne grâce habillée en homme)[122]; ainsi reproche-t-il à Gabriel de Saconay d'y avoir participé avec cette vulgaire courtisane («plebeia meretrix»), appelée la Belle Cordière à cause de sa beauté et du métier de son mari[123]. Dans la traduction française de ce pamphlet, il n'est plus fait état de l'origine du nom de la Belle Cordière, mais elle est considérée comme une paillarde assez renommée que Gabriel de Saconay a souvent requise dans un des passe-temps favoris par lesquels il réjouissait ses hôtes, le déguisement de femme en homme[124].

Du vivant de Louise Labé, la Belle Cordière est donc, sans l'ombre d'un doute, une paillarde. Sulfureuse et vénale pour les uns, non avaricieuse et lubrique seulement par la faute des hommes qui la brocardent par malice pour les autres. Mais il n'est pas fait mention explicitement de Louise Labé en Belle Cordière; tout au plus le procès de 1552 à Genève avec la mention de la cousine d'Antonia Rosset le suggère-t-il.

Il n'est pas impossible que l'appellation de Belle Cordière soit une appellation convenue pour désigner une femme publique. François Villon, dans la Ballade de «la belle Heaulmiere aux filles de joye», évoque la Belle gantiere, la gente

---

[122] Olivier de Magny, *Les souspirs*, Paris, Vincent Sertenas, 1557, f. 9r°: «Et s'el' s'abille d'homme, elle a fort bonne grace». Voir aussi *Les louanges de la folie*, Lyon, B. Rigaud, 1567, f. 13r°, à propos «Des femmes desguisees et faisant actes virils»: «Ne s'en est-il pas veu quelques unes habillees en pages, courir les chevaux Turcqs et rudes en boucler, et manier les aspres coursiers: s'efforceans de faire tous actes virils?».

[123] Jean Calvin, *Gratulatio ad venerabilem presbyterum, dominum Gabrielem de Saconay, Praecentorem Ecclesiae Lugdunensis*, [Genève, Conrad Badius], 1561: «Hunc ludum quam saepe tibi praebuit plebeia meretrix, quam partim a propria venustate, partim ab officio mariti, Bellam Corderiam vocabant».

[Ce divertissement que cette vulgaire courtisane qu'on appelait Belle cordière, en partie à cause de sa beauté, en partie à cause de l'activité de son mari, t'a souvent offert.]

[124] *Congratulation à venerable Prestre, Messire Gabriel de Saconay, Precenteur de l'Eglise de Lyon, touchant la belle Preface et mignonne, dont il a remparé le livre du Roy d'Angleterre*, s.l., 1561, p. 8: «Car il a accoustumé de rejouir ses hostes qu'il veut bien festoier de ce passetemps, de leur introduire des femmes en habits d'homme. A quoy luy a souvent servi une paillarde assez renommée, asçavoir la Belle Cordiere».

saulcissiere, à côté de Blanche la savatiere, Guillemette la tapissiere, Jehanneton la chaperonniere, Katherine l'esperon-niere[125].

Louise Labé, vulgairement appelée la Belle Cordière de Lyon

C'est en 1584 que Louise Labé est assimilée à la Belle Cordière. L'image de Louise Labé, dans l'apparente impartia-lité des sommes bibliographiques qui fleurissent alors, va se fixer à partir des données tirées de son ouvrage et de celles qui concernent le personnage public de la Belle Cordière. En 1584, La Croix du Maine, dans sa *Bibliotheque,* la présente comme une femme très docte, vulgairement appelée la Belle Cordière de Lyon, habile à composer en vers et en prose, mais il fait une confusion dans le titre du « Debat », qu'il appelle le « Debat d'Honneur et d'Amour »[126]. Il ne dut pas avoir l'ou-vrage en main ; il faut dire que, passionné de livres (il arriva à Paris avec trois charrettes chargées de livres et de manuscrits), il avait envoyé à quelque dix mille personnes un questionnaire pour constituer un catalogue universel.

Antoine Du Verdier, gentilhomme ordinaire de la maison du roi et bibliophile fortuné, dans sa *Bibliotheque*, en 1585, est beaucoup plus prolixe, fournissant une synthèse entre les témoignages les moins défavorables sur la belle Cordière et l'activité littéraire de Louise Labé. Sa notice biographique et

---

[125] Voir *Les œuvres de Françoys Villon de Paris, reveues et remises en leur entier, par Clement Marot*, Paris, Galiot du Pré, 1533, p. 37 : « Or y pensez belle Gantiere

      Qui m'escoliere souliez estre
      Et vous Blanche la savatiere… ».

[126] *Premier volume de la bibliotheque du sieur de La Croix du Maine, qui est un catalogue general de toutes sortes d'autheurs qui ont escrit en françois depuis cinq cents ans et plus,* Paris, A. L'Angelier, 1584 : « Louise L'Abé Lyonnoise, femme tresdocte, vulgairement appellee la belle Cordiere de Lyon, de laquelle l'anagramme est, Belle à soy ; elle sçavoit fort bien composer en vers et en prose.
Elle a escrit un dialogue en prose Françoise, intitulé le Debat de Folie et d'Honneur, imprimé avec plusieurs poësies de son invention et autres de ses amis, le tout a esté imprimé ensemble à Lyon, par Jean de Tournes l'an 1555, et le tiltre est tel. Les œuvres de Loyse l'Abbé Lyonnoise. Elle florissoit à Lyon soubs Henry 2 l'an 1555. »

bibliographique a ensuite largement nourri la biographie de
Louise Labé. Il donne de celle-ci l'image d'une courtisane aux
dons multiples, habile cavalière, musicienne, savante, amateur
de bons livres et de confitures, en partie désintéressée et
appréciée de ses admirateurs, femme qui ne se signalait toutefois pas par une beauté hors du commun, faisant, certes, part
de son corps à ceux qui payaient, mais se refusant aux
hommes de vile condition, quelque prix qu'ils veuillent y
mettre, et n'hésitant pas à accorder ses faveurs gracieusement
aux plus savants:

> LOYSE LABE courtisane Lyonnoise (autrement nommee
> la belle Cordiere pour estre mariee à un bon homme de
> Cordier) picquoit fort bien un cheval, à raison dequoy les
> gentilshommes qui avoyent acces à elle l'appelloyent le
> capitaine Loys, femme au demeurant, de bon et gaillard
> esprit et de mediocre beauté: recevoit gracieusement en
> sa maison seigneurs, gentilshommes et autres personnes
> de merite avec entretien de devis et discours, Musique
> tant à la voix qu'aux instrumens où elle estoit fort duicte,
> lecture de bons livres latins, et vulgaires Italiens et Espai-
> gnols dont son cabinet estoit copieusement garni, colla-
> tion d'exquises confitures, en fin leur communiquoit pri-
> vement les pieces plus secretes qu'elle eust, et pour dire
> en un mot faisoit part de son corps, à ceux qui fonçoyent
> [«payaient»]: non toutesfois à tous et nullement à gens
> mechaniques et de vile condition quelque argent que
> ceux là luy eussent voulu donner. Elle ayma les sçavans
> hommes, sur tous, les favorisant de telle sorte que ceux de
> sa cognoissance avoient la meilleure part en sa bonne
> grace, et les eust preferé à quelconque grand Seigneur et
> fait courtoisie à l'un plustost gratis qu'à l'autre pour grand
> nombre d'escus qui est contre la coustume de celles de
> son mestier et qualité[127].

Antoine Du Verdier ajoute qu'il ne la mentionne pas dans sa
bibliothèque comme courtisane, mais pour sa production
littéraire. De celle-ci, il retient le « Debat de Folie et d'Amour »
et, tout particulièrement, la plaidoirie d'Apollon pour Amour
dont il donne une longue citation de six pages, alors qu'il ne
fournit aucun commentaire sur l'œuvre poétique.

---

[127]   Antoine Du Verdier, *Bibliotheque,* p. 822.

Faut-il toutefois prendre à la lettre les assertions d'Antoine Du Verdier? Il n'est pas si sûr. D'autant que, dans sa *Biblio-theque*, il parle selon la voix commune et selon les œuvres qu'il a en main, comme il l'avoue lui-même. L'exemple de François Rabelais est, à cet égard, révélateur. Antoine Du Verdier est, dans cet ouvrage, impitoyable pour ce moqueur de Dieu et du monde, aux traits d'impiété qui ressentent l'athéisme à pleine gorge; il aurait souhaité ne pas avoir à l'accueillir dans sa galerie d'auteurs illustres[128]. Or, trente ans plus tard, dans sa *Prosopographie ou description des personnes illustres*, il parle de Rabelais d'une tout autre voix, louant son merveilleusement bel esprit[129]. D'autres témoignages sur Louise Labé auraient pu l'inviter à modifier son jugement...

Louise Labé, la Belle Cordière, simple courtisane, contestée comme auteur

Un témoignage, dont on a mésestimé les enjeux, doit aussi être versé à ce dossier de la réception de la personne et de l'œuvre de Louise Labé à la fin du XVIe siècle. Il concerne encore le «Debat de Folie et d'Amour». Il s'agit de celui de Pierre de Sainct-Julien, historien, doyen de l'église de Chalon-

---

[128]   *Id., ibid..*, p. 408: «Il me desplait grandement qu'il me faille mettre en ceste Bibliotheque plusieurs autheurs, dont les uns ont escrit gossement, aucuns impudiquement et, en toute lasciveté, autres heretiquement: et qui pis est s'en est trouvé un nommé François Rabelais, moqueur de Dieu et du monde, lequel, quoy [que] docte, a neantmoins mis parmy ses escrits des traicts d'impieté et (si j'ose dire) resentans l'Atheisme à pleine gorge. La memoire de tous lesquels autheurs meriteroit d'estre ensevelie aux plus profondes tenebres de silence et couverte entierement des eaux de l'oubly... Mais que pouvoit-il escrire autre chose qu'impure quand (comme dit le proverbe) il ne peut sortir du sac que ce qui y est. Car si Rabelais passoit les gonds de modestie et d'honnesteté à escrire, sa vie estoit de mesmes et non moins insolente que ses escrits, ainsi qu'a tesmoigné de luy un bon personnage non moins pourveu d'erudition que de pieté...». Il se fonde alors sur le témoignage de Gabriel Du Puy-Herbault qui a violemment attaqué Rabelais et qu'il cite longuement.

[129]   Antoine Du Verdier, *Prosopographie ou description des personnes illustres, tant chrestiennes que prophanes*, Lyon, Paul Frelon, 1604, p. 2452: «J'ay parlé de François Rabelais en ma bibliotheque suivant la commune voix et parce qu'on peut juger par ses œuvres: mais la fin qu'il a faict fera juger de luy autrement qu'on n'en parle communement. Quant à ses œuvres on y descouvre un merveilleusement bel esprit».

sur-Saône dans les *Gemelles ou pareilles*, parues à Lyon chez
Charles Pesnot en 1584, ouvrage placé sous le patronage des
Vies parallèles de Plutarque où sont rapportées aux histoires
romaines d'autres histoires. Non seulement, Pierre de Sainct -
Julien déclare que Louise Labé, dite la Belle Cordière, est une
courtisane, mais encore que le « Debat de Folie et d'Amour »
est à attribuer à Maurice Scève et à l'érudite gaillardise de son
esprit. Cette information est fournie de façon incidente, entre
parenthèses, dans un développement consacré au fait qu'accord et désaccord sont les principes de tout être ; il est précisé
que les femmes, qui ont coutume de se laisser séduire par
les apparences, préfèrent les hommes folâtres et il est établi
un parallèle entre l'histoire d'Eurydice et celle de la nymphe
Hespérie (toutes deux mortes d'une piqûre de serpent),
exemples de punition de l'amour refusé. Il renvoie, pour
exemple de pénitence suivant le péché, au *Labyrinthe d'amour*
de Boccace et, pour exemple de la prédilection des femmes
pour les plus folâtres, au « discours de dame Loyse l'Abbé,
dicte la belle cordiere (œuvre qui sent trop mieux l'erudite
gaillardise de l'esprit de Maurice Sceve, que d'une simple
Courtisane, encores que souvent doublee) »[130].

[130] Pierre de Sainct -Julien, *Gemelles ou pareilles*, Lyon, Charles Pesnot, 1584,
p. 323 :
« LIII. Pareille
De Eurydice.
Empedocles Philosophe, et Poete Agrigentin tenoit pour Maxime, et pour
chose certaine, qu'accord, et discord estoient les principes de tout ce
qu'est en estre. Ce qui semble avoir esté approuvé par ceux qui font estat
de la sympathie, et antipathie, autres (non si songneux rechercheurs des
causes universelles) ont pensé avoir cogneu par experience que le naturel
des femmes a tousjours esté si subject à contrarier, que d'avoir moins aimé
et favorisé ceux, qui (deprimants la dignité de l'homme) se sont plus rendus leurs esclaves et serviteurs, adjoutent que ce sexe indiscret, et qui ne
s'amuse qu'à l'apparence, s'est communement plus laissé aller à la volonté
de quelques babillars trompereaux, qu'il n'a presté faveur à dignes et
loyaux amans, aussi est-il quasi tousjours advenu que la penitence a suyvi
de pres le peché, mais soit sur ce r'envoyé le lecteur à ce qu'en a escrit
Boccace de Certal en son Labyrinthe d'amour, et s'il veut voir le discours
de dame Loyse l'Abbé, dicte la belle cordiere (œuvre qui sent trop mieux
l'erudite gaillardise de l'esprit de Maurice Sceve, que d'une simple Courtisane, encores que souvent doublee) il trouvera que les plus follastres sont
les mieux venus avec les femmes ».

Le « Debat de Folie et d'Amour », ici appelé discours, relèverait donc de la plume de Maurice Scève. Cette attribution mérite considération, bien qu'elle soit postérieure de trente ans à la publication de l'ouvrage de Louise Labé. En effet, Pierre de Sainct-Julien devait être bien informé sur les activités du cercle des poètes lyonnais qui, au milieu du siècle, gravitait autour de Maurice Scève et sur les publications sorties de l'atelier de Jean de Tournes. Il était doyen de l'église de Chalon-sur-Saône au temps où Pontus de Tyard en était chanoine[131]. Il a été en relation avec le poète Olivier de Magny qui le cite dans un sonnet des *Souspirs* de 1557 : « Et Saint Julien s'en aille à la Clere alumer (f. 28 r°) ». Mais, surtout, il a publié en 1546, chez Jean de Tournes, une *Instruction de reprimer courroux, et les moyens d'eviter ire*, suivie de la traduction de deux dialogues de Plutarque. Dans son avis au lecteur, il évoque les éloges paradoxaux (« pense que la fiebvre quarte, Phalaris, Busyris, les mousches, et finablement folie meriteroient louenge, aussi bien que leurs contraires ») et il pourrait bien être l'auteur des *Blasons de la goutte, de l'honneur et de la quarte* publiés en 1547 chez Jean de Tournes. En tout état de cause, il était particulièrement à même d'apprécier ce genre rhétorique de l'éloge paradoxal, très en vogue au XVIe siècle et qui consiste à louer ce que l'opinion commune aurait tendance à condamner (genre particulièrement illustré au XVIe siècle par l'*Eloge de la folie* d'Erasme, bien représenté encore au XVIIe siècle, puisque, dans le *Dom Juan* de Molière, s'insèrent des éloges de l'hypocrisie, de l'infidélité, du tabac)[132]. En 1588, Pierre de Sainct-Julien publiera des *Meslanges historiques et recueils de diverses matieres pour la pluspart paradoxales et neantmoins vrayes,* s'expliquant longuement sur ce qu'il entend par paradoxe.

Le contexte dans lequel Pierre de Sainct-Julien parle de Louise Labé montre bien qu'il ne s'agit pas d'une allusion perfide et ses liens avec les poètes Pontus de Tyard et Olivier de

---

[131] Dans son ouvrage, *De l'origine des Bourgongnons et antiquité des estats de Bourgongne*, Paris, N. Chesneau, 1581, p. 490, il fournit des éléments biographiques sur Pontus de Tyard.

[132] Voir Patrick Dandrey, *L'éloge paradoxal de Gorgias à Molière*, Paris, PUF, 1997.

Magny, qui ont participé aux « Escriz de divers Poëtes » pour
Louise Labé, avec l'imprimeur Jean de Tournes, peuvent
donner à penser que ses assertions ne sont pas dépourvues de
fondement. La critique interne de l'œuvre donnera ultérieurement corps à l'hypothèse d'une attribution de ce texte à
Scève[133]. Il importe, d'ores et déjà, de souligner que c'est Scève
lui-même qui, dans les « Escriz de divers Poëtes », compose un
sonnet sur ce dialogue (pièce III, p. 126), qu'il a pour habitude
de ne pas signer ses œuvres et qu'il a manifesté un goût certain
pour le paradoxe. Ainsi l'italien Ortensio Lando dit s'être
dépêché de donner son édition originale des Paradossi en 1543
à Lyon par crainte d'une publication française due à Maurice
Scève qui, selon lui, en avait traduit quelques-uns[134]; aucun de
ses textes n'a, toutefois, été retrouvé. Dans ses Paradossi qui
eurent un grand succès (avant 1555, paraissent deux éditions
à Venise (1544 et 1545) et une autre édition à Lyon en 1550),
l'auteur italien s'amusait à soutenir que la pauvreté est préfé-
rable à la richesse, les pleurs au rire, la prison à la liberté, la
guerre à la paix, la basse naissance à la naissance illustre, la
timidité à l'assurance, qu'il vaut mieux être laid que beau,
ignorant que savant, sot que sage, maladif que sain, villageois

---

[133] Voir infra, p. 238-253. Pour Verdun-L. Saulnier, Maurice Scève, I, p. 386 :
« Et le problème de la genèse même des œuvres de Louise se pose de façon
aiguë, depuis qu'on a lavé le portrait de la dame, et substitué, à sa sil-
houette de dame lettrée à l'italienne, la plus vraisemblable figure d'une
courtisane sans grande envergure. La tentation est grande, et se pourrait
appuyer d'assertions anciennes, de penser que les « amis » de Louise ne
furent pas pour rien dans la rédaction de ses écrits. On a dit que Scève
avait largement collaboré au Débat de Folie et d'Amour. La chose est possible ». « Quant au Débat, compte tenu de tout ce qu'il contient d'apprêt
littéraire, on peut penser qu'il nous rend compte des discussions qu'agi-
tait le cercle : et Louise n'aurait guère été que la rédactrice de l'œuvre. Discussions galantes, mondaines, peu philosophiques mais volontiers relevées de quelque allusion savante à la mythologie et à l'histoire antique ».

[134] Ortensio Lando, Paradossi cioè sentenze fuori del comun parere, a cura di
Antonio Corsaro, Rome, Edizioni di storia e letteratura, 2000, p 173 :
« Avendo finalmente ritrovato in Lione un poco di quiete, e veggendo
molti giovani della nazione italiana disiderosi di leggere, e anche di tras-
crivere li paradossi che già in Piacenza vi promisi, deliberai rivedergli, e
poi lasciargli in publico uscire ; tanto più che avendone già traportati
alcuni in lingua francese l'ingegnoso messer Maurizio Seva, poteva facil-
mente temere che prima francese che italiano parlassero, il che non avrei
voluto per molti rispetti ».

que citadin. Dans un de ces paradoxes, il est prétendu que la femme est de meilleure excellence que l'homme. Dix ans plus tard, paraît une paraphrase de ces paradoxes sous la plume de Charles Estienne et l'on compte de multiples éditions de cette traduction dans les années 1553-1555 (dix, dont deux à Lyon chez Jean Temporal en 1554 et 1555).

L'hypothèse d'une attribution à Maurice Scève du *Paradoxe contre les lettres* publié en 1545 par Jean de Tournes, ouvrage qui s'inspire de l'argumentation du troisième paradoxe d'Ortensio Lando, a été récemment formulée[135]. Il apparaît comme l'œuvre d'un italianisant, latiniste, qui a des connaissances de grec, forgeur de mots et qui accorde une grande importance à l'histoire de la poésie[136]; il pourrait sortir de la plume d'un Scève facétieux[137].

Le « Debat de Folie et d'Amour » appartient aussi au genre de l'éloge paradoxal. Il est inspiré d'un ouvrage italien *La Pazzia*, paru en 1540 et qui sera traduit en 1566 en français par Jean Du Thier sous le titre *Les Louanges de la Folie, traicté fort plaisant en forme de paradoxe*. L'auteur, fortement marqué par l'*Eloge de la folie* d'Erasme, s'est donné pour tâche de réciter les louanges de la Folie et les plaisirs qu'ordinairement en reçoivent les humains, suivant l'exemple des Anciens qui ont

---

[135]   Michèle Clément, « La rhétorique paradoxale à Lyon. Maurice Scève et l'anonyme *Paradoxe contre les lettres* (1545)», *Lyon et l'illustration de la langue française à la Renaissance*, Lyon, ENS éditions, 2003, p. 451-461 ; « Maurice Scève et le *Paradoxe contre les lettres*», *Bibliothèque d'Humanisme et Renaissance*, tome LXV, 2003, p. 97-124.

[136]   Michèle Clément, « Maurice Scève et le *Paradoxe contre les lettres*», p. 112 : « Mais alors plusieurs cerveaux bien cotonnez les laissoient dire, et grailler à leur mode, changeantz leur dire ores en Iambiques, ores en Elegiaques, et telle fois en Heroïques. Laërce dict, que ce fut Demetrie de Tarse. Apulée, et Gele firent apres faveur à Menippe serf, dieu sçait pourquoy. Finalement il s'escript, que Marc Varron les alloit suyvant : mais les gens s'en apperceurent, et luy empescherent ses Satyres. Et pour ce Donat registre, que les Comedies se mirent sus, tant qu'il sembloit plus licite de dire mal en ceste sorte ».

[137]   Pour l'image d'un Scève facétieux, voir Verdun- L. Saulnier, *op. cit.*, I, p. 131. Il signale, entre autres, une lettre de Nicolas Bourbon de 1536 qui parle à son interlocuteur de productions de Guillaume Scève et de Maurice Scève, propres à se faire dilater la rate de rire « quo ridendo pulmonem exerceas »; un rébus que lui attribue Etienne Tabourot des Accords dans ses *Bigarrures*: 1.2.9.7.1.p.a.10 (c'est-à-dire « un con neuf c'est un paradis », 2 étant une abréviation correspondant à « con » et p à « par »).

célébré les mouches, les fièvres, la vieillesse et la mort et des Modernes qui ont fait de même pour le jeu d'échecs, les artichauts ou la vérole. Le passage suivant pourrait bien avoir fourni le sujet même du « Debat » :

> Aussi vous voyez que le Dieu Cupido, qui est la principale occasion, et l'autheur de toutes amitiéz et gracieusetez, se peint aveugle : d'autant que les choses tresbelles il fait sembler laides et difformes : et celles qui de soy sont laides et difformes, il les fait trouver belles et aggreables, selon et ainsi que nos sens et jugemens sont guidez et conduits de la Folie[138].

Entre autres emprunts, le long développement sur la mode et « la plaisante invencion des habits nouveaus » du « Debat » (p. 50) provient de celui de *La Pazzia* sur les habits et les fards[139], tout comme celui sur les activités littéraires des femmes, sous l'emprise de la passion. Le lecteur du « Debat de Folie et d'Amour » est ainsi prévenu contre ces femmes qui, au lieu de filer et de coudre, prennent la plume et le luth en main et écrivent et chantent leur passion[140]. Celui de *La Pazzia*, contre celles qui, alors qu'elles devraient coudre, filer et vaquer aux affaires domestiques, présument de devenir sages et savantes, s'adonnent à la philosophie et à la poésie, composant des vers, des petites lettres et des chansons d'amour et s'arrogent le droit de disputer des poètes grecs, latins et toscans qui ont parlé des passions de l'amour, et récitent épigrammes, chansons, sonnets et madrigaux[141].

---

138 Voir dans [Charles Estienne], *Paradoxes,* éd. Trevor Peach, Droz, 1998, p. 293, le texte de *La Pazzia* donné en traduction française à partir d'une édition de 1583.

139 Voir *infra*, p. 241, note 179.

140 « Plus elles ont resisté à Amour, et plus s'en treuvent prises. Elles ferment la porte à raison. Tout ce qu'elles creingnoient, ne le doutent plus. Elles laissent leurs ocupacions muliebres. Au lieu de filer, coudre, besongner au point, leur estude est se bien parer, promener es Eglises, festes, et banquets pour avoir tousjours quelque rencontre de ce qu'elles ayment. Elles prennent la plume et le lut en main : escrivent et chantent leurs passions… » (p. 89) ; « Plusieurs femmes, pour plaire à leurs Poëtes amis, ont changé leurs paniers et coutures, en plumes et livres » (p. 95).

141 *Paradoxes*, p. 286 : « Toutesfois entre elles il y en peut avoir quelques unes (si Dieu veut) qui contre leur naturel presument, en renonçant du tout à

Replacé dans ce contexte de littérature paradoxale, face à cette imitation de *La Pazzia* et de son ironie sur les prétentions intellectuelles de la femme, la plume masculine de Maurice Scève a pu s'amuser et les autres textes contemporains qui se lisent en filigrane de ce débat[142] donneront corps à l'hypothèse de son érudite gaillardise. La considération de la production littéraire de Pierre de Sainct-Julien et de ses centres d'intérêt a permis de souligner l'importance de la littérature paradoxale dans le Lyon des années 1540-1555, en particulier dans l'atelier de Jean de Tournes, avec, en 1545, le *Paradoxe contre les lettres*, en 1547, la publication du *Philosophe de court*, la reprise de *l'Amie de cour* d'Antoine Heroët, les *Blasons de la goutte, de l'honneur et de la quarte*. Maurice Scève, dans ce contexte lyonnais de la littérature paradoxale, occupe une place majeure, lui qui, par ses traductions, a obligé Ortensio Lando à publier sans délai en 1543 à Lyon son livre de paradoxes (devenu ensuite, à partir de 1553, dans sa traduction française, un des grands succès du temps, avec pour les seules années 1553 et 1554 sept éditions différentes). La concurrence entre Ortensio Lando et Maurice Scève est remarquable, tout autant que, comme on le verra ultérieurement[143], leur émulation dans la publication d'ouvrages prétendument écrits par des femmes.

la Folie, de devenir sages, sçavantes et subtiles : chose que la Folie en aucune maniere ne peut souffrir ne permettre : Et lors qu'elles devroyent coudre, filer, et vacquer aux affaires et negoces domestiques, à quoy elles sont dediees, l'une fait profession de choses grandes, l'autre se veut du tout addonner à la Philosophie, et ordonne, parle et dispute du monde, du Ciel, des Idees, de l'immortalité, et de la divine essence, comme si c'estoit un nouveau Aristote : et veut arguer aux excellens Philosophes, et aux plus grans Theologiens : Et souventesfois, quelque ignorance qu'elle soit, sera si hardie que de les reprendre. L'autre voudra faire profession de la Poësie, se mordra la levre, et fait le bouquin, hume le vent et avalle sa salive, se persuadant que l'esprit du divin Homere, ou l'ame de la sage Sappho luy est entree au corps : Elle composera des vers, des petites lettres et chansonnettes d'amour, et disputera des Poëtes Grecs, Latins, et Tuscans, qui ont mieux et plus doucement exprimé les affections et passions d'amour : mettra en avant un subtil argument sur le quatriesme des Eneides de Virgile, dira Epigrammes, chapitres, chansons, sonets et madrigales, faisant une anatomie de la langue Tuscane, pour la recercher et retourner parole par parole ».

[142]   Voir *infra*, p. 238-253.

Les témoignages contemporains sont finalement sans ambiguïté. Louise Labé fut, à coup sûr, une courtisane. Son rôle littéraire n'intervient que dans les ouvrages qui font une référence directe aux *Euvres*. Il est limité. Elle n'apparaît pas comme poétesse. S'il est un des textes de ses *Euvres* qui a la faveur du public, c'est le seul « Debat de Folie et d'Amour », mais on lui en dénie ouvertement la paternité. Il importe de relever le paradoxe du livre d'une courtisane dédié à une pure jeune fille, Clémence de Bourges. Mais, dans ce contexte lyonnais de prédilection pour le paradoxe, on ne saurait éliminer l'hypothèse d'un jeu éditorial.

Ce déni des productions littéraires de Louise Labé la courtisane se retrouve dans l'ouvrage qui réunit au XVIIIe siècle les *Bibliothèques françoises de La Croix du Maine et de Du Verdier*. Dans ses annotations, Bernard de La Monnoye prétend ne pas avoir trouvé dans les « Escriz de divers Poëtes » trace de ce quatrain qu'il s'amuse à citer (à moins qu'il ne l'ait inventé) :

> La célèbre Labé, qui des jeux et des ris
> Dans ses vers, dans sa prose etoit toujours suivie,
> Sur le mont des neuf-Sœurs ne coucha de sa vie,
> Elle aima mieux coucher avec leurs favoris[144].

---

[143] Voir *infra*, p. 267.

[144] Jean-Antoine Rigoley de Juvigny, *Bibliothèques françoises de La Croix du Maine et de Du Verdier*, t. II, p. 42. Il n'y a pas non plus, selon Bernard de La Monnoye, le distique suivant :

> « Mosse animos fertur Gallis cantata Labaea/
> Vatibus, at movit doctius illa nates ».

LES DESSOUS
D'UNE SUPERCHERIE LITTÉRAIRE :
HOMMES ET TEXTES

Il n'est pas possible d'éliminer, en arguant d'une prétendue dénonciation calomnieuse des prétentions littéraires féminines, deux des témoignages de contemporains de Louise Labé qui font d'elle une courtisane, celui de Claude de Rubys et celui de Pierre de Sainct-Julien. L'un d'entre eux ne dit rien de ses productions littéraires, le second en fait, pour le « Debat de Folie et d'Amour », le prête-nom de Maurice Scève.

Les dires de ces deux personnages qui ont fréquenté les milieux lyonnais littéraires ne sauraient être négligés. Par ailleurs, à restituer l'identité de ceux qui, dans ses *Euvres*, sont désignés comme les poètes de Louise Labé et à considérer les poèmes qu'ils ont consacrés en fin de volume à sa louange (vingt-quatre textes et un sonnet de présentation), une évidence s'impose. Le lecteur se trouve face à l'une des plus belles mystifications de l'histoire littéraire française, dans laquelle se trouvent impliqués plusieurs poètes du milieu du XVIᵉ siècle, et, au premier chef, ceux qui ont participé à la création des fastes de l'entrée royale de 1548. Que le lecteur moderne que l'on va conduire en ce labyrinthe garde en mémoire cet arc de triomphe de l'entrée royale, créé par Maurice Scève et Claude de Taillemont et où la Saône et le Rhône invitaient à déguster les vins qu'ils faisaient sortir de grands vases antiques, alors qu'au pilier du milieu était un masque de femme riant, la tête environnée de serpents ; serpents et Méduse jettaient de l'eau par leur bouche, arrosant ceux qui s'approchaient pour boire le vin des fleuves, et qui ne s'apercevaient pas qu'ils étaient tout mouillés, ce qui provoquait un grand rire[1].

---

[1]   Voir *supra,* p. 28.

I. PARTICIPATION DES ORDONNATEURS
DES FÊTES LYONNAISES AU RECUEIL DE D.L.L.

Dans son histoire de Lyon, Claude de Rubys considère conjointement Maurice Scève et Claude de Taillemont comme deux des plus excellents poètes de leur temps ; il les présente tous deux comme ordonnateurs de l'entrée du roi Henri II à Lyon en 1548 et comme auteurs d'épitaphes, alors perdues, en l'honneur de Clémence de Bourges[2]. Ces deux poètes se retrouvent avec des caractéristiques communes dans les « Escriz de divers Poëtes ». Ils sont les seuls à fournir des pièces qui offrent une devise en guise de signature et, dans le corps du texte, un jeu sur le nom de Louise Labé. En effet, les pièces VI, VII et VIII (p. 128) avec l'anagramme BELLE A SOY sont signées DEVOIR DE VOIR, devise de Claude de Taillemont, et la pièce III (p. 127), qui contient le jeu de mots « de Raison la Loy se laberynte », est signée de la devise de Maurice Scève NON SI NON LA. L'un et l'autre pourraient bien avoir tenu un rôle prépondérant dans l'élaboration de l'ouvrage et occuper une place de choix parmi les poètes lyonnais qui ont contribué aux « Escriz de divers Poëtes ».

Claude de Taillemont
et «l'ombre de plus rare triple beauté»

Claude de Taillemont, né vers 1526 à Lyon, fils de marchand, appartient à une famille en vue à Lyon et dont plusieurs membres furent conseillers de la ville. Il est l'auteur de deux ouvrages : le *Discours des Champs Faez. A l'honneur, et exaltation de l'Amour et des Dames* (Lyon, Du Bois, 1553) et un recueil de vers, *La Tricarite. Plus Qelqǫs chants, an faveur de pluzieurs Damoêzellǫs* (Lyon, Jean Temporal, 1556). Antoine Du Verdier cite ces deux ouvrages dans sa *Bibliotheque* et fournit ensuite une anthologie de phrases et de sentences extraites des *Champs Faez*. A côté de quatre sentences qui semblent lui avoir plu pour leur caractère de prose poétique (« J'apperceu la face du ciel tant belle et riante que, le temps sembloit favoriser à mon entreprise »), il recopie le très long passage en forme de

---

[2]   Voir *supra*, p. 63.

plaidoyer de Claude de Taillemont pour les femmes, passage où il critique les hommes qui les tiennent en sujétion.

Cet ouvrage, inspiré des *Azolains* de l'italien Pietro Bembo, du *Songe de Poliphile* de l'italien Francesco Colonna, est une discussion dans des champs enchantés sur les mérites des femmes. Sur l'instigation de Minerve, le héros, Philaste, accompagné de Theleme et de Thinoé, se rend à la maison des champs de sa dame, Eumathe, entourée de Carite et Cyprine : on y discourt des femmes et de l'amour, en prose et en vers, dans une langue raffinée, avec des tournures italiennes et latines. Les deux discours, à l'honneur des dames, puis en honneur de l'amour, sont illustrés chacun par une histoire, modèle d'histoire tragique ; la mort d'une comtesse grecque, accusée par les courtisans d'avoir été infidèle à son mari absent ; la mort de Laurine qui, après la fuite de son ami, refuse d'être mariée à un tyran ; entre les deux, prend place un dialogue de l'Ame et de l'Amant.

Le recueil de vers, *La Tricarite*, « ombre de plus rare triple beauté », est inspiré des pratiques poétiques de Scève. Le poète y chante, dans une perspective platonicienne, les perfections de sa dame. S'éloignant de la forme à la mode du sonnet, il adopte le douzain dans la première moitié de son recueil. Deux des pièces finales sont des adaptations de *l'Orlando furioso* de l'Arioste. L'ouvrage a la particularité d'être en écriture modernisée : Claude de Taillemont a, comme il l'explique dans un long avertissement au lecteur, voulu « orthografier au plus pres qu'il m'a esté poucible de la vraye prolation [prononciation] », en supprimant les consonnes superflues.

On ne connaît de lui, après ces deux ouvrages, que deux pièces : l'épitaphe pour Clémence de Bourges, mentionnée par Claude de Rubys qui regrette qu'elle soit alors perdue, à dater vraisemblablement de 1557, et un huitain en tête du tome second des *Epistres dorées et discours salutaire d'A. de Guevara* de 1560 qui atteste son goût pour les devises[3].

---

[3]   Ce huitain est l'explicitation de la devise du cardinal de Lorraine, une pyramide dont le haut est entouré de lierre, avec un croissant à la cime et l'inscription *te stante virebo*. Voir le *Tome second des Epistres dorées et Discours Salutaires de Don Antoine de Guevara*, Lyon, Macé Bonhomme, 1559 (a. s.), sous la gravure : « A tresillustre et reverendissime prince, Charles cardinal de Lorraine. »

Sous le soleil de Scève

Dans un douzain de la *Tricarite,* Claude de Taillemont reconnaît à Maurice Scève un rôle d'initiateur ; il est, selon lui, le père de nos vers, avec la *Delie,* qui reçoit sa clarté de son soleil[4]. Le poète Pontus de Tyard le célèbre aussi comme un initiateur dans le « Chant en faveur de quelques excellens Poëtes de ce Tems » publié en 1551 avec la *Continuation des erreurs amoureuses :*

> SCEVE si haut son sonna
> Sur l'une et l'autre riviere,
> Qu'avecque son mont Forviere
> La France s'en estonna :
> Qui premier la course ha pris
> Par la louable carriere,
> Laissant les autres derriere
> (Que lui peut en murmurant
> Nuire le vil ignorant ?)

> Ce Croissant dominant sur toute chose humide,
> Assis sur le plus hault de ceste Pyramide,
> Demonstre, que le Prince en sa hauteur poussé,
> Sur terre et mer sera trionfamment haussé :
> Et ce Lierre verd, gentement tournoiant,
> Que par luy, tu seras saintement verdoiant :
> Et qu'ensemble ainsi jointz, à qui mieux l'examine,
> Son Nom avec le tien, aux Astres se termine.
> Devoir de veoir ».

Le tome premier, publié en 1558, contient aussi le même dessin de la pyramide avec l'explicitation d'un autre auteur.

[4]   Claude de Taillemont, *La Tricarite,* p. 72 :

> « De M. SC.
> Sève at produi du Laurier bòrg'ons vers
> Dont meints rameaus avant l'Arbre ont coroné,
> Mæs mon advis, pòr le mieus, an corone :
> Sève premièr le pere de nots vers :
> Car si leur vol prènet par l'univers
> Fureurs, amours, è tote leur seqelle,
> Etre ne peut qe sus l'æle de celle
> Dont amplumés se sont Oèzeaus divers :
> Celle je di qí de son cler revers
> Cl̀ere delie, d'ignorance a rompue
> La nue an nòs : mæs par clarté reçue
> De son Soleil penetrant à travers ».

> Premier emporte le pris,
> Auquel tous vont aspirant[5].

Maurice Scève est largement loué par les poètes contemporains, qu'il s'agisse de poètes lyonnais ou de poètes de la Pléiade. Ainsi, par exemple, Guillaume Des Autels lui dédie deux pièces du *Repos de plus grand travail* (1550) paru chez Jean de Tournes; Joachim Du Bellay fait son éloge dans un sonnet de l'*Olive* de 1550[6], dans la *Musagnoemachie* (1550) et il lui adresse, lors de son passage à Lyon, un sonnet dont il a déjà été fait état et, en 1556, Olivier de Magny lui offre l'ode « de l'absence de s'amye A Maurice Sceve Lionnois ».

---

[5]   Pontus de Tyard, *Erreurs amoureuses, Augmentees d'une tierce partie. Plus, un Livre de Vers Liriques*, Lyon, Jean de Tournes, 1555, p. 104. Voir aussi dans le *Premier livre des erreurs amoureuses*, la première pièce qui est un « Sonnet a Maurice Sceve »:

> « Si en toy luit le flambeau gracieus,
>   Flambeau d'Amour, qui tout gent cœur allume,
>   Comme il faisoit lors, qu'à ta docte plume
>   Tu fis hausser le vol jusques aus cieux:
> Donne, sans plus, une heure à tes deux yeus
>   Pour voir l'ardeur, qui me brusle et consume
>   En ces Erreurs, qu'Amour sur son enclume
>   Me fait forger, de travail ocieus.
> Tu y pourras recognoistre la flame,
>   Qui enflama si hautement mon ame,
>   Mais non les traiz de ta divine veine.
> Aussi je prens le blame en patience,
>   Prest d'endurer honteuse penitence,
>   Pour les erreurs de ma jeunesse vaine ».

[6]   Joachim Du Bellay, *Œuvres poétiques*, éd. Henri Chamard, t. I, p. 116:

> « Esprit divin, que la troupe honnorée
> Du double mont admire, en t'ecoutant;
> Cigne nouveau, qui voles en chantant
> Du chault rivage au froid hiperborée:
>
> Si de ton bruit, ma Lire enamourée
> Ta gloire encor' ne va point racontant,
> J'aime, j'admire et adore pourtant
> Le haut voler de ta plume dorée.
>
> L'Arne superbe adore sur sa rive
> Du sainct Laurier la branche tousjours vive,
> Et ta Delie enfle ta Saone lente.
>
> Mon Loire aussi, demydieu par mes vers,
> Bruslé d'amour etent les braz ouvers
> Au tige heureux, qu'à ses rives je plante ».

Maurice Scève, d'une riche famille lyonnaise, est né vrai-semblablement vers 1500. Peu d'éléments sûrs concernent sa biographie. Il est toutefois avéré qu'il était clerc, que, dès 1515, lui avait été octroyé le prieuré bénédictin de Saint-Jean sur Saint-Maurice dans le diocèse de Lyon[7] et que celui que le poète néolatin Nicolas Bourbon, en 1538, dit « addictus Deo » (voué à Dieu)[8], eut d'autres bénéfices.

Il est, au milieu du siècle, le poète lyonnais, qui a la plus grande réputation, réputation qu'il s'est acquise par sa *Delie. Objet de plus haulte vertu*, parue en 1544 à Lyon chez Sulpice Sabon et signée par celui qui n'a jamais mis son nom sur un de ses ouvrages, d'une autre de ses devises, « SOUFFRIR NON SOUFFRIR ». Cet ensemble à la gloire de Delie, anagramme d'Idée, correspondant à la Delia de Virgile (Diane, déesse de Délos, sœur d'Apollon), est composé de quatre cent quarante-neuf dizains (avec un huitain préliminaire) et de cinquante emblèmes, gravures avec devise, disposés tous les neuf dizains ; l'ouvrage est accompagné d'un ordre des figures et des emblèmes qui fournit un titre pour chaque gravure. La mise en recueil a donné lieu à maintes hypothèses de la critique. Le dessein de Maurice Scève est énigmatique et symbolique dans cet ouvrage conçu comme un *canzoniere* pétrarquiste qui conduit à une élévation de l'amour humain.

Thomas Sébillet, dans son *Art poetique* de 1548, loue la *Delie*, poème de riche invention, indiquant toutefois les cri-tiques dont Maurice Scève a été l'objet en raison des mots nou-veaux et des difficultés de compréhension[9]. Pour la richesse

---

[7]   Verdun-L. Saulnier, « La cléricature de Maurice Scève », *Bibliothèque d'Huma-nisme et Renaissance,* XII, 1950, p. 14-19.

[8]   Nicolas Bourbon, *Nugarum libri octo,* Lyon, Sébastien Gryphe, 1538, p. 456.

[9]   *Traités de poétique et de rhétorique de la Renaissance,* éd. F. Goyet, p. 61 : « Car l'envie, toujours compagne de vertu, gardera jusques au bout sa méchante nature, qui est de trouver nœud au jonc, et à redire en ce qui est bien et ingénieusement inventé : comme elle a naguère fait en la Délie de Scève, Poème d'autant riche invention qui pour le jourd'hui se lise, en laquelle fait tous les jours impression de ses aiguës dents de chien, et trouve à reprendre en ces tant doctes épigrammes la rudesse de beaucoup de mots nouveaux, sans lesquels toutefois l'énergie des choses contenues celée et moins exprimée, eût fait ignorer bonne part de la conception de l'auteur, laquelle avec tout cela demeure encore malaisée à en être extraite ».

des rimes, Thomas Sébillet cite en exemple ce dizain, tout à fait représentatif du style et de la densité scéviens :

> Pour esmovoir le pur de la pensée,
> Et l'humble aussi de chaste affection,
> Voye tes faictz, ô Dame dispensée
> A estre loing d'humaine infection :
> Et lors verra en sa parfection
> Ton haut cœur sainct lassus se transporter :
> Et puis cy bas Vertus luy apporter
> Et l'Ambrosie, et le Nectar des Cieulx,
> Comme j'en puis tesmoingnage porter
> Par jurement de ces miens propres yeulx
>
> (dizain CCCLXXX)

De cet ouvrage, les contemporains, même en l'absence de critique, s'accordent à relever l'obscurité et sa réputation va décliner avec le temps. Pour Estienne Pasquier, qui, dans *Les recherches de la France*, met Maurice Scève en tête des grands poètes du règne d'Henri II qui faisaient « profession de plus contenter leurs esprits, que l'opinion du commun peuple », « la verité est qu'il affecta une obscurité sans raison. Qui fut cause que son Livre mourut avec luy, au moins ne vois-je point que depuis il ait couru par nos mains »[10]. Antoine Du Verdier, lui, dans sa *Bibliotheque* de 1585, se contente de citer les titres de ses ouvrages, de reproduire deux dizains de la *Delie* ; il ne fournit, pour seul commentaire sur cet auteur, à qui il ne consacre guère plus d'une page, que ces quelques lignes empruntées : « quand vivoit petit homme en stature mais du tout grand en sçavoir et excellent Poëte de son temps »[11]. Maurice Scève est alors passé de mode et, si l'on veut en juger à l'aune de la bibliothèque d'Antoine Du Verdier, c'est Claude de Taillemont qui lui est préféré.

Si, avant la *Delie*, Maurice Scève avait publié une traduction d'un ouvrage espagnol de Juan de Flores, *La deplourable*

---

[10]   Estienne Pasquier, *Les recherches de la France,* livre VII, ch. VI, éd. Marie-Madeleine Fragonard et *alii*, Paris, Champion, 1996, t. II, p. 1411.

[11]   Antoine Du Verdier, *Bibliotheque,* p. 862. Texte adapté de *L'avant naissance de Claude Dolet fils de Estienne Dolet*, Lyon, Dolet, 1539, p. 4 : « Maurice Scaeve (petit homme en stature, mais du tout grand en sçavoir et composition vulgaire) ».

fin de Flamette (1535), après la *Delie*, il ne donne au public que de rares ouvrages. Le récit de *La Magnificence de la superbe et triumphante entree de la noble et antique Cité de Lyon faicte au Treschrestien Roy de France Henri deuxiesme de ce Nom* (1549) paraît chez Guillaume Rouillé et l'imprimeur semble en être Jean de Tournes[12]. Les deux autres sont des publications propres à l'atelier Jean de Tournes : en 1547, la *Saulsaye. Eglogue, de la vie solitaire* et, ultérieurement, en 1562, le *Microcosme*. Pour le reste, comme il n'a été conservé de lui aucune œuvre signée, on n'a pas manqué de lui attribuer des ouvrages anonymes, comme *Le petit œuvre d'amour et gaige d'amytié* en 1538[13] ou le *Paradoxe contre les lettres* publié en 1545 par Jean de Tournes[14].

Entre 1549 et 1562, on n'a donc de lui que des pièces éparses. Il fournit dans chacun des recueils des deux poétesses lyonnaises des pièces à leur gloire : les deux épitaphes en 1545 pour Pernette Du Guillet et, dans l'ouvrage de Louise Labé, la pièce signée de sa devise NON SI NON LA et intitulée « En grace du Dialogue d'Amour, et de Folie, Euvre de D. Louïze Labé Lionnoize ». On dénombre un dizain à la suite de la préface de Mathieu de Vauzelles, *Traicte des peages*, chez Jean de Tournes en 1550, avec jeu de mots sur le nom « vauzelles » et « voz esles » ; huit distiques latins dans l'ouvrage de Guillaume Rondelet, *Libri de piscibus* (Lyon, Macé Bonhomme, 1554). En 1555, outre le sonnet à Louise Labé, il compose un sonnet pour Pontus de Tyard dans le *Solitaire second, ou prose de la musique* et le dote d'un titre similaire à celui qui accompagne le sonnet à Louise Labé (« En grace de si docte Solitaire M. Sc ») et un autre pour Gabriel Symeoni, *Interpretation grecque, latine, toscane et françoise du Monstre ou Enigme d'Italie* avec même sorte d'intitulé « En grace du Seigneur G. Symeon Auteur et amy, Maurice Sceve sus le Monstre oblique et droit d'Italie ».

Il est remarquable que plusieurs ouvrages sortis de l'atelier de Jean de Tournes offrent des pièces liminaires de Maurice Scève. Ainsi en est-il de l'édition *Il Petrarca*, publiée en 1545,

[12]   Verdun-L. Saulnier, *op. cit.*, II, p. 148.
[13]   Verdun-L. Saulnier, *op. cit.*, I, p. 167-193.
[14]   Voir *supra*, p. 136.

du *Philosophe de court* de Philibert de Vienne (1547), des *Marguerites de la Marguerite des princesses* (1547) et de la *Suyte des Marguerites de la Marguerite des princesses* (1547) de Marguerite de Navarre. Pour ces deux derniers textes, Maurice Scève fournit des sonnets dont le dernier tercet met en avant, dans la louange de l'ouvrage, l'implication des personnes à qui il dédie ces pièces ; dans le premier cas, c'est une adresse aux dames à propos des vertus de Marguerite de Navarre :

> Parquoy ayant, Dames, devant voz yeux
> Ces rays tressaintz de sy haulte efficace
> En les loüant nostre honneur louerez (p. 12)

dans le second cas, c'est une dédicace à la fille de Marguerite de Navarre :

> A celle fin que vous, Princesse illustre,
> Estant Miroir de sa Royale image,
> Soyez aussi image de sa gloire (p. 2).

Un procédé voisin se retrouve dans la pièce intitulée « Aus poëtes de Louïze Labé » qui, dans les *Euvres de Louïze Labé*, précède les « Escriz de divers Poëtes » et se termine sur ces mots :

> Et de soymesme elle se faisant croire,
> A ses loueurs est cause de leur gloire (p. 124).

Même s'il n'est pas possible d'affirmer en toute certitude que cette pièce est de Maurice Scève[15], il faut remarquer combien il

---

[15]   Pour cette pièce « Aus Poëtes de Louïze Labé », il faut également noter les ressemblances avec la pièce de Pontus de Tyard, en tête de l'*Amoureux repos de Guillaume des Autelz*, Lyon, J. Temporal, 1553, « Aux Poëtes Francois, en faveur de Guillaume des Autelz » : même début avec une apostrophe, puis le verbe « voir » à l'impératif ; les rimes *poesie, saisie* et *fantasie*. Voir fac-similé, p. 124, et les deux quatrains du sonnet de Pontus de Tyard :

> « Troupe diserte heureusement choysie,
>   Par la faveur des Nymphes Thespiennes,
>   Pour, remarquant les traces anciennes,
>   Ressusciter la morte Poësie :
> Voyez icy, comme une ame saisie,
>   De la fureur qu'Apollon a fait sienne,
>   Sçait, dens le feu d'une ardeur Paphienne,
>   Sacrifier sa haute fantasie ».

est lié à l'atelier de Jean de Tournes qui lui demande des pièces en préliminaire de nombreux textes qu'il édite.

La célébrité de Maurice Scève ne date pas de la *Delie* de 1544. Dans les années 1530, en un temps où le genre du blason avait été mis à la mode par Clément Marot (avec le blason du beau tétin rédigé lors de son exil à Ferrare et envoyé à la cour de France), il avait composé divers blasons (larme, front, gorge, soupir), dont celui du sourcil qui emporta à la cour de Renée de France, à Ferrare, tous les suffrages, ainsi qu'en témoigne Clément Marot dans l'épître dédiée à ceux qui, après son épigramme du beau tétin, en firent d'autres[16]. Maurice Scève contribua aussi en 1536 au tombeau du dauphin François. Il est, dans ces années-là, très proche de tout un groupe d'amis, familiers alors de l'atelier de Sébastien Gryphe. Dans l'entourage de son cousin Guillaume Scève, il est en relation avec Etienne Dolet, avec des poètes comme Hugues Salel, Bonaventure des Périers, Charles Fontaine.

Maurice Scève est un homme de grande sociabilité, comme l'attestent les témoignages de Pontus de Tyard qui vont être cités[17] sur les activités du cercle de Bissy. Mais sa compagnie est aussi très recherchée à Lyon. Antoine Du Moulin, correcteur chez Jean de Tournes, dans l'épître « A tresdocte et tresvertueux monsieur M. Maurice Sceve » de sa *Physionomie naturelle, Extraite de plusieurs Philosophes anciens,* parue en 1550, évoque avec admiration un entretien de Scève avec des Français et des étrangers, amateurs d'antiquités, venus solliciter son avis sur l'interprétation d'inscriptions sur des médailles[18].

---

[16]   Clément Marot, *Œuvres poétiques*, éd. Gérard Defaux, Paris, Bordas, 1990, t. I, p. 338 :

> « Mais du Sourcil la beaulté bien chantée
> A tellement nostre Court contentée,
> Qu'à son Autheur nostre Princesse donne
> Pour ceste fois de Laurier la Couronne :
> Et m'y consens, qui point ne le congnois,
> Fors qu'on m'a dit, que c'est un Lyonnais ».

[17]   Voir *infra*, p. 157.

[18]   *Physionomie naturelle, Extraite de plusieurs Philosophes anciens, Et mise en françois par M. Antoine du Moulin,* Lyon, Jean de Tournes, 1550 : « Et entre plusieurs autres doctes propos, j'ouis (et que je ne laissay perdre, comme une response de l'Oracle Delphique) que quelques uns de la trouppe, ou

Jacques Peletier, dans *In Euclidis Elementa geometrica Demonstrationum libri sex* (Jean de Tournes, 1557), publie une lettre à Maurice Scève écrite en 1555 où il célèbre la « respublica », mais aussi la nécessité de se retirer du monde pour le travail scientifique, invitant Scève à suivre son exemple. Il faut dire que Scève semble à cette date-là un homme très répandu. Dans l'ouvrage de Lucantonio Ridolfi, *Aretefila* (Lyon G. Rouillé, 1562), il est évoqué comme un fidèle des réunions, dont on regrette l'absence le jour où la discussion porte sur l'origine de l'amour : les yeux ou l'oreille. A propos de cet ouvrage qui renvoie à des débats qui se sont déroulés au milieu de la décennie précédente et à propos du *Ragionamento havuto in Lione da Claudio de Herbere, gentil'huomo franzese, e da Alessandro degli Uberti, gentil'huomo fiorentino, sopra alcuni luoghi del Cento Novelle del Boccacio* (Lyon, Rouillé, 1557), Verdun-L. Saulnier a souligné l'importance de « ces comptes rendus de discussions de cour d'amour à l'italienne, à la française aussi, dont Lyon semble avoir été volontiers le théâtre, à l'époque, et qu'il faut évoquer à leur date (autour de 1555) pour comprendre l'origine du *Débat de Folie et d'Amour* »[19].

Un des titres de gloire de Maurice Scève est, selon Jean de Tournes, la découverte, en 1533, à Avignon du tombeau de Laure, la femme aimée par Pétrarque[20]. Le poète lyonnais est donné douze ans plus tard comme l'acteur principal d'un événement politique et littéraire assez énigmatique et fortement symbolique[21]. Jean de Tournes, en tête de son édition *Il*

---

fust pour en sentir votre opinion, ou pour en estre instruits, vous interroguerent : pourquoi les Romains n'avoient mieux, ou autrement designé ces deux Provinces, Judée et Egypte…

Ceste response resolue avec plus longs discours doctement debattuz d'un costé et d'autre, vous explicates pourquoy Egypte estoit representée avec une Sphere…».

La discussion passe ensuite à la physiognomonie et à la diversité des physionomies et des lignes de la main.

[19]   Verdun-L. Saulnier, *op. cit.*, II, p. 163, note 46.

[20]   Voir, sur cet événement, Verdun-L. Saulnier, *op. cit.*, I, p. 38-48, et Enzo Giudici, « Bilancio di un' annosa questione : Maurice Scève e la 'scoperta' della 'tomba' di Laura », *Quaderni di filologia e linga romanze*, II, 1980, p. 3-70.

[21]   Voir Olivier Millet, « Le tombeau de la morte et la voix du poète : la mémoire de Pétrarque en France autour de 1533 », *Regards sur le passé*

Petrarca de 1545 (avec des additions dans ses éditions de 1547 et de 1550), dans sa préface dédiée à Maurice Scève, relate cette découverte, donnant à Maurice Scève un rôle primordial que, toutefois, les textes contemporains ne lui reconnaissent pas. Dans le récit qu'il prétend tenir de Maurice Scève, Jean de Tournes révèle comment celui-ci s'était lié d'amitié avec un gentilhomme florentin et comment, sur sa sollicitation et sur celle du vicaire du cardinal de Médicis, archevêque d'Avignon, il avait entrepris des fouilles et trouvé à Avignon, au couvent de Saint-François dans la chapelle de la Sainte-Croix fondée par la maison de Sade, une sépulture renfermant des vestiges d'ossements (dont une mâchoire entière) et une boîte de plomb ; elle contenait une feuille scellée de cire verte avec une médaille de bronze représentant sur une de ses faces une dame écartant de ses deux mains sa robe sur sa poitrine avec les lettres M.L.M.I, que Maurice Scève interpréta en *Madonna Laura Morta Iace*. Sur la feuille, était transcrit un sonnet difficile à lire. Il le déchiffra en le mettant à la lumière du soleil et en prit copie. Averti de cette découverte qu'il aurait sollicitée, François Ier aurait fait ouvrir la sépulture et aurait lu le sonnet lors de son passage à Avignon, au début du mois de septembre, alors qu'il se rendait à Marseille avec sa cour pour les noces de Catherine de Médicis et du futur Henri II. L'édition de Jean de Tournes fournit ce sonnet, une gravure avec un monogramme et un arbre relevés sur le parchemin trouvé par Scève dans le tombeau ; les armes de Laure (deux branches de laurier avec une croix et une rose au-dessus de l'écu), présentes sur la pierre tombale du couvent, sont également reproduites, suivies de l'épitaphe que François Ier fit en son honneur[22]. Jean de

dans l'Europe des XVIe et XVIIe siècles, Berne, Peter Lang, 1997, p. 183-195 ; Daniel Maira, « La découverte du tombeau de Laure entre mythe littéraire et diplomatie », *Revue d'Histoire littéraire de la France*, 2003, n° 1, p. 3-15 ; Thomas Hunkeler, *Le vif du sens. Corps et poésie selon Maurice Scève*, Genève, Droz, 2003, p. 27-51 ; Cécile Alduy, « Scève et Pétrarque : « de mort à vie » », *Les poètes français de la Renaissance et Pétrarque*, Genève, Droz, 2004, p. 157-170.

[22]   *Il Petrarca*, Lyon, Jean de Tournes, 1545 :

    « En petit lieu compris vous povez voir
    Ce, qui comprent beaucoup par renommee.
    Plume, labeur, la langue, et le scavoir
    Furent vaincuz par l'Aymant de l'Aymee.

Tournes indique également qu'il regrette de ne pouvoir livrer au lecteur l'épigramme que Maurice Scève rédigea à la louange de François Ier et de Laure, exercice de célébration, auquel ils furent nombreux, tel Clément Marot[23], à s'adonner dans une sorte d'émulation poétique[24].

Le texte de Jean de Tournes, par ailleurs, laisse entendre le scepticisme qui accompagna la découverte du tombeau de Laure ; Jean de Tournes, qui prétend à l'authenticité du sonnet de Pétrarque en mettant en avant la présence de Pétrarque en Provence à la date de la mort de Laure, se croit obligé de parler de preuves suffisantes pour tout homme de bonne foi et dit se refuser à essayer de convaincre ceux qui nient l'évidence. L'affaire de la découverte du tombeau de Laure fit en son temps beaucoup de bruit. On supposa l'imposture et la mystification[25]. On dénia à Pétrarque la paternité du sonnet. Pétrarque aurait été au loin lors de la mort de Laure. Pour le

> O gentill'Ame, estant tant estimee,
> Qui te pourra louer, qu'en se taisant ?
> Car la parolle est tousjours reprimee,
> Quand le subject surmonte le disant ».

D'aucuns prétendent que Maurice Scève pourrait être l'auteur de ce sonnet. Il est remarquable qu'il soit donné par Antoine Du Verdier, dans sa *Prosopographie ou description des personnes illustres, tant chrestiennes que prophanes*, 1604, p. 1349, comme seul témoin des productions de François Ier.

23   Clément Marot, *Les epigrammes*, Lyon, Dolet, 1538, f. 20r° :

> « Du Roy, et de Laure.
> O Laure, Laure, il t'a este besoing
> D'aymer l'honneur, et d'estre vertueuse,
> Car Francoys Roy (sans cela) n'eut prins soing
> De t'honnorer de Tumbe sumptueuse,
> Ne d'employer sa Dextre valureuse
> A par escript ta louange coucher :
> Mais il a faict pour autant, qu'amoureuse
> Tu as este de ce, qu'il tient plus cher ».

24   Voir Jean Balsamo, « François Ier, Clément Marot et les origines du pétrarquisme français (1533-1539) », *Les poètes français de la Renaissance et Pétrarque*, p. 35-51.

25   Verdun-L. Saulnier, *op. cit.*, I, p. 43 : « Dès le début, en tout cas, il y avait eu bruit d'imposture, ou du moins d'erreur, et Scève fut implicitement inculpé. Beaucoup d'Italiens, le cardinal Bembo en tête, crièrent à la supercherie ».

cardinal Pietro Bembo qui donne, lui, comme inventeur du tombeau Nicolas de Pérouse, ce sonnet est indigne de Pétrarque, les règles les plus communes de la poésie italienne sont violées[26]. Gabriel Symeoni, dans les *Illustres observations antiques,* parle, lors de son passage en Avignon, du sépulcre de Laure découvert par le commandement de François Ier, de la médaille de plomb qui représente une femme debout tenant un cartouche avec les letttres M.L.A.L., ce qui ne correspond pas à la description de Maurice Scève qu'il ne cite pas ; il ne reprend pas dans cettte version française la mention de la fausseté du sonnet de Pétrarque présente, précédemment, dans la version italienne de son ouvrage. Selon son témoignage, il y avait pour seule inscription à l'entour de la sépulture les vers de François Ier [27] qui voulait faire élever un tombeau somptueux à Laure.

L'implacable démonstration d'Enzo Giudici ne laisse guère de doute sur l'identité du mystificateur qui ne serait autre que Maurice Scève[28]. En 1545, alors que la *Delie* de Maurice Scève, parue l'année précédent, peut être considérée comme le premier *canzoniere* français, le récit de Jean de Tournes sur l'invention scévienne du tombeau de Laure inscrit la première publication en France des œuvres de Pétrarque sous le signe de Scève et laisse entendre que le poète eut une place éminente à l'origine du pétrarquisme royal et de l'engouement de la cour et des poètes français pour l'illustre Italien[29].

---

[26] Lettre de Pietro Bembo à Castellano en date du 25 avril 1533, donnée dans Abbé J.F.P.A.de Sade, *Mémoires pour la vie de François Pétrarque*, Amsterdam, Arskée et Mercus, 1767, t. III, p. 55.

[27] Gabriel Symeoni, *Les illustres observations antiques…en son dernier voyage d'Italie l'an 1557*, Lyon, Jean de Tournes, 1557, p. 13 : « En ce lieu rien ne parloit à l'entour de sa sepulture, sinon ces vers, composez par le noble esprit dudit Roy »

[28] Voir aussi Olivier Millet, *op. cit.*, p. 191 : « Le sonnet retrouvé dans la tombe n'est pas de Pétrarque, ni d'un ami de Pétrarque ? C'est que Scève s'est essayé à une imitation qui annonce son rôle d'introducteur en France de la poésie pétrarquiste moderne ; dans ce premier essai, pieuse imposture, il va jusqu'à identifier sa plume à celle du poète italien » ; p. 192 : « Un faussaire, certes ; mais (re-)découvrir avec la tombe de Laure, l'esprit de Pétrarque suppose qu'on connaisse déjà l'univers poétique et spirituel du *Canzoniere*, qu'on en maîtrise les coordonnées au point de pouvoir créer un faux vraisemblable ».

L'entourage de Maurice Scève

Maurice Scève est très lié à Jean de Tournes, comme le montrent sa collaboration à de nombreux ouvrages dans son atelier et les longues préfaces que Jean de Tournes lui dédie : celle d'*Il Petrarqua* est adressée à « A non men virtuoso, che dotto M. Mauritio Scaeva, Giovandi Tournes suo affettionatissimo », celle d'*Il Dante* « Al molto ingenioso et dotto, M. Mauricio Sceva ». Le poète fait partie de ces personnages savants et excellents dont le fils de Jean de Tournes dira que son père aimait à s'entourer.

Il est aussi très proche du poète et philosophe Pontus de Tyard, un auteur de l'atelier Jean de Tournes. Pontus de Tyard (1521-1605), qui participe à l'hommage à Louise Labé par une pièce signée P.D.T. (qui paraît la même année, chez Jean de Tournes, dans une édition des *Erreurs amoureuses*), est, au milieu du siècle, chanoine de la cathédrale de Chalon-sur-Saône, protonotaire du Siège apostolique (il sera ultérieurement évêque de Chalon et aumônier du roi). Il est célébré pour son savoir encyclopédique. La Croix du Maine, dans sa *Bibliotheque françoise* de 1584, dit qu'il est remarquable « tant pour son savoir en la poësie, ès Mathematiques, en la Philosophie et sur-tout en la Theologie (qui est aujourd'hui sa principale profession) » ; il précise qu'il « a ecrit des ses plus jeunes ans, plusieurs Sonnets amoureux, lesquels il a intitulé Erreurs amoureuses, auquel livre il n'a pas voulu mettre son nom. Il les a fait imprimer (ou autres siens amis pour lui) en l'an 1555 ». Pontus de Tyard, qui a alors pour éditeur exclusif Jean de Tournes, publie, en 1549, les *Erreurs amoureuses*, fortement marquées de néoplatonisme ; en 1551 la *Continuation des erreurs amoureuses* ; puis, en 1555, le *Troisiesme livre des erreurs amoureuses*. Il avait traduit les *Dialogues d'amour* de Léon Hébreu en 1551. A partir de 1552, il fait paraître de grands dialogues philosophiques (qu'il réunira en 1587), à commencer par le *Solitaire premier, ou prose des Muses et de la fureur poëtique* où il livre au public la théorie ficinienne des quatre fureurs. 1555 est, pour Pontus de Tyard, celle de la plus

---

[29]   Voir Marie Madeleine Fontaine, « Débats à la cour de France autour du *Canzoniere* et de ses imitateurs dans les années 1533-1548 », *Les poètes français de la Renaissance et Pétrarque*, p. 105-135.

grande abondance, puisque sort, à côté d'une édition augmentée de ses *Erreurs amoureuses*, son dialogue consacré à l'art musical, *Le solitaire second, ou prose de la musique*. C'est aussi à cette époque qu'il fournit des thèmes de décoration pour le château d'Anet érigé pour Diane de Poitiers; ils seront publiés en 1586, sous le titre *Douze fables de fleuves ou fontaines avec la description pour la peinture et les epigrammes*. Joachim Du Bellay, dans *Les regrets* (1558), souligne l'évolution d'un écrivain qui serait passé du pétrarquisme au platonisme[30].

Maurice Scève est associé à toutes les publications de Pontus de Tyard du milieu du siècle. En 1549, ce dernier lui dédie *Les Erreurs amoureuses* et, dans le *Solitaire premier*, il évoque « les doctes vers du seigneur Maurice Scaeve (lequel vous sçavez Pasithée que je nomme tousjours avec honneur)». Dans le *Solitaire second, ou prose de la musique*, où il indique que Maurice Scève lui a passé un vieil exemplaire d'un ouvrage de musique[31], il parle de « mon extremement aymé ami, mais non jamais assez honoré de moy le Signeur Maurice Sceve » (p. 28). Il va jusqu'à titrer, en 1587, *Sceve ou Discours du temps, de l'an et de ses parties*, la troisième édition d'un de ses ouvrages paru en 1556 sans la mention de Maurice Scève en titre, mais où celui-ci était le principal interlocuteur.

Dans ses dialogues mêmes, Pontus de Tyard fournit des éléments personnels. Il fait souvent référence à son cercle

---

[30]   Joachim Du Bellay, *Les regrets*, f. 37v°:

> « Thiard, qui as changé en plus grave escritture
> Ton doulx stile amoureux, Thiard, qui nous as fait
> D'un Petrarque un Platon, et si rien plus parfait
> Se trouve que Platon, en la mesme nature ».

[31]   Sur l'importance de la musique pour Maurice Scève, voir le huitain, rédigé entre 1536 et 1538, que lui a consacré Clément Marot, *Œuvres poétiques*, éd. Gérard Defaux, II, p. 274:

> « A Maurice Sceve Lyonnois.
> En m'oyant chanter quelcque foys
> Tu te plaseds, qu'estre je ne daigne
> Musicien, et que ma voix
> Merite bien, que l'on m'enseigne,
> Voyre, que la peine je preigne
> D'apprendre: ut, re, my, fa, sol, la,
> Que Diable veux tu que j'appreigne?
> Je ne boy que trop sans cela.»

d'amis. C'est un véritable cénacle qui se réunit autour de lui au château de Bissy près de Chalon-sur-Saône. Il évoque ces réunions dans le *Discours du temps, de l'an et de ses parties*, rappelant une visite que Maurice Scève lui avait rendue avec de nobles jeunes gens et au cours de laquelle il discutait de la fuite du temps[32]; le dialogue s'achève par l'arrivée des musiciens[33]. Autour de Pontus de Tyard, se retrouvent Maurice Scève, Guillaume Des Autels, Claude de Taillemont et Antoine Du Moulin, correcteur dans l'atelier Jean de Tournes; puis Jacques Peletier, dont Pontus de Tyard évoque la présence dans *L'Univers, ou discours des parties, et de la nature du monde*, mettant en valeur leur goût commun de philosopher sur d'« infinis » sujets[34]. La parenté entre les dialogues philosophiques de Pontus de Tyard et le *Microcosme* de Maurice Scève est patente et est à considérer comme un reflet des entretiens de Bissy[35].

Pontus de Tyard évoquait ces jeunes gens venus le visiter avec Maurice Scève. L'entourage direct de Maurice Scève est constitué de jeunes poètes comme Guillaume de La Tayssonnière, Philibert Bugnyon, Guillaume Des Autels, qui se caractérisent par leurs recherches formelles. La plupart d'entre eux ont contribué aux « Escriz de divers Poëtes ».

---

[32] Pontus de Tyard, *Discours du temps, de l'an et de ses parties*, p. 9 : « Il faudroit (croy je) retrancher l'esle du Tems, duquel l'invisible, mais l'insensible fuite, entreine continuellement toute notre assurance : comme disertement ces jours passez savoit bien discourir MAURICE SCEVE, qui avec quelques jeunes hommes de gentile et louable naissance m'estoit venu voir ».

[33] *Id., ibid.*, p. 81 : « Sur ce point voici entrer quelques Musiciens, qui, sachans que j'estois là en telle compagnie, et quel plaisir, je recevrois de leur venue, nous firent rompre le propos et achever le reste de ce jour avec le passetemps que le chanter et jouer d'instrumens Musicaus nous pouvoit apporter ».

[34] Pontus de Tard, *L'Univers, ou discours des parties, et de la nature du monde*, Lyon, J de Tournes et G. Gazeau, 1557, p. 35 : « Vrayment, cette annee (suivis je) Jaques Peletier estant ici, pour, en m'honorant de sa gracieuse familiarité, se refreschir apres le travail qu'il avoit presté à son Euclide, partie revoyant son Algebre, pour la donner aus Latins, partie se recreant avec moy, selon qu'infiniz sugetz se presentoient à nous pour filozopher ensemble ».

[35] Verdun -L. Saulnier, *op. cit.*, I, p. 389-390.

Philibert Bugnyon, juriste et poète, né vers 1530 dans le Mâconnais, appartient au cercle de Maurice Scève et de Pontus de Tyard. Au début du *Discours du temps, de l'an et de ses parties*, se trouvent, avec une pièce de Charles Fontaine, deux de ses pièces qui célèbrent Pontus de Tyard à qui il fait allégeance[36]. L'année suivante, il fait paraître un recueil de poèmes à Lyon chez Jean Temporal, les *Erotasmes de Phidie et de Gelasine;* il se place explicitement sous le patronage de Maurice Scève, disant vouloir imiter sa *Delie*[37] et il multiplie les allusions à Pontus de Tyard, entre autres, avec une pièce intitulée « Le chant Panegyric de l'Isle Pontine »[38]; les poètes

[36]   Pontus de Tyard, *Discours du temps, de l'an et de ses parties,* Lyon, Jean de Tournes, 1556:

> « A l'honneur de nôble Pontus de Tyard Philibert Bugnion Maconnois.
> SONNET.
> Desja Phebus Apollon te fait offre
> D'une moitié des dons, qu'on lui presente:
> Dessus sa lyre harmonieuse il chante
> Les passions, que ton dolent cœur souffre.
> Cœur palladin brulé d'Aetneen soulfre,
> Des chans Pindare Elisees s'absente,
> Pour voir ça bas la caterve plaisante
> Des languissans en plein d'amoureus gouffre.
> Si Apollon te prise et porte honneur,
> Divin Pontus des louanges sonneur
> De ta diserte, et docte, et belle Dame,
> Ne doy je pas t'estimer à jamais,
> Ne doy je pas t'adorer desormais,
> T'holocaustant le plus saint de mon ame ».

[37]   Dans le premier sonnet, outre Maurice Scève, il cite les poètes Macrin, Pontus de Tyard, Ronsard, Du Bellay, Muret, Des Autels, Baïf. Il dédie un quatrain à Maurice Scève:

> « De ses amours qui a contentement,
> Pas il ne doit de Cupidon se pleindre,
> En un tableau mais se pourtraire et peindre
> Pour regarder son bien couvertement »

(Philibert Bugnyon, *Erotasmes de Phidie et Gelasine* [1557], éd. critique par Gabriel-A. Pérouse et M.-Odile Sauvajon, Genève, Droz, 1998, p. 131).

[38]   Voir aussi Philibert Bugnyon, *op. cit.*, p. 129, le sonnet LXXXIII, qui commence par: « Pontus Tyard, plus que sacré Poëte » ou le sizain, p. 112:

> « Celuy duquel la Muse si haut chante
> Est de TYARD qui Phebus represente:
> Si doucement et va l'esprit embler

Guillaume de La Tayssonnière (à qui il offre une ode dans ses *Erotasmes*) et Charles Fontaine[39] lui dédient des pièces; il affectionne, dans son ouvrage qui célèbre sa dame Gelasine [«la riante»], les hellénismes (*proterote, hypotipose, phleboto-mer, orphaner, thée*)[40]. Il écrira une histoire de Mâcon en latin qu'il publiera chez Jean de Tournes en 1559, un *Traité des lois abrogées et inusitées en toutes les cours du royaume de France* en 1563, précédé d'un sonnet de Maurice Scève, qui met en avant l'évolution avec le temps des coutumes et des règlements. De nombreuses pièces de Philibert Bugnyon se trouvent en préli-minaires à des ouvrages historiques[41].

Il faut lui attribuer, parmi les «Escriz de divers Poëtes», la vingt et unième pièce intitulée «ode»[42]. Dans celle-ci, se retrouvent les mots rares qu'il cultive dans ses *Erotasmes*, comme *lampeger, musagete*[43], les mêmes emplois d'adjectifs

> Par ses écris parfumez d'elegance :
> Pour les ouyr que les princes de France,
> Voir les Dieus, s'en voudroient assembler ».

[39] *Id., ibid.,* p. 187 : « Charles Fontaine à l'honneur de l'auteur.

> Les François aujourdhuy écrivent
> De leurs amours si doctement
> Qu'elles vivront, comme elles vivent,
> Chantées au Luth hautement.
> Entre iceus, à mon jugement,
> L'auteur present doit avoir place,
> Sonnant ses amours doucement
> Par ses vers, sa divine race.
> HANTE LE FRANCOIS »

[40] *Id., ibid.,* p. 1, 10, 165, 168, 205.

[41] Tel est le cas des pièces d'ouverture des histoires de Lyon de Guillaume Paradin et de Claude de Rubys déjà citées. Ainsi en est-il d'un sonnet en tête de *La prosopographie ou description des personnes insignes* d'Antoine Du Verdier (Lyon, Antoine Gryphe, 1573) où il explique la devise de celui-ci («Et Marti et Minervae»), d'un autre en tête de la *Cronique sommairement traictee des faictz heroïques de tous les Rois de France* (Lyon, Clément Baudin, 1570), adressé à la France où il déplore les misères du temps.

[42] Cette ode est attribuée à Antoine Du Moulin par François Rigolot, dans Louise Labé, *Œuvres complètes*, Paris, Flammarion, 1986, p. 177.

[43] « Fait le Musagete orer » (« Escriz », p. 149) ; « Tous courtisans, orateurs, Musagetes » (*Erotasmes,* p. 26) ;

> « Qu'elle[s] l'ont pour leur lumiere
> Fait lampeger en leurs chœurs » (« Escriz », p. 148) ;

substantivés[44], de certaines constructions syntaxiques[45], des allusions par le mot *gage* à Marguerite de Gage[46] (dont il épousera une fille en 1558).

Guillaume de La Tayssonnière fait partie, avec Claude de Taillemont et avec Philibert Bugnyon, des plus proches de Maurice Scève[47]. Dans l'ensemble des « Escriz de divers Poëtes » qui ne comportent pour signature que trois devises (NON SI NON LA, devise de Maurice Scève; DEVOIR DE VOIR, celle de Claude de Taillemont), la troisième devise D'IMMORTEL ZELE (pièce IX, p. 130) a été attribuée à Jean de Vauzelles[48] qui signe usuellement D'UN VRAY ZELE. Mais il y

    « La chasteté d'une Veste sacrée
    Et l'equité d'une celeste Astrée
    Lampege en vous, honorande Cypris » (*Erotasmes*, p. 12);
« aptes nez » (« Escriz », p. 149); « dous-luysant » (*Erotasmes*, p. 35); « égres-cuisans » (*Erotasmes*, p. 65).

[44]   « le caut de son parler » (« Escriz », p. 149); « le beau de ta parfaite image » (*Erotasmes,* p. 115); « approcher du parfait de son ame » (*Erotasmes,* p. 17); « ce vertueus » (« Escriz », p. 148); « ma toute divine » (*Erotasmes,* p. 37).

[45]   « Aus sourses et cours donneurs
    De perpetuelle gloire » (« Escriz », p. 148); « C'est le sçavoir de ses œuvres moteur » (*Erotasmes*, p. 178).

[46]   Voir « O feminin entrepris
    De l'immortalité gage ! » (« Escriz », p. 149). Voir, sur ce personnage, *infra*, p. 214.

[47]   Verdun-L. Saulnier, *op. cit.*, I, p. 532. Voir Yves Guiraud, "Guillaume de La Tayssonnière et ses "amoureuses occupations", *Il Rinascimento...*, p. 347-369, qui rappelle qu'Antoine Du Verdier lui attribue dix-sept ouvrages, dont plusieurs aujourd'hui perdus. Pour les quelques éléments biographiques connus, voir Guillaume de La Tayssonnière, *L'attifet des damoizelles-L'Epithalame-* texte établi et présenté par Nerina Clerici, Genève, Droz, 1992.

[48]   Pour Alfred Cartier, « Les poètes de Louise Labé », p. 436, plutôt que de Jean, il s'agirait de Mathieu:
    « Mathieu de Vauzelles, frère aîné de Jean, échevin de Lyon en 1524 et avocat général au Parlement de Dombes (siégeant à Lyon), de 1535 à 1539. Jurisconsulte distingué et auteur d'un bon *Traité des peages* (Lyon, Jean de Tournes, 1550, in 4), il cultiva également les lettres et composa, entre autres, des emblèmes français dans la manière d'Alciat. Et nous sommes d'autant plus disposé à lui attribuer le sonnet de l'*Escriz* que cette pièce rappelle de près le goût et le style de Maurice Scève: or, on sait que Mathieu de Vauzelles avait épousé l'une des sœurs de celui-ci, en sorte

a tout lieu de penser qu'il s'agit en fait d'une adaptation de celle de Guillaume de La Tayssonnière, RIEN SANS ZELE[49]. Ce dernier a publié, en 1555, à Lyon chez Guillaume Rouillé, *Les amoureuses ocupations...A sçavoir Strambotz, Sonetz, Chantz, et Odes liriques.* Le vocabulaire du sonnet dédié à Louise Labé, certaines constructions syntaxiques se retrouvent dans *Les amoureuses ocupations*[50]. Son ouvrage est très marqué par l'influence italienne et par la recherche sur les formes poétiques. Dans un avertissement au lecteur, il s'explique sur la forme, par rapport à la métrique française, du *strambot*, qu'il emprunte à l'italien *strambotto*[51].

Guillaume Des Autels, né en 1529, dont la mère était la cousine germaine de Pontus de Tyard, publie, en 1550, chez Jean de Tournes, le *Repos de plus grand travail*, consacré à sa

qu'il dut, par le fait de ses relations de famille, subir tout spécialement l'influence littéraire de l'auteur de *Délie*».

Jean de Vauzelles, prieur de Montrottier, puis aumônier de François Ier, s'est occupé de poésie. Dans son récit de la découverte du tombeau de Laure par Maurice Scève, Antoine Du Moulin fait état d'une églogue latine où Pétrarque préciserait ce lieu de sépulture, texte qui lui a été prêté par Jean de Vauzelles. Jean de Vauzelles traduisit les ouvrages d'édification de l'Arétin, composa des quatrains pour les gravures d'Holbein, *Simulachres et historiées faces de la Mort*, et a écrit diverses pièces dont le « Blason de la mort » et deux épitaphes pour Pernette Du Guillet. Il participa en mai 1533 à la réalisation de l'entrée royale de la reine Eléonore. Dans *Le fort inexpugnable de l'honneur du Sexe Femenin*, François de Billon parle du « bon Pere Jan de Vauzelles, Souche premiere de Poésie Françoise de notre temps » (f. 29v°).

[49] Hypothèse formulée par Prosper Blanchemain, *op. cit.*, p. 214.

[50] Voir la récurrence des termes *idée, rare, immortelle*; « Nature sage ayant entre ses mains / la plus parfette et belle portraicture » (*Les amoureuses ocupations*, p. 33); « Nature ayant en ses Idees pris / Un tel suget, qu'il surpassoit son mieus » (« Escriz », pièce IX, p. 130).

[51] Guillaume de La Tayssonnière, *Les amoureuses ocupations...A sçavoir Strambotz, Sonetz, Chantz, et Odes liriques*, Lyon, Guillaume Rouillé, 1555, p. 8: « Tu ne trouveras étrange (lecteur) si ayant imité une espece de rime Italienne, je l'ay nommée de nom propre en nôtre langue, come le méme Italien. Ce que n'ont encor fait tous ceus qui en ont traduit de l'Arioste, Bembo, Petrarque, A.F. Rinieri, Olimpo da Sasso Ferrâto et autres: ne les trouvant differer à noz huittains, ou épigrammes, que en la seule enlaceure de la rime. A cause de laquelle difference, il m'a semblé bon luy laisser ce nom de STRAMBOT pris de strambotto, come sonet de sonetto, stanse de stanza, et aultres imités des Tusquans. Remettant toutesfois à ta discretion de les appeler come il te semblera plus propre ».

Sainte, avec des poèmes à Maurice Scève et à Pontus de Tyard et une pièce de Charles Fontaine. L'année suivante, le titre de l'ouvrage paru chez Jean de Tournes, *Replique... aux furieuses defenses de Louis Meigret. Avec la Suite du Repos de l'autheur,* fait référence à la querelle orthographique à laquelle il s'est trouvé mêlé[52]. Cet ouvrage, qui offre des pièces dédiées à Maurice Scève, à Pontus de Tyard, à Charles Fontaine, a pour particularité de présenter, après la polémique orthographique, une sorte d'art poétique et de réflexion sur les genres littéraires où sont célébrés les nouvelles formes poétiques, mais aussi le recours aux formes traditionnelles, avec un éloge des poètes Clément Marot et Maurice Scève. L'*Amoureux repos,* paru en 1553 chez Jean Temporal, se signale par des recherches sur les formes lyriques, avec, après une série de sonnets, les « façons lyriques » (odes de formes diverses, qui sont spécifiées avec un vocabulaire francisé (*façon par cinquains, sizains, septains, façon à tour, retour, enchant*), *tour* et *retour* correspondant aux termes grecs de *strophe* et d'*antistrophe*).

Il est remarquable que, dans le groupe des jeunes poètes qui entourent Maurice Scève, comme Guillaume de La Tayssonnière, Philibert Bugnyon, Guillaume Des Autels, il se manifeste une réflexion sur les genres poétiques et que prennent place un certain nombre d'expérimentations, signes d'une attention scrupuleuse aux formes et aux modèles d'imitations, italiens ou grecs.

Maurice Scève est donc, dans le Lyon des années 1530-1560, un des personnages clefs du monde littéraire, très entouré. Il se signale par un goût de l'obscurité, de l'emblème, de la devise, et comme un des entrepreneurs des fastes lyonnais. Aussi, semble-t-il, comme un mystificateur exceptionnel.

Les pièces à anagramme des «Escriz de divers Poëtes»: le labyrinthe de Belle à soy

Parmi les poètes de Louise Labé, deux jouent de son nom (Loyse Labé) dans leurs pièces: *La Loy se laberynte* (pièce III) et *Belle à soy* (pièces VI, VII et VIII). Il n'est pas étonnant de rencontrer Maurice Scève et son goût de l'énigme et des

---

[52] Voir *infra,* p. 184.

emblèmes, Claude de Taillemont et son affection pour les devises dans ces deux jeux de mots recensés dans les « Escriz de divers Poëtes ». Il importe de remarquer que le prénom même de *Louise* n'intervient que dans un nombre restreint de pièces de ces « Escriz de divers Poëtes » (six sur vingt-quatre), que la pièce en latin offre seulement le nom de *Labœa*, qu'il n'existe jamais dans le corps des textes de référence directe à *Louise Labé* et que son patronyme n'est présent que dans certains titres donnés à ces pièces et sous la forme *Louïze Labé*.

Loyse Labé n'apparaît donc que dans des séquences qui relèvent du goût du XVIe siècle pour le jeu de mots et l'anagramme. L'anagramme, ressuscitée sous François Ier par le poète Jean Dorat et attribuée par certains aux Kabbalistes, est particulièrement prisée au XVIe siècle. A Pierre de Ronsard, correspond « Rose de Pindare »; à Pontus de Tyard, « tu as don d'esprit »; à Françoys de Valoys, « De façon suys royal »; à Henry de Valoys, « Roy est de nul hay »; à Marc Antoine de Muret, « Nature droict m'a mené »; à Maurice Scève, « ce vice mueras », « vice a se muer ». Etienne Tabourot, dans ses *Bigarrures,* dit avoir composé une épître avec les quarante-sept anagrammes qu'il a formées sur le nom de sa dame. Claude de Taillemont, dans le « Sonnet aux dames » en tête du *Discours des Champs Faez,* fournit les anagrammes de Catherine de Medicis, « D'ami se dict riche né », comparée à Junon; de Marguerite de Valloys, « De vertus l'image royal », comparée à Pallas; de Jane de Navarre, « Ja à nud rare née », comparée à Vénus. Les anagrammes servent, en quelque sorte, à révéler la nature cachée et signifiante de la personne.

Le sonnet de Maurice Scève, « En grace du Dialogue d'Amour, et de Folie, Euvre de D. Louïze Labé Lionnoize », signé de la devise NON SI NON LA, s'achève par ces vers :

> Puis que lon voit un esprit si gentil
> Se recouvrer de ce Chaos sutil,
> Ou de Raison la Loy se laberynthe (p. 127).

Il ne s'agit pas à proprement parler d'une anagramme, puiqu'il n'y a pas transposition de lettres, mais inclusion du nom dans une proposition. Elle a pour conséquence de rapprocher le nom de *Loyse Labé* de la famille du mot de *labyrinthe.* Ce terme date, en français, du XVe siècle; il est employé au XVIe siècle, où la forme *laberinth* est fréquente, au sens figuré d'« ensemble formant un réseau compliqué d'éléments dans lesquels il est possible de se perdre ». Jean Lemaire de Belges, dans *la Couronne margaritique*, parle du « laberinthe de toutes difficultez », Jean Calvin, dans l'*Institution de la religion chrestienne,* du « laberynthe de ce monde », Nicolas Herberay des Essarts, dans les *Amadis*, du « laberinth d'amertume », Olivier de Magny, dans les *Amours*, du « labyrinth d'une tristesse heureuse » (sonnet 31), du « labirinth d'un utile dommage » (sonnet 85)[53]. Le labyrinthe au sens propre est bien représenté dans l'œuvre de Claude de Taillemont, *Discours des Champs faëz*; ainsi celui du verger où, entre les haies de groseillers et de framboisiers, les chemins sont « tant ingenieusement entrelacez que plus on alloit avant, moins se trouvoit l'on avansé : de sorte que cuidant estre dedans, lon se trouvoit bien souvent dehors »[54]. *Se laberinther*, qui semble bien une création de Scève, a ici le sens de « se compliquer, s'embrouiller » et *se recouvrer*, celui de « se dégager ». Le dernier vers de ce sonnet, comme il sera vu ultérieurement[55], est en fait formé à partir d'un passage du dialogue *De l'amour* de Léon Hébreu, traduit en 1551 par Pontus de Tyard, où le personnage de Philon, le philosophe, après avoir évoqué les ravages de la passion, s'adresse en ces termes à son interlocutrice : « Te semble il donq (Sophie) qu'en tel Labyrinte l'on puisse avoir esgard à la loy de raison et à la reigle de prudence ? » (le texte de Léon Hébreu étant en filigrane du sonnet de Maurice Scève, mais aussi de l'ensemble du « Debat de Folie et d'Amour »).

Quel sens donner à ce chaos où la loi de raison s'embrouille, à ce labyrinthe de Louise ? Qui est cet esprit si gentil qui s'en sort ? Le sonnet est, comme on peut l'attendre d'une création de Maurice Scève, particulièrement obscur. Les autres pièces à anagrammes pourraient fournir un commencement de réponse. L'anagramme « Belle à soy » ne concerne pas moins de trois des pièces du recueil, à attribuer à Claude de Taillemont qui signe DEVOIR DE VOIR. Dans le premier son-

---

[53] Exemples donnés par Edmond Huguet, *Dictionnaire de la langue française du seizième siècle*, t. IV, Paris, Didier, 1973, *sv. Labyrinthe.*

[54] Claude de Taillemont, *Discours des Champs faëz*, éd. Jean-Claude Arnould, Genève, Droz, 1991, p. 84.

[55] Voir *infra*, p. 249.

net (pièce V, p. 128), l'anagramme est en majuscules : « Et reciter la douce cruauté/ De BELLE A SOY ». Dans le second (pièce VI, p. 129), le titre précise : « A celle qui n'est seulement à soy belle ». Dans le troisième (pièce VII, p. 129), l'anagramme est dans le texte : « O douce Mort (à tous plus qu'à soy belle)/ A ta clarté ne sois ainsi rebelle ».

Le premier sonnet de Claude de Taillemont met en scène la transmutation. En parallèle à l'action de Méduse qui transmuait en pierre ceux qui la regardaient, le sonnet se termine par les effets combien plus extraordinaires de Belle à soy : « Les regardans en soy mesme transmue ». Il faut donc supposer qu'elle rend ses admirateurs semblables à elle-même ; il y a donc fusion, ce qui peut aussi suggérer une assimilation des poètes à la poétesse. Ce sonnet par ailleurs évoque le dizain qui, dans l'œuvre de Pernette Du Guillet, joue sur les anagrammes de Maurice Scève et mentionne la transmutation de la poétesse par le poète :

> Puis qu'il t'a pleu de me faire congnoistre
> Et par ta main, le VICE A SE MUER
> Je tascheray faire en moy ce bien croistre,
> Qui seul en toy me pourra transmuer :
> C'est asçavoir, de tant m'esvertuer,
> Que congnoistras, que par esgal office
> Je fuiray loing d'ignorance le vice,
> Puis que desir de me transmuer as
> De noire en blanche, et par si hault service
> En mon erreur CE VICE MUERAS[56].

Le second sonnet de Claude de Taillemont est une évocation de l'astre qui, sans le Soleil, ne peut luire de lui-même longtemps. Or ce thème est traité par Claude de Taillemont à propos de Maurice Scève, dans un sonnet déjà cité où celui-ci est le soleil qui envoie sa clarté à Delie :

> Celle je di qí de son cler revers
> Clére delie, d'ignorancé a rompue
> La nué an nòs : mæs par clarté reçue
> De son Soleil penetrant à travers[57].

---

[56]   Pernette Du Guillet, *Rymes*, p. 11.

[57]   Voir *supra*, p. 144, note 4.

La troisième pièce, obscure comme on peut l'attendre de
Claude de Taillemont tout autant que de Maurice Scève, fait,
en final, référence à la clarté qui s'éteint, lorsqu'elle n'est plus
alimentée[58]. Ces pièces soulignent la part de Maurice Scève
dans cette entreprise. Elles pourraient bien se lire comme une
célébration du poète par son jeune ami plutôt que comme une
célébration de Louise Labé[59].

La complicité de Claude de Taillemont et de Maurice
Scève, les seuls à user ici de jeux de lettres sur l'entier du nom
de la poétesse, est, dans ces pièces, manifeste. Claude de
Taillemont laisse entrevoir ici le rôle majeur joué par Maurice
Scève, renforçant l'impression que donnent les vers de la der-
nière pièce des « Escriz de divers Poëtes », où, après Marot,
Du Moulin, Fontaine, comme poètes de Louise, il est fait lon-
guement référence à :

> … la Muse hauteine
> De ce Sceve audacieus,
> Dont la tonnante parole,
> Qui dens les Astres carole,
> Semble un contrefoudre es Cieus (p. 170).

Le sonnet IX des « Escriz de divers Poëtes », qui offre la
devise D'IMMORTEL ZELE et qui a été ici attribué à Claude de

---

[58]   Il faut, par ailleurs, noter l'importance de la figure du soleil dans l'œuvre
de Claude de Taillemont. Pour Gabriel-A. Pérouse, « Les quelques images
de Claude de Taillemont poète de la *Tricarite* », *Il rinascimento*…, p. 804 :
« Toute la *Tricarite* est sous le signe d'Apollon et plus précisément de Phé-
bus-Apollon le dieu rayonnant ».

[59]   Gabriel-A. Pérouse, « Louise Labé, Claude de Taillemont et le monde
poétique de Jeanne Flore », *Louise Labé, les voix du lyrisme*, p. 38, a mis en
valeur dans ces sonnets « le caractère assez général et peu « personnalisé »
de l'hommage » et souligné combien « l'éloge est bien dépourvu de traits
particularisants »; il a émis l'hypothèse qu'il n'y aurait pas référence à la
beauté de Louise : « Et s'il ne s'agissait nullement de la beauté de Louise ?
Et si le sonnet était codé ? On se souvient que Pernette du Guillet, dix ans
auparavant, appelait Scève son Soleil ». Il ne reste toutefois pas sur cette
dernière identification : « Le jeune Taillemont, constatant le silence de
Scève depuis la *Délie*, et en tout cas depuis la *Saulsaye* (1547), et pressé de
voir triompher la poésie, ne voudrait-il pas ici, en termes figurés, saluer la
naissance d'un nouvel astre au firmament des Muses ? Si Scève veut faire
retraite et renier l'amour d'où procède toute poésie, alors un autre Phébus
le remplacera. Pour qui accepte cette lecture, il est clair que l'œuvre de
Louise est un prétexte à parler d'amour, et surtout de poésie ».

La Tayssonnière[60], est de la même veine que ceux de Claude de Taillemont, avec référence vraisemblablement au Soleil de Scève et à la *Delie*: «Nature ayant en ses Idees pris / Un tel suget, qu'il surpassoit son mieus» (p. 130). Il y a tout lieu de penser que ces pièces des «Escriz de divers Poëtes» ne sont que des jeux des jeunes amis de Maurice Scève, louant celui qu'ils considèrent comme leur soleil et qu'ils substituent aux figures féminines d'inspiration pétrarquiste.

La dédicace à l'exaltation des dames de Louise Labé à Clémence de Bourges

A propos du rôle important de Claude de Taillemont dans ces «Escriz de divers Poëtes», il importe de rappeler les rapprochements qui ont déjà été faits entre la dédicace de Louise Labé à Clémence de Bourges et ses *Discours des Champs faëz*[61]. Les premiers mots de la dédicace de Louise Labé à A.M.C.D.B. soulignent la possibilité actuelle qu'ont les femmes d'accéder au savoir (sciences et disciplines), alors que les sévères lois des hommes les privaient de ce bien et de cet honneur et suggèrent aux femmes qui le peuvent d'user de cette liberté nouvelle d'apprendre. Le texte se fait une invite pressante aux dames à délaisser leurs occupations traditionnelles, quenouilles et fuseaux, pour élever leur esprit et surpasser les hommes en science et en vertu.

Claude de Taillemont, de même, dénonce l'attitude masculine qui interdisait aux esprits féminins d'acquérir science et doctrine[62]. Il condamne violemment la tyrannie des hommes

---

[60] Voir *supra*, p. 161.

[61] Voir Claude Bréghot du Lut, *Euvres de Louïze Labé Lionnoize*, Lyon, Durand et Perrin, 1824, p. LVIII-LIX; François Rigolot, *op. cit.*, p. 23-27. Voir Gabriel-A. Pérouse, *art.cit.*, qui souligne la présence de l'épitaphe à la fin de la deuxième élégie de Louise Labé et la prédilection pour les tombeaux gravés à la fin des *Champs faëz*. Il note aussi que Claude de Taillemont traduit à la fin de *La Tricarite* un épisode du *Roland furieux* et que Louise Labé s'est plu à évoquer les héroïnes de cet ouvrage.

[62] Claude de Taillemont, *Discours des Champs faëz*, éd. Jean-Claude Arnould, p. 118: «Mais – ô cas estrange, et digne d'exclamation – n'a esté jusques aujourd'huy le vouloir et consentement de nos ancestres et predecesseurs tant miserables et pervers, que meuz des erreurs d'autruy, ou de leur propre ignorance, n'ont permis aux esprits femenins gouster ce doux fruict de science et doctrine?».

qui a asservi les femmes, ne leur permettant que de savoir filer et s'occuper de l'économie domestique[63]. Tous ces passages féministes semblent avoir beaucoup plu aux lecteurs dès le XVIᵉ siècle, puisque ce sont ceux qui ont retenu l'attention d'Antoine Du Verdier à l'article Taillemont de sa *Bibliotheque*.

Louise Labé dit avoir choisi Clémence de Bourges pour guide pour l'assurer du « bon vouloir » qu'elle lui porte, mais aussi pour « l'inciter et faire venir envie en voyant ce mien euvre rude et mal bati, d'en mettre en lumiere un autre qui soit mieus limé et de meilleur grace ». C'est donc une invitation à publication qui est proposée à la jeune fille. Mais la suite du texte est remarquable. Il s'agit d'une leçon de philosophie sur la réminiscence où est mis en avant le contentement apporté par l'étude des lettres. Les plaisirs des sentiments se perdent, une fois ceux-ci passés, et, quoiqu'ils aient pu être délectables, la mémoire en est parfois fâcheuse ; le souvenir même des voluptés n'est qu'une ombre du passé qui abuse et trompe. Mais, si l'on met ses conceptions par écrit, la relecture, long-temps après, permet de recouvrer la disposition où l'on était et le plaisir est redoublé, car on retrouve le plaisir passé, soit dans la matière dont on écrivait, soit dans l'intelligence des sciences auxquelles on s'adonnait. Le jugement que font les secondes conceptions des premières rend un singulier conten-tement. Voilà sûrement ce dont on débattait dans le cercle de Bissy. Voilà aussi le type de leçon que, dans les dialogues phi-losophiques de Pontus de Tyard, l'interlocuteur donnait à sa

---

[63]   *Id., ibid.*, p. 119 : « Mais que signifie qu'il y a encores de tels fols au monde, lesquels sans aucune consideration dient et maintiennent la femme ne povoir, ny devoir sçavoir aucune chose ? Veritablement, s'ils ne me veu-lent nier que Dieu l'ait faicte participante d'âme raisonnable comme l'homme, je ne say pourquoy il ne luy seroit possible et licite de savoir aussi bien qu'à luy. N'a elle sens, jugement et raison, l'esprit prompt, et autant susceptible que l'homme ? Ne voit l'on, par experience, le fruict qu'aucunes ont rapporté, et rapportent encor à present, du peu de doc-trine que leur est permise ? Si non toutesfois tant generalement que les hommes, n'en faut blasmer et accuser que la coutume, qui est seulement, et selon le vulgaire, de savoir filer et faire leur mesnage ; tant elle est à leur prejudice observée, que si elles estoyent instruites ès lettres, comme les hommes, je m'ose bien pour elles promettre l'avantage. Et, pour certain, c'est grand dommage que tant de beaux esprits ne sont limez, et employez à de meilleurs affaires que ceux ausquels la tyrannie des hommes les a seulement asservis ».

jeune interlocutrice. Par ailleurs, le souvenir des choses passées et la délectation qu'y prend l'esprit sont l'objet de longs commentaires dans *Les Azolains de monseigneur Bembo, De la nature d'Amour*, traduits de l'italien par Jean Martin (Paris, Michel Vascosan, 1545) et qui ont largement inspiré Claude de Taillemont dans les *Discours des Champs faëz*. Dans son contenu et dans sa double orientation féministe et philosophique, la dédicace de Louise Labé à Clémence de Bourges montre donc maintes affinités avec les *Discours des Champs faëz*.

La préface de Louise Labé a été, au cours même de l'impression, l'objet d'un soin tout particulier. Elle est datée du 24 juillet 1554 [1555] et l'achevé d'imprimer de l'ouvrage est du 12 août 1555; elle a été imprimée, selon une pratique habituelle, au dernier moment. Les corrections sous presse, qui affectent les quatre premiers feuillets du premier cahier[64], sont du plus grand intérêt, pour l'ornementation, avec l'élimination du fleuron de Pierre Woeiriot, mais aussi, à côté de rectifications de coquilles, pour les variantes de texte. Ces variantes se retrouvent dans l'édition de Jean de Tournes de 1556 qui prétend, en titre, que les *Euvres* ont été « Revues et corrigees par ladite Dame », alors qu'il n'y a pas d'autre modification par rapport à l'édition antérieure de 1555.

Exemplaire avant corrections sous presse	Exemplaire après corrections sous presse
(exemplaire BM Lyon, Rés 355915)	(exemplaire Bibliothèque Mazarine, Rés. 36516)
A.M. C. D. B.	A M. C. D. B. **L.**
Estant le temps venu	Estant le tems venu
Mais l'honneur que la science nous procurera, entierement notre : et ne *nous aura pas* ôté, ne par finesse de larron, ne *par* ennemis, ne longueur du temps. *Car ayant* esté tant favorisee des	Mais l'honneur que la science nous procurera, **sera** entierement notre : et ne *nous pourra estre* oté, ne par finesse de larron, ne *force d*'ennemis, ne longueur du tems. *Si j'eusse* esté tant

---

64   Voir *supra,* p. 109 et les deux états en fac-similé, *in fine*.

Cieus, que d'avoir l'esprit grand assez pour comprendre ce dont il ha ù envie, je servirois en cet endroit *tant* d'exemple que d'amonicion	favorisee des Cieus, que d'avoir l'esprit grand assez pour comprendre ce dont il ha ù envie, je servirois en cet endroit *plus* d'exemple que d'amonicion
*é*galer	*e*galer
obéïr.Et outre la reputacion que notre sexe en recevra nous aurons valù au publiq, que les hommes mettront plus de peine et d'estude aus sciences vertueuses, de peur qu'ils n'ayent honte voir preceder *les Dames sur quelles* ils ont pretendu estre tousjours superieurs quasi en tout. Pource, nous *faisons armer* l'une l'autre à si louable entreprise *pour* laquelle ne devez eslongner ny *distraire* vostre esprit, jà de plusieurs et diverses *idées* acompagné	obéïr.Et outre la reputacion que notre sexe en recevra nous aurons valù au publiq, que les hommes mettront plus de peine et d'estude aus sciences vertueuses, de peur qu'ils n'ayent honte de voir preceder *celles, desquelles* ils ont pretendu estre tousjours superieurs quasi en tout. Pource, nous *faut il animer* l'une l'autre à si louable entreprise: *De* laquelle ne devez eslongner ny *espargner* vostre esprit, jà de plusieurs et diverses *graces* acompagné
doner	donner
Davantage les autres voluptez sont telles, que quelque souvenir qui en vienne, si ne nous *voulons* remettre en telle disposicion que jà nous estions: et quelque imaginacion *qui vienne* nous imprimions en la teste, si *ne fassons* nous bien que ce n'est qu'une *imaginacion* passé qui nous abuse et trompe	Davantage les autres voluptez sont telles, que quelque souvenir qui en vienne, si ne nous *peut il* remettre en telle disposicion que nous estions: et quelque imaginacion *forte que* nous imprimions en la teste, si *connoissons* nous bien que ce n'est qu'une *ombre du* passé qui nous abuse et trompe
ou en intelligence des sciences ou lors estions adonnez	ou en l'intelligence des sciences ou lors estions adonnez

Ces corrections sous presse obéissent à un dessein particulier: elles touchent à l'image que Louise Labé souhaite donner, ou que l'on souhaite donner, d'elle-même. Elles mettent en doute l'excellence de ses capacités intellectuelles (*car ayant esté tant favorisee* transformé en une hypothétique à subjonctif plus-que-parfait, à valeur d'irréel du passé, *si j'eusse esté*), ce qui laisse entendre, contrairement à la première version, qu'elle n'a pas la capacité de comprendre pour servir d'exemple. Il importe aussi de relever l'élimination de la répétition d'*imaginacion* au profit de *l'ombre du passé*; la transformation d'*idées* (un des mots qui connote l'œuvre de Maurice Scève) en *graces* (mot affectionné aussi par Maurice Scève, qui l'emploie, en 1555, dans ses divers sonnets de dédicace). *Idées* appartient à un contexte de philosophie néoplatonicienne; le terme de *graces* a pu paraître plus convenable pour la plume d'une femme. Mais est-ce bien la femme qui a ainsi censuré un terme qui relève précisément du savoir auquel elle aspire? Par ailleurs, pourquoi n'a-t-elle pas employé un féminin pluriel à la place du masculin pluriel, dans l'expression « en intelligence des sciences ou lors estions adonnez »? Une coquille éventuelle aurait dû être corrigée en même temps qu'était introduite la variante « en l'intelligence ».

Dans l'atelier de l'imprimeur, l'impression de cette préface a donc été l'objet d'un soin minutieux. Mais, qui s'est penché sur ces épreuves? Est-ce bien Louise Labé? Est-ce bien elle qui a souhaité changer les *idées* de l'esprit, plus masculines, en *grâces*, à l'évidence plus féminines? Claude de Taillemont ne pourrait-il pas plutôt être l'auteur de cette préface, si proche de ses préoccupations et de celles de Maurice Scève, préface écrite pour la jeune amie de ce cercle des poètes lyonnais, une créature d'exception à en croire ses contemporains?

Quoi qu'il en soit de l'auteur de cette préface, dans les participations de Maurice Scève et de Claude de Taillemont aux « Escriz de divers Poëtes », comme dans l'entrée royale d'Henri II, se manifeste un goût prononcé pour le jeu sur les mots et les représentations symboliques.

II. LES CORRECTEURS
DE L'ATELIER DE JEAN DE TOURNES
ET LE PROJET DE LOUER LOUISE

Deux des figures centrales de l'hommage à Louise Labé sont individualisées par leur devise. La dernière pièce des « Escriz de divers Poëtes » cite nommément, pour leur participation à la louange de Louise Labé, un certain nombre de poètes contemporains, Scève, Marot, Du Moulin et Fontaine :

> Et lors meints nobles Poëtes,
> Pleins de celeste esprits,
> Diront tes graces parfaites
> En leurs tresdoctes escriz :
> Marot, Moulin, la Fonteine
> Avec la Muse hauteine
> De ce Sceve audacieus (p. 170).

Ils ont tous pour particularités d'avoir été d'une façon ou d'une autre en rapport avec l'atelier de Jean de Tournes.

L'amitié qui unit Jean de Tournes et Maurice Scève a déjà été évoquée. Leur collaboration a été très étroite pour la publication des ouvrages de Pétrarque et de Dante dans les années 1540 et nombreux sont les livres sortis des presses de Jean de Tournes qui s'ornent de pièces poétiques de Maurice Scève. Le poète a, assurément, contribué au succès de Jean de Tournes qui, en dix ans, avec des collaborateurs venus d'horizons variés, a fait de son atelier lyonnais une des plus enviables places de diffusion du livre, pouvant rivaliser avec les meilleurs imprimeurs et libraires parisiens. Outre Maurice Scève, les divers correcteurs qui ont prêté leur concours à Jean de Tournes en ce milieu de siècle pourraient ne pas être étrangers au projet des poètes de louer Louise Labé.

Antoine Du Moulin et le «louez» Louise de Marot

Antoine Du Moulin[65], qui a rédigé une longue préface en tête de l'édition des œuvres de Pernette Du Guillet, est un personnage-clef chez Jean de Tournes. Né à Mâcon vers 1510, il

---

[65] Voir Alfred Cartier, « Antoine du Moulin, valet de chambre de la reine de Navarre », *Revue d'Histoire littéraire de la France*, II, 1895, p. 469-490, et III, 1896, p. 218-244.

est, à partir de 1536, valet de chambre de la reine de Navarre[66];
il est un collaborateur actif de cet imprimeur de 1544 à 1551[67],
sans cesser pour autant d'être attaché à Marguerite de Navarre.
Dans la préface de l'édition des *Illustrations de Gaule* de Jean
Lemaire de Belges en 1549, il célèbre la *Marguerite Des
Marguerites* de sa protectrice et dit avoir travaillé à son imitation pour n'être vu « seul oisif entre tant de ses serviteurs (au
nombre desquels luy ha pleu m'inscrire)».

Antoine Du Moulin a commencé ses activités auprès de
Jean de Tournes par l'édition de pièces posthumes d'un autre
valet de chambre de Marguerite de Navarre, Bonaventure Des
Périers, un de ses plus intimes et familiers amis, en publiant en
1544, un *Recueil des œuvres de feu Bonaventure des Periers,
Vallet de Chambre de Treschrestienne Princesse Marguerite de
France, Royne de Navarre.* C'est, selon toute vraisemblance,
grâce aux liens d'Antoine Du Moulin avec l'entourage de la
reine de Navarre que Jean de Tournes obtint en 1547 la publication des deux gros recueils de Marguerite de Navarre, les
Marguerites de la Marguerite des princesses et la *Suyte des
Marguerites de la Marguerite des princesses*, ouvrages procurés
par un autre valet de chambre de la reine, Symon Silvius.

Antoine Du Moulin aime les anthologies. A l'édition de
1545 de la *Deploration de Venus sur la mort du Bel Adonis*,
œuvre de Mellin de Saint-Gelais, qui était déjà accompagnée
de nouvelles compositions, il ajoute, dans l'édition de 1547

---

[66]   Guillaume des Autels, *Repos de plus grand travail*, Lyon, Jean de Tournes,
1550, p. 18, le célèbre en ces termes :

> « Dieu gard Moulin non pas à vent,
> Mais Moulin que l'eau poëtique
> D'Helicon, fait mouldre souvent
> Au proufit de la Republique.
> Ta farine est si vivifique
> Que les Muses en font leur pain.
> Bon Moulin, sans telle pratique
> Les bons esprits mourroient de faim ».

[67]   Pontus de Tyard, dans la *Continuation des erreurs amoureuses* (1551), lui
dédie une pièce, « Chant, chanté au Mont Parnasse par Phebus aux
Muses, eternisant ANTOINE du Moulin », et Etienne Forcadel, dans sa
Poesie, Lyon, Jean de Tournes, 1551, p. 86, lui écrit une épitaphe en pré-
cisant qu'il est décédé en mai et en célébrant ce « Moulin, qui vire par le
vent/ Du bruit acquis es arts et poësie ».

qui fait référence en titre à plusieurs chansons nouvelles, des pièces de Pétrarque, de Pietro Bembo, des extraits du *Palmerin*, d'*Arnalte et Lucenda*, d'*Amadis*, du *Decameron*. Il fait un important travail de traduction. Dans sa préface à sa traduction d'Augustinus Niphus, *Des augures, ou divination* (1546), il annonce à son lecteur d'autres traductions d'ouvrages de chiromancie, de physiognomonie, d'astrologie. Il s'intéresse particulièrement aux livres d'alchimie. Dans la préface de *La Fontaine des amoureux de science, Compilee par maistre Jean de la Fontaine de Valenciennes. Reveue et mise en son entier avec les Figures, par maistre Antoine du Moulin Masconnois* (1547), il s'explique sur son travail de révision et sur l'addition des figures et il présente un résumé de l'histoire du livre alchimique (destruction par les Romains des livres des Egyptiens, de peur que, par transmutation, ils créent des richesses qui les amènent à leur déclarer la guerre, survivance de quelques ouvrages cachés et obscurs). Il donne une vie d'Esope en tête de la traduction des fables en français par Gilles Corrozet publiée en 1547.

Il révise des éditions en français. Ainsi, il procure une édition des commentaires de Jules César, « reveuz et verifiez sur les vrays exemplaires Latins », occasion de multiples corrections. Il fournit en 1549 une édition des *Illustrations de Gaule* de Jean Lemaire de Belges entièrement révisée, avec certains inédits. En 1546, dans l'édition des œuvres de Clément Marot, l'ordre générique finalement adopté (*Opuscules, Elegies, Epistres, Ballades, Chants divers, Rondeaux, Chansons, Epigrammes, Estrenes, Epitaphes, Cimetiere, Complaintes, Oraisons*) est justifié dans une préface de l'imprimeur au lecteur ; le titre primitif d'« adolescence clementine » n'a pas été retenu, car l'adolescence est un titre choisi en ses débuts par Clément Marot par commodité pour « excuser l'aage, ou il y avoit travaillé », alors qu'il a, ultérieurement, toujours adopté un ordre générique ; son maintien laisserait croire que Clément Marot n'est « jamais sorty hors de jeunesse », alors que le lecteur des dernières œuvres « trouvera l'invention, la matiere, et le style de bien loing differentz de ses primices en subtilité, doctrine, et gravité ».

Dans cette édition des œuvres de Clément Marot sortie des ateliers de Jean de Tournes deux ans après la mort du poète, deux pièces sont dédiées à Antoine Du Moulin en même temps qu'à Claude Galland, connu par ailleurs pour être l'auteur d'une plaquette, *Epistre à une noble dame religieuse pleine de sçavoir et vertus*, publiée chez Jean de Tournes en 1547 et qui offre une sorte de dialogue poétique entre lui et Clément Marot (avec deux pièces de ce dernier). L'une des deux pièces adressées aux deux amis, intitulée «Contre l'Inique», est publiée là pour la première fois[68]; elle est dirigée contre Etienne Dolet, humaniste et poète, mais aussi imprimeur. L'autre se trouvait déjà dans l'édition Dolet des œuvres de Clément Marot de 1542 sous le titre «Response à deux jeunes hommes qui escripvoyent à sa louange»[69]; elle est reprise dans cette édition De Tournes de 1546 avec un titre qui dévoile, sans conteste possible, le nom des destinataires («A Antoine du Moulin Masconnois, et Claude Galland»). Dans cette pièce, un de ses premiers sonnets et un des tout premiers sonnets français, Clément Marot invite les deux jeunes poètes, plutôt qu'à le louer lui-même, à louer Louise:

> Adolescens qui la peine avez prise
> De m'enrichir de loz non merité,
> Pour en louant dire bien verité,
> Laissez moi là: et louez moi Loyse.

---

[68] *Les Œuvres de Clement Marot, de Cahors, vallet de chambre du Roy,* Lyon, J. de Tournes, 1546, I, p. 416: «Contre l'Inique. A Antoine du Moulin Masconnois, et Claude Galland

> Fuyez, fuyez (ce conseil je vous donne)
> Fuyez le fol, qui à tout mal s'adonne,
> Et dont la mere en mal jour fut enceinte.
> Fuyez l'infame inhumaine personne,
> De qui le nom si mal cimbale et sonne
> Qu'abhorré est de toute oreille sainte.
> Fuyez celuy qui sans honte ne crainte
> Compte tout hault ses vices hors d'usance,
> Et en faict gloire (et y prend sa plaisance,
> Qui s'aymera ne le frequente donq.)
> O malheureux de perverse naissance,
> Bienheureux est qui fuit ta congnoissance,
> Et plus heureus qui ne te congneut onq».

Voir, à propos de l'identification de l'inique, Lionello Sozzi, «Marot, Dolet, Des Periers e l'epigrammata «Contre l'inique»», *Studi Francesi,* 13, 1961, p. 83-88, et Gérard Defaux, «Histoire d'une brouille: Clément Marot, Etienne Dolet et l'épigramme «Contre l'inique»», *French forum,* 17, janvier 1992, p. 153-167.

[69] Pour Gérard Defaux, Clément Marot, *Œuvres poétiques,* II, p. 1082, le texte est vraisemblablement de l'automne 1541.

C'est le doulx feu, dont ma Muse est esprise,
C'est de mes vers le droit but limité :
Haulsez la donc en toute extremité :
Car bien prisé me sens, quand on la prise.
    Et n'enquerez, dequoy louer la fault :
Rien qu'amytié en elle ne default :
Je y ay trouvé amytié à redire :
    Mais au surplus escrivez hardiment
Ce que vouldrez : faillir aucunement
Vous ne sçauriez, sinon de trop peu dire[70].

De ce poème où Clément Marot enjoint de louer Louise, on n'a pas hésité à conclure à un amour du poète pour la jeune Louise, lors d'un séjour à Lyon en 1541, et, par voie de conséquence, à proposer pour la poétesse une date de naissance avant 1524[71]. Il y avait pourtant bien d'autres Louise que la jeune Louise Labé qui pouvaient être aimées de Clément Marot[72] !

Surtout, les véritables enjeux de cette pièce ont été méconnus. Il y a, de la part du poète, un jeu de mots fondé sur la paronomase entre *louer* et *Louise*, qui pourrait bien être le correspondant français d'une autre paronomase, celle de Pétrarque

[70] *Les Œuvres de Clement Marot,* 1546, I, p. 456.

[71] Dorothy O'Connor, *op. cit.,* p. 50 : « Il nous semble d'autant plus probable que la "Loyse" de Marot était Louise Labé, que, dans le long poème allégorique déjà cité, Marot et "Moulin" sont signalés parmi les admirateurs qui ont adressé des vers à notre poétesse. Or Marot fut à Lyon en 1536, 1537, 1538, 1541. C'est cette dernière date, (date que les biographes de Louise Labé ont ignorée jusqu'ici), qui nous intéresse le plus, car elle semble fournir un premier indice que Louise naquit avant 1524. Si elle n'était née qu'en 1526, comme la plupart de ses biographes l'ont pensé, elle serait encore trop jeune en 1541 pour tourner la tête à un homme âgé de quarante-quatre ans et depuis longtemps célèbre ».

[72] S'il faut voir Louise Labé derrière chaque Louise chantée des poètes qui ont appartenu au milieu lyonnais, on voudra bien considérer qu'elle portait perruque ! A en croire l'épigramme de Béranger de La Tour, *Le siècle d'or,* Jean de Tournes et G. Gazeau, 1551, p. 154 :

    « De Louise.
    Le poil doré, clair et luisant,
    Qui fait un front beau et plaisant
    A Louise : est sien, comme dit :
    Ce qu'est vray, car j'estois present
    Quand le marchand le luy vendit ».

entre *laudare* et *Laure* dans le sonnet V de son *Canzoniere*. De toute façon, l'invite est à la louange de la femme cruelle, à toutes sortes de louanges, puisque aucune spécification n'est fournie dans cette pièce et qu'aux adolescents, il est laissé toute liberté dans les éléments à célébrer.

Dans les « Escriz de divers Poëtes », le dizain des « Estreines, à Dame Louïze Labé » est une évidente réponse :

> Louïze est tant gracieuse et tant belle,
> Louïze à tout est tant bien avenante,
> Louïze ha l'œil de si vive estincelle,
> Louïze ha face au corps tant convenante,
> De si beau port, si belle et si luisante,
> Louïze ha voix que la Musique avoue,
> Louïze ha main qui tant bien au lut joue
> Louïze ha tant ce qu'en toutes on prise,
> Que je ne puis que Louïze ne loue,
> Et si ne puis assez louer Louïze (p. 133).

Le dernier vers (« Et si ne puis assez louer Louïze ») renvoie directement dans le texte de Clément Marot aux vers 4 (« Louez moi Loyse »), 13 et 14 (« faillir aucunement/ Vous ne sçauriez, sinon de trop peu dire »). Le recours au tréma permet de souligner la prononciation en deux syllabes de *Louïze* et le rapprochement phonique entre *louer* et *Louise* (déjà inscrits, malgré la graphie *Loyse*, dans le texte de Marot, comme le montre le décompte syllabique du vers).Ce dizain ne peut être attribué à Clément Marot lui-même. Il apparaît comme un pur jeu dans un dialogue plaisant entre poètes[73]. Il ne saurait être vu comme l'œuvre d'un fervent dévot de Louise Labé. Il s'agit de la réponse d'un des deux poètes, Antoine Du Moulin ou Claude Galland.

Par ailleurs, faire louer les dames par des poètes est une invite fréquente. L'auteur du *Panegyric des damoyselles de Paris. Sur les neuf muses*, paru chez Jean de Tournes en 1545, propose, à Antoine Heroët comparé à Horace, à Mellin de Saint-Gelais comparé à Virgile, et à Clément Marot comparé à Ovide, de composer la louange de ces demoiselles, tout comme Catulle a chanté Lesbia, Tibulle Delia et Ovide sa Corine (p. 10).

---

[73] Daniel Martin, *Signe(s) d'amante,* p. 416, a relevé que le texte de Marot constitue l'intertexte du poème consacré à Louise Labé.

Charles Fontaine, l'homme de l'entregent

Après Antoine Du Moulin, véritable homme-orchestre de l'atelier de Jean de Tournes, esprit curieux et infatigable, deux personnages paraissent avoir joué un rôle d'éditeur et de correcteur. Tel est le cas de Charles Fontaine, né en 1515, parisien d'origine, qui avait séjourné à la cour de Renée de France à Ferrare, avant de s'installer en 1537 à Lyon. Il donne à publier à Jean de Tournes *La fontaine d'amour* en 1545. Il est alors lié à Antoine Du Moulin, comme le montrent la pièce qu'il dédie à l'amie de celui-ci et une épigramme à Antoine Du Moulin lui-même où il évoque longuement les plaisirs d'amour, paroles et baisers continuels[74]. Il dédie une pièce à ses deux amis Barthélemy Aneau et Monsieur Maurice Scève, pour qui il écrit, par ailleurs, une épigramme soulignant l'obscurité de la *Delie*, qui requiert, plutôt qu'un lecteur, un docteur[75]. Il fournit chez cet imprimeur, dans les *Opuscules d'amour, par Heroet, La Borderie et autres divins poëtes* en 1547, son texte de la *Contr'amye de court* (qui avait déjà été publié en 1543 chez Adam Saulnier) où il défendait l'amour pur contre *l'Amye de court* de Bertrand de La Borderie. Jean de Tournes publie, en 1555, sa traduction de *l'Epitome des cinq livres d'Artemidore, ancien autheur, et le plus*

---

[74] Charles Fontaine, *La fontaine d'amour*, Lyon, Jean de Tournes, 1545, p. 121:

« Quel plaisir selon nature est ce,
Qui aporte plus grand lyesse,
Qu'avoir continuellement
La Dame a son commandement?
Que d'estre toujours autour d'elle,
Parlant de l'œuvre naturelle?
Que deviser de son amour,
Et la baiser cent fois le jour?
Et qu'il est heureux et bien aise
Qui sans cesser devise et baise!
Qui mil baisers n'estime exces ».

[75] *Id., ibid.*, p. 145: « Tes vers sont beaux, et bien luysants
Graves, et plains de majesté:
Mais pour leur haulteur moins plaisans:
Car certes la difficulté
Le grand plaisir en ha osté.
Brief ilz ne quierent un Lecteur,
Mais la commune autorité
Dit qu'ilz requierent un docteur »

*renommé traictant des songe*s et, en 1556, son édition des *XXI epistres d'Ovide*. Pour ce dernier ouvrage, Charles Fontaine a repris la traduction des dix premières épîtres qu'il avait publiée en 1552 chez Jean Temporal[76] et il a révisé la traduction des autres épîtres faite par Octovien de Saint-Gelais, en ajoutant pour chacune d'elles des préfaces; il dit aussi y avoir « passé la main par dessus, ne fut que pour racoutrer l'ortografe, les points quelques mots et lignes entieres laissees en sens imparfait ».

Il publie en 1557 son *Ode de l'antiquité et excellence de la ville de Lyon;* l'ouvrage contient un distique de Claude Galland[77], que l'on a rencontré précédemment en compagnie d'Antoine Du Moulin. Charles Fontaine a, en 1555, beaucoup d'entregent. Dans *Les ruisseaux de Fontaine: Œuvre contenant Epistres, Elegies, Chants divers, Epigrammes, Odes et Estrenes pour ceste presente annee 1555*, parus à Lyon, chez Thibauld Payan, il offre un livre d'épigrammes pour étrennes. S'il y a des quatrains à finalité générale (« L'auteur estreine quatre cens amis par ce quatrain »), les dédicataires sont variés et la plupart des acteurs concernés par la fabrication des *Euvres de Louïze Labé Lionnoize* ont eu droit à l'offrande de quelques vers qui résument souvent l'essentiel de leur activité ou leur réputation, qu'il s'agisse d'imprimeurs, de juristes ou de poètes. Jean de Tournes y est célébré pour sa réputation et l'amitié qui l'unit à l'auteur[78], le juriste Fumée, grand rappor-

---

[76]   *Les Epistres d'Ovide nouvellement mises en vers francoys par M. Charles Fontaine parisien, avec les prefaces et annotations*, Lyon, Jean Temporal, 1552.

[77]   Charles Fontaine, *Ode de l'antiquité et excellence de la ville de Lyo*n, 1557, p. 30 :
> « Cl. Gallandii, in Caroli Fontani Poëtae laudem,
> Carmen hexametrum
> Fontanum gignit populosa Lutetia vatem :
> Illum ipsum pascit coelesti gramine Pallas.
> Traduction.
> Paris peuplé Charles Fontaine engendre :
> Pallas le paist de celeste herbe tendre ».

[78]   *Les ruisseaux de Fontaine: Œuvre contenant Epistres, Elegies, Chants divers, Epigrammes, Odes et Estrenes pour ceste presente annee 1555*, Lyon, Thibauld Payan, 1555, p. 184 :
> « A son compere Jean de Tournes, maistre Imprimeur
>   Ton nom par tout si fort congnu
>   Aura bien petit avantage
>   D'estre dans mes vers recongnu,
>   Qui seront d'amitié le gage ».

teur de France, pour son savoir, Guillaume Aubert, avocat à
Paris, pour sa jeunesse, sa science et sa vertu, qui augurent
bien de l'avenir[79]. Sont aussi présents les poètes lyonnais, qu'il
s'agisse des deux frères Taillemont, ses deux amis, de Maurice
Scève et de Guillaume Des Autels dont il espère réponse[80]. Il
est particulièrement élogieux pour Pontus de Tyard, poète
inimitable dont il célèbre la gravité, la profondeur, le savoir;
pour Jacques Peletier qui fait découvrir l'art poétique et les

[79] *Id., ibid.*: « A monsieur Fumee, grand Rapporteur de France.

>   Ta haute Pallas, lumineuse
>   Plus que la perle clere-nette
>   Que la grand'Royne somptueuse
>   A de sa belle oreille traite,
>   Pour sumptuosité parfaite :
>   Cette Pallas tant precieuse
>   Jointe à faconde gracieuse,
>   Ne peult au vif estre pourtraite
>   Par le pinceau de ma Musette,
>   Sans la vertu miraculeuse
>   De la mesme Pallas eureuse,
>   Qui l'ayt premier idoine faite » (p. 204);

« A G. Aubert Advocat à Paris.

>   Jeunesse, science, et vertu
>   Qui tous trois reluisent en toy
>   (Comme l'on scet, et je le voy)
>   S'ils prosperent, quel seras tu ? » (p. 205).

[80] *Id., ibid.* : « Aux deux freres Taillemont.

>   Tous deux freres, tous deux amis,
>   Tous deux aymez autant que trois,
>   Voyez vos deux noms que j'ay mis
>   Au front du plus renommé moys » (p. 181);

« A Maurice Sceve, Lyonnois.

>   Ces quatre vers que tu lis et tu tiens
>   (Ce dit Janus) sont les estrenes tiennes,
>   A celle fin que dix braves des tiens,
>   A cent pour cent, soyent les estreines miennes » (p. 198);

« A G. deshautelz

>   Si comme toy Poëte estoye,
>   A toy comme toy j'escriroye :
>   Mais j'escri à toy comme moy :
>   Escri donc à moy comme toy » (p. 199).

mathématiques[81]. Il promet l'immortalité aux vers de Jean-Antoine de Baïf si parfaits et harmonieux. Il souhaite être aussi inspiré pour louer Olivier de Magny que celui-ci l'est, lorsqu'il loue sa dame[82].

Il est remarquable que Charles Fontaine soit en relation avec de nombreux personnages impliqués dans les « Escriz de divers Poëtes ». Le rôle de cet ami de Maurice Scève entre l'école marotique et la Pléiade naissante est notable[83]. Il est, par ailleurs, l'un des deux auteurs, avec Philibert Bugnyon, à fournir des pièces au *Discours du temps, de l'an, et de ses parties* de Pontus de Tyard et ses liens avec Pierre Woeiriot ont déjà été soulignés[84].

---

[81]   *Id., ibid.* : « A Ponthus de Thiart.

> Ta douce-eureuse gravité
> Te rend Poëte inimitable :
> Mais la grande profondité
> De ton savoir, incomparable » (p. 200) ;

« A Jacques Pelletier.

> En Peletier l'art Poetique
>   Non seulement se trouvera,
> Mais maint art de Mathematique
>   Avec luy on descouvrira » (p. 202).

[82]   *Id., ibid.* : « Au seigneur de Baif Poëte.

> Le chant de ta Muse, Baif,
> Muse Françoise donc eureuse,
> Est si parfaict, et si naif,
> Si plein de grace armonieuse,
> Qu'il te fera, et mort et vif,
> Vivre la vie glorieuse,
> Malgré Caron, et son esquif,
> Malgré l'eau noire oblivieuse » (p. 203) ;

« A Olivier de Mangni

> Je veux que ton Phebus m'inspire
>   Pour te louer suffisamment
>   Comme il t'inspire abondamment
> En louant ta Castianire » (p. 200).

[83]   Voir Jean Paul Barbier, *op. cit.*, n. 105 : « Quoiqu'il soit comme un carrefour vers lequel convergent tous les humanistes, tous les lettrés de son temps, Charles Fontaine, et c'est bien dommage, ne s'est jamais vu consacrer la biographie qu'il mérite ».

[84]   Voir *supra*, p. 106.

Jacques Peletier du Mans, le créateur prolixe

Jacques Peletier (1517-1582), très lié à Jean de Tournes, a un rôle particulier dans la publication des œuvres de Louise Labé. Il est le seul à signer de son nom une pièce à la louange de Louise Labé, pièce à publication indépendante, puisqu'elle n'est pas présente dans les *Euvres de Louïze Labé*, mais dans les *Opuscules* qui accompagnent son art poétique. Par ailleurs, certaines particularités graphiques de l'édition des *Euvres de Louïze Labé* ont été mises en rapport avec ses théories orthographiques[85].

En 1554, Jacques Peletier, originaire du Mans, philosophe, mathématicien, médecin, poète, grammairien, animé par le souci de la vulgarisation scientifique et par le désir de donner à la science une expression poétique, fait de Jean de Tournes son imprimeur exclusif. Il s'était installé à Lyon à la fin de 1553 ou au début de 1554, venant de Poitiers ; il est alors le professeur de mathématiques du fils de Jean de Tournes ; celui-ci dans *Les six premiers livres des elements geometriques d'Euclide* (Jean II de Tournes, 1611) évoque avec émotion ce temps, célébrant la singulière méthode et la merveilleuse facilité de Jacques Peletier qui lui enseigna, lorsqu'il était âgé de quatorze ans, les démonstrations de mathématiciens antiques, comme Theon.

Jacques Peletier, lorsqu'il enseignait la philosophie à Paris, de 1536 à 1540, avait fréquenté l'entourage de la cour de Marguerite de Navarre ; il était en relation avec Clément Marot, Bonaventure Des Périers, Antoine Du Moulin. Il s'était tout d'abord fait connaître par une traduction (adaptation au contexte poétique français) de l'*Art poétique* d'Horace en 1541, véritable défense et illustration de la langue française avant l'heure ; par la publication de ses *Œuvres poetiques* de 1547 ; de son *Arithmetiqu¢* (1548) et de son *Dialogu¢ d¢ l'Ortograf¢* (1550).

La production de cet auteur (dont la devise est « Moins et meilleur ») est, dans ces années 1550, particulièrement abondante, qu'il s'agisse de créations ou de rééditions d'ouvrages scientifiques, pourvues généralement de préfaces ou de post-

---

[85]   Voir Nina Catach, *L'Orthographe française à l'époque de la Renaissance*, Genève, Droz, 1968, p. 224.

faces très instructives sur ses travaux ou sur ses amitiés. En 1554, paraît la troisième édition de l'*Arithmetiqu¢* avec une épître de « Jacques Peletier aux français » en date du 28 juillet, épître reprise la même année dans son *Algebr¢*. Il s'y justifie d'être un réformateur de l'orthographe. L'année 1555 est exceptionnelle dans sa bibliographie. Il fait paraître la deuxième édition de son *Dialogu¢ d¢ l'Ortograf¢ e Prononciacion Françoęs¢* avec en final une épître à Thomas Courbin en date du 14 mai 1555 qui ne traite pas d'orthographe, mais d'un évident différend qui intéresse la publication des œuvres de Louise Labé[86]. Il n'offre aux lecteurs pas moins de trois ouvrages entièrement nouveaux, un recueil poétique *L'Amour des amours, L'Art poëtiqu¢* suivi d'opuscules poétiques, ainsi qu'un texte latin la *Cohortatio*. En 1557, est publié son ouvrage de mathématiques, *In Euclidis Elementa geometrica demonstrationum libri sex*, avec privilège de mai 1555, accompagné de huit épîtres latines (avec, entre autres, pour destinataires, Pierre de Ronsard, Pontus de Tyard et Maurice Scève).

Pour toutes les éditions de ses œuvres, Jacques Peletier utilise le système orthographique dont il avait donné en 1550 les caractéristiques dans la première édition de son *Dialogu¢ d¢ l'Ortograf¢ e Prononciacion Françoęs¢* parue à Poitiers dans l'atelier des Marnef. Cet ouvrage commence par une « Apologi¢ a Louis Meigręt Lionnoęs », le grammairien lyonnais qui s'était efforcé de rapprocher l'orthographe de la prononciation, et avec lequel il discute de certains problèmes.

Les réformateurs, comme Louis Meigret et Jacques Peletier, qui souhaitent que l'orthographe reflète la parole, fustigent une orthographe corrompue par les lettres superflues et par la confusion dans la valeur des lettres. Les lettres superflues s'étaient particulièrement répandues pour marquer l'origine (*object, subject*, à partir des mots latins *obiectum* et *subiectum*), par souci de régularisation morphologique (*temps* par rapport à *temporel*), pour distinguer les homonymes (*vingt, vint*), pour résoudre l'ambiguïté de certaines graphies (doublement de la consonne pour noter la prononciation du *e* en un temps où les accents n'existaient pas, ce qui explique des formes comme *jette*, ou emploi du *s*, dont témoigne encore la forme *est*). Ils

---

[86]   Voir *infra*, p. 226.

dénoncent la confusion dans les puissances des lettres (par exemple, *c* ou *g* prononcés différemment selon qu'ils sont suivis de *e* ou de *a*). Jacques Peletier, tout comme Louis Meigret, s'est efforcé d'utiliser les caractères existant dans l'usage de son époque[87].

Louis Meigret est lyonnais; on lui a reproché certaines de ses prononciations qui sentent leur terroir. C'est chez Chrestien Wechel à Paris qu'il publie ses principaux ouvrages concernant la langue française: en 1550, *Le Trętté de la grammęre françoęze* et les *Defęnses de Louis Meigręt touchant son Orthographie Françoęze, contre lęs çęnsures ę calomnies de Glaumalis du Vezelet, ę de ses adherans;* en 1551, *La Reponse de Louis Meigręt a la dezesperée repliqe de Glaomalis de Vezelęt, transformé ęn Gyllaome dęs Aotels.* Il est au centre d'une violente polémique avec Guillaume Des Autels, partisan de l'usage, qui avait publié en 1551 chez Jean de Tournes, une *Replique aux furieuses defenses de Louis Meigret.* Les tenants de l'usage opposent aux prétentions réformistes (qui restreignent la graphie à sa stricte fonction de marque de prononciation), le souci de marquer l'origine et les familles de mots; ils soulignent les variations de la prononciation sujette au temps et aux lieux, ainsi que la permanence de certains usages. En 1555, avec la nouvelle édition du *Dialogu*e de Jacques Peletier, c'est donc une position bien différente de celle de Guillaume Des Autels qui est proposée dans une publication de l'atelier Jean de Tournes.

---

[87]   Voici un exemple de graphies de l'un et de l'autre:

Jacques Peletier du Mans, *Dialogu*e d*e* l'Ortograf*e* e Prononciacion Fran-çoęs*e*, Lyon, Jean de Tournes, 1555, p. 6: «l'è, antre autr*e*s chos*e*s, pris grand plęsir a voèr la pein*e* que tu prans a restituer notr*e* Ecritur*e*: laquel*e*, d*e* fęt, ęt si corrompu*e*, e represant*e* si peu c*e* qu'ęll*e* doęt representar, qu'on la peut ręsonnabl*e*mant comparer a un*e* rob*e* de plusieurs piec*e*s mal raporte*e*s, eyant l'un*e* manche longu*e* e larg*e*, l'autr*e* court*e* e etroęte: e les cartiers çan devant dęrriere.»

Le trętté de la grammęre françoęze, fęt par Louis Meigręt Lionoęs, Paris, Chrestien Wechel, 1550, f. 2vº: «Or ęt il q'ao jourdhuy lę' Françoęs ont tant etranjé l'ecrittur' ęn une gran'parti*e* de vocables, de l'uzaje de parler: tant par une superfluité de lęttres, qe par la confuzion de leur puyssanc*e* (com'aotrefoęs je vous l'ey asses montré) q'il n'ęt possible de dressęr sur ęlle, aocune façon de grammęre qe ce ne fut a notre confuzion.»

Il importe de relever le rôle central des Lyonnais et de l'imprimerie lyonnaise dans ces questions d'orthographe. En 1556, Claude de Taillemont, à son tour, dans *La Tricarite,* propose son système pour faire « sonner par leur propre son » les lettres et supprimer les lettres superflues. Plus tôt dans le siècle, en 1540, l'ouvrage rédigé et imprimé à Lyon par Etienne Dolet[88] sur l'accentuation et la ponctuation, eut une grande influence dans les ateliers. Les productions sorties de l'atelier de Jean de Tournes et, ceci, dès ses débuts, montrent que Jean de Tournes n'a cessé de s'intéresser à l'aspect formel de ses éditions, occupant une « place à part dans l'histoire de l'œuvre orthographique accomplie dans les ateliers d'imprimerie de l'époque »[89].

Les particularités graphiques de l'édition de 1555 des *Euvres de Louïze Labé* ont été rapprochées des préceptes de Jacques Peletier. Cette édition présente le *ha* traditionnel dans l'atelier de Jean de Tournes pour le verbe *avoir*, la suppression de certaines consonnes doubles (*enflamer*) ou non prononcées (*tems*), tendances que l'on trouve, toutefois, déjà dans l'atelier de Tournes avant l'arrivée de Jacques Peletier, la graphie *ein* (*meintenant*), *cion* pour *tion* (*afeccion*), des accents graves sur les longues (*pù*), des accents aigus sur le *é* final, sur des mots comme *pámee, témoins, ápre, sái, óter*, le tréma (*païs, ruïne*), l'absence du *x* final (*dous*), *u* pour *eu* (*j'u*). Ces transformations ont été imputées à Jacques Peletier. Il faut toutefois noter qu'elles n'ont pas le caractère de réforme systématique mise en œuvre par le poète dans ses propres œuvres. Le lecteur, en comparant l'ode de Jacques Peletier[90] aux « Ecriz de divers Poëtes », pourra relever combien les simplifications sont finalement minimes dans le texte de Louise Labé et ne supposent pas que Jacques Peletier ait supervisé cette édition. Les différences très significatives entre les ouvrages de Jacques Peletier en écriture modernisée et les autres ouvrages sortis à même époque des presses de Jean de Tournes, et qui offrent quelques

---

[88]   Etienne Dolet, *La maniere de bien traduire d'une langue en aultre. D'advantage. De la punctuation de la langue Francoyse. Plus. Des accents d'ycelle,* Lyon, Dolet, 1540.

[89]   Nina Catach, *op. cit.,* p. 221.

[90]   Voir le fac-similé, *in fine.*

simplifications, laissent supposer une influence possible des idées de Jacques Peletier, mais il semble difficile d'imaginer que, requis par l'élaboration de tous ses ouvrages, amateur de travail solitaire comme le montrent certains de ses écrits, il ait activement participé à la correction d'éditions pour lesquelles il aurait renoncé à l'essentiel de ses convictions ardemment défendues par ailleurs.

Cette enquête dans l'atelier de Jean de Tournes fait apparaître des personnages très actifs, divers dans leurs sujets de prédilection, précieux collaborateurs pour l'imprimeur. Antoine Du Moulin est un polygraphe, travailleur infatigable, à l'affût de toutes les nouveautés ; il a été très lié avec Marguerite de Navarre et a été, à l'évidence, le promoteur d'entreprises où sont impliqués directement certains membres de l'entourage de la reine ; il faudrait s'interroger sur le rôle qu'il a pu avoir sur les orientations philosophiques et religieuses des productions de Jean de Tournes qui, à la fin des années 1540, pourraient relever de l'évangélisme de la reine. Le dialogue poétique qu'Antoine Du Moulin a entretenu avec Clément Marot est vraisemblablement à l'origine du projet plaisant de « louer Louise », jeu de mots marotique, sans aucun lien avec une Louise réelle, mais correspondant au « laudare Laure » de Pétrarque. Charles Fontaine, lui, est un homme aux relations nombreuses et variées, à l'évident entregent, qui a pu faire le lien entre les collaborateurs appelés au projet de louer Louise. A-t-il participé aux « Escriz de divers Poëtes », lui que la dernière pièce donne comme un des poètes de Louise ? En tout cas, il importe de souligner que ses centres d'intérêt, définition de l'amour, élégies d'Ovide, recoupent certains des thèmes de prédilection du « Debat de Folie et d'Amour » et des élégies de Louise Labé. Jacques Peletier, très occupé par une production personnelle surabondante, qui touche aux domaines les plus variés, a développé des rapports très particuliers avec la famille de Jean de Tournes, avec le cercle des poètes lyonnais également, puisqu'il participe aux entretiens philosophiques de Bissy. Curieusement, toutefois, il se démarque des autres contributeurs aux louanges de Louise Labé, ne serait-ce qu'en apposant sa signature à son texte.

III. LE CERCLE ÉLARGI
DES POÈTES DE LOUISE LABÉ

Dans les « Escriz de divers Poëtes », deux auteurs occupent, par l'importance des pièces qu'ils lui consacrent, une place prépondérante dans le projet de louer Louise. Il ne s'agit pas de Lyonnais, mais d'un poète de bref passage à Lyon : Olivier de Magny (auteur d'un sonnet et d'une ode pour la louange de la poétesse) et de l'auteur de la dernière ode qui appartient au cercle des poètes du Clain près de Poitiers. La biographie de Louise Labé s'est nourrie des prétendues relations amoureuses d'Olivier de Magny avec Louise Labé et du contenu de la longue dernière pièce qui occupe vingt-deux des quarante-neuf pages de l'hommage collectif.

Olivier de Magny, le prétendu amant

Les pièces des « Escriz des divers Poëtes » ne sont pas signées. Elles ne peuvent être attribuées à certains auteurs que par la présence de devises (celles de Maurice Scève, de Claude de Taillemont et de Guillaume de La Tayssonnière) ou par la présence d'initiales. Celles-ci se trouvent utilisées à trois reprises :

P.D.T. (IV) : sans conteste Pontus de Tyard
A.F.R. (XXII) : vraisemblablement Antoine Fumée (R. étant à lire comme une évocation de sa fonction de rapporteur, fonction consistant à rédiger les rapports sur les lettres de justice)[91]
D.M. (XIX) : De Magny.

Les trois auteurs à devises, ainsi que Pontus de Tyard, appartiennent au même cercle de poètes lyonnais et entretien-

---

[91] Pour Jean Paul Barbier, *op. cit.*, n. 148, il s'agirait de son frère Adam Fumée (R. étant à lire comme des Roches). Adam Fumée était seigneur des Roches (Touraine), maître des requêtes du roi, « homme docte ès Langues, Poëte françois, Mathematicien, Jurisconsulte, Orateur, Historien et Philosophe » pour La Croix du Maine. Marc-Antoine Muret lui dédie son commentaire des *Amours* de Ronsard de 1553. Cependant, il semble plus probable qu'en raison des relations qui unissent Olivier de Magny et Antoine Fumée, ce soit ce dernier qui ait collaboré aux *Euvres* de Louise Labé. Par ailleurs, dans la mesure où, dans l'ouvrage de Louise Labé, C.D.B. correspond à Clémence de Bourges, D.M. à de Magny, les initiales A.F.D.R. auraient été préférées à A.F.R.

nent des liens étroits entre eux. En ce qui concerne les deux autres auteurs qui ont signé de leurs initiales, il faut relever qu'Olivier de Magny est en relation avec Antoine Fumée. En effet, l'« Ode en faveur de D. Louïze Labé, à son bon Signeur », signée D. M. (p.141), correspond à deux odes distinctes du recueil des *Odes* d'Olivier de Magny de 1559; la première porte le titre « A Anthoine Fumée grand rapporteur de France » et la seconde est intitulée « Ode du temps et de l'occasion presentée en une momerie à Monsieur d'Avanson ». Au début de l'ode à Louise Labé, Olivier de Magny fait référence à une pièce qu'il doit à ce docte et gentil Fumée, de rédaction non aisée, alors même que Fumée serait pour la composition de son ode latine dans « un aussi plaisant émoy »:

> Muses, filles de Jupiter,
> Il nous faut aquiter
> Vers ce docte et gentil Fumee,
> Qui contre le tems inhumain
> Tient vos meilleurs trets en sa main,
> Pour paranner sa renommee.
>
> Je lui dois, il me doit aussi:
> Et si j'ay ores du souci
> Pour faire mon payment plus dine,
> Je le voy ores devant moy
> En un aussi plaisant émoy
> Pour faire son Ode latine (p. 141).

Les « Escriz de divers Poëtes » témoignent donc d'un dialogue poétique d'Olivier de Magny avec Antoine Fumée.

Antoine Fumée, seigneur de Blandé, était membre du Conseil privé du roi, ambassadeur auprès de Charles Quint. Ce juriste composa des pièces en latin, *Amaryllis, Livia,* courts textes publiés sans lieu, ni date, *Daphnis,* chez Jean de Tournes II en 1574, puis des textes français, *Panégyrique, Histoires depuis la constitution du monde jusqu'à présent* en 1574. Charles Fontaine, qui, dans *Les ruisseaux de Fontaine,* l'avait déjà célébré, dans les *Odes, enigmes, et epigrammes* de 1557, le loue comme poète et juriste, lui qui réunit la Muse et la Loi[92].

---

[92] Charles Fontaine, *Odes, enigmes, et epigrammes,* Lyon, Jean Citoys, 1557, p. 55:
> « A Monsieur le grand Rapporteur Fumee.
> Ici sont la Muse et la Loy,

Olivier de Magny, né à Cahors (comme Clément Marot) vers 1520, occupe une place de choix dans les « Escriz de divers Poëtes ». Outre la longue pièce XIX signée D.M. (p. 141), le sonnet « Des beautez de D.L. L » (XVI, p. 137), même s'il ne porte pas d'initiales, doit également lui être attribué, car il est repris en 1557 dans *Les Souspirs*. Le poète se signale aussi comme un des acteurs principaux dans la biographie recomposée de Louise Labé. Certaines des pièces qu'il a ultérieurement publiées ont été mises en relation avec une prétendue liaison avec Louise. L'hypothèse date du XIXe siècle. Edouard Turquety[93] note la ressemblance du sonnet LV des *Souspirs* d'Olivier de Magny (1557) avec le premier sonnet français de Louise Labé; il souligne la présence du nom de Louise dans l'ode « Aymer en plusieurs lieux » parue dans les *Odes* d'Olivier de Magny (1559); il considère que le sire Aymon, cordier cocu et fustigé dans une pièce du cinquième livre de ces *Odes*, est à identifier avec le mari de Louise Labé, Ennemond Perrin. Selon lui, Louise Labé aurait eu « un collaborateur longtemps ignoré ». Prosper Blanchemain, dans la notice de son édition des œuvres de Louise Labé de 1875, suggère une influence d'Olivier de Magny « dans ces brûlants sonnets, jaillis à la fois de leurs deux cœurs, tracés par leurs mains du même crayon et qui, pour la dernière perfection du rythme, appartiennent peut-être autant à l'amant qu'à l'amante »[94]. A partir des rapprochements opérés par Edouard Turquety, Ernest Courbet, dans sa notice sur les *Gayetez* d'Olivier de Magny[95], en conclut à une liaison, en citant également une lettre de Sainte-Beuve en date du 24 janvier 1866 qui évoque « l'ami intime de Du Bellay » et « l'amant favorisé de la Belle Cordière dont il raille le crasseux mari ».

Olivier de Magny fut célébré au XVIe siècle comme un des maîtres de la poésie lyrique, à l'instar de Ronsard, de Du Bellay

Icy sont la Loy et la Muse,
Deux grans seurs tousjours avec toy,
Dont ton haut cœur jamais n'abuse ».

[93] Dans le *Bulletin du Bibliophile*, année 1860, p. 1637.

[94] *Œuvres de Louise Labé, éditées par Prosper Blanchemain*, Paris, Librairie des Bibliophiles, 1875, p. XXX.

[95] *Les gayetez d'Olivier de Magny*, éd. Ernest Courbet, Paris, A. Lemerre, 1871, p. XIX.

et de Rémi Belleau. Secrétaire d'Hugues Salel, il commence à
publier en 1553, à la mort de son protecteur. Il livre au public,
de la plume de son protecteur, les traductions posthumes des
chants XI, XII et du début du XIII de l'*Iliade* d'Homère, avec un
tombeau poétique. Il fait paraître aussi l'*Hymne sur la naissance
de Madame Marguerite de France...avec quelques autres vers
lyriques* (sonnets et odes) et enfin les *Amours*, recueil de cent
deux sonnets et de seize odes à la gloire de la femme aimée, sa
Castianire, et dont trois appartiennent à un genre poétique à la
mode, le baiser. L'année suivante, il fait paraître des *Gayetez*,
proches dans l'inspiration des *Folastries* de Pierre de Ronsard.
Il est à Rome, à partir de février 1555, comme secrétaire de son
protecteur l'ambassadeur Jean d'Avanson, président du conseil
du roi. Mais, auparavant, il a séjourné à la fin de l'année 1554
à Lyon, attendant avec son protecteur les ordres du roi pour
son voyage à Rome. De cette période et d'un séjour romain qui
fut aussi amer que celui de Joachim Du Bellay, il a écrit des
Souspirs, cent soixante-seize sonnets, publiés en 1557, « ramas
de sonnets d'amours, de morale et d'invectives », selon
Guillaume Colletet dans la notice biographique qu'il lui
consacre, et dont la veine est semblable à celle de son compagnon d'infortune à Rome, Joachim Du Bellay qui lui dédie dans
les *Regrets* de nombreuses pièces. Rentré en France en 1557, il
est nommé secrétaire du roi en 1559 et meurt en 1561. En
1559, il avait donné son dernier livre, cinq livres d'*Odes*, d'inspiration variée, sérieuse ou légère, recueil rassemblant des
pièces composées à différentes dates.

Charles Fontaine, comme il a été dit plus haut, reconnaît en
lui un loueur hors pair[96]. Olivier de Magny est lié à de nombreux poètes qu'il cite à l'envi. Dans l'« Hymne sur la naissance
de la fille du roi » (1553), il célèbre la « sainte tourbe admirée »,

---

[96]   Voir Olivier de Magny, *Les Odes*, Paris, A. Wechel, 1559, son ode à Pierre
de Cheverny, f. 171r° :

> «« La louenge est tousjours aymable,
> « Et pourveu que l'homme loué
> « Soit loué d'un homme louable,
> « Le loz est tousjours advoué » ;

et sa dédicace du livre d'odes à Jean d'Avanson, f. 2v° :

> « Car au commencement, à la fin, au milieu,
> (Si Phebus ne me ment) ta louange tressaincte
> J'ay de cent traictz dorez eternellement peincte ».

«les nouveaus Cynes de France», fournissant une intermi-
nable liste[97]. Dans la dédicace des *Amours* de 1553, il dit que
son livre a été bien reçu de Ronsard, Dorat, Muret, Saingelais,
Jodelle, Baïf, Denisot. L'ouvrage est précédé de pièces de
Jodelle, Ronsard, Baïf, Muret, Navieres, Denisot, Belleau, Gruget,
Colet, Castaigne. L'appendice, recueil d'œuvres d'Hugues Salel,
son ancien protecteur, commence par un sonnet d'Olivier de
Magny à Marc-Antoine Muret et la pièce suivante mentionne
les noms de Salel, Muret, Navieres et Maumont[98].

Il faut faire état de son amitié avec Marc-Antoine Muret
(1526-1585). Celui-ci, qui fut professeur (il enseigna à Bor-
deaux en 1547 où il eut Michel de Montaigne comme élève,
puis à Paris au collège de Boncourt et, à partir de 1563, à
l'Université de Rome, la Sapienza), auteur de poèmes latins
(son recueil des *Juvenilia* fut publié en 1552), éditeur de
textes d'auteurs anciens (comme Catulle), fréquente les
futurs membres de la Pléiade. En 1553, il fournit son célèbre
et abondant commentaire aux *Amours* de Pierre de Ronsard.
Dans *Les vers liriques* ajoutés à l'*Hymne* de 1553, Olivier de
Magny parle de Marc-Antoine Muret dont la grâce représente
Horace, Tibulle et Catulle et, dans l'ode à François Revergat,
avocat et poète toulousain, il termine avec son désir de célébrer Revergat, honoré, et même saintement adoré «de mon
grand Muret que j'adore». Dans *Les Souspirs* (sonnet CL),
Olivier de Magny dit que Marc-Antoine Muret a été poursuivi
à tort, défendant ainsi son ami des lourdes charges qui
pesaient contre lui. En mai 1554, ce dernier, accusé de sodo-
mie et d'hérésie, dut en effet s'enfuir : on le retrouve à Ferrare,
puis à Venise. Dans le même sonnet, Olivier de Magny parle,

---

[97]   Salel, Carles, Ronsard, Du Bellay, Baïf, Gruget, Maumont, Muret, Pascal,
      Jodelle, Collet, De Mesme, Le Coq, Capel, Dorat, Belleau, Denisot, Morel,
      Hamelin, Des Autels, Peruse, Nantiac, Lomenye, Naviere, Castaigne,
      Tyard, Vernassal. Dans les *Vers liriques* de 1553, il mentionne, souvent
      à plusieurs reprises, Carles, Ronsard, Pontus, Salel, Du Bellay, Baïf,
      Castaigne, Jodelle, Muret, Denisot, Belleau, Pascal, Gruget, Revergat,
      Forcadel, Du Poey.

[98]   Dans *Les Souspirs* (1557), la plupart de ses sonnets sont adressés à des
      contemporains. Dans le sonnet 41, il évoque Ronsard, Du Bellay, Pascal,
      Pangeas, Des Autels et Tyard. Dans le sonnet 80, Ronsard, Du Bellay, Baïf,
      Thiard, Tahureau, Des Autels.

pour son propre compte, des flatteurs qui se sont animés contre sa propre innocence[99].

Il importera de rendre compte d'une grande absence dans cette longue cohorte poétique que cite Olivier de Magny : celle de Jacques Peletier. Pourtant, celui-ci, dans les *Opuscules* qui suivent son *Art poëtique*, lui dédie un sonnet où il fait état de leur rencontre. Pour lui, la renommée peut amener à connaître quelqu'un, susciter l'amitié, mais elle ne saurait se substituer à la connaissance réelle[100].

Dans les œuvres d'Olivier de Magny publiées après 1555, il a été considéré que certains éléments pourraient se rapporter à une aventure avec Louise Labé, et tout particulièrement des pièces des livres IV et V des *Odes* de 1559. Le quatrième livre des *Odes* est un livre d'amours, genre poétique particulière-

---

[99] Olivier de Magny, *Les Souspirs*, f. 49v° :

> « Si ceux qui n'ont jamais qu'à la vertu servy,
>   Et qui plus ont le cueur plain de grande constance
>   Pour faire, vertueux, à tous maux resistence,
>   Estoient francz des tourmens où l'homme est asservy,
> MURET n'eust point esté faulsement poursuyvy,
>   Ny la fievre à present ne te feroit nuysance,
>   Ny je ne verroy point contre mon innocence
>   Tant de meschans flateurs s'animer à l'envy.
> Mais quoy ? mon cher DOLU, egalement Dieu donne
>   Ou du bien ou du mal à chascune personne,
>   Et il travaille souvent ceux qu'il ayme le mieux.
> Car les hommes meschans qui font tant de blasphemes,
>   Comme font ces hayneux, se punissent eux-mesmes
>   Sans en laisser le soing ne le travail aux Dieux ».

[100] Jacques Peletier, *L'art poëtique*, p. 101 :

> « Le bruit, Magni, donne une connoessance
>   Antre les keurs, par un dous concevoer
>   De la vertu, qui emeùt le devoer,
>   Et d'amitie suscite la nessance.
> Ton nom volant à ù cete puissance,
>   Et toe sans toe bien souvant m'à fet voer :
>   Mes je connoe, pour plesir recevoer,
>   Combien peùt plus la vive connoessance.
> A contampler une moetie de toe,
>   Je n'amployoé de moe qu'une partie :
>   Mes or, que tout je te voè et je t'oè
> J'è rassamblé ma vertu departie
>   Pour t'ofrir tout : E desire augmanter
>   Ce tout, pour plus qu'un tout te presanter ».

ment prisé des poètes de la Pléiade (à l'instar de Pierre de Ronsard et Jean-Antoine de Baïf). Les premiers vers de l'ode à Jean d'Avanson sont explicites :

> Je ne suys point en peine à qui donner je doy
> Ces nouvelles amours (f. 130r°).

La pièce suivante, intitulée « De sa nouvelle amour », donne le nom de la nouvelle aimée, Louise[101]. Toutefois, dans ce même livre IV des *Odes*, des pièces célèbrent l'amour non exclusif : ainsi « De son amour envers deux dames » ou « D'aymer en plusieurs lieux, à Guillaume Aubert » où le poète précise qu'il parle tantôt d'Anne, tantôt de Marguerite, tantôt de Madeleine, tantôt de Louise[102].

La pièce « Des graces et perfections de s'amye, à Joachim du Bellay Angevin. Ode » a pu être lue comme un éloge de Louise la poétesse[103]. La femme louée par Olivier de Magny, mais non nommée, se signale par sa virtuosité au luth et à l'épinette, à la flûte, à la guitare, au violon, par la beauté de sa voix :

> Quand un luth ma Nymphe manye,
> La nouvelle et douce harmonie
> Qu'elle esmeult d'un doigt tresexpert,
> Efface la gloire d'Albert.
>
> Et quand la petite Brunette
> Sur les marches d'une espinette
> Fait retentir ses nouveaux sons,
> Jean du Gay cede à ses chansons… (f. 133r°)

---

[101] Olivier de Magny, *Les Odes*, Paris, A. Wechel, 1559, f. 131r° :
> « Et deslors ce petit Archer
> Va secretement se cacher
> Dedans un des yeux de Loyse,
> D'où traistre il descocha sur moy
> Le fier traict plain d'aise et d'esmoy,
> Qui rompt si bien mon entreprise ».

[102] *Id., ibid.*, f. 143r° : « Pource qu'en ceste Amour diversement escripte
> Je parle ore avec Anne, ore avec Marguerite,
> Magdaleine, et Loyse, on me pourroit blasmer
> D'aymer en trop de lieux pour bien me faire aymer ».

[103] Voir Marie Madeleine Fontaine, « Louise Labé et son entourage lyonnais », p. 27.

> S'elle accorde avecq sa voix douce,
> Les doubles fredons de son poulce,
> Lambert bien qu'il hante les Roys,
> Ne chante de plus belle voix…(f. 133v°).

Elle excelle à faire de la poésie, à discourir en prose, à écrire :

> Et s'il luy vient en fantasie
> De faire de la poësie,
> Saingelays bien qu'il soit parfaict,
> Ne la fait point mieux qu'elle faict.

> Ou bien si elle veult en prose
> Discourir quelque belle chose,
> Son discours elle faict si bien
> Que Duthier l'advouroit pour sien.

> Et si sa prose elle desire,
> Ou ses vers de sa main escrire,
> Ell' passe escrivant de ses doigtz
> La main du Conte d'Alsinois (f. 133v°).

Olivier de Magny invite Joachim Du Bellay, l'incomparable, à louer son amie, mettant en avant les raretés du sujet dont il apporte le projet :

> Mais si chacun qu'ell'parangonne
> Merite une belle coronne,
> Toy qu'on ne peult parangonner
> Merites de la coronner.

> La doncques, Bellay, ne refuse
> Le sacré travail de ta Muse
> Aux raritez de ce subject
> Dont je t'apporte le progect :

> Car ces honneurs sainctz de la belle,
> Dignes de ta gloire immortelle,
> N'attendent rien plus de divin
> Que l'immortel luth Angevin (f. 134v°) [104].

---

[104] Cette ode d'Olivier de Magny correspond au sonnet 120 des *Souspirs* (f. 40v°), où, de même, toutes les excellences de la femme ont pour référents des hommes :

> « Quand un chant sur le luth ma Maistresse fredonne,
> Il me semble que j'oy le Poulac fredonner :
> Et quand je l'oy par fois une fluste entonner,
> Il me semble que j'oy Jan Davit qui l'entonne.

Rien ne laisse entendre que cette brunette à célébrer soit bien Louise Labé. Dans le sonnet XXIII, Louise Labé évoque au contraire en parlant d'elle-même sa « tresse dorée » (p. 123). Ses poètes chantent son « beau chef doré » (p. 151), « son teint freschement vermeil » (p. 162). S'il faut un nom derrière cette brunette, ce serait plutôt celui de la Sappho de l'épître d'Ovide (« Si je ne suis assez blanche, mais brune,/ Cette teinture n'est pas à tous commune »)[105].

En fait, l'ode d'Olivier de Magny à Joachim Du Bellay est une demande de participation à un projet de célébration, une invitation à la louange, un sujet qu'il propose, comme il le dit si bien dans l'avant-dernière strophe. La réponse se trouve publiée dans les *Divers Jeux rustiques* (1558), dans la pièce intitulée « A Olivier de Magny sur les perfections de sa Dame » et qui commence par les vers :

> Quand je contemple les beautez
>   De tant de rares nouveautez,
>   Qui en ta Nymphe nompareille
>   Des cieux annoncent la merveille…[106]

Joachim Du Bellay invite Olivier de Magny à chanter sa dame tant que l'Amour bande ses yeux, alors que « Mal voluntiers chante la bouche/ De l'Amour qui au cueur ne touche ». Lui-même ne chantera plus l'amour. Il célèbre aussi la liberté du poète par rapport à la réalité[107] et il adresse un avertissement final à l'amant :

> Quand l'ame à quelque chant de sa voix elle donne,
>   Il me semble que j'oy Lambert la luy donner :
>   Et quand de l'espinette encor je l'oy sonner,
>   Il me semble que j'oy Jan du Gay qui en sonne.
> S'elle escrit prose ou vers, ou s'el' devise et parle,
>   J'oy ce semble Duthier, et Saingelais, et Carle,
>   Discourir par escript, composer, et parler.
> S'elle ouvre quelque fois, ou s'el' peingt, ou s'el' balle,
>   La Flamande, Janet et Virgille elle egalle,
>   A faire un bel ouvrage, à pourtraire et baller. »

---

[105] *XXI. Epitres d'Ovide*, p. 410.

[106] Joachim Du Bellay, *Divers jeux rustiques*, Paris, Federic Morel, 1558, f. 23v°.

[107] *Id., ibid.*, f. 27v° :

> « Et toy Magny, puis que ton cueur
>   Sent encor' l'Archerot vainqueur

> Donques Magny, pour te vanter
>> Que tes vers sçavent tout chanter,
>> Chante l'Amour, et autre chose
>> Pour argument ne te propose.
> Couronne tes affections
>> De la fleur des perfections,
>> Dont le ciel ta maistresse honnore
>> Comme une seconde Pandore.
> Mais, las, mon Magny, garde toy
>> Si en quelque legere foy
>> Tu as ton amour arrestee,
>> D'estre un second Epimethee (f. 27v°)

Quel crédit accorder à la sincérité dans ce qui ne semble que jeu de poètes, recherche d'argument susceptible d'engendrer le dialogue poétique ?

Olivier de Magny est particulièrement explicite sur ses desseins de poète. Dans le sonnet VI des *Souspirs,* il parle des « arguments » habituels pour les jeunes poètes qui sont de chanter leur maîtresse et les ennuis que l'amour leur fait endurer :

> Je chante en ces Sonets une Maistresse belle,
>> Je chante les ennuys que j'endure pour elle,
>>> Mon espoir et ma foy constante en mon tourment.
> Ce sont tous argumens fort communs à notre age[108].

>> Chante d'Amour, et de la belle
>> Pendant que tu la trouves telle.
> Tout ce que nous cachent les cieulx,
>> Tout ce que nous celent les Dieux,
>> Et tous les secrets que la terre
>> Dedans ses abysmes enserre,
> Tout cela que l'œil apperçoit,
>> Tout cela que l'esprit conçoit,
>> Est du poëte, et l'escritture
>> N'est qu'une parlante peinture ».

[108] Olivier de Magny, *Les Souspirs,* f. 4v°. La référence à un sujet que l'on traite, à un argument est fréquente chez lui, ainsi toujours dans le livre IV des *Odes,* mais, dans une ode à Marguerite, où il compare son sujet à celui de Ronsard célébrant Cassandre :

>> « Afin que je chante si bien
>> Le subgect que j'ose entreprendre,
>> Qu'un jour la divine Cassandre,
>> L'obget du divin Vandomois,
>> S'enjalouze aux sons de ma voix » (f. 139r°).

Comment tirer de ce qui s'avoue comme argument, sujet pour
poète, une biographie authentique? La fiction poétique, pourtant revendiquée bien haut et à maintes reprises par Magny, a
été lue comme relation d'événements réels. Les pièces de ce
quatrième livre des *Odes*, que l'on a voulu rapporter à l'épisode
des amours d'Olivier de Magny et de Louise Labé, sont, dans
un tel contexte, bien sujettes à caution. L'«ode à s'amye», en
évoquant l'âge d'or où l'amour n'était que bonheur, souligne
les tourments actuels de l'amour et suggère une expérience
générale bien plus que des expériences particulières[109].

Le cinquième livre des *Odes,* où se retrouvent les clichés
des tourments de l'amour («Et ces vers à ton loz je sonne,/
Tandis qu'aux amours je m'adonne/ Remply de mille doux
ennuis»), offre la fameuse pièce dédiée à Sire Aymon, cordier
cocu derrière lequel on a vu le personnage de sire Ennemond,
le mari de Louise Labé. L'amant dénigre le mari, avec son
tablier gras, plus attentif « au long tour de ses cordes» qu'à
l'amour que l'amant porte à sa femme. Il vante la beauté de sa
maîtresse, l'or de sa blonde tresse, ses sourcils d'ébène, son
aptitude à danser et à parler, ses qualités guerrières:

> Heureux encor qui sans nul soin
> Luy vois des armes dans le poing,
> Et brandir d'une force adextre,
> Ores à gauche, ores à dextre,
> Les piques et les braquemars
> En faisant honte au mesme Mars (f. 182v°),

à moins que piques et braquemars ne soient à prendre dans un
sens libre, d'autant qu'il y a une analogie obscène sur le luth;
après les accords du luth, le poëte parlant de pinseter «l'ar-
gentine corde / Du luc de madame parfaict » (f. 182v°)[110].

---

[109]   Olivier de Magny, *Les Odes*, f. 190r°:

> « Chacun avoit le sein de l'amour enflammé,
> Par un brandon égal doucement alumé,
> Et la peur, le dedain, l'ire et la jalousie
> N'ocupoient des amantz encor la fantasie.
> Les pleurs et les souspirs, les plainctes, et le dueil,
> Ne sortoient poinct du sein, de la bouche et de l'œil
> De l'amant affligé, ains sans nulle souffrance
> Il avoit de sa dame adonc la jouyssance ».

[110]   Voir *Discours non plus melancoliques que divers, de choses mesmement qui
       appartiennent à notre France: et à la fin La maniere de bien et justement*

Cette pièce est, avant tout, un jeu littéraire. Derrière le portrait de la femme d'Aymon, il y a des références livresques à des héros médiévaux (« Cet Aymon de qui quatre filz/ Eurent tant de gloire jadis »), avec l'imitation du *Roland furieux* de l'Arioste et le souvenir de ses héroïnes, Alcina, Bradamante, Olimpia, alors que la description du vieux mari est redevable au poète latin Catulle. Par ailleurs, il est remarquable que, s'il y a référence aux hommes de guerre ou de savoir qui viennent voir la femme d'Aymon attirés par sa beauté, il n'est à aucun moment question de ses dons littéraires. Il est difficile de penser que cette femme du cordier à la blonde tresse, soit la brunette poétesse de l'ode d'Olivier de Magny à Joachim Du Bellay !

Dans l'hypothèse où les amours d'Olivier de Magny et de Louise Labé ne seraient que prétendues, où celle-ci ne serait qu'une courtisane, la pièce d'Olivier de Magny, à la folâtre et littéraire invention, devrait être exonérée de la condamnation qui pèse sur son auteur[111]; on pourrait également penser que la mention réitérée du mot « rubis » dans cette ode[112] serait bien

---

entoucher les Lucs et Guiternes, Poitiers, Enguilbert de Marnef, 1556, p. 97, où, après une indication qui donne la forme *luth* comme venue de l'italien, il est précisé : « Car nos peres nous ont aprins à dire Luc non Lut, tesmoin le petit mot de gueule des bons compagnons, qui disent, que madamoiselle sçait fort bien jouer du ꟼAꞀ renversé ».

[111] Règlement de comptes pour Karine Berriot, *op. cit.*, p. 126 ; railleries ignobles sur un personnage mort depuis deux ans dans Madeleine Lazard, *op. cit.*, p. 208. Voir aussi Jean Paul Barbier, *op. cit.*, n. 52 : « Magny est surtout connu pour avoir, dans ses *Odes,* raillé Aymon Perrin, mari de la Belle Cordière, avec une rare fatuité et un manque de gentillesse que les séducteurs heureux s'abaissent rarement à infliger à ceux qu'ils gratifient d'une paire de cornes ».

[112] Olivier de Magny, *Les Odes,* f. 182v° :

> « Et qui vois si souvent encor
> Entre ces perles et cet or,
> Un rubis qui luyt en sa bouche,
> Pour adoucir le plus farouche,
> Mais un rubiz qui sçait trop bien
> La rendre à soy sans estre sien.
>
> Ce n'est des rubiz qu'un marchant
> Avare aux Indes va cerchant,
> Mais un rubiz qu'elle decore
> Plus que le rubiz ne l'honnore,
> Fuyant ingrat à sa beaulté
> Les apastz de sa privaulté ».

une allusion au jeune Claude de Rubys, mais à considérer non comme concurrent d'Olivier de Magny, mais comme client éventuel de la courtisane et qui aurait parlé ensuite contre elle d'expérience[113].

Ces livres IV et V des *Odes* d'Olivier de Magny, publiés quatre ans après l'ouvrage de Louise Labé et les « Escriz de divers Poëtes » auxquels a participé Olivier de Magny, pourraient bien conserver quelques souvenirs d'une affaire Louise Labé, mais qui n'est pas celle que l'on croit. Les tribulations de l'ode que, dans les « Escriz de divers Poëtes », Olivier de Magny dédie à Louise Labé permettront de souligner le rôle ambigu qu'il a joué dans cette entreprise[114].

Guillaume Aubert et la vierge romanesque

La biographie de Louise Labé s'est nourrie de ses prétendues relations amoureuses avec le poète Olivier de Magny. Elle se fonde aussi très largement sur la dernière pièce des « Escriz de divers Poëtes », la plus longue, intitulée « Des louenges de Dame Louïze Labé » (pièce XXIV, p. 151). A partir du contenu de ce texte qui a été lu comme une biographie, ont été reconstruits la plupart des épisodes de la vie de Louise Labé. De fait, c'est surtout par le réseau de relations entre poètes dont elle témoigne qu'elle mérite l'attention. Par son intermédiaire est convié, auprès des poètes lyonnais, le groupe des poètes du bord du Clain, près de Poitiers.

L'auteur de cette pièce anonyme dresse un portrait de Louise en fille de Vénus et de Mars, célébrant « la face,/ Le corps, l'esprit curieux/ De celle dont [il] apareille/ La louange nompareille » (p. 151). Il est fait référence à son déguisement guerrier (« N'oublions en notre metre/ Comme elle osa s'entremettre/ D'armer ses membres mignars » (p. 152);« Ains d'une lance parée/ Chevalier tu te diras » (p. 169)). De ses amours, il y a, d'une part, une allusion à un vieux Romain qui aurait délaissé pour elle l'Italie avant de mourir en Espagne[115] et,

---

[113]   Voir *supra*, p. 120.

[114]   Voir *infra*, p. 223.

[115]   La critique a proposé plusieurs identifications pour ce poète ; pour Karine Berriot, *op. cit.*, p. 235, il s'agirait de Marot, dans la mesure où il était venu à Lyon, après son exil à Ferrare, et qu'il jouait sur les affinités de son nom

d'autre part, une évocation de son affection pour un homme de guerre.

L'auteur loue « sa doctrine/ Sa sagesse, son savoir/ La pensée aux arts encline » (p. 172) ; toutefois, il n'y a pas vraiment référence à la création littéraire, mais plutôt louange de sa voix (« Les vers doctes qu'elle acorde,/ En les chantant de sa voix/ A l'harmonieuse corde,/ Fretillante sous ses doits », p. 172). Ceux qui ont voulu prendre cette pièce comme une biographie ont été quelque peu désappointés, y décelant une Louise Labé « inspiratrice passive », avec une « définition fort restreinte de sa personnalité »[116].

L'auteur fournit les noms des poètes à considérer comme les poètes de Louise Labé : Marot, Du Moulin, Fontaine et Scève. Les deux premiers relèvent du projet marotique primitif de « louer Louise » ; Charles Fontaine, qui a tissé tant de liens avec les poètes contemporains, a pu prendre la relève. Maurice Scève, comme il a déjà été précisé, est partie prenante dans l'ouvrage.

Ensuite et avant des allusions à Pétrarque, à Joachim Du Bellay et à Jean Bouchet, une strophe entière célèbre celui qui aurait le plus contribué au los de Louise. Sur la foi de ce passage où, parmi les loueurs de Louise Labé, se trouve évoquée la Muse nouvelle sortie de l'onde du petit Clain[117], ce poème a été attribué à Guillaume Aubert :

> Toutefois leur fantasie
> Ton loz point tant ne dira,
> Comme d'un la Poësie,
> Qui de l'onde sortira

---

avec celui de Vergilius Maro ; pour Prosper Blanchemain, *op. cit.*, p. 216, et François Rigolot, *op. cit.*, n° 3, p. 180, de Luigi Alamanni (1495-1556), exilé florentin. Pour Daniel Martin, *op. cit.*, p. 453, le poète romain désigne l'auteur des poèmes italiens des « Escriz de divers Poëtes » et l'allusion à sa mort correspondrait à la métaphore employée dans le sonnet XI.

[116] Karine Berriot, *op. cit.*, p. 118.

[117] Prosper Blanchemain, *op. cit.*, p. 216 : « A l'époque où Louise Labé écrivait, on trouve à Lyon Guillaume Aubert, de Poitiers, qui fut l'éditeur des *Marguerites de la Marguerite des princesses* (Lyon, Jean de Tournes, 1547)». Pour Dorothy O'Connor, *op. cit.*, p. 173 : « Poitevin il est vrai, mais qui, d'après ce que nous avons pu découvrir de son histoire, ne paraît pas avoir été jamais à Lyon ».

> Du petit Clan, dont la rive
> Privee de flotz irez,
> Ha en tout tems l'herbe vive
> Autour des bors retirez.
> De cil la Muse nouvelle
> Rendra ta grace immortelle :
> Du Ciel il est ordonné
> Qu'à lui le bruit de la gloire
> De t'avoir mise en memoire
> Entierement soit donné (p. 170).

Cette attribution est renforcée par l'éloge du poète poitevin Jean Bouchet, aux côtés de Pétrarque, célébrant pour l'éternité sa Laure, et de Joachim Du Bellay, son Olive.

Il n'est pas avéré que la strophe où il est fait référence à la Muse nouvelle soit une autocélébration du jeune Guillaume Aubert. Il pourrait s'agir, en fait, d'une allusion au poète Jean-Antoine de Baïf que Guillaume Aubert dut connaître aux bords du Clain. Jean-Antoine de Baïf y séjourna à partir de février 1553 et laissa ce lieu en 1555, pour Paris (« Adieu Poitiers... A dieu Nymphes du Clain » écrit-il dans les *Quatre livres de l'amour de Francine*)[118]. Jean-Antoine de Baïf (1532-1589), fils naturel de l'humaniste Lazare de Baïf, et qui suivit, avec Pierre de Ronsard, les enseignements de Jean Dorat, avait publié, en 1552, *Le ravissement d'Europe* et *Les Amours* dédiées à Méline, à Paris, chez la veuve Maurice de La Porte ; durant son séjour poitevin, il s'éprit de la dame qu'il célèbre sous le nom de Francine. Dans les « Escriz de divers Poëtes », il intervient à deux reprises, avec la pièce « A elle mesme » (XVII, p. 138) et l'« Epitre à ses amis, des gracieusetez de D. L. L.» (XV, p. 133) ; ces pièces non signées sont, en effet, présentes dans l'édition des *Quatre livres de l'amour de Francine*.

Quoi qu'il en soit de cette allusion particulière à la Muse nouvelle, plusieurs faits corroborent l'hypothèse d'une attribution de l'ensemble de cette pièce à Guillaume Aubert. Tel est le cas de son lieu de naissance, de ses relations avec le milieu poitevin qui l'invitent à citer ici Jean Bouchet. Mais il faut aussi mentionner ses liens d'une part avec Charles Fontaine, comme

---

[118] Jean-Antoine de Baïf, *Quatre livres de l'amour de Francine*, Paris, André Wechel, 1555, f. 26r°.

LOUISE LABÉ, UNE CRÉATURE DE PAPIER

l'atteste l'étrenne qu'en 1555 lui décerne ce dernier et où il
célèbre sa jeunesse, sa science et sa vertu et, d'autre part, avec
un des poètes de Louise Labé, Olivier de Magny, qui lui dédie
son ode « D'aymer en plusieurs lieux » parue en 1559 et où il
invite aux amours multiples. Par ailleurs, l'admiration de
Guillaume Aubert pour Joachim Du Bellay, le poète angevin
rendu ici l'égal de Pétrarque, ne se démentira pas. C'est lui qui
rédigera une longue préface au roi, célébration de la poésie, en
tête de l'édition posthume des œuvres du poète angevin
(1569), après avoir écrit, en 1561, une élégie sur son trépas.

Une autre entreprise de Guillaume Aubert ne laisse aucun
doute sur la paternité de ce long poème, tout en en interdisant
toute lecture biographique. En 1556, soit une année après la
publication des *Euvres* de Louise Labé, il livre au public, à
Paris, sa traduction du *Douziesme livre d'Amadis de Gaule*, ins-
crivant son nom dans la suite du plus grand succès éditorial du
XVIe siècle, les *Amadis*. Cette série avait été commencée par
Nicolas Herberay des Essarts qui avait adapté au français, de
1540 à 1548, huit livres d'un roman de chevalerie commencé
par l'espagnol et auquel François Ier avait pris goût lors de sa
captivité en Espagne ; le IXe livre fut traduit en 1552 par Gilles
Boileau ; le Xe en 1552 et le XIe en 1554 par Jacques Gohory ;
suivront deux autres livres traduits des *Amadis* espagnols.
L'existence de dix livres suivants (issus pour sept d'entre eux
de suites italiennes des *Amadis* et, pour les trois derniers
publiés en 1615, de suites allemandes) atteste l'exceptionnel
engouement pour cette littérature romanesque.

Dans la préface au lecteur de ce douzième livre où il assure
la défense des romans, Guillaume Aubert se justifie contre
ceux qui lui reprocheraient de ne pas avoir choisi pour le
« premier labeur de [sa] jeunesse » un ouvrage dont on pourrait tirer « doctrine meilleure » : il met en avant combien sa ten-
tative a été l'occasion d'« essayer le petit jugement de [son]
esprit ». A ceux qui lui font grief d'avoir passé le temps qu'il
aurait pu occuper plus utilement à ses études et qui prétendent
que « le tumulte du barreau, et des affaires qui tournoyent
entre [ses] mains » aurait dû le dissuader d'occuper son temps
ailleurs, il objecte qu'il a donné à cette traduction les loisirs
que d'autres accordent aux jeux et aux menus plaisirs.

Guillaume Aubert agrémente sa traduction d'*Amadis* de
nombreuses pièces de vers qu'il intitule chansons et qui sont

de formes diverses. Il a une prédilection pour les pièces d'hep-
tasyllabes, comme dans l'ode à Louise Labé. Ce sizain sur la
devise d'Henri II, présent dans son *Amadis*:

> A ces fatales cornes
> Je ne mes nulles bornes:
> Leurs croissants s'acroistront
> Jusques à ce que la terre
> Vaincue en eux, se serre
> Ayans remply leur rond[119]

évoque irrésistiblement « ces six vers » de son ode à Louise
Labé:

> DU TRESNOBLE ROY DE FRANCE
> LE CROISSANT NEUVE ACROISSANCE
> DE JOUR EN JOUR REPRENDRA,
> JUSQUES A TANT QUE SES CORNES
> JOINTES SANS AUCUNES BORNES
> EN UN PLEIN ROND IL RENDRA (p. 157).

Les thèmes des pièces versifiées de l'*Amadis* sont récurrrents :
célébration de la chasteté et des pucelles, louange des appâts et
de la beauté de la femme, tourments de l'amour ; un recours
massif aux exemples antiques et au personnel mythologique
agrémente ses vers.

Or, le lecteur de l'ode à Louise Labé est transporté dans
l'univers des *Amadis*. Le jardin longuement décrit évoque le
locus amoenus du célèbre château d'Apolidon du livre IV des
Amadis qui a tant frappé les imaginations du XVIe siècle. Tout
le livre XII traduit par Guillaume Aubert bruit de prophéties
et le destin de sa Louise est comparable à celui des héroïnes
des *Amadis* ou du *Roland furieux*. Il y a dans la trame narrative
de cette ode une véritable mise en roman. Les éléments prétendument biographiques ne sont donc que des éléments
romancés.

La virginité (la « mignonne pucelle », « la pucelle lyon-
noize ») et la chasteté de Louise (parlant elle-même de sa
« chaste virginité », alors que le poète évoque « la chasteté
fidelle,/Qui tousjours est avec elle »), son caractère guerrier
(« forte guerriere ») sont célébrés. Le lecteur est dans le
domaine de la pure fiction. Ainsi Vénus révèle à Louise qu'elle

---

[119] *Douziesme livre d'Amadis de Gaule*, Paris,Vincent Sertenas, 1556, f. 7v°.

est fille de Vénus et de Mars; mais le poète pense qu'elle est née de Diane et d'Apollon.

La Louise guerrière qui a enflammé l'imagination des biographes qui ont cru à sa participation au siège de Perpignan (1542) où elle aurait suivi l'armée du dauphin, le futur Henri II, ne relève que de l'exagération épique et d'une habile invention:

> Louïze ainsi furieuse
> En laissant les habiz mols
> Des femmes, et envieuse
> De bruit, par les Espagnols
> Souvent courut, en grand'noise,
> Et maint assaut leur donna,
> Quand la jeunesse Françoise
> Parpignan environna.
> Là sa force elle desploye,
> Là de sa lance elle ploye
> Le plus hardi assaillant:
> Et brave dessus la celle,
> Ne demontroit rien en elle
> Que d'un chevalier vaillant (p. 155).

Exagération d'autant plus grande que le siège de Perpignan fut un échec pour les Français et qu'aucun assaut n'y fut donné, ce qui a invité à poser l'hypothèse d'une collaboration de Louise Labé à une parade donnée par la jeunesse lyonnaise[120]. Dans l'ouvrage publié en 1555, à Lyon, chez Charles Pesnot, *Cinquante jeus divers d'honnete entretien, industrieusement inventés par Messer Innocent Ringhie, gentilhomme Bolognoys*, et dédié aux dames, au chapitre du «Jeu de la guerre», après l'exemple obligé des Amazones et le rappel du nom de quelques guerrières antiques, est mentionnée la mode actuelle pour les dames de jouer les femmes de guerre [121]:

---

[120] Pour le siège de Perpignan, voir Claude Bréghot du Lut, *op. cit.*, p. XXXI-XXXII; Prosper Blanchemain, *op. cit.*, p. XV-XVI. Pour la participation à la parade, voir Charles Boy, *op. cit.*, II, p. 38; Dorothy O'Connor, *op. cit.*, p. 70-71; Karine Berriot, *op. cit.*, p. 53-60. Daniel Martin, *op. cit.*, p. 459, souligne que la ville de Lyon avait «contribué de façon particulièrement active à la préparation de l'armée du Dauphin» et que la valeur guerrière manifestée par Louise participerait à l'héroïsation de Louise, tout comme l'image d'une Louise chasseresse.

[121] Voir Frédérique Verrier, *Le miroir des amazones: amazones, viragos et guerrières dans la littérature italienne des XVe et XVIe siècles*, Paris, L'Harmattan,

> Mais qu'est-il besoin de tant me travailler a mettre en prouve, et eclaircir la verité des choses qui demeurent sous le fais d'un si grand nombre d'années? quand ces tans presens nous fournissent de Dames lesquelles on trouve ordinairement armées de pié en cap, se maintenans si bien a chevaucher, jouter, et tournoyer que c'est une chose dine de toute grande admiration, a veoyr la grace, et naïveté avec laquelle elles y procedent: tellement qu'on les prendroyt pour nouvelles Palas, et autres Bellonnes (p. 38).

Tout, dans le texte de Guillaume Aubert, pourrait bien avoir été inventé. De toutes manières, comment attendre le respect de la vérité historique de celui qui, dans la préface de sa traduction de l'*Amadis*, prône les vertus de la fiction, en soulignant la supériorité, pour l'instruction, de la narration inventée sur l'histoire véritable[122]?

2003, p. 175, qui note combien le statut de la femme et ses éventuelles aptitudes guerrières sont sujet de discussion paradoxale et carnavalesque, les Amazones étant particulièrement bien représentées dans les chansons populaires de Carnaval.

[122] *Douziesme livre d'Amadis de Gaule,* « Discours de G. Aubert, sur sa traduction…Au lecteur »: « Il s'en trouvera encores d'autres qui diront que les Romans sont du tout inutiles, et ne servent que d'amusement à ceux qui les lisent: Je ne sçay s'ilz seront beaucoup de ceste opinion, mais je m'asseure bien qu'ilz sont un fort grand nombre qui croyent le contraire: Car si pour aprendre la naïfveté du langage, se recréer en considerant que peut l'extremité de l'amour sur les humains, voir l'experience de l'art militaire, s'encourager aux armes par la louange de la prouesse, et par la vituperation de la couardie, contempler (comme en theatre de tout le monde) les divers changements de la fortune, l'inconstance des choses humaines, les hazards de la guerre, les trophées des Princes victorieux, et la vergongne des vaincuz; l'on pense le temps estre perdu et mal employé; Il faudroit dire que tout le temps qui est employé à la lecture de plusieurs autres bons livres qui ne tendent qu'à mesme fin, seroit pareillement inutile aux lecteurs: chose tant inepte, que je ne sache homme si effronté qui l'osast soustenir, sans se mettre en danger d'estre noté d'une trespitoyable faute de sens. S'ilz se vouloient opiniastrer et dire que les Romans sont choses fabuleuses, et qui ne contiennent que mensonges: Pour mesme ocasion il faudroit encores chasser Homere, Virgille, et tous leurs semblables; voires la plus grande part de ceux qui ont fait semblant de ne s'estre proposé autre but que la verité: car quelque mine qu'ilz ayent faite, le plus souvent ilz n'ont point tant escrit ce qui estoit vray: comme ce qu'ilz pensoient estre au gré de ceux ausquelz ilz vouloient plaire, faisans tourner et retourner inconstamment leurs voyles devers tous les costez dont ilz

Cette pièce est donc consacrée à une Louise rêvée par un jeune poète qui avait en chantier sa traduction de *l'Amadis*. Les étrennes de Charles Fontaine mettent en avant la jeunesse de Guillaume Aubert et l'interrogation sur ce qu'il va faire[123]. La réponse pour l'année 1555 est éloquente: l'élaboration de *l'Amadis* et la célébration de Louise[124].

Cette ode est à l'évidence un travail de commande, une invite à louer une Louise qu'il ne connaît pas. Un canevas lui a été fourni. Il cite les noms des poètes impliqués dans ces louanges: Marot, Du Moulin, Fontaine, Scève, alors même que les deux premiers ne sont plus vivants. Ce travail a dû lui être demandé par ceux qui ont repris le projet d'Antoine Du Moulin dans l'atelier Jean de de Tournes. Ce sont les auteurs De Tournes qu'il cite comme poètes de Louise Labé, Marot, Du Moulin, Fontaine, Scève. Il est remarquable que Jean Bouchet, lui aussi mentionné, ait publié, en 1550, chez Jean de Tournes, *Les angoysses et remedes d'amours. Du Traverseur, en son adolescence.*

Jean-Antoine de Baïf, dans les *Quatre livres de l'amour de Francine,* célèbre Guillaume Aubert, évoquant le poète écrivain qui chante la femme d'excellence:

> Aubert, à qui la Muse a versé dans la bouche,
>> Un chant, dont la douceur feroit le miel amer,
>> Si quelquefois Amour ton cueur put enflamer,
>> De l'œil d'une maistresse à ton desir farouche:
> Vien voir un pauvre amant: pren ton lut et le touche:

esperoient avoir le vent plus favorable: A l'ocasion dequoy, je ne fais autre difference entre les uns et entre les autres, sinon que ceux-cy racontent des mensonges manifestes, et les autres les desguisent au mieux qu'ilz peuvent».

[123] Voir *supra*, p. 180, note 79.

[124] On compte aussi cette même année deux pièces de commande (des bribes d'une traduction de Martial et de *l'Eunuque* de Térence comme exemples dans la *Rhétorique françoise* de Fouquelin), le blason du «ciron» que Pierre de Ronsard publie dans la *Continuation des Amours,* parue à Paris, chez V. Sertenas, 1555, ouvrage dans lequel il lui dédie «La Rose, A Guillaume Aubert Poitevin. Imitation d'Anacreon». L'année suivante, Guillaume Aubert est avec Jean-Antoine de Baïf, Pierre de Ronsard et Jean Nicot, l'un des quatre interlocuteurs des *Dialogues contre les nouveaux academiciens que tout ne consiste pas en opinion* de Guy de Bruès (Paris, A. Wechel).

> Vien avec ta chanson d'un tel son l'animer,
> Qu'aleger il me puisse, et d'Amour alumer
> La rebelle, qui m'est plus sourde qu'une souche.
> Aubert, vien voir Francine : Si tu vois ses beaux yeux
> Etinceler d'Amour la lumiere divine,
> Si tu oys son parler, qui n'est de rien de vein :
> Tu diras, o beauté, beauté dine des dieux,
> Jamais autre beauté entre nous ne fut dine,
> Si cette ci ne l'est, d'un poëte ecrivain[125].

C'est avec Jean-Antoine de Baïf, au bord du Clain, que Guillaume Aubert s'est trouvé enrôlé dans les poètes de Louise Labé et la dernière phrase de ce sonnet pourrait faire allusion au projet de louer une autre femme. Olivier de Magny lui-même aurait sollicité Jean-Antoine de Baïf. Car Olivier de Magny est dans l'affaire un personnage central, comme l'atteste bien l'ode « Des graces et perfections de s'amye », envoyée à Joachim Du Bellay où il parle de ce sujet qu'il aurait voulu voir traité par le poète angevin qui fit une réponse négative, comme va le montrer aussi son implication dans les pièces de Jean-Antoine de Baïf présentes dans les « Escriz de divers Poëtes ».

IV. LOUER LOUÏZE, SUJET DE « GAYE FANTASIE »

Les « Escriz de divers Poëtes, à la louenge de Louïze Labé Lionnoize » forment un hommage exceptionnel à un auteur inconnu comme le suggère la première pièce, l'ode en grec qui célèbre la nouvelle Sappho, cet écrivain nouveau et féminin dont on cherche en vain l'origine. L'aveu de la supercherie, déguisé sous cette forme grecque et accessible à un nombre restreint de lecteurs, est plus manifeste dans d'autres passages, tout comme l'artificialité du projet.

Le dessein de « louer Louise » tient à une paronomase qui est aussi jeu littéraire et qui devait évoquer au XVIe siècle une autre paronomase célèbre mise en valeur par Pétrarque dans son sonnet V : « laudare, Laure ». Le traducteur de Pétrarque, Vasquin Philieul, en 1548, fournit l'argument de ce sonnet :

---

[125] Jean-Antoine de Baïf, *op. cit.*, f. 35v°.

« Ici est le nom de ma dame Laure, soit en francoys ou en Italien, compris dedans ce mot laudare »[126].

Le los de Louise: modalités de la célébration

L'ensemble des pièces de louange est divers[127], puisqu'il réunit des textes grec, latin, italiens et français, sonnets, odes, épîtres, madrigale, estreines, double rondeau. La variété est remarquable: certains de ces genres, comme les odes ou les sonnets étaient vivement encouragés par Joachim Du Bellay dans *La Deffence, et illustration de la Langue Françoyse*, d'autres, comme le rondeau, relevaient, pour lui, de « ces epis-series qui corrumpent le goust de notre Langue ».

Il importe de remarquer, en premier lieu, l'artificialité du projet de louanges de Louise. Avant les vingt-quatre « Escriz de divers Poëtes », le sonnet « Aus poëtes de Louïze Labé » fournit, en utilisant le terme de « sujet », l'argument de ces textes qui est d'écrire ses louanges, de célébrer sa beauté, sujet choisi « par gaye fantasie » :

> Vous qui le los de Louïze escrivez,
>   Et qui avez, par gaye fantasie
>   Ceste beauté, votre suget, choisie,
>   Voyez, quel bien pour vous, vous poursuivez (p. 124).

L'auteur de ce texte souligne la gloire que les loueurs peuvent en attendre :

> ... en louant sa dine Poësie,
>   Mieux que par vous par elle vous vivez ...
>   Louïze autant en beauté reputee,

---

[126] *Laure d'Avignon*, Paris, J. Gazeau, 1548, sonnet V : « Ainsy, Laudare, à vous louer enseigne/La mesme voix ».

[127] Pour des hypothèses sur les agencements de ces pièces, voir Daniel Martin, *op. cit.*, p. 381-475 : « Ainsi l'agencement de l'ensemble, si l'on s'en tient aux indices formels, vise avant tout à mettre en valeur le caractère universel de l'hommage rendu à Louise Labé : les textes grec, latin, italiens marquent sa place dans la chaîne poétique qui s'enracine dans l'Antiquité prestigieuse et qui passe par l'Italie pétrarquiste. Les sonnets 3 à 9 font office de reconnaissance de la poétesse par ses pairs lyonnais en tête desquels marche le « Prince de la Renaissance Lyonnaise », Maurice Scève... Les textes 13 à 19 élargissent l'acte de reconnaissance aux grands horizons poétiques français, d'inspiration ancienne – marotique – ou nouvelle – ronsardisante » (p. 392).

> Trop plus se fait par sa plume estimer.
> Et de soymesme elle se faisant croire,
> A ses loueurs est cause de leur gloire (p. 124).

Le sujet de cet ensemble de pièces est donc le los (« louange ») de Louise. « Louer Louïze », tels sont les derniers mots des « Estreines » (pièce XIII, p. 133), où la plupart des vers commencent par le nom de Louise et louent sa beauté, sa voix, son habileté au luth et la dernière pièce s'intitule « Des louenges de Dame Louïze Labé » (XXIV, p. 151). Cet ensemble forme une belle illustration, dix ans plus tard, de la proposition faite par Marot à Antoine Du Moulin et à Claude Galland. Sur les vingt-quatre pièces, plusieurs titres mettent en avant la beauté et l'excellence de Louise Labé, comme autant de réponses au dernier tercet de Clément Marot :

> En contemplacion de D. Louïze Labé (IV, p. 127)
> A celle qui n'est seulement à soy belle (VII, p. 129)
> Epitre à ses amis, des gracieusetez de D. L. L. (XV, p. 133)
> Des beautez de D. L. L. (XVI, p. 137)
> A Dame Louïze Labé, Lionnoize, la comparant aus Cieus (XXIII, p. 150).

Mais il faut remarquer que le nom de Louise apparaît principalement en titre et que seules six pièces offrent dans le corps du texte la mention de Louise, sous la forme « Louïze » (V, XIII, XXII, XXIV), « dolce Luisa mia » (XII), « Loy se laberynte » (III).

Une des célébrations de la dame, toutefois, ne se trouve pas incluse dans les « Estreines » qui répondent au vœu de Clément Marot. C'est celle de ses baisers, jeu savant sur la transcription latine de son nom, *labea* « lèvre », et genre bien particulier, très à la mode en ce milieu de siècle. L'influence de l'ouvrage de Jean Second (1511-1536), *Basia et alia quaedam*, de parution posthume à Lyon, chez Sébastien Gryphe en 1539, et qui est un recueil de dix-neuf baisers, est importante aussi bien sur la production française que latine ; ainsi ses *Basia* ont été imités dans les *Juvenilia* de Marc-Antoine Muret (1548). Pierre de Ronsard lui a fait, tout au long de sa carrière poétique, maints emprunts[128]. Le second livre des *Amours* de

---

[128] Jean Second, *Œuvres complètes*, éd. Roland Guillot, tome I, Paris, Champion, 2005, p. 35-43.

Meline de Jean-Antoine de Baïf relève de ce genre, tout comme, dans le texte même de Louise Labé, certains de ses sonnets, comme le sonnet XIII ou le sonnet XVIII :

> Baise m'encor, rebaise moy et baise :
>> Donne m'en un de tes plus savoureux,
>> Donne m'en un de tes plus amoureus :
>> Je t'en rendray quatre plus chaus que braise (p. 120),

ce dernier correspondant au carmen V de Catulle, imité par Jean Second dans son septième *basium* :

> Da mi basia mille, deinde centum
> Dein mille altera, dein secunda centum
> Deinde usque altera mille, deinde centum.

Dans les « Escriz de divers Poëtes », il n'y a pas moins de quatre odes consacrées aux baisers de Louise Labé. La première, latine (II, p. 125), joue sur *labea*, et il importe de remarquer que, contrairement aux traductions françaises qui en sont données dans les éditions modernes, la transcription latine du prénom de Louise est totalement absente du corps de cette ode où n'apparaît que le terme de *Labæa*. En titre, il est précisé toutefois que la pièce traite « De Aloysæ Labææ osculis », mais ce n'est qu'en titre et il a déjà été noté que le nom complet de Louise Labé, fréquent dans les titres de ces pièces, ne se trouve à l'intérieur des textes qu'en anagramme. Cette ode a été attribuée à Antoine Fumée rapporteur ; comme il a déjà été précisé, dans l'« Ode en faveur de D. Louïze Labé, à son bon Signeur. D. M. » (p.141), Olivier de Magny reprend une ode qu'il a adressée par ailleurs à « Anthoine Fumée, grand rapporteur de France », et qui se trouve avec ce dernier titre dans l'édition de ses *Odes* de 1559, ode dans laquelle il évoque la composition d'une ode latine par Fumée[129].

Dans ces « Escriz de divers Poëtes », le thème du baiser est aussi traité dans des textes français et italiens. Le sonnet V pose la question : « Que suis je lors quand Louïze me touche, / Et l'accollant d'un long baiser me baise ? (p. 128)». La chanson XVII (p. 138) évoque le refus du baiser à l'amant qui le demande et la ballade italienne (XII, p. 132) ses « ardenti baci ». La concor-

---

[129] Voir *supra*, p. 188.

dance de ces pièces sur les baisers laisse entendre qu'à côté du
mot d'ordre « Louer Louise », il y en eut un autre à partir de
Labea[130].

Il n'est pas impossible que, dans cette célébration, soit
aussi en cause le refrain de la pièce que Clément Marot, avant
que ne soient à la mode les *Basia* de Jean Second, consacre
dans l'*Adolescence clementine* au baiser de son amie :

> Du baiser de s'Amye
> En la baisant m'ha dit, Amy, sans blasme
> Ce seul baiser, qui deux bouches embasme
> Les arres sont du bien tant esperé :
> Ce mot elle ha doulcement proferé,
> Pensant du tout appaiser ma grand'flame.
>
> Mais le mien cœur adonc plus elle enflame,
> Car son alaine odorant plus que basme
> Souffloit le feu, qu'Amour m'ha preparé
>   En la baisant.
> Bref, mon esprit sans congnoissance d'ame
> Vivoit alors sur la bouche à ma Dame,
> Dont se mouroit le corps enamouré :
> Et si sa levre eust gueres demouré
> Contre la mienne, elle m'eust succé l'ame
>   En la baisant[131].

En la baisant a pu être lu comme un jeu de mots, préfigurant
celui de Maurice Scève sur *Loy se Laberynte*. Une humeur
facétieuse a pu amener à rapprocher le nom *Labé* de ce refrain
célèbre. Cette pièce de Clément Marot est, en effet, particulièrement connue et donnée comme canonique. Elle est fournie
dans son intégralité par Thomas Sébillet dans son *Art poetique*
de 1548 comme le modèle du rondeau double. Il est, par
ailleurs, remarquable que Thomas Sébillet cite deux autres
pièces de baiser dans son ouvrage à propos de problèmes de
versification : l'une de Clément Marot qui contient la formule
« ô dur baiser », l'une de Mellin de Saint-Gelais avec « ô doux
baiser » (présence qui atteste, de la part de Thomas Sébillet, un
intérêt tout particulier pour ce genre des baisers).

---

[130]   Les termes utilisés par Jean Second dans ses *Basia* sont ceux de *labellum* et
labrum.

[131]   *Les Œuvres de Clement Marot*, 1546, I, p. 364.

A côté de ces baisers, plusieurs pièces suggèrent l'image de Louise Labé avec son luth, instrument auquel est consacrée entièrement l'épigramme XIV. Les sous-entendus sexuels sont évidents :

> Louïze ha main qui tant bien au lut joue (XIII, p.133)

> Si ta voix de ton lut argentin temperee,
> D'arrester les passans est moyen suffisant (XXII, p. 150)

> Elle ayant assez du pouce
> Taté l'harmonie douce
> De son lut, sentant le son
> Bien d'acord, d'une voix franche,
> Jointe au bruit de sa main blanche,
> Elle dit cette chanson (XXIV, p.161).

Dans toutes ces pièces, c'est la femme qui est célébrée et non la poétesse. De même, la pièce qui en titre fait pourtant référence à Sappho, « A D. Louïze, des Muses ou premiere ou diziéme couronnante la troupe » (IX, p. 130), n'offre, dans le corps du texte, aucune allusion à quelque activité d'écriture.

Seules deux pièces font exception : le « Sonnet à D.L.L. par A.F.R. » (XXII, p. 150) et l'ode de Philibert Bugnyon (XXI, p. 148). Elles mettent, apparemment, en avant la production littéraire de Louise Labé. Mais l'une et l'autre posent problème. Le commencement du sonnet « par A. F. R. » (à attribuer à Antoine Fumée) évoque les odes et les sonnets de Louise :

> Si de ceus qui ne t'ont connue, qu'en lisant
> Tes Odes et Sonnets, Louïze, et honoree (p.150).

Or, dans les *Euvres*, les sonnets sont bien présents, mais il n'y a pas d'odes, seulement des élégies. De même, le privilège du roi fait référence à côté du « Dialogue de Folie et d'Amour » à « plusieurs Sonnets, Odes et Epistres » (p. 178). Il y a lieu de croire que l'on a demandé à Fumée d'apporter sa contribution à partir d'un projet initial qui aurait dû comporter des odes comme l'indique le privilège[132]. Antoine Fumée n'a visible-

---

[132] Pour Daniel Martin, *op. cit.*, p. 442, qui s'interroge sur son rôle de maître de cérémonie, « Fumée a eu connaissance de la plupart des pièces avant d'écrire son sonnet » ; il met en avant la récurrence de certains thèmes par rapport aux autres pièces.

ment pas été informé du changement de programme qui a amené à publier des sonnets et des élégies de Louise Labé (celles-ci correspondant aux épîtres), mais non les odes promises. L'on peut penser qu'il a travaillé sur commande, comme le suggère aussi son ode latine sur *Labœa*, à considérer les dires d'Olivier de Magny[133]. La fin du sonnet est à la gloire de la poétesse :

> Tant tes vers amoureus t'ont donné los et bruit,
>> Qu'heureus me sens t'avoir non le premier aymee,
>> Mais prisé ton savoir avant la renommee (p. 150).

Il s'agit bien dans cette pièce d'allusion à la poétesse Louise Labé, mais elle ne correspond pas à la réalité des *Euvres*.

L'autre pièce qui fait référence à une pratique poétique, l'ode de Philibert Bugnyon, pourrait ne pas concerner Louise Labé, mais fournir, tout comme les trois pièces de Claude de Taillemont (pièces VI, VII, VIII, p. 128-129), des renseignements précieux sur la genèse des *Euvres* de Louise Labé. Elle commence par une évocation d'un personnage tonnant qui ensemence la terre d'atomes formés de ce personnage d'exception :

> Un, qui de main foudroyante
> Estonne mortels et Dieus,
> Ensemença ces bas lieus,
> De diversité d'atomes
> Formez de ce vertueus
> Surpassant celui des hommes (p. 148).

Les métaphores utilisées font, à l'évidence, allusion à Maurice Scève, si l'on veut bien mettre ce texte en relation avec les textes de ses contemporains qui le donnent comme initiateur et avec celui de la dernière pièce des « Escriz de divers Poëtes » où il est ainsi présenté :

> … la Muse hauteine
> De ce Sceve audacieus,
> Dont la tonnante parole,
> Qui dens les Astres carole,
> Semble un contrefoudre es Cieus (p.170).

Ces atomes s'assemblèrent « pour former une bien née », qu'ils font voir comme personne divine et familière des Muses :

[133] Voir *supra*, p. 188.

> Là recevant les honneurs
> De ceus, qu'on n'a laissé boire
> Aus sources et cours donneurs
> De perpetuelle gloire (p. 148).

La strophe suivante met l'accent sur les doctes écrits et introduit le terme de « gage »:

> Elle le fait aparoitre
>   Au docte de ses escriz,
>   Qu'on voit journellement naitre,
>   Et devancer les esprits,
>   Qui avoient gaigné le pris
>   D'estre mieus luz en notre aage.
>   O feminin entrepris
>   De l'immortalité gage! (p. 149).

Cette mention n'est pas anodine et a une signification particulière dans le groupe des poètes qui gravitent autour de Maurice Scève et de Pontus de Tyard. L'emploi du terme de « gage » sert usuellement à faire allusion à Marguerite de Bourg, dame de Gage, que François de Billon, dans le *Fort inexpugnable* de 1555, loue en des termes particulièrement élogieux pour ses rares perfections en tous arts libéraux[134]; il la célèbre pour son savoir, pour ses vertus, pour ses deux filles. Née vers 1510, fille de Claude de Bourg, marchand lyonnais, épouse d'Antoine Bullioud, notaire et secrétaire du roi, général des finances pour la Bretagne, elle est très en vue à Lyon dans les années 1550, objet de dédicace de nombreux ouvrages, principalement en italien. Elle est le personnage central du dialogue de l'*Aretefila* de Lucantonio Ridolfi dont on a déjà parlé[135] et qui évoquait aussi Maurice Scève. Sa présence a également été décelée

---

[134]   François de Billon, *Le fort inexpugnable*, f. 35r°: « Suyvant ce propos, et en commençant a la noble Vile de Lyon, qui jadis fut édifiée par l'un des antiques Roys des Gaulles appelé Lugdus, Il est notoire qu'elle se sent fiere d'avoir produyt, dans son Bourg ou enclos, une singulière Marguerite de Bourg qui par induction seulle de ses rares perfections en tous Artz Liberaux (outre son elegante et complete honnesteté) tient continuellement en son Chateau de Gaige, deux petites fleurettes de preis, de son Sang yssues, si divinement arrosées de toute liqueur desirable d'esprit qu'il semble que pour quelque gaige d'honneur, elle les vueille un jour presenter, pour illustrer tout le Lyonnoys ».

[135]   Voir *supra*, p. 151.

derrière le personnage d'Eumathe, figure importante des *Champs faëz* de Claude de Taillemont.

Le jeu sur le mot de « gage » est familier chez les poètes lyonnais. Il se trouve, dans *La Tricarite* de Claude de Taillemont dans le « Melpocarite de Qelqes Damoêzellés » à la louange de demoiselles lyonnaises :

> De Gágé or
> N'angagé Or,
> Eins des Cieus plus ráre gáge :
> Qu'en savoer
> La fet voer
> L'autre Phénix de nôtré áge[136].

Il apparaît également dans deux passages des *Erotasmes* de Philibert Bugnyon[137].

---

[136]   Claude de Taillemont, *La Tricarite*, p. 93. Claude de Taillemont, par ailleurs, consacre la pièce suivante de *La Tricarite* à M.D.B. (Marguerite de Bourg) :

> « De M. D. B.
> Le los, amis, indíne a la persone
>   Qí vié, è coeur anterré avec ses yeus :
>   A cellé èt du, qi monté, è tand es Cieus,
>   Ou (come fleur qí contremont florone)
>   Condínemant des Astres se corone.
> Dessus son dôs Atlas le Ciel sotient,
>   Mæs cette cy héureuzemant le tient,
>   E porté au chéf : dont bien elle merite
>   Que sans vizér au plus de son merite,
>   L'on dié einsi des Perlés l'union
>   Qí de vertus amperle ce Lyon,
>   Antre les Fleurs c'èt une Margœrite » (p.72).

[137]   Philibert Bugnyon, *Erotasmes*, p. 139 :

> « Vôtre amoureux est déjà d'age
> Pour entrer au chasteau d'amours,
> Au chasteau qu'il aura pour gage
> Des travaus de ses jeunes jours.
> S'il fait à l'environ maints tours,
> C'est pour garder qu'on n'en approche :
> Il n'y a ne villes ny bourgs,
> Par acoster, qu'on n'ecarmouche »

et p. 2 : « Pour captiver ma liberté volage
> Qu'elle detient prisonniere, pour gage
> D'une amitié reciproque et constante ».

Dans les « Escriz de divers Poëtes », le terme de *gage* est usité dans le sonnet « En contemplacion de D. Louïze Labé » (IV, p. 127). Cette pièce se retrouve dans les *Erreurs amoureuses* de Pontus de Tyard parues à Lyon, chez Jean de Tournes, en 1555, avec modification des deux derniers vers ; elle fait partie d'un ensemble à la gloire de sa dame Pasithée[138].

Pontus de Tyard, *Erreurs amoureuses*, 1555	« Escriz de divers Poëtes »
Ah, comme ardroit mon cœur reduit en cendre ?	Ah ! de quel feu brule un cœur ja en cendre ?
Comme en deus parts le puis je mettre en gage	Comme en deus pars ce peut il mettre en gage ?
(p. 117)	(p. 127)

La savante Pasithée, à qui Pontus de Tyard dédie tous ses ouvrages jusqu'en 1555, ne serait autre que Marguerite de Bourg dédicataire en 1556 du *Discours du Temps, de l'an et des parties*[139]. Dans ce dialogue de Pontus de Tyard, se retrouvent deux pièces de Philibert Bugnyon qui, dans les *Erotasmes*, lui adresse « Le chant Panegyric de l'Isle Pontique » :

> Par toy sera ta Pasithée en gloire :
> O Pasithée, heureuse entre les Dames[140].

Philibert Bugnyon et Pontus de Tyard sont particulièrement liés et il n'est pas étonnant que la strophe suivante de l'ode de Philibert Bugnyon dans les « Escriz de divers Poëtes » fasse référence à Pontus de Tyard :

> Qui de langue plus diserte
> Fait le Musagete orer
> Contre l'eloquence experte
> Du Dieu, qui peut atirer

---

[138] Selon John Mac Clelland, éd. *Erreurs amoureuses*, Genève, Droz, 1967, il serait antérieur à la publication des « Escriz de divers Poëtes ».

[139] Cette œuvre présente une image de la dame qui est confondue avec celle de ses deux filles. Voir Marie Madeleine Fontaine, « « Un cœur mis en gage » Pontus de Tyard, Marguerite de Bourg et le milieu lyonnais des années 1550 », *Nouvelle revue du seizième siècle*, 1984, n° 2, p. 69-89.

[140] Philibert Bugnyon, *op. cit.*, p. 191.

> Par le caut de son parler
> L'erreur à la vraye trace ?
> Qui pres d'eus peut sommeiller,
> Comme elle, sur le Parnasse ? (p. 149).

L'emploi d'«erreur», qui évoque les *Erreurs amoureuses*, est notable, tout comme celui de «langue diserte» appliqué à Pontus de Tyard; dans les *Erotasmes*, Philibert Bugnyon ne précise-t-il pas que:

> Pontus Tyard, de sa langue diserte,
> Fait saintement les amours animer[141] (p. 129).

De même, «musagete» est un mot de Pontus de Tyard qui, dans le *Solitaire premier*, évoque «Les Muses, et le Musagete (ainsi se nomme leur guide Apollon)»[142].

Philibert Bugnyon termine son ode par la couronne de laurier qui ornera la sœur de Pallas:

> Pour orner la seur de celle,
> Qui sortit, le coup donné
> En armes, de la cervelle (p. 150).

La comparaison de la dame avec Pallas est aussi présente dans une pièce des *Erotasmes* où il est fait allusion à Pasithée[143].

---

[141] *Id., ibid.*, p. 129.

[142] Pontus de Tyard, *Solitaire premier*, éd. Silvio F. Baridon, Genève, Droz, 1950, p. 26.

[143] Philibert Bugnyon, *op. cit.*, p. 30:

> «Quand Dieu forma cette ronde machine,
> Elle étoit jà parfaite en son idée;
> De rien la fit, duquel tout il machine;
> Pour l'enrichir, y procrea ma Thée,
> Puis fit sortir de son chef PASITHEE:
> L'une il doüa de celeste savoir,
> L'autre empara de si divin avoir
> Qu'à fort bon droit on l'appelle Pandore,
> L'autre Pallas. Qui donq' les voudra voir,
> Vienne à MACON, où chacun les adore».

Voir aussi le sonnet XIII:

> «O noble Dame, on t'a donné cet heur
> Comme à Pallas, d'être dine d'honneur» (p. 22);
> «Mais tellement vous étes palladée
> Que par-tout suit le dous ris vôtre idée» (p. 3).

Philibert Bugnyon, comme Claude de Taillemont dans les trois sonnets de « Belle à soy », révèle donc le rôle majeur joué par Maurice Scève et ses proches dans cette entreprise des *Euvres* de Louise Labé. Cette pièce n'est pas à la gloire de Louise, mais à celle de Marguerite de Bourg, la Pasithée de Pontus de Tyard, avec qui Philibert Bugnyon établit un dialogue poétique et qui est évoquée dans la pièce IV des « Escriz de divers Poëtes » (p. 127). Deux des pièces, prétendument à la louange de Louise Labé, sont des éloges de la Lyonnaise Marguerite de Bourg-Pasithée.

Les deux seules pièces apparemment à la gloire de Louise Labé écrivain sont donc problématiques. La première comporte une erreur bibliographique, la seconde célèbre une autre Lyonnaise et les poètes lyonnais Maurice Scève et Pontus de Tyard. Il est manifeste que certaines des vingt-quatre pièces des « Escriz de divers Poëtes » n'étaient pas destinées à Louise Labé[144], que d'autres soulignent le rôle des poètes lyonnais dans l'entreprise et sont des célébrations de Maurice Scève par les proches de son entourage.

La double diffusion

L'hypothèse de pièces majoritairement écrites pour d'autres circonstances est renforcée par la présence de certains des textes de ces « Escriz de divers Poëtes » dans des recueils contemporains. Le lecteur de 1555 pouvait lire trois d'entre eux dans des ouvrages publiés la même année et adressés à d'autres dames. A côté du sonnet de Pontus de Tyard, intitulé « En contemplacion de D. Louïze Labé » dédié dans les *Erreurs amoureuses*, à sa Pasithée, deux autres pièces sont attestées dans les *Quatre livres de l'amour de Francine* de Jean-Antoine de Baïf paru à Paris, chez André Wechel.

La pièce « A elle mesme » (XVII), qui commence par les vers :

> O ma belle rebelle,
> Las que tu m'es cruelle ! (p. 138),

---

[144] Ainsi la pièce XXIII (p. 150), « A dame Louïze Labé, Lionnoize, la comparant aus Cieus », est la traduction française d'un poème latin de Girolamo Angeriano.

offre quelques variantes de texte[145]. La plus importante concerne la présence de deux vers supplémentaires dans la version des *Quatre livres de l'amour de Francine* :

> Mais par tes fines ruses
> Toujours tu m'en refuses (f. 75v°).

Ces vers sont un évident oubli dans les « Escriz de divers Poëtes », puisque l'ode alterne rimes masculines et féminines et que, en l'absence de ces deux vers, l'alternance est rompue. Ils prouvent que la version publiée dans les *Quatre livres de l'amour de Francine* est la version originale.

La seconde de ces pièces, l'« Epitre à ses amis, des gracieusetez de D. L. L. » (XV, p. 133), a pour particularité d'offrir dans les *Quatre livres de l'amour de Francine*, des changements concernant les noms des poètes contemporains cités (Baïf à la place de Magny ; Tahureau à la place de Givés) :

Jean-Antoine de Baïf, *Quatre livres de l'amour de Francine*	« Escriz de divers Poëtes »
Que faites vous mes compagnons,	Que faites vous, mes compagnons,
Des cheres Muses chers mignons,	Des cheres Muses chers mignons ?
Avous encore en son absence	Av'ous encore en notre absence
De votre Baïf souvenance !	De votre Magny souvenance ?
Baïf votre compaignon doux, (f. 69v°)	Magny votre compagnon dous (p. 133)
Ni de mon Tahureau (qui m'aime	Ny de mon cher Givés (qui m'ayme
Comme son cueur) le confort mesme,	Comme ses yeus) le confort mesme.
Mon Tahureau, qui comme moy	Mon cher Givés, qui comme moy
Languit en amoureux emoy,	Languit en amoureus émoy (p. 136)
Sous une dame peu cruelle,	
Qui l'aime d'amour mutuelle (f. 70v°)	

---

[145] Voir Jean-Antoine de Baïf, *op. cit.*, f. 75 v°- 76r° : « Si mignardement/ Mignardetement ; traytrement gracieus / fierement gracieux ; gentile mignonne/farouche mignonne ».

Les deux vers («Sous une dame peu cruelle/ Qui l'aime d'amour mutuelle»), pourtant indispensables à l'alternance des rimes féminines et masculines, sont absents de la version des «Escriz de divers Poëtes». S'agit-il d'un simple oubli ou d'une volonté d'éliminer une référence à une maîtresse à l'amour partagé? Par ailleurs, dans la version des «Escriz de divers Poëtes», quatre vers, absents des *Quatre livres de l'amour de Francine* de Baïf, sont une évidente adaptation à une publication lyonnaise:

> Car ny pour voir des monceaus d'or
> Assemblez dedens un tresor,
> Ny pour voir flofloter le Rone,
> Ny pour voir escouler la Sone (p. 135).

La version des *Quatre livres de l'amour de Francine* est là encore la première, d'autant que, dans cet ouvrage, Jean-Antoine de Baïf est coutumier de s'apostropher lui-même et de faire des références fréquentes à son ami le poète Jacques Tahureau. De plus, tout le contenu de cette pièce correspond aux thèmes développés dans le reste de l'ouvrage: plainte à une «rebelle dedaigneuse» et expression du désir de jouir d'un plaisir futur, attisé par des jeux badins.

Cette pièce a fait couler beaucoup d'encre. Olivier de Magny a été accusé de plagiat, d'imposture[146]. En fait, il est beaucoup plus plausible de considérer que, la version des *Quatre livres de l'amour de Francine* étant la première, Jean-Antoine de Baïf, sollicité par Olivier de Magny pour l'entreprise Louise Labé, lui a envoyé une pièce qui a été adaptée au contexte lyonnais. Actualisation du lieu, actualisation des personnages, actualisation aussi par rapport au souci de louer une maîtresse cruelle, dans la mesure où, dans la version des *Quatre livres de l'amour de Francine*, celle-ci est beaucoup plus complaisante:

---

[146] Daniel Martin, *op. cit.*, p. 382. Pour Alfred Cartier, *op. cit.*, p. 343, il s'agirait de l'«œuvre d'un compagnon d'Olivier pendant l'un des séjours de ce dernier à Lyon. S'adressant aux intimes demeurés à Paris, l'auteur leur fait part des nouvelles amours de leur ami commun».

Jean-Antoine de Baïf, *Quatre livres de l'amour de Francine*	« Escriz de divers Poëtes »
Et bien qu'ingrate ne soit celle Gentile, mignarde, pucelle, Qui m'atise de ses beaux yeux. Au cueur mille feuz gracieux. Mais que sert toute la caresse Que je reçoy de ma maitresse, Mais que me vaut passer les jours En mille petits jeux d'amours, Si les nuits de mille ennuiz pleines Font oublier ces joies vaines (f. 71r°)	Et bien qu'ingrate ne soit celle, Celle gentille damoiselle Qui fait d'un regard bien humain, Ardre cent feus dedens mon sein. Mais que sert toute la caresse Que je reçoy de ma maitresse ? Et que me vaut passer les jours En telle esperance d'amours, Si les nuiz de mile ennuiz pleines Rendent mes esperances veines ? (p. 136)

Cette adaptation revient-elle à Jean-Antoine de Baïf lui-même ou à Olivier de Magny ? Il n'est guère qu'une certitude. Louise partage l'hommage de Pontus de Tyard et de Jean-Antoine de Baïf avec leur maîtresse respective, Pasithée et Francine. On prétend lui offrir dans ces « Escriz de divers Poëtes » des pièces écrites pour d'autres.

Un des personnages les plus présents des « Escriz de divers Poëtes » est Olivier de Magny, cité donc dans la pièce controversée dont il vient d'être fait état et auteur de plusieurs pièces d'hommage à Louise Labé qui ont pour particularité d'être publiées ultérieurement dans ses propres œuvres. Le sonnet « Des beautez de D.L. L » (XVI, p. 137) est repris en 1557 dans *Les Souspirs*. A part le titre qui, dans les *Euvres* de Louise Labé, le lui adresse, on ne sait à qui il était initialement destiné. Dans *Les Souspirs*, Magny refuse de donner le nom de sa dame, contrairement aux Marie et Cassandre de Pierre de Ronsard, à l'Olive de Joachim Du Bellay, aux Meline et Francine de Jean-Antoine de Baïf, à la Pasithée de Pontus de Tyard, à l'Admirée de Jacques Tahureau, à la Sainte de Guillaume Des Autels :

> Chacun de ces amants nomme la dame sienne,
> Mais moy qui plus content vys aveques la mienne,
> Je ne fains point son nom pour chanter ses beautez (f. 27v°).

Il le dit ailleurs :

> Je ne dy point son nom, et dire ne le veux,
> Pource que les amours qui sont entre nous deux
> Je ne voudroy pour rien estre sçeus de personne (f. 22r°).

L'« Ode en faveur de D. Louïze Labé, à son bon Signeur. D. M.» (XIX, p. 141) est signée des initiales de Magny. Composée de vingt-deux sizains et de huit huitains, elle est présente dans le second livre des *Odes* d'Olivier de Magny paru en 1559, mais elle correspond alors à deux odes différentes: la première est dédiée « A Anthoine Fumée grand Rapporteur de France » (f. 52v°); la seconde est une «Ode du Temps et de l'Occasion, presentée en une mommerie à Monsieur d'Avanson » (f. 69v°). La différence formelle dans l'ouvrage de Louise Labé (sizains, puis huitains) signale l'hétérogénéité de ces deux pièces mises bout à bout[147]. Elle marque aussi l'antériorité de la version présente dans les *Odes*, par rapport à celle des « Escriz de divers Poëtes». Olivier de Magny a donc lié pour Louise Labé deux odes qu'il devait avoir dans ses cartons, d'autant qu'il est coutumier de conserver par devers soi des pièces destinées à une publication ultérieure. En 1553, après l'*Hymne sur la naissance de Madame Marguerite de France*, l'imprimeur parisien Arnoul L'Angelier avertit son lecteur que, dans la mesure où le texte n'avait pu tenir sur une seule feuille, il avait prié Olivier de Magny de donner quelques vers pour ne pas laisser de papier blanc et que celui-ci s'était exécuté, fournissant des textes prévus pour le « premier livre de ses Odes et des Vestales», livre d'*Odes* qui ne verra pas le jour avant 1559.

Comme il a déjà été précisé[148], les momeries étaient particulièrement à la mode au milieu du XVIᵉ siècle à Lyon. La chronique de Jean Guéraud en décrit plusieurs entre les dates de 1552 et de 1557[149] et « l'Ode du Temps et de l'Occasion » a vraisemblablement été composée à l'occasion d'une de ces fêtes donnée en l'honneur du protecteur d'Olivier de Magny, lors de son séjour à Lyon, à la fin de 1554. Quant au début de l'ode dédiée par ailleurs à Antoine Fumée, il faut en supposer une rédaction lyonnaise, à cause des références qu'elle contient au paysage lyonnais; elle s'incrit dans un échange de

---

[147] Pour Marie Madeleine Fontaine, «Louise Labé et son entourage lyonnais », p. 13, note 10, Olivier de Magny ne serait pas l'auteur de ce regroupement «dû sans doute à la mauvaise récollection de ses manuscrits par l'imprimeur ou plutôt l'éditeur lui-même (Peletier, ou tout autre) auquel Magny aura pu les confier, voire les envoyer s'il est déjà éloigné de Lyon ».

[148] Voir *supra*, p. 31.

[149] Jacqueline Boucher, *Présence italienne à Lyon à la Renaissance*, p. 130.

pièces entre les deux personnages, puisque Olivier de Magny évoque l'ode latine qu'Antoine Fumée lui a promise.

Entre la version des *Odes*, à considérer comme l'originale, et la version des « Escriz de divers Poëtes », une modification d'importance affecte l'avant-dernière strophe de la seconde pièce qui fait référence au personnage d'Occasion.

Olivier de Magny, *Odes* (1559)	« Escriz de divers Poëtes »
Car s'elle fuyt d'un pied dispoz,	Car s'elle se tourne et s'en fuit,
En vain apres on se travaille	En vain apres on se travaille :
De la retrouver à propos,	Sans espoir de fruit on la suit.
Pour gouster des fruitz qu'elle baille :	Le Tems ce dous loisir nous baille,
Le Temps nous à conduictz icy,	De pouvoir gayement ici
Et l'Occasion si gentile	Dire et ouir meintes sornettes,
Adoucissant nostre soucy	Et adoucir notre souci,
Ne rend nostre espoir inutile (f. 70v°)	En contant de nos amourettes (p. 147)

Ce passage est capital. Olivier de Magny y indique de façon très dépréciative le mode d'emploi de ces textes des divers poètes, dont le loisir est ici de dire et d'ouïr des sornettes[150], laissant même entendre qu'il s'agit de leurs propres amourettes. La variante dans la version des *Euvres* de Louise Labé est donc particulièrement dévalorisante, bien éloignée de ce prétendu dessein de louer Louise. Elle montre le peu de cas fait de Louise Labé qui n'est qu'un prétexte. Ce n'est pas un fait unique dans ces « Escriz ». Les sous-entendus de certains de ces textes sont particulièrement désobligeants. Ainsi, le dizain sur le luth (XIV, p. 133) a des connotations obscènes.

Indépendamment du problème d'authenticité et de sincérité des poètes engagés dans le projet de louer Louise, ici clairement posé par Olivier de Magny, comme il l'était aussi dans les pièces de Maurice Scève et de Claude de Taillemont, les

---

[150] Voir la ballade de Clément Marot, *Œuvres*, 1546, I, p. 285 :

    « De Caresme.
    Cessez Acteurs d'escrire en eloquence
    D'armes, d'amours, de fables, et sornettes :
    Venez dicter sous piteuse loquence
    Livres plaintifz de tristes chansonnettes ».

poètes de Louise Labé n'ont pas hésité à faire de la récupéra-
tion de textes destinés à d'autres femmes ou sans aucun rapport avec elle. Le travail de commande pour les louanges de
Louise est avéré. Ses prétendus laudateurs ne l'ont pas forcé-
ment connue, tels Guillaume Aubert ou Jean-Antoine de Baïf.
Il y a quelques certitudes à propos des écrits de ces divers
poètes. Il existe un vieux projet, suggéré par Marot à un des
personnages clefs de l'atelier de Tournes, Antoine Du Moulin,
« louer Louize », repris, ultérieurement, dans cet atelier. Il
semble lui avoir été adjoint comme autre mot d'ordre des
variations sur *labea* « lèvre » et le célèbre refrain marotique
« en la baisant ». Dans ce recueil de pièces prétendument à la
gloire de Louise Labé, certaines sont sans rapport avec Louise,
mais relèvent de la louange de Maurice Scève par ses amis ou
de celle de Marguerite de Bourg dans le cercle de Pontus de
Tyard. Les poètes qui ont répondu à l'invite de célébration ont
souvent recyclé d'autres pièces. Le cynisme et la moquerie
sont patents. Ainsi Olivier de Magny a utilisé une momerie,
alors même qu'en 1552, avaient été facétieusement ajoutées,
aux pièces attribuées à Pernette Du Guillet, les « Mommeries
de cinq Postes d'amour ». Subtile manière d'évoquer la supercherie chez ce poète qui semble avoir joué un rôle important
dans la collecte de pièces de poètes non lyonnais. Mais qui fut
le maître d'œuvre[151]? A cette question, il a souvent été
répondu : Jacques Peletier du Mans.

Le retrait de Jacques Peletier du Mans
et la dénonciation de la supercherie

Faut-il encore rappeler que tous ces textes à la gloire de
Louise ne sont pas signés explicitement, mais seulement avec
des devises ou avec des initiales? Le seul à l'être, paradoxale-
ment, ne se trouve pas dans cet ouvrage, mais dans les *Opus-
culés* de Jacques Peletier qui accompagnent son *Art poëtiqué*
publié chez Jean de Tournes en 1555 avec un privilège du roi
en date du 4 mai 1555. Après avoir passé plusieurs strophes à

[151] Voir Daniel Martin, *op. cit.,* p. 382 : « On ne sait pas si ces textes ont été ras-
semblés à l'initiative de Louise Labé, de l'éditeur – Jean de Tournes, ou plutôt Peletier du Mans qui travaille à cette époque pour l'imprimeur lyonnais –
ou par un de ces « Poètes de Louise Labé » dont plusieurs restent anonymes ;
peut-être Antoine Fumée, comme le laissent penser certains indices.»

louer la ville de Lyon, il célèbre la beauté, le savoir et le parler de Louise. Toutefois, il ne fait pas mention de travaux d'écriture :

> E bien qu'ęl' soèt an tel nombrę si bęlę,
>> La beaute ęt lę moins qui soèt an ęlę:
>> Car lę savoęr qu'ęlę à,
>> E lę parler qui soęvęmant distilę,
>> Si vivęmant anime d'un dous stile,
>> Sont trop plus quę cęla (p. 109).

La dernière strophe montre qu'il s'est conformé à l'exercice demandé (« louer cete Louize ») et qu'il s'agit d'un exercice imposé (« Soiez, ma plume, à la louer soumise ») :

> Sus donq, mes vęrs, louèz cetę Louїsę:
>> Soièz, ma plumę, a la louer soumisę,
>> Puis qu'ęlę à merité,
>> Maugre lę tans fuitif, d'ętrę męneę
>> Dęssus lę vol dę la Famę ampanneę
>> A l'immortalite (p. 109).

Dans ces conditions, pourquoi Jacques Peletier a-t-il publié à part son texte ? Pourquoi s'est-il retiré du projet collectif des « Escriz de divers Poëtes »?

Dans ses *Opusculęs*, il livre au public le sonnet qui fait état de sa rencontre avec Olivier de Magny, seule pièce qui témoigne d'un échange entre les deux poètes. En effet, Olivier de Magny, alors qu'il cite abondamment et complaisamment tous les poètes contemporains, ne le mentionne jamais. Or, il existe de la rupture entre les deux hommes un témoignage irréfutable d'amitié blessée, de dénonciation amère des dissimulateurs. Il se trouve à la fin de l'édition du *Dialoguę dę l'Ortografę e Prononciacion Françoęsę* de 1555 de Jacques Peletier. Il s'agit d'une adresse à « Toumas Corbin Bourdeloes » en date du 14 mai 1555. Jacques Peletier rappelle combien il est difficile en amitié, combien il récuse la compagnie des dissimulateurs, vils et abjects, incapables de découvrir leurs pensées, sinon par force, coupables d'imposture et d'hypocrisie. Il les compare à des masques de momerie, toujours déguisés, dépourvus de discernement, dissimulant aussi bien à leurs amis qu'à leurs ennemis, ignorant ce qu'est la véritable amitié, alors qu'il n'est rien de plus destructeur pour cette amitié que les dissimulations. Si la dissimulation est parfois indispensable aux seigneurs, maniant d'importantes affaires, elle ne saurait être de mise chez les petits compagnons. Toutefois il reconnaît que ces « manieres de gens » lui ont appris à ne pas se mettre dans leur situation de peur que ses ruses ne soient découvertes, comme les leurs le sont[152].

[152] Jacques Peletier, *Dialoguɇ dɇ l'Ortografɇ e Prononciacion Françoɇsɇ*: « Tu as ù lɇ loɇsir dɇ connoɇtrɇ a la familiarite e convɇrsacion quɇ nous avons fɇtɇ ansamblɇ, combien j'è toujours etè dificilɇ an amis: e combien j'è fɇt peu de conte dɇ la compagniɇ des dissimulateurs: léquez je n'è jamɇs estimɇz autrɇs quɇ dɇ condicion sɇrvɇ, vilɇ et abjɇtɇ: pour n'oser quasi jamɇs decouvrir leur pansɇɇ ni leur fantɇsiɇ, sinon par forcɇ: montrans bien a leur façon dɇ fɇrɇ qu'iz n'ont point lɇ keur a chosɇ qui soɇt vɇrtueusɇ, puis qu'iz n'i vont quɇ par voɇɇ d'imposturɇ e trompɇrie. Car quelɇ imposturɇ i a il au monde plus grandɇ, quɇ dɇ dirɇ l'un e panser l'autrɇ? Dont iz font si grand etat, quɇ ceus qui s'amusɇt a les juger, ne les prɇnɇt quɇ pour masquɇs d'unɇ mommɇriɇ: déquez combien qu'on n'an voɇɇ point le néz: si étcɇ qu'on sèt bien quɇ cɇ sont eus. Ancorɇs s'iz savoɇt leur metier, de telɇ sortɇ qu'iz an sussɇt user divɇrsɇmant an l'androɇt de divɇrsɇs personnɇs. Mɇs iz sont si aheurtèz, a leurs deguisɇmans, quɇ sans excepcion iz dissimulɇt anvers leurs amis e leurs annɇmis. Quoɇ? iz sɇ deguisɇt à eus mémɇs: et font comme les Coúturiers, qui sont si acoutumɇz a fɇrɇ la baniɇrɇ, quɇ quand iz sɇ font un acoutrɇmant, ne sɇ peuvɇt tɇnir de sɇ derober eus mémes. Mɇs dɇquoɇ dirè jɇ quɇ cɇla leur proviegnɇ, sinon de fautɇ dɇ cɇ qu'iz pansɇt tant avoɇr? c'ɇt dɇ fautɇ de prudancɇ e dɇ jugɇmant: e de n'avoɇr jamɇs apris quɇ c'ɇt quɇ d'amitie. Car s'iz ussɇt an leur viɇ songè a emer e a étrɇ emèz: iz ussɇt tout prɇmierɇmant connù qu'il n'i à rien qui tant detruisɇ les familiaritez e conjonccions de voulontez, quɇ les dissimulacions. Jɇ ne dì pas qu'il nɇ sɇ falhɇ resɇrver quelquɇs sɇgrɇz, an l'antandɇmant, e qu'il nɇ falhɇ avoɇr la signeuriɇ dɇ sa languɇ e dɇ sa contɇnancɇ: brief, qu'il ne falhɇ epɇrgner beaucoup dɇ rɇsons, parolɇs e propos qui nuiroɇt a decouvrir. E sus tous, les grans Signeurs peuuɇt et doɇuɇt souvant dissimuler, eyans a bɇsongner avɇc tant dɇ sortes dɇ g'ans: manians tant e dɇ si importans afɇrɇs, si sugɇz à surprisɇ. Mɇs un tas dɇ pɇtiz compagnons, qui sɇ veulɇt patronner aus grans, e nɇ savɇt pour qui veulɇt jouer dɇ rusɇ, e ne savɇt pour quoɇ: tienɇt leur reputacion, e n'ont dɇ quoɇ: pansɇz que c'ɇt bien a eus. Mɇs cɇrtɇs ancor è jɇ connù par eus, qu'il n'ɇt compagnie si malsortablɇ, ou l'on nɇ puissɇ aprandrɇ quelquɇ chosɇ. Ces manierɇs dɇ g'ans m'ont apris, au tourmant ou iz sɇ mɇtɇt, a m'estimer aussi fin qu'eus, dɇ nɇ m'i vouloɇr point mɇtrɇ: dɇ peur dɇ mɇ trouuer aussi peneus commɇ eus, si mes finɇcɇs se decouvroɇt commɇ sɇ decouvrɇt les leurs. Iɇ parlɇ ici d'une abondancɇ dɇ keur: e mɇ gardɇ dɇ dissimuler au lieu ou jɇ repràn les dissimulacions, mɇ souvenant de la vrɇɇ et sincerɇ amitie ».

Peletier célèbre ensuite la véritable amitié qui le liait à Dauron et à Jean Martin, personnages de son dialogue de l'orthographe; c'est en leur mémoire qu'il fait imprimer pour la seconde fois son dialogue chez Jean de Tournes, « hommɇ dɇ toutɇ dilig'ance e dɇ nulɇ epɇrgnɇ an chosɇs de son etat ».

Les références à la momerie et aux masques renvoient, selon toute vraisemblance, à la pièce où Olivier de Magny dévoile si crûment le projet de ces *Euvres* et la récurrence des termes « manier », « manians », « maniere » est une allusion évidente au nom du poète qui n'hésite pas lui-même à jouer sur son nom (« Quand un luth ma Nymphe manie »)[153]. Cette rupture date, à l'évidence, de cette édition de Louise Labé. Il faut supposer que, sollicité pour ce projet comme le montre bien l'emploi dans son texte du mot d'ordre « louer Louise », Jacques Peletier se soit récusé face à ce qui a dû lui apparaître comme une mystification. Il ne saurait, dans ces conditions, jouer le rôle de maître d'œuvre de l'ouvrage[154].

La lettre qu'il écrit à Maurice Scève et qu'il publie dans son ouvrage *In Euclidis elementa geometrica* paru chez Jean de Tournes[155] en 1557 (mais la lettre est à dater de 1555) semble se rapporter au même événement. A Maurice Scève qui lui reproche de s'être retiré, il met en avant la véritable amitié et son refus des afféteries ; il semble qu'il ait été en butte à des détracteurs et qu'il ait pu penser un temps que Maurice Scève était des leurs. C'est ainsi qu'il faut interpréter ses paroles. Comment n'avait-il pas compris que Maurice Scève soutenait sa cause et écartait de lui les paroles iniques, rôle très précieux pour leur amitié ?

A lire la plupart des textes de ces contemporains, leurs jeux, les manipulations auxquelles ils se sont livrés, leur propre célébration dans des cercles divers, il faut en convenir : il n'y a guère de considération pour un personnage féminin qui aurait pris la plume. Sa beauté, ses baisers, ses talents musicaux, parfois son savoir sont mis en avant, mais il ne s'agit pas d'une femme écrivain. Les divers poètes ont utilisé son nom, qui leur a servi de mots d'ordre : « louer Louise en la baisant ». Ils ont souvent eu le cynisme de lui adresser des pièces écrites pour d'autres dames ou d'autres poètes.

---

[153] Voir *supra*, p. 193.

[154] Pour Jacques Peletier maître d'œuvre, voir François Rigolot, *op. cit.*, p. 57, 111, 161, 165.

[155] Voir Franco Simone, « Quattro lettere di Jacques Peletier du Mans », *Rivista di letteratura moderna,* 1946, 1, p. 173-188.

V. MOQUERIES ET ÉRUDITE GAILLARDISE

Les poètes de Louise Labé ont créé l'image d'une nouvelle Sappho, d'une femme d'exception qui fait illusion aux lecteurs modernes. Mais il n'est pas sûr qu'il en ait été de même pour le lecteur contemporain ; les proches de ces poètes ont dû évidemment s'amuser de ces jeux ; les lecteurs plus éloignés avaient des raisons de rester perplexes et de s'interroger sur le statut de ces textes, en particulier ceux qui étaient habitués aux procédés de la littérature paradoxale alors en vogue et ceux qui, derrière les textes imputés à Louise Labé, devaient déceler des manipulations de textes, des parodies que le lecteur moderne, appelé depuis la littérature romantique à se régaler de l'authenticité des accents d'une vive passion, ne peut qu'ignorer. Quand Pierre de Sainct-Julien, à propos du « Debat de Folie et d'Amour », parle de « l'erudite gaillardise » de Maurice Scève à qui il faudrait attribuer ce texte, ce n'est sûrement pas une révélation pour ses contemporains et le lecteur du XVIᵉ siècle, qui avait en tête les textes qui se lisent en arrière-plan de cet ouvrage (obscurcis pour le lecteur moderne), ne pouvait qu'y voir la main de Maurice Scève. Pour les sonnets et les élégies, même si aucun texte du XVIᵉ siècle ne les assigne explicitement à d'autres auteurs que Louise Labé, des reprises, des coïncidences étaient à même de créer le doute.

La courtisane moquée :
« tant de flambeaux pour ardre une femmelle »

A la lumière des pratiques des poètes de Louise Labé dans les « Escriz de divers Poëtes » où la dérision, le cynisme, l'opportunisme sont de règle, il vaut de réexaminer, dans le corps même des pièces poétiques de Louise Labé, les rencontres de textes et, plus particulièrement, celles que l'on a considérées comme un dialogue entre la poétesse et Olivier de Magny[156] et comme la preuve évidente de leur liaison[157]. Tel le sonnet II qui a été rapproché du sonnet LV des *Souspirs* d'Olivier de Magny, parus en 1557.

---

[156] Voir François Rigolot, *op. cit.*, p. 45.

[157] Voir Dorothy O'Connor, *op. cit.*, p. 73 ; François Rigolot, *op. cit.*, p. 45.

Les deux quatrains de ce sonnet II (première pièce en français après le sonnet en italien) sont présents, dans les deux versions, sans aucun changement, contrairement aux tercets qui sont très différents d'un texte à l'autre :

Olivier de Magny, *Souspirs*, Sonet LV	*Euvres de Louïze Labé*
O beaux yeux bruns, ô regards destournez,	O beaus yeus bruns, ô regars destournez
O chaults souspirs, ô larmes espandues,	O chaus soupirs, ô larmes espandues,
O noires nuicts vainement attendues,	O noires nuits vainement atendues,
O jours luysans vainement retournez :	O jours luisans vainement retournez :
O tristes pleints, ô desirs obstinez,	O tristes pleins, ô desirs obstinez,
O tens perdu, o peines despendues,	O tems perdu, ô peines despendues,
O mille morts en mille retz tendues,	O mile morts en mile rets tendues,
O pires maulx contre moy destinez :	O pires maus contre moi destinez.
O pas espars, ô trop ardente flame,	O ris, ô front, cheveus, bras, mains et doits :
O douce erreur o pensers de mon ame,	O lut pleintif, viole, archet et vois :
Qui ça, qui la, me tournez nuict et jour,	Tant de flambeaus pour ardre une femmelle !
O vous mes yeux, non plus yeux mais fonteines,	De toy me plein, que tant de feus portant,
O dieux, ô cieux, et personnes humaines	Et tant d'endrois d'iceus mon cœur tatant,
Soyez pour dieu tesmoins de mon amour	N'en est sur toy volé quelque estincelle
(f. 19r°)	(p. 112)

Quelle version est à considérer comme première ? Il faut noter que les tercets du sonnet de Louise Labé, pour éloignés qu'ils soient de ce texte des *Souspirs* d'Olivier de Magny, doivent être rapprochés d'une autre production de celui-ci. En effet, dans la pièce « De l'absence de s'amye, A Maurice Sceve

Lyonnois » qu'il publiera dans les *Odes* de 1559, certaines des formes sont voisines de celles du premier tercet de Louise Labé :

> O beaux yeux bruns de ma maistresse,
> O bouche, ô front, sourcil, et tresse,
> O riz, ô port, ô chant et voix,
> Et vous ô grâces que j'adore,
> Pourray-je bien quelque autre-fois
> Vous veoir et vous ouyr encore
> Comme je feiz en l'autre mois ! (f. 149r°).

Les deux tercets du sonnet des *Souspirs* renferment, eux, de multiples images pétrarquisantes. Plusieurs expressions font écho au célèbre sonnet de Pétrarque « O passi sparsi, O pensier Vaghi e prompti », un des « Six sonnetz de Petrarque, sur la Mort de sa Dame Laure », traduit par Clément Marot, publié en 1539 et repris dans la version même de celui-ci par Vasquin Philieul dans sa traduction de Pétrarque de 1548 :

> O pas espars ! O pensees soudaines !
>   O aspre ardeur ! O memoire tenante !
>   O cœur debile ! o volunté puissante !
>   O mes yeux ! non plus yeux, mais fontaines,
> O branche, honneur des vainqueurs capitaines !
>   O seule enseigne aux Poëtes duisante !
>   O doulce erreur ! qui soubz vie cuisante
>   Me faict aller cherchant et montz et plaines.
> O beau visage ou amour met la bride !
>   Et l'esperon, dont il me poinct et guide
>   Comme il luy plaist, et deffense y est vaine.
> O gentilz cœurs, et ames amoureuses
>   S'il en fut onc ! et vous umbres paoureuses,
>   Arrestez vous pour voir quelle est ma peine[158].

Comparé à ce texte, il est manifeste que l'ensemble du sonnet d'Olivier de Magny offre une homogénéité dans l'inspiration pétrarquiste et une structure qui sont les plus proches du modèle que constitue le sonnet de Pétrarque. Le texte des *Euvres* de Louise Labé en est plus éloigné.

Mais s'agit-il bien de Louise Labé qui, dans un éventuel dialogue poétique[159], se démarquerait du sonnet de Pétarque ?

---

[158] Clément Marot, *Les Œuvres*, 1546, II, p. 165.

[159] Pour Daniel Martin, *Louise Labé*, p. 71 : « Il n'est pas exclu que le huitain

Une autre hypothèse peut être avancée. Et si Olivier de Magny était l'auteur des deux versions... comme pour l'« Ode du Temps et de l'Occasion presentée en une momerie à Monsieur d'Avanson », présente dans les *Odes* de 1559 sous sa forme initiale et remaniée pour prendre place dans les *Euvres de Louïze Labé*. Quand on prend en considération la façon abrupte dont Olivier de Magny a transformé la momerie avec le terme de « sornettes », qui s'applique au travail des poètes de Louise Labé, il semble que le vers « Tant de flambeaux pour ardre une femmelle », dans ce sonnet II de Louise Labé, sonne de la même ironie, moquant tout aussi bien Louise Labé que Pétrarque.

Le déplacement d'une autre image pétrarquiste (« O vous mes yeux, non plus yeux mais fonteines »), qui était présente dans le fameux sonnet de Pétrarque précité et dans le deuxième tercet du sonnet d'Olivier de Magny, relève d'une intention identique et tout autant facétieuse. L'image des yeux transformés en fontaines, négligée par Louise Labé dans son sonnet II, se retrouve dans son sonnet III :

> Tristes soupirs et larmes coutumieres
> A engendrer de moy maintes rivieres,
> Dont mes deus yeus sont sources et fontaines (p. 113).

Elle est considérablement développée. Il s'agit d'un évident clin d'œil aux *Ruisseaux de Fontaine* de Charles Fontaine.

Par ailleurs, ce sonnet III commence et s'achève comme le sonnet LXVI des *Souspirs*.

Olivier de Magny, *Souspirs,* sonet LXVI	*Euvres de Louïze Labé*
Inutille desir, interdite esperance,	O longs desirs, o esperances vaines,
Cauteleuse pensée et vouloir aveuglé,	Tristes soupirs et larmes coutumieres
Larmes, plainctes, souspirs et tourment dereiglé,	A engendrer de moy maintes rivieres,
Donnez ou paix ou tresve à ma longue souffrance.	Dont mes deus yeus sont sources et fontaines :

ait pu être le fruit d'un travail de création commun à partir duquel il aurait appartenu à chaque poète de créer son propre sizain ».

Et s'au mal le dedain ny l'oubly
n'a puissance,
Et que je doive ainsi sans fin
estre comblé
De tant et tant d'ennuy dans
mon ame assemblé,
Face la mort sur moy sa dure
violence :
Ou le ciel promptement me fou-
droie le chef,
Car je n'ay point de peur de nul
mortel meschef,
Pourveu qu'en trespassant ma
peine ne me suive :
Sus donc Amour, va t'en, retire
toy, a dieu,
Ta force en mon endroit
demeure ores oisive,
Puis que nouvelle playe en moy
n'a plus de lieu
(f. 23r°)

O cruautez, o durtez inhumaines,
Piteus regars des celestes
lumieres :
Du cœur transi o passions premieres,
Estimez vous croitre encore mes
peines ?
Qu'encor Amour sur moy son
arc essaie,
Que nouveaus feus me gette et
nouveaus dars :
Qu'il se despite, et pis qu'il
pourra face :
Car je suis tant navree en toutes
pars,
Que plus en moy une nouvelle
plaie,
Pour m'empirer ne pourroit
trouver place
(p. 113)

C'est une imitation d'un sonnet de Jacobo Sannazaro (1455-1530), publié à Rome en 1530 :

> Interditte speranza e van desio,
> pensier fallaci, ingorde e cieche voglie,
> lacrime triste, et voi, sospiri e doglie,
> date omai pace al lasso viver mio.
>   E s'al mio mal non val forza d'oblio
> né per disdegno il nodo discioglie,
> prenda morte di me l'ultime spoglie,
> pur c'abbia fin mio fato acerbo e rio !
>   Usin le stele e'l ciel tutte lor prove,
> che, a quel ch'io sento, mi parranno un gioco ;
> da si profonda parte il duol si move !
>   Getta, Amor, l'arco, le saette e'l foco,
> drizza il tuo ingegno e le tue forze altrove,
> ché nova piaga in me non ha piu loco[160].

---

[160] Jacobo Sannazaro, *Opere volgari*, éd. A. Mauro, Bari, Laterzo, 1961, p. 196.

Dans les trois premières strophes et les deux dernier vers, Olivier de Magny respecte assez fidèlement le texte de Jacobo Sannazaro, mais il n'a pas suivi son modèle au vers 12, rejetant l'image de l'arc, de la flèche et du feu. Au contraire, cette image de l'Amour, de l'arc, de la flèche et du feu est présente chez Louise Labé et développée sur les vers 9 et 10. De même, c'est sur les trois derniers vers que s'étend l'image de la blessure, alors que, chez Olivier de Magny, elle est restreinte au dernier vers.

En fait, il y a, dans le sonnet de Louise Labé, une surcharge des images pétrarquistes, semblables à celles que récusait Joachim Du Bellay en 1553, dans le *Recueil de Poesie*, dans sa pièce « A une dame » qui commence par « J'ay oublié l'art de petrarquizer » et où sont fustigés ces « flesches, lyens et mille autres façons de semblables oultraiges »[161], de celles-là mêmes (arc, flèches et flammes) dont se moquait Bertrand de La Borderie dans *l'Amye de court*, publiée en 1542 et reprise en 1547 chez Jean de Tournes dans les *Opuscules d'amour, par Heroet, La Borderie, et autres divins poëtes*[162].

[161]   Joachim Du Bellay, *Recueil de poesie*, Paris, G. Cavellat, 1553, p. 68 :

> « Ceulx, qui font tant de plaintes
> N'ont pas le quart d'une vraye amytié,
> Et n'ont pas tant de peine la moitié,
> Comme leurs yeulx, pour vous faire pitié,
>   Getent de larmes feintes.
> Ce n'est que feu de leurs froides chaleurs,
> Ce n'est qu'horreur de leurs feinctes douleurs,
> Ce n'est encor' de leurs souspirs et pleurs,
>   Que vents, pluye, et oraiges.
> Et bref, ce n'est, à ouyr leurs chansons
> De leurs amours, que flammes et glaçons,
> Flesches, lyens, et mile autres façons
>   De semblables oultraiges ».

[162]   *Opuscules d'amour, par Heroet, La Borderie, et autres divins poëtes*, Lyon, Jean de Tournes, 1547, p. 111 :

> « L'amye de court,
> Inventee par le Seigneur de Borderie.
> Je m'esbahis de tant de folz esprits
> Se complaignans d'amour estre surpris,
> De tant de voix piteuses et dolentes
> Qui plainte font des peines violentes
> Qu'un Dieu d'aymer (comme ilz disent) leur cause :
> Je ne sçaurois bien entendre la cause
> De ceste peine, encores moins sçavoir

La critique des clichés de la poésie de Pétrarque est patente.
A propos du sonnet XXI de Louise Labé, il a été mis en avant
que « les présupposés esthétiques du pétrarquisme se trouvent
soudain remis en question »[163] :

> Quelle grandeur rend l'homme venerable ?
> Quelle grosseur ? quel poil ? quelle couleur ?
> Qui est des yeus le plus emmieleur ?
> Qui fait plus tot une playe incurable ? (p. 122).

Le sonnet XXIII lui-même a pu être lu comme une « parodie de
maniérisme »[164] :

> Las ! que me sert, que si parfaitement
> Louas jadis et ma tresse doree,
> Et de mes yeus la beauté comparée
> A deux Soleils, dont Amour finement
> Tira les trets causez de ton tourment ? (p. 123).

Aussi bien les sonnets de Louise Labé que ceux d'Olivier de
Magny se jouent de la tournure apostrophe qui structure le
sonnet de Pétrarque « O passi sparsi », mais qui n'est pas, par
ailleurs, si fréquente dans le reste de l'ouvrage de Pétrarque.
Or Louise Labé en use abondamment. Indépendamment de
ces sonnets II et III, la même tournure se retrouve dans le
sonnet XI :

> O dous regars, o yeus pleins de beauté,
> Petits jardins, pleins de fleurs amoureuses
> Ou sont d'Amour les flesches dangereuses,
> Tant à vous voir mon œil s'est arresté !
> O cœur felon, o rude cruauté…(p. 117)

> Quel est en eux de ce Dieu le pouvoir :
> Quel est son arc qui faict si grandes bresches,
> Ne de quel bois peuvent estre ses flesches.
> Je ne l'ay point ne pour archer congneu,
> Ne pour enfant qui soit aveugle ou nud,
> Et de sentir ne fuz onques subjette
> S'il brusle en flamme, ou s'il blesse en sagette.
> Je croy le tout n'estre que poësie,
> Ou pour mieux dire humaine frenaisie ».

[163] François Rigolot, *Louise Labé lyonnaise et la Renaissance au féminin*,
       p. 102.
[164] *Id., ibid.*, p. 103.

ou dans l'exemple suivant : « O dous sommeil, o nuit à moy heureuse ! » (IX, p. 116). Olivier de Magny, de la même manière, privilégie ce tour. C'est le cas, dans *Les Souspirs*, du sonnet XII[165] qui commence par :

> O Caduque penser, o trop fresle vouloir,
> O mal saine raison, o poursuyte trop vaine (f. 6r°).

Plutôt qu'à un dialogue poétique avec Louise Labé, on peut penser à Olivier de Magny réécrivant certains de ses textes (qu'il publiera ultérieurement par ailleurs) pour les intégrer au volume de Louise Labé. Hypothèse d'autant plus plausible qu'il est coutumier des réécritures. Par exemple, dans *Les Souspirs* de 1557, il reprend trois sonnets de 1553[166] et, pour l'un d'entre eux, les variantes sont particulièrement importantes[167].

---

[165] Ce texte est, curieusement, repris intégralement dans *Les Souspirs* comme sonnet XLIII, avec pour seule variante « O trop caduc penser ».

Voir également dans le sonnet XI, f. 6r° :

> « O monde malheureux, o desir vain et fresle,
> O terre, o ciel, o dieux avares à mon bien,
> O vie qui ne peult dissouldre ce lyen
> Bien que je te cognoisse et petite et mortelle,
> O miserable sort, o fortune cruelle,
> Qui mes dolents ennuys n'estimas jamais rien,
> O Parque sans pitié, o Nocher stygien
> Que ne m'ameines tu l'infernale nasselle ! ».

[166] Ainsi le sonnet XII, devenu sonnet CLXV, avec changement de destinataire ; le sonnet XI, devenu sonnet CLXIX, avec « Sous la frécheur de quelque heureuse nuit » transformé en « Soubz la frescheur d'une pareille nuict ».

[167]

Hymne sur la naissance de Madame Marguerite de France Paris, A. L'Angelier, 1553, XIII	*Les Souspirs*, Sonet CLXVI
Puis que si vainement contre moi te travailles,	Puis que si vainement contre moi te travailles,
Et que ton rude effort te demeure inutil,	Et que ton rude effort te demeure inutil,
Ne seme desormais en lieu tant infertil	Ne seme desormais en lieu tant infertil
Le fiel et la poison de tes ordes entrailles.	Le fiel et la poison de tes ordes entrailles.
Ailleurs monstre jalous, ailleurs faut que t'en ailles,	Ailleurs, monstre jalous, ailleurs faut que t'en ailles,
Mon cœur ébrechera ton venimeux outil,	Mon cœur ébrechera ton venimeux oustil,

Certains motifs des sonnets de Louise Labé se retrouvent chez Olivier de Magny. Ainsi « le lit mol » évoqué au sonnet V (« Mieus mon lit mol de larmes baignera ») et au sonnet IX (« Tout aussi tot que je commence à prendre / Dens le mol lit le repos desiré »).

Le lit est l'élément central de la « Description d'une nuit amoureuse » par Magny (« O lict tesmoing de mes plaisirs »[168]) et de l'ode qui suit « Sur ce mesme propos » :

> Quand je sens dedans un lict mol
> Ma mignonne pendre à mon col,
> Et de sa langue et de sa bouche
> D'un feu qui jusqu'au cueur me touche,
> Dedans ma poytrine enflammer,
> Mille appetiz du jeu d'aymer,
> Alors fretillant je me glisse,
> Dessus l'albastre de sa cuysse,
> Et folastrant en mille tours
> J'estein ce nouveau feu d'amour[169].

Il semble que certains sonnets de Louise Labé ne doivent pas être lus au premier degré, mais comme parodiques. De même, pour l'image que, dans les élégies, Louise Labé veut

Si bien que ton povoir tant aiguisé soit il,	Si bien que ton povoir tant aiguisé soit il,
Sentir ne me fera tes mordantes tenailles	Sentir ne me fera tes mordantes tenailles
Va t'en loup forcené, miserable serpent,	Sus donc, va t'en cruël, pere de desespoir
Aus abismes infets où la depoille pend	Cruël va t'en ailleurs exercer ton pouvoir,
De tous ceus qu'as domtés avec ta forte rage,	Ou toy mesmes en toy fais preuve de ta rage.
De ton carnage franc je veus tout outre aymer	Car maugré tes effortz, je veulx tout oultre aymer
Madame et son Athys voire les estimer	Tout ce que ma dame ayme, et si veulx estimer
Tous deux également à ton desavantage (g 1v°).	Tout cela qu'elle estime à ton desavantage (f. 55v°).

Voir aussi pour les pièces retouchées dans le recueil des *Odes* de 1559, Olivier de Magny, *Les trois premiers livres des Odes de 1559*, éd. François Rouget, Genève, Droz, 1995, p. 11.

[168] Olivier de Magny, *Les Odes*, f. 185r°.

[169] *Id., ibid.*, f. 187r°.

donner d'elle-même, il n'est pas impossible qu'il y ait jeu. Elle prétend qu'auparavant elle n'aimait que Mars et le savoir et, fière de porter les armes, elle se compare à Bradamante et à Marphise, héroïnes guerrières du *Roland furieux,* célèbre roman chevaleresque de l'Arioste, traduit de l'italien en 1543 :

> Mais si en moy rien y ha d'imparfait,
> Qu'on blame Amour : c'est lui seul qui l'a fait.
> Sur mon verd aage en ses laqs il me prit,
> Lors qu'exerçoi mon corps et mon esprit
> En mile et mile euvres ingenieuses,
> Qu'en peu de tems me rendit ennuieuses.
> Pour bien savoir avec l'esguille peindre
> J'usse entrepris la renommée esteindre
> De celle là, qui plus docte que sage,
> Avec Pallas comparoit son ouvrage.
> Qui m'ust vù lors en armes fiere aller,
> Porter la lance et bois faire voler,
> Le devoir faire en l'estour furieus,
> Piquer, volter le cheval glorieus,
> Pour Bradamante, ou la haute Marphise,
> Seur de Roger, il m'ust, possible, prise (p. 108).

Or ces compétences (tapisserie et exploits guerriers) évoquent singulièrement celles qu'égrène la biographie de « La vieille courtisane » de Joachim Du Bellay dans les *Divers jeux rustiques* (1558) :

> Au demeurant, j'avoy la main divine,
> Fust sur la toile, ou fust sur l'estamine :
> Et voluntiers y emploioy le temps
> Quand je n'avois un meilleur passetemps.
> Aucunefois en accoustrement d'homme,
> Je passageoy pompeusement par Rome
> Sur un cheval de mesme enharnaché,
> Et le pennache à la guelphe attaché,
> Ne me monstrois moins superbe et vaillante,
> Qu'une Marphise, ou une Bradamante (f. 66 r°).

Avant ces vers, la vieille courtisane sous la plume de Du Bellay décline ses autres aptitudes : chant, danse et luth, voix angélique pour chanter Pétrarque[170]. Autant d'excellences qui sont

---

[170] *Id., ibid.*, f. 60v°, lorsqu'elle est entretenue par un prélat :
> « Deslors j'apprins à chanter et baller,
> Toucher le luth, et proprement parler, »

celles de la Louise du début de l'élégie I et pourraient correspondre à une certaine image de la courtisane au XVIᵉ siècle.

Resterait à savoir qui, dans ces textes, a pu s'amuser à donner une image brouillée de Louise Labé. Lesquels des poètes de Louise Labé ont participé à la rédaction de ses sonnets et de ses élégies ? Y-a-t-il eu émulation entre eux ? N'y a-t-il eu qu'un seul rédacteur pour chacune des deux sections ? Olivier de Magny, pour l'ensemble des sonnets ? mais une certaine hétérogénéité[171] frappe à la lecture de ces sonnets : sonnets de parodie pétrarquiste, sonnets sapphiques, sonnets mythologiques. Autant de questions auxquelles le hasard des découvertes, les rapprochements entre textes existants, l'exhumation de pièces aujourd'hui ignorées devraient être à même d'apporter quelques réponses, au moins partielles.

Le labyrinthe du «Debat de Folie et d'Amour»:
paradoxe et dédale néoplatonicien

Pour les sonnets et les élégies attribués à Louise Labé, les quelques exemples précédents suggèrent l'artifice et la manipulation[172]. L'exemple du « Debat de Folie et d'Amour » et la mise au jour des modèles qu'il utilise et transgresse sont particulièrement instructifs pour la compréhension de cette entreprise collective des *Euvres de Louïze Labé Lionnoize*. Les textes contemporains, qui se lisent en arrière-plan, permettent d'éclairer ses enjeux et la forme adoptée, mais aussi la

---

et f. 66vᵒ : « J'avois au lict cent mille gaillardises
             Mille bons mots et mille mignardises.
             De bien baller on me donnoit le pris,
             J'avoy du luth moyennement appris,
             Et quelque peu entendoy la musique :
             Quant à la voix, je l'avois angelique,
             Et ne se fust nul autre peu vanter,
             De sçavoir mieux le Petrarque chanter ».

[171] Voir ainsi, pour le traitement de la pointe, Jean Lecointe, «"Punta d'un scorpio": pointe "pétrarquiste" et structure épigrammatique dans les sonnets de Louise Labé », *Styles, genres, auteurs*, 4, Paris, Presses de l'Université de Paris-Sorbonne, 2005, p. 47-65.

[172] Voir l'importance de la référence à Ulysse, l'homme de la ruse, dans le premier des sonnets de Louise Labé en italien, mise en évidence par François Lecercle, « L'erreur d'Ulysse. Les hypothèses sur l'organisation du *canzoniere* de Louise Labé », *Louise Labé, les voix du lyrisme*, p. 207-221.

paternité de l'ouvrage, qui, rappelons-le, a été attribué à Maurice Scève par Pierre de Sainct-Julien, personnage étroitement lié au cercle des poètes de l'entourage de Maurice Scève et de Pontus de Tyard et qui avait publié des ouvrages chez Jean de Tournes dans la décennie 1540. L'allusion qui est faite à l'érudite gaillardise de l'esprit du poète est d'importance :

> le discours de dame Loyse l'Abbé, dicte la belle cordiere (œuvre qui sent trop mieux l'erudite gaillardise de l'esprit de Maurice Sceve, que d'une simple Courtisane, encores que souvent doublee).

Elle rend bien compte de ce texte dont a été souligné le « caractère inclassable »[173].

Intitulé « debat » en titre, mais « dialogue » dans le privilège, et constitué de cinq « discours », il tient de plusieurs genres. L'aspect rhétorique et l'aspect théâtral sont patents. La claire composition des deux plaidoiries du discours V (monologue d'Apollon en faveur d'Amour, puis de Mercure en faveur de Folie) relève d'une éloquence de style judiciaire où la recherche du plaisir et l'ingéniosité priment[174] et même les plus grands zélateurs modernes de la poétesse ne dédaignent pas, dans cette réussite, de poser l'éventualité de collaborateurs masculins[175]. Les six personnages (Folie, Vénus, Apollon, Amour, Jupiter, Mercure), la construction en cinq actes (même s'ils sont appelés discours), la succession des répliques précédées du nom de l'interlocuteur, les indications de mise en scène (« Folie tire les yeus à Amour » ; « Folie bande Amour et

---

[173] Daniel Martin, *op. cit.*, p. 49. Sur les sources proposées par la critique, voir Enzo Giudici, *op. cit.*, p. 63-79, qui affirme en conclusion « qu'aucun ouvrage n'est la vraie source du Débat, parce que celui-ci n'est pas le développement de tel ou tel courant, mais une libre et géniale refonte de tout ».

[174] Olivier Halévy, « Plaisir et ingéniosité : la disposition des plaidoyers du *Debat de Folie et d'Amour* », *Cahiers Textuel*, N° 28, 2005, p. 73-93.

[175] Voir Dorothy O'Connor, *op. cit.*, p. 102 : « Son plan, que Mercure annonce au commencement, est si clair, si à propos, Mercure s'y tient de si près dans la suite, que l'on nous pardonnera d'y voir la main de Maître Fortini. Louise s'est servie avec intelligence et esprit des détails que lui fournissait cet ami, mais d'une façon calculée pour distraire, non pour blesser, l'avocat ».

lui met des esles »; « Cupidon vient donner le bon jour à Jupiter ») en font aussi une pièce de comédie. Il est, à ce propos, significatif que ce soit sous le titre de « Comédie » que la présente, au XVIIIᵉ siècle, l'auteur du *Parnasse des dames*.

Mais il y a d'autres genres littéraires, particulièrement en vogue alors, mais moins évidents pour le lecteur moderne, en filigrane de ce « Débat ». Il s'agit, d'une part, de l'éloge paradoxal en vogue à Lyon dans les années 1545-1555 et qui ressortit tout particulièrement de l'érudite gaillardise et, d'autre part, des traités néoplatoniciens de définition de l'amour, dont les traductions ont fleuri dans le cercle des proches de Marguerite de Navarre.

La mode de la littérature du paradoxe, à Lyon, en ce milieu de XVIᵉ siècle, a déjà été soulignée[176], tout particulièrement dans l'atelier de Jean de Tournes avec la publication, en 1545, du *Paradoxe contre les lettres*, en 1547, du *Philosophe de court* de Philibert de Vienne, des *Blasons de la goutte, de l'honneur et de la quarte*, à attribuer, peut-être, à Pierre de Sainct Julien. L'édition à Lyon des *Paradossi* d'Ortensio Lando en 1543 s'était faite chez Giovanni Pullon da Trino qui les réédite en 1550 et il faut rappeler la précipitation d'Ortensio Lando à publier son ouvrage avant que Maurice Scève ne fasse paraître ses propres traductions en français ; la paraphrase française de ces *Paradossi* attribuée à Charles Estienne paraît en 1553 à Paris et, parmi les dix éditions parues de 1553 à 1555, deux éditions sont publiées à Lyon. Si les paradoxes étaient d'actualité dans les années 1545, ils le sont tout autant à l'époque de publication des *Euvres* de Louise Labé.

C'est dans la perspective de l'éloge paradoxal qu'il faut lire les éloges respectifs de Folie et d'Amour par leurs avocats au discours V et par eux-mêmes au discours I ; ainsi, Amour se prétend, sous les apparences de « jeune garsonneau », « le plus creint et redouté entre les Dieus et les hommes », mais Folie lui reproche de vouloir lui faire croire à son sujet le contraire de ce qu'elle sait de lui ; Folie, sous l'apparence de femme folle dénoncée par Amour, se dit la « Royne des hommes ». Les chants, les danses, la mode qui étaient donnés comme de l'in-

---

[176] Voir *supra*, p. 138.

vention d'Amour dans la plaidoirie d'Apollon le sont, dans celle de Mercure, comme relevant de la Folie[177].

Les lecteurs contemporains devaient être à même de faire cette lecture paradoxale, tout particulièrement ceux qui avaient pu lire une des éditions de *La Pazzia* (éditée en 1540, 1541, 1543, 1550). En effet, le « Debat de Folie et d'Amour », plutôt qu'à *l'Eloge de la Folie* d'Erasme, est redevable à l'éloge paradoxal de *La Pazzia*. C'est ce qui s'éloigne de l'imitation de *l'Eloge de la Folie* dans *La Pazzia* qui est repris dans le « Debat ». Ainsi le remarquable passage sur les activités litté-raires des femmes sous l'emprise de la passion, déjà cité[178] et dont « le Debat » garde le souvenir, ne doit rien à Erasme.

Le long développement sur la mode et « la plaisante inven-cion des habits nouveaux » du « Debat » (p. 50) s'inspire de celui de *La Pazzia* sur les habits et les fards[179]. Dans *La Pazzia*, Folie parle de son pouvoir au ciel auprès des dieux, en évo-quant les métamorphoses de Jupiter qui se change en cygne, en taureau ou en aigle pour satisfaire ses amours et se délecter

---

[177]   Voir *Euvres*, p. 78 : « En somme sans cette bonne Dame l'homme seiche-roit et seroit lourd, malplaisant et songeart. Mais Folie lui esveille l'esprit, fait chanter, danser, sauter, habiller en mile façons nouvelles, lesquelles changent de demi an en demi an, avec tousjours quelque aparance de rai-son, et pour quelque commodité. Si lon invente un habit joint et rond, on dit qu'il est plus seant et propre : quand il est ample et large, plus hon-neste. Et pour ces petites folies, et invencions, qui sont tant en habille-mens qu'en contenance et façons de faire, l'homme en est mieus venu, et plus agreable aus Dames ».

[178]   Voir *supra*, p. 137, note 141.

[179]   Voir dans [Charles Estienne], *Paradoxes*, p. 288-290, la traduction fran-çaise de *La Pazzia*, à partir d'une édition de 1583 : « Or maintenant puis qu'il vient à propos de parler de leurs habits, de leurs gorgiasitez, orne-mens, pompes et mignotises, mesmement de celles de nostre Italie et des Espagnes...

Conclusion, ce seroit chose aussi par trop longue et ennuyeuse à reciter des joyaux, chesnes, brasselets, et divers habillemens de nouvelles façons, que quasi tous les jours elles changent : Esquelles varietez, diversitez, et excessives despenses, se monstre manifestement et appertement quelle est l'abondance de leur folie, et le peu de leur cerveau. Et qui est celuy qui pourroit suffisamment parler de leurs riches chemises, de leurs caleçons brodez et pourfilez, de leurs gans tressez et perfumez, de leurs eventails, de leurs martres sublimes pendantes, et de leurs patenostres de senteurs qu'elles tiennent tousjours és mains, non par devotion, mais par lasciveté et folie ».

de la Folie[180]. Elle a le même pouvoir dans le « Debat ». Folie
rappelle à Amour comment il a fait aimer Jupiter et comment
elle a transformé ce dernier en cygne, en taureau, en or et en
aigle[181]. Dans le « Debat », il est toutefois une différence d'importance avec le texte de La Pazzia, car c'est l'Amour et non la
Folie qui est donné comme le moteur de la mode :

> tant de pommes d'or, chaines, bagues, ceintures, pendans,
> gans parfumez, manchons : et en somme tout ce qui est de
> beau, soit à l'acoutrement des hommes ou des femmes,
> Amour en est l'auteur (p. 52).

De même, c'est dans la plaidoirie pour Amour que se retrouve
le passage sur la diversité de complexion des hommes qui
s'inspire de celui de La Pazzia[182]. Il en est de même pour le
développement sur le mariage. Dans La Pazzia, c'est la Folie
qui permet de vivre en si grand amour et si parfaite charité[183].

Le passage sur les aspirations littéraires des femmes et sur
la critique qu'elles font des grandes œuvres de la littérature italienne[184] est suivi, dans La Pazzia, d'une charge contre la

---

[180] Id., ibid., p. 284 : « Et pour ne perdre temps à parler de tous, n'y voit l'on
       pas l'Altitonant Jupiter tant terrible, qu'avec ses foudres, il espouvante les
       hommes et les Dieux, quand il se transmue tantost en Cygne, tantost en
       Taureau, tantost en Aigle, puis en une sorte, puis en une autre, pour don-
       ner ordre à ses amours et soy delecter singulierement de la Folie ».

[181] Euvres, p. 16 : « Et quand toy seul ferois aymer, quelle seroit ta gloire si je
       ne faisois paroitre cet amour par mille invencions ? Tu as fait aymer Jupi-
       ter : mais je l'ay fait transmuer en Cigne, en Taureau, en Or, en Aigle : en
       danger des plumassiers, des loups, des larrons, et chasseurs ».

[182] Voir Euvres, p. 40, et Paradoxes, p. 292 : « Regardez doncques quelle est la
       varieté et difference des hommes, non seulement en leurs visages et com-
       plexions, mais encores és langues, és estudes, és coustumes et és façons de
       faire, és arts, exercices, gousts, appetits et volontez, affections et opera-
       tions ; où ne se pourroit trouver aucun qui du tout fust à l'autre semblable.
       Et vous jugerez si en telle diversité (dont plus grande ne se pourroit ima-
       giner ne penser) l'on sçauroit trouver ne amour ne benevolence qui fust
       ferme et stable : si la Folie qui trompe nos jugemens, et deçoit nos yeux,
       ne cachoit et couvroit les fautes et imperfections l'un de l'autre ».

[183] Voir, respectivement, Euvres, p. 44, et Paradoxes, p. 293.

[184] Voir Paradoxes, p. 287 : « La façon de parler de Bocace ne la satisfera pas,
       par ce que en d'aucuns lieux il a beaucoup de rude et vieil. Elle dira que
       Dante fut beaucoup plus sçavant que bien orné en son langage : aussi que
       ce n'est pas grand chose que les Triomphes de Petrarque : Que la nouvelle
       Grammaire avec l'Asollan sont trop affectez : Que l'Arcadie est une tra-
       duction sans invention et n'est pas Tuscane : Le Morgant est mal limé :

musique et la danse auxquelles s'adonnent les femmes et contre le soin qu'elles prennent de leur beauté[185]. Dans le « Debat », Apollon s'exclame :

> Diráy je que la Musique n'a esté inventée que par Amour ? et est le chant et l'harmonie l'effect et signe de l'Amour parfaict (p. 53).

Selon *La Pazzia*, la poésie provient, pour Platon, de la Folie[186]. Dans le « Debat », c'est d'Amour[187]. Comédies, danses mores-

Orland furieux delecte le commun peuple, mais en plusieurs lieux se trouve qu'il deffaut de jugement, et se perd et abisme aux adulations : Le Courtisan est Lombard, et a prins l'invention d'autruy. Quant au Seraphin et quelques autres qui ont par cy devant en cours, et ont esté fort estimez, n'est pas grand cas, et à peine meritent-ils d'estre leuz. Elles se mocquent de l'Aretin, disans qu'il n'est point argut, sinon à dire mal d'autruy, quand la bouche ne luy est close avec quelque present. Conclusion, tout ce qui a esté dict par quelques fameux et singuliers Autheurs que ce soyent, ne les peut aucunement satisfaire ne contenter, tant elles pensent avoir grand engin, dy-je bon entendement ».

[185]   *Paradoxes,* p. 287 : « Il y en a quelques autres qui s'addonnent à la Musique, et à sonner des instrumens, qui ne peuvent accorder : Et pour entretenir des maistres à leur monstrer, despendent et consument follement tout ce qu'elles ont : ayans plus de soing et curiosité de faire leurs voix plus douces et gracieuses, que leur propre vie. Que dirons nous maintenant de celles ausquelles le baller et le dancer plaist tant, que jamais elles ne parlent d'autre chose, s'exercitant et glorifians és gaillards et aggreables mouvemens et fredons du corps : en mesurant leurs pas par simples, doubles et reprinses, avec reverences et contenances : en quoy s'en va et consume la plus grande partie du temps et de leur substance : Mais toutes generalement se delectent et mettent peine entre autres choses de se faire trouver belles et plaire à autruy, et non sans bonne et juste occasion : car la beauté seule est ce qui les fait aymer, reverer, et desirer : Et de ceste singuliere faveur elles ont obligation principalement à la Folie, qui ne laisse jamais la prudence avoir en eux aucune part, et quasi tousjours les maintient en florissant aage et perpetuelle beauté ».

[186]   *Paradoxes,* p. 312 : « Ceste-cy [la Folie] est tant de Platon estimee, qu'il conclud qu'en la vie humaine ne peut estre plus grand plaisir ne plus de delectation, que la Folie des Vaticinateurs et Poëtes : c'est à sçavoir des Vaticinateurs, quand ils pensent prophetizer et predire les choses futures, comme s'ils les avoyent presentes : Et des Poëtes, quand agitez de leur fureur ils font vers plutost divins qu'humains » (p. 312).

[187]   *Euvres,* p. 54 : « Mais qui fait tant de Poëtes au monde en toutes langues ? n'est ce pas Amour ? lequel semble estre le suget, duquel tous Poëtes veulent parler. Et qui me fait atribuer la poësie à Amour : ou dire, pour le moins, qu'elle est bien aydee et entretenue par son moyen ? c'est qu'incontinent que les hommes commencent d'aymer, ils escrivent vers. Et

ques, farces sont de la Folie dans *La Pazzia*[188]. Dans le
« Debat », comédies, tragédies, jeux, montres, masques et
moresques sont rapportés à l'Amour, mais comédies, tragédies, satires, saltations, dans un autre passage, le sont à la
Folie[189].

L'auteur du « Debat » s'amuse donc à attribuer à Amour des
fonctions qui, dans *La Pazzia*, relèvent de la Folie. Jeu paradoxal sur le paradoxe dont il s'inspire. Mais il se joue encore
de façon paradoxale d'un autre des ouvrages dont il s'est servi
pour l'élaboration de son texte. Folie est vue, dans le « Debat »,
comme en tout et partout à l'œuvre, maître et guide des arts.
Or ce sont là les caractéristiques d'Amour dans le commentaire du philosophe néoplatonicien Marsille Ficin sur le
Banquet de Platon. Marsille Ficin avait écrit en latin un *De
amore* qui fut imprimé en 1484 à Florence dans l'édition princeps des œuvres de Platon ; la traduction italienne due à l'auteur lui-même parut en 1544. En 1546, à Poitiers, est publiée
une traduction en français de ce commentaire par Symon
Silvius, dit J. de la Haye, valet de chambre de Marguerite de
Navarre[190].

C'est donc dans une perspective paradoxale que l'auteur du
« Debat » utilise des ouvrages alors particulièrement d'actualité. Parmi eux, prennent place ceux qui s'intéressent à la définition de l'amour. Deux d'entre eux occupent une place de
choix : le commentaire de Marsille Ficin, mais aussi l'ouvrage
de Léon Hébreu, qui, dans ses versions françaises, invite une
fois encore à pénétrer dans le milieu lyonnais des imprimeurs
et des poètes du milieu du siècle. Léon Hébreu, de son vrai
nom Jehudah Abarbanel, juif espagnol d'origine portugaise,

ceus qui ont esté excellens Poëtes, ou en ont tout rempli leurs livres, ou,
quelque autre suget qu'ils ayent pris, n'ont osé toutefois achever leur
euvre sans en faire honorable mencion. Orphee, Musee, Homere, Line,
Alcee, Saphon, et autres Poëtes et Filozofes : comme Platon, et celui qui ha
ù le nom de Sage, ha descrit ses plus hautes concepcions en forme
d'amourettes ».

[188] Voir *Paradoxes*, p. 291.

[189] Voir *Euvres*, p. 53 et 76.

[190] *Le Commentaire de Marsille Ficin, Florentin sur le Banquet d'Amour de
Platon : faict François par Symon Silvius, dit J. De la Haye, Valet de Chambre
de treschrestienne Princesse Marguerite de France, Royne de Navarre*,
Poitiers, J. et E. de Marnef, 1546.

avait écrit, au début du XVIe siècle, des *Dialoghi d'amore* qui furent publiés en 1535. C'est la version italienne qu'a lue Maurice Scève qui s'inspire largement de cet ouvrage dans sa *Delie* (1544), tout comme Pernette Du Guillet dans ses *Rymes* (1545). Deux traductions françaises concurrentes paraissent à Lyon en 1551; l'une est l'œuvre du traducteur Denis Sauvage, l'autre de Pontus de Tyard. Les circonstances de cette concurrence sont bien connues grâce aux témoignages de l'un et de l'autre. Denis Sauvage précise qu'à la demande du libraire Guillaume Rouillé, il avait entrepris la traduction de *La philosophie d'amour* et qu'au moment de la publier, il avait appris l'existence d'une autre traduction sous presse, ce qui l'avait invité à surseoir, peut-être définitivement, à son projet. Toutefois, après six mois d'attente, et l'ouvrage concurrent n'étant toujours pas sorti, il s'était décidé à la publication et il s'explique sur ses principes de traduction, mentionnant que le texte italien d'origine est souvent corrompu. L'édition concurrente de Pontus de Tyard, imprimée dans l'atelier de Jean de Tournes, offre un privilège en date du 14 décembre 1550 et un achevé d'imprimer en date du dernier jour de février 1551. Un avis de l'imprimeur explique au lecteur que le traducteur n'avait à sa disposition qu'un exemplaire de l'édition italienne sortie chez les Alde en 1545, qu'il l'a trouvée très corrompue, non seulement pour les mots, mais pour des phrases entières, ce qui l'a contraint à se reporter directement aux auteurs utilisés par Léon Hébreu, peu scrupuleux pour la rigueur des citations. Cette édition a pour particularité d'être dotée d'un sonnet d'Antoine Du Moulin « Aux doctes, honnestes et vertueuses Dames Françoises » qui met en scène Amour chassé par l'Honneur et retrouvé en sa cachette par Léon Hébreu qui en montre la vraie nature, compatible avec l'Honneur[191].

---

[191]   Léon Hébreu, *De l'amour*, Lyon, J. de Tournes, 1551 :

> « L'honneur craintif (mais l'honneur ignorant)
>   Feit à Amour une impiteuse guerre.
>   Amour fasché, ses deux aesles desserre,
>   Et loin d'Honneur fuit se retirant.
> L'Hebrieu, voyant cecy, le va querant,
>   Ores au Ciel, et ores en la Terre :
>   Et tant deçà, delà, en sa queste erre,
>   Qu'il en revient glorieux conquerant.
> L'Amour trouvé il cache en Italie :

Pontus de Tyard dédie aussi un sonnet à son ami Antoine Du Moulin où il met en avant ses hésitations à entreprendre une traduction de cet ouvrage, qui finalement se caractérise par sa profonde philosophie[192]. Cette publication dans l'atelier de Jean de Tournes s'inscrit dans un vif intérêt pour les textes platoniciens. L'année précédente, Jean de Tournes avait publié l'édition en latin des œuvres de Platon par Ficin avec le commentaire du *Banquet*. Il faut par ailleurs supposer que l'élaboration de la traduction de ce texte par Pontus de Tyard, les difficultés à restituer un texte rigoureux ont dû donner lieu à maintes discussions dans le cercle de Bissy.

C'est à partir de Marsille Ficin et de Léon Hébreu qu'il importe de lire les définitions de l'Amour dans le « Debat ». Conformément au *Commentaire de Marsille Ficin*, I, 3, Amour est « la vraye ame de tout l'univers » (p. 35). Toutefois, il y a un certain nombre de divergences avec le commentaire de Marsille Ficin, qu'il s'agisse de l'origine de l'Amour ou d'une autre définition de l'Amour. Pour Marsille Ficin, VI, 8 et 10, et VII, 4, tout amour commence par la vision. Dans le « Debat », est remise en question l'idée selon laquelle l'Amour viendrait des yeux :

> Dire que c'est la force de l'œil de la chose aymee, et que de
> là sort une sutile evaporacion, ou sang, que nos yeus

> > Mais voicy un qui de là le deslie
> > Pour vous monstrer (ô Dames) qu'il ressemble.
> > Vous le verrez plus Divin qu'humain estre.
> > > Ne craignez donq, ne craignez point, de mettre,
> > > Luy hardiment, et vostre honneur ensemble ».

[192]   *Id., ibid.* : « A maistre Antoine du Moulin masconnois.

> > Avant qu'oser en main la plume prendre,
> > > Pour cest Hebrieu mettre en nostre langage,
> > > Crainte, long temps, tint suspend mon courage :
> > > Je le voulois, et n'osois l'entreprendre.
> > Comme Icarus je ne veux point estendre
> > > Un vol haultain, sus debile pennage :
> > > En vain (disois je) est entrepris l'ouvrage,
> > > Duquel l'on peult honteuse fin attendre.
> > Ainsi m'avoit la crainte retiré,
> > > Voyant (Amy) que de cest œuvre est tiré,
> > > Des poincts profonds de la Philosophie.
> > Mais j'ay pensé que je ne puis mal faire,
> > > Si, de bon heur, ce mien labeur peult plaire,
> > > Au jugement de ma sainte SOPHIE.»

> reçoivent, et entre jusques au cœur : ou, comme pour loger un nouvel hoste, faut pour lui trouver sa place, mettre tout en desordre. Je say que chacun le dit : mais s'il est vray, j'en doute (p. 81).

Dans le *Commentaire de Marsille Ficin*, I, 4, Amour est désir de beauté, définition qui est donnée comme commune à tous les philosophes[193]. Dans le « Debat » :

> Amour n'est autre chose qu'un desir de jouir, avec une conjonccion, et assemblement de la chose aymee (p. 92),

définition reprise ultérieurement :

> ne confessez vous, que Amour cherche union de soy avec la chose aymee ? (p. 96).

En fait, cette définition de l'Amour comme désir de jouir est empruntée à Léon Hébreu[194], qui propose une autre définition de l'Amour que celle donnée par Marsille Ficin. Cette nouvelle définition est longuement débattue entre les deux personnages de son dialogue, Philon et Sophie :

> nous appelons l'Amour un Desir de jouir en union, ou vrayement un desir d'estre converti et transmué par union en la chose aymee (I, p.77).

C'était de la part de Léon Hébreu une remise en cause directe de la définition de Platon :

> De cecy peux tu colliger l'occasion qui m'ha meu de ne dire l'Amour (ainsi que Platon) estre un desir de beaute : mais de diffinir l'Amour estre un desir de quelque chose, ou bien un desir de chose bonne (II, p. 88).

Par rapport à Marsille Ficin, Léon Hébreu débat de l'amour divin et de l'amour charnel et sa définition permet de fusionner les deux genres d'Amour de Marsille Ficin, qui, dans II, 7, distinguait l'amour qui est désir de contempler la beauté et celui qui est désir de l'engendrer et, en VI, 14, l'amour céleste qui est amour des jeunes adolescents, parce qu'en eux brille l'acuité de l'intelligence, alors que l'amour commun est mû

---

[193] *Id., ibid.*, p. 49 : « Quand icy je parle d'Amour, entendés le desir de beaulté. Car tous les Philosophes diffinissent ainsi Amour ».

[194] Enzo Giudici, *op. cit.*, p. 68.

par le plaisir de l'union charnelle qui peut conduire à la pédérastie condamnée par Platon dans les *Lois;* ce chapitre, « dont vient l'Amour envers les masles, et dont envers les femmes », peut être lu comme une sublimation de l'amour homosexuel, d'autant que Marsille Ficin « a certainement vu la dimension homosexuelle du monde représenté par Platon »[195] et mis à jour les fondements de la philosophie de l'amour de ce dernier[196].

Par ailleurs, Léon Hébreu, qui abandonne le contexte exclusivement masculin de Marsille Ficin au profit d'un discours où la femme occupe une place de choix (ne serait-ce que comme second personnage du dialogue), réhabilite la passion en un passage capital pour la compréhension du dessein des poètes de Louise Labé[197]. C'est une réponse de Philon à Sophie

[195] Voir Symon Silvius dit J. de la Haye, *Le commentaire de Marsille Ficin, florentin: sur le Banquet d'amour de Platon*, éd. Stephen Murphy, Paris, 2004, p. 11-12. Voir Guy Poirier, *L'homosexualité dans l'imaginaire de la Renaissance*, Paris, Champion, 1996, p. 169-170, sur l'attitude du traducteur face aux passages qui traitent de l'amour entre hommes.

[196] Voir Didier Godard, *L'autre Faust, l'homosexualité masculine pendant la Renaissance*, Montblanc, HBO, 2001, qui montre comment l'amour de la beauté platonicien justifie à l'époque l'homosexualité et comment « pour les papes de la Renaissance, comme pour leurs compatriotes de la même époque, l'amour des garçons va de pair avec l'amour de l'art ».

[197] Voir Léon Hébreu, *op. cit.,* I, p. 94: « Et te diray que je pense, l'Amour ardent et enflammé, et l'affection effrenee de l'homme envers la femme, n'estre moins louable et indigne de reprenhension, que l'amitié d'un à l'autre homme: mais que cela procede de vraye congnoissance et jugement, asseurant qu'elle soit digne d'estre aymee. lequel Amour tient autant de l'honnesteté que de la delectation. SOPH. Quoy que soit, je voudrois que ton Amour fust reiglé par la raison de laquelle il ha esté (dis tu) engendré: car c'est elle qui gouverne toute personne digne de merite. PHIL L'Amour reiglé par la raison, n'est coustumier de contraindre ou forcer l'Amant: et bien qu'il ayt nom d'Amour, si n'en ha il l'effect: pource que le vray Amour, fait force et à la raison, et à la personne aymante en merveilleuse violence, et maniere incroyable, et perturbe l'esprit (siege du jugement) plus qu'autre empeschement humain: Eslongnant toute autre chose de la memoire pour en icelle s'insinuer et de soy la remplir entierement: rendant l'Amant tant affecté et propre à la personne aymée, qu'il n'est plus à soymesme: devenant ennemy de plaisir et de compagnie, amy de la solitude, melancholique, passsionné, enceint de peines, tourmenté de l'affliction, martiré du Desir, nourri d'esperance, esguillonné de desespoir, atteint d'une sollicitude et anxieté de continuelle pensée, rempli d'angoisse au moyen de la cruauté, affligé de suspicion, persecuté de

qui s'étonne que l'amour non gouverné par la raison puisse être louable, car elle pensait que la raison faisait la différence entre l'amour vertueux et l'amour lascif. Selon Philon, être effréné pour le philosophe est le propre du vrai amour et l'amour divin, par exemple, n'est pas gouverné par la raison qui régit l'homme dans sa vie ordinaire. Philon fait un tableau de la passion et de ses violentes perturbations. L'Amour envahit totalement l'amant qui n'est plus soi-même, devenu ennemi du plaisir et de la compagnie, se complaisant dans la solitude, mélancolique, plein de peines et tourments, travaillé du désir, nourri d'espérance, aiguillonné par le désespoir, rempli d'angoisse et de jalousie, toujours accompagné de douleurs, de soupirs, de dédains et dépits, incapable de recevoir un quelconque conseil. Philon termine son affligeante peinture par ces mots :

> Te semble il donq (Sophie) qu'en tel Labyrinte l'on puisse avoir esgard à la loy de raison et à la reigle de prudence ? (I, p. 94).

Le passage fournit la clef du sonnet des « Escriz » que Maurice Scève consacre à Louise Labé, « En grace du Dialogue d'Amour et de Folie, Euvre de D. Louïze Labé Lionnoize » (III, p. 126). Le jeu de mots du sonnet de Maurice Scève où est inscrit le nom de Louise Labé :

> Puis que lon voit un esprit si gentil
> Se recouvrer de ce Chaos sutil
> Ou de Raison la Loy se laberynte (p. 127)

a donc sa source dans la phrase récapitulative de Léon Hébreu.

---

jalousie : il est en tribulation sans sejour, en travail sans repos, tousjours accompagné de douleur, plein de souspirs, respects, desdains et despits qui jamais ne l'abandonnent. Que te puis je dire sinon que l'Amour fait que continuellement la vie meure, et la mort de l'Amour vive ? et ce que je trouve encor digne de plus grande admiration, c'est que estant le miserable Amant languissant en tant extreme et intolerable cruauté et tribulation, il n'espere, desire, essaye, ou pourchasse de s'en eslongner : mais repute celuy qui, par conseil, luy veult donner secours, son mortel et capital ennemy. Te semble il donq (Sophie) qu'en tel Labyrinte l'on puisse avoir esgard à la loy de raison et à la reigle de prudence ? SOPH. Tout beau (Philon) tout beau, car je voy bien qu'aux Amans la parole abonde plus que la passion. PHIL. Ah, Sophie, ceste tienne incredulité donne assez de congnoissance, que tu es libre, et que tu ne sens aucune de telles passions : car nul ne peut croire la grandeur des douleurs d'un Amant, que celuy qui en participe ».

L'image de l'Amour hors du domaine de la raison est l'image privilégiée par Léon Hébreu; elle rejoint celle de l'Amour guidé par Folie dans le « Debat ». Par ailleurs, la peinture des angoisses de l'homme sous l'emprise de la passion correspond à celle qui est mise en scène dans les sonnets de Louise Labé.

L'auteur du « Debat » s'amuse aussi du texte de Léon Hébreu. Ainsi, en est-il du passage où, pour Léon Hébreu, la fusion des amants fait qu'ils sont un ou quatre :

> Comme tu scez bien que l'amant est converti et transformé en la personne aymée : dont il est raisonnable d'inferer, que l'amant n'ha bien qui luy soit plus propre, que celuy de l'aymée, à laquelle iceluy bien n'est si propre, que à l'amant, si elle l'ayme reciproquement : car alors le bien d'un chacun d'eux est propre de l'autre, et aliené de soy : voire que deux personnes qui s'entreayment mutuellement, ne sont vrayment deux. SOPH. Combien donq ? PHIL. Ou une seule, ou bien quatre. SOPH. J'entens bien : pource que l'Amour unit et conjoint les deux amans, qu'ilz ne sont qu'un. Mais qu'ilz soient quatre, comment se fait cela ? PHIL Un chacun d'eux se transformant en l'autre, se fait deux, asavoir amant et aymé : et deux fois deux, sont ce pas quatre ? ainsi est chacun d'eux deux : et tous deux sont un, et quatre (II, p. 95).

Dans le « Debat », pour Mercure qui pose la question « dites moy entre vous autres Signeurs, qui faites tant profession d'Amour, ne confessez vous, que Amour cherche union de soy avec la chose aymée ? » (p. 96), c'est là le plus fol désir du monde, dans la mesure où, d'une part, si tel était le cas, l'Amour disparaîtrait, car les amants seraient confondus et où, d'autre part, il est impossible que l'Amant et l'Aymé (sic) puissent être confondus, dans la mesure où des espèces séparées ne peuvent se joindre si elles ne changent de forme et jamais deux hommes ne sont devenus un seul :

> tant par ce, que le cas avenant, Amour faudroit par soymesme, estant l'Amant et l'Aymé confonduz ensemble, que aussi il est impossible qu'il puisse avenir, estant les especes et choses individues tellement separees l'une de l'autre, qu'elles ne se peuvent plus conjoindre, si elles ne changent de forme (p. 96).

Il termine de façon ironique :

LES DESSOUS D'UNE SUPERCHERIE LITTÉRAIRE 251

> Alleguez moy des branches d'arbres qui s'unissent
> ensemble. Contez moy toutes sortes d'Antes, que jamais
> le Dieu des jardins inventa. Si ne trouverez vous point que
> deus hommes soient jamais devenuz en un : et y soit le
> Gerion à trois corps tant que voudrez (p. 96).

Dans ce contexte néoplatonicien où sont évoqués « l'Amant et
l'Aymé », l'amour entre hommes, tout comme l'amour hétéro-
sexuel, on ne saurait considérer que la référence à l'Aymé soit
une coquille pour l'Aymée, d'autant que le même passage du
féminin au masculin se trouve dans la traduction de Pontus de
Tyard, tout comme dans celle de Denis Sauvage.

La définition et la description de l'Amour sont donc des
sujets à la mode dans les traités de philosophie néoplatonicienne. Ils le sont aussi en poésie. L'*Art poetique* de Thomas
Sébillet, en 1548, consacre un chapitre à la définition et à la
description, deux genres poétiques nouveaux et peu usités
selon lui. Il les illustre par deux longues pièces qui traitent de
l'amour : une définition d'Amour composée par Mellin de
Saint-Gelais et une description d'Amour traduite d'une épigramme du poète néolatin Michel Marulle (inspirée de l'élégie
II, 12, de Properce). Ces deux pièces, données comme canoniques, se trouvaient déjà en 1534 en tête du recueil des *Fleurs
de Poesie Françoyse* (avec une autre traduction pour le texte de
Marulle). La nouvelle traduction de Marulle est reprise, avec
un pastiche de la pièce de Mellin de Saint-Gelais, dans un
ensemble de textes contre les femmes, *La louenge des femmes,
Invention extraite du Commentaire de Pantagruel, sur l'Andro-
gyne de Platon*, publié en 1551 chez Jean de Tournes[198].

La pièce de Saint-Gelais, imitation d'une chanson de Pietro
Bembo en *terza rima*, débute ainsi :

> Qu'est ce que Amour ? est ce une Deité
> Regnant sur nous ? ou volunté naissante
> Sans quelque force ou sans necessité ?
> C'est ung povoir, qui par secrete sente
> Se joint au cueur, dissimulant sa force,
> Et se fait Maistre avant que l'on le sente[199] (p. 30).

---

[198] L'ouvrage, avec dédicace « à honneste et vertueuse dame Coelie de Romir-
ville », comporte une épître d'André Misogyne et traite la femme d'animal
venimeux, de rebut de sages compaignies, de sac plein de malice...

[199] *Les Fleurs de Poesie Françoyse*, éd. Defaux, Paris, STFM, 2002, p. 42.

Le pastiche célèbre l'amour platonicien et dénonce l'amour charnel :

> Qu'est ce qu'Amour ? c'est une sainte loy
> Liant les cœurs, de crainte de desplaire,
> Fondée sus inviolable foy…
> C'est, à vray dire, une divine corde
> Joingnant en un, tout ce qui est desjoint,
> Qui appaisa du Chaos la discorde…
> Ce n'est pas donq cest appetit de joindre
> L'un corps à l'autre, aux bestes peculier,
> Et aux humains, esquelz raison est moindre…
> Ce n'est donq pas ce Cupido aislé,
> Aveugle, enfant, nud, incertain, volage,
> Qui tant d'amer à son doux ha meslé… (p. 30)

Le sonnet de Maurice Scève, dans les « Escriz », s'inspire de la définition d'Amour de Mellin de Saint-Gelais[200] et de son pastiche. Il reprend, dans une question initiale, les deux termes de l'alternative du début :

> Amour est donq pure inclination
>   Du Ciel en nous, mais non necessitante :
>   Ou bien vertu, qui nos cœurs impuissance
>   A resister contre son accion ?
> C'est donq de l'ame une alteracion… (p. 126),

avec, en final, des mots clefs du pastiche : *loy, chaos, raison* :

> Se recouvrer de ce Chaos sutil,
> Ou de Raison la Loy se laberynthe

Maurice Scève a donc utilisé, d'une part, un texte à la mode et son pastiche néoplatonicien présent dans un recueil misogyne et, d'autre part, l'ouvrage de Léon Hébreu qui a servi largement à l'élaboration du « Debat » et à sa propre *Delie* . Ces références éclairent ce « Debat » qui s'inscrit, avec une érudite gaillardise, dans les débats contemporains sur l'amour.

Il faut souligner le rôle joué par les valets de chambre de la reine de Navarre dans les traductions des ouvrages majeurs qui traitent de l'amour dans un contexte néoplatonicien. Les avant-textes de la traduction de Léon Hébreu publiée par Jean de Tournes montrent le dialogue de Pontus de Tyard avec Antoine

---

[200] Enzo Giudici, *op. cit.*, p. 64, a souligné l'influence de Saint-Gelais.

Du Moulin, valet de chambre de la reine et correcteur chez Jean de Tournes. En 1546, la traduction du commentaire de Marsille Ficin sur le *Banquet* de Platon est le fait de Symon Silvius, dont on ne sait rien sinon qu'il a donné cette traduction et qu'en 1547, il procure, à Jean de Tournes, *les Marguerites de la Marguerite des princesses, tresillustre royne de Navarre* et *la Suyte des Marguerites de la Marguerite des princesses, tresillustre royne de Navarre;* ces ouvrages, pourvus d'un privilège accordé à « Symon Silvius, dit de la Haye, escuier valet de chambre de la Royne de Navarre », sont, chacun respectivement, dotés d'un sonnet préliminaire de Maurice Scève. Il est un autre personnage de l'entourage de Marguerite de Navarre qui fournit la traduction d'un livre traitant de l'amour: *Les dialogues de messire Speron Sperone*, parus en 1551 à Paris, chez Etienne Groulleau. Elle est due à Claude Gruget qui donnera, en 1559, l'édition de l'*Heptameron des Nouvelles de la Royne de Navarre* (avec le titre et l'ordre des nouvelles qui feront ensuite autorité)[201].

Les images de l'Amour

Le portrait d'Amour dans le « Debat » est à l'image de celui de Cupidon par Léon Hébreu qui explique ce qu'est l'amour effrené et fournit les justifications des attributs traditionnels de l'Amour: enfant nu, ailé, avec ses arcs et ses flèches. Si l'Amour parfait est né de raison, il ne se laisse toutefois plus gouverner par elle et, comme il est dépourvu de raison, on le peint aveugle et sans yeux[202]. Les débats sur l'existence d'un

---

[201] Pour un résumé de l'histoire du texte, voir Marguerite de Navarre, *L'Heptaméron,* éd. Nicole Cazauran, Paris, Gallimard, 2000, p. 604-610.

[202] Léon Hébreu, *De l'amour,* I, p. 90: « PHIL. Tu as en cecy ouy dire la verité, mais si j'ay dit que l'Amour vray, et parfait naisse de la raison, je n'ay pourtant affermé qu'il soit par elle limité ou guidé, ains je te dy que depuis que la raison congnoissante, l'ha produit, l'Amour qui est nay ne se laisse plus gouverner par elle, bien qu'elle l'ayt engendré, mais repugnant et se revoltant contre sa mere, devient (comme tu dis) effrené: tellement qu'il se fait dommageable, et prejudiciable à l'amant: pource que pour bien aymer autrui, il n'ayme point soymesme, chose, certes, contraire à toute raison et devoir: car l'Amour estant charité, devroit commencer à soymesme: ce que nous ne faisons aymans autrui plus que nous mesmes. Et pource que l'Amour apres sa naissance est despourveu de raison, l'on le peint aveugle et sans yeux: aussi pource que Venus sa mere ha les yeux beaux, l'on desire la beauté, et la raison fait le jugement de la personne belle, bonne

amour unique ou d'une pluralité d'amours, sur la reconnaissance de l'Amour aveugle et sur ses attributs, en particulier le
bandeau qui recouvre ses yeux sont multiples et bien représentés dans la production de l'atelier Jean de Tournes. En
1545, Antoine Du Moulin édite le *Panegyric des damoyselles de
Paris sur les neuf muses*, suivi de diverses pièces : « A celles qui
se sont plainctes d'estre au nombre des Muses », « Le triomphe
des Muses contre Amour », « Les obseques d'Amour », « Complainte d'une damoyselle fugitive », « L'amante loyalle qui
depuis ha esté variable ». En 1547, paraissent de François
Habert, *La nouvelle Venus/par laquelle est rendue pudique
Amour*; de Gilles d'Aurigny, *Le tuteur d'amour*; les *Opuscules
d'amour, par Heroet, La Borderie, et autres divins poëtes*[203]; *La
fable du faux cuyder…Avec autres compositions nouvelles*[204]. En
1548, *Le chant des Sereines* d'Etienne Forcadel offre, entre
autres, un « Chant comparant l'amour à un fleuve ». En 1550,
*Les angoysses et remedes d'amours. Du Traverseur, en son adoles-
cence* de Jean Bouchet traitent longuement des dangers de
« folle amour ». En 1551, Etienne Forcadel ajoute, aux pièces
déjà publiées en 1548, « Six visions de la triste fin d'amour », le
« Chant de la rigueur de Clytie », le « Chant d'un amant

---

et aymable. Voilà la naissance de l'Amour. En oultre, l'on peint Cupido
nud, pource que à cause des peines intolerables desquelles tout amant est
miserablement affligé, l'ardent amour ne peult estre dissimulé avec la raison, ny celé et couvert avec la prudence. L'on le peint Enfant, pource que
la prudence luy manque, et que par elle il ne peult estre gouverné. L'on luy
attribue des aesles, pource que l'Amour entre dens les courages des
Amans en vistesse incroyable : et en non moins de legereté les fait aller
tous abstrais d'eux mesmes trouver la personne aymee : et pour cecy disoit
Euripides, que les Amans vivent en corps d'autrui. L'on le peint avec l'arc
et les flesches prest à descocher : pource qu'il frappe de loing descochant
contre le cœur, comme à son propre but ».

[203] Recueil regroupant les ouvrages de la fameuse querelle des amies, « La
parfaicte amye », « l'Androgine » de Platon, « La Complainte d'une
Dame nouvellement surprinse d'amour », « Le discours du voyage de Constanti-
noble » de Antoine Heroët, « l'Amye de court » de La Borderie, « La
Contreamye » de Charles Fontaine, « L'honneste amant » de Paul Angier,
« Le Nouvel Amour » d'Almanque Papillon.

[204] Recueil comportant, entre autres, outre « La fable du faux cuyder » de
Marguerite de Navarre, vingt-quatre compositions tirées du *Recueil de
vraye poesie Françoise, prinse de plusieurs Poetes, les plus excellens de ce
regne*, Paris, D. Janot, 1544, dont le « Trophée d'Amour » de François Ier et
le dizain contre Amour de Mellin de Saint-Gelais.

refusé », le « Chant lyrique d'une Damoiselle » qui dit combien
« Amour me fait vivre et mourir ». Bérenger de La Tour, dans
Le siecle d'or, offre trois longs poèmes de définition intitulés
« Marques de fol Amour », « Marques d'Amour honneste »,
« Marques d'Amour divin », fondés sur le même modèle ; ainsi
pour l'Amour honneste :

> C'est un secret qui à tous se desploye :
> Un Cupido, autre que l'ocieux,
> Aussi ha il origine des Cieux
> Ouvrant ses yeux, à fin que mieux y voye[205].

Deux des ouvrages parus chez Jean de Tournes offrent en
page de titre d'intéressantes gravures sur le thème de l'Amour.
Dans l'édition *De l'amour* de Léon Hébreu, l'Amour est assis
sur son carquois, entouré d'animaux ; le ciel est composé du
soleil, de la lune et des étoiles. Amour est donc au milieu des
merveilles du monde. Il a enlevé son bandeau. La gravure est
entourée de l'inscription « Pour voir le Ciel auquel je prins
naissance Ferme devient ma legere inconstance ». La page de
titre des deux livres de Marguerite de Navarre présente une
gravure de l'Amour ailé, avec son arc et ses flèches dans son
carquois. Il s'élève vers le ciel, tendant son bras vers le soleil
qu'il regarde ; la gravure est encadrée de la devise « per ipsum
facta sunt omnia » (« toutes choses ont été faites par lui »,
évangile de Jean, I,3).

Les images de l'Amour données en tête des ouvrages de
Léon Hébreu et de Marguerite de Navarre s'inscrivent dans les
débats sur l'amour honnête, la ferme amour, avec des jeux sur
le bandeau, vu comme symbole de l'aveuglement[206] et de
l'amour vicieux. Boccace, dans *La genealogie des dieux*, précise :

> Ilz queuvrent les yeulx de cupido d'un bandeau, affin que
> nous voyons et considerons que les amoureux ignorent ce
> à quoy ils tendent et les jugemens d'eulx estre nulz et
> n'avoir aucunes distinctions des choses[207].

---

[205] Bérenger de La Tour, *Le siecle d'or*, Lyon, J. de Tournes et G. Gazeau, 1551,
     p. 201.

[206] Voir sur l'Amour aveugle et la pensée artistique néoplatonicienne, Erwin
     Panofsky, *Essais d'iconologie*, Paris, Gallimard, 1967.

[207] Boccace, *Genealogie des dieux*, Paris, Antoine Vérard, 1498, f. 152r°.

SVYTE DES
MARGVERITES
DE LA MARGVERITE
DES PRINCESSES,
TRESILLVSTRE

ROYNE

DE

NAVARRE.

A LYON,
PAR IEAN DE TOVRNES.
M. D. XLVII.

Auec Priuilege pour six ans.

Marguerite de Navarre, *Suyte des Marguerites de la Marguerite des princesses*, Lyon, J. de Tournes, 1547.

LEON HE-
BRIEV DE
L'AMOVR.

SECOND TOME.

Pour voir ce Ciel, auquel ie prins naiſſance,

Ferme deuient ma legere inconſtance.

A LYON,
PAR IEAN DE TOVRNES

M. D. LI.

Auec Priuilege du Roy pour cinq ans.

Léon Hébreu, *De l'amour*, Lyon, J. de Tournes, 1551.

La pièce de Michel Marulle, qui, aussi bien dans *Les Fleurs de Poesie Françoyse* de 1534 que dans l'*Art Poetique François* de Thomas Sébillet de 1548, accompagne la définition d'amour selon Mellin de Saint-Gelais, est consacrée à l'Amour aveugle. Elle met en scène, sous forme de dialogue, l'image d'Amour en fils de Vénus, enfant nu et ailé avec son carquois de flèches. Quel malheur l'a rendu aveugle? «L'immodérée ardeur», formule qui traduit, dans la version de Thomas Sébillet, l'*immoderata libido* de Michel Marulle, tandis que Properce ne parlait pas de la cécité. Amour est précédé de «Vermeille ébriété, sommeil decoloré, oisif repos, somptueuse merveille»; il est accompagné de haine, deuil éploré, noise, discord, inimitié, jalousie et envie. Qui l'a donc mis au ciel? Les fols humains, alors que Michel Marulle disait simplement «homines»[208]. *Le Nouvel amour* d'Almanque Papillon (Lotrian, 1543)[209] montre Cupidon arrachant son bandeau et voulant se séparer de sa mère Vénus, métamorphose due à son séjour à la cour de France.

Tout le «Debat» repose sur l'aveuglement de l'Amour. Folie, qu'Amour a essayé d'atteindre de sa flèche, lui arrache les yeux qu'elle recouvre d'un bandeau impossible à ôter. Dans le discours II, Amour aveugle se lamente sur son sort qui lui fait, maintenant, tirer ses flèches au hasard, frappant, sans distinction, vieux ou laids, alors qu'auparavant il ne faisait s'aimer que les jeunes et les beaux; Vénus, sa mère, qui s'est étonnée de son absence au banquet des dieux, lui fait part des plaintes auprès de Jupiter de ceux qu'il a indument frappés et déplore que Folie lui ait à elle-même enlevé son plus grand plaisir, celui d'être vue par son fils. Fort curieusement, les

---

[208] Dans la version des *Fleurs de Poesie Françoyse*, éd. Gérard Defaux, p. 41, il s'agit respectivement de «Luxure»; de «Bacchus yvre et reffait»; de «Sommeil, Oysiveté, Pompes à luy belles»; de «Hayne, dissention et injures rebelles»; de l'«humaine nature».

[209] Voir au début de cet ouvrage la pièce «Huictain de Cupido Dieu d'Amours.

> Pourquoy dit on les yeulx estre bendez
> A Cupido qui dieu d'amours s'apelle
> S'il les avoit ouvers et desbendez
> Ne pourroit pas estre nommé rebelle
> Mais toutesfois la raison en est telle :
> Car il ne voyt ou son arc il applicque,
> De toutes gens le cueur il renouvelle
> Par l'entretien de l'ame Venerique ».

circonstances de l'aveuglement sont ambiguës[210] et l'auteur joue à l'évidence, plaisamment, sur cet aveuglement, sur la fonction du bandeau et sur la possibilité pour Amour d'enlever son bandeau et de retrouver la vue. Il importe de souligner les rapprochements à faire entre les images de l'Amour données par le « Debat » et celles des pages de titre des œuvres de Marguerite de Navarre et de Léon Hébreu.

Ces images sont des prises de parti dans les discussions contemporaines sur Amour et Cupido que le « Debat » a pour particularité de confondre[211], les pages de titre des ouvrages de Marguerite de Navarre et de Léon Hébreu, de la même manière, et contrairement à Marsille Ficin[212], ne les distinguant pas. Cette ambiguïté se trouve dans certains sonnets de la *Delie*; si Amour est opposé à Cupido dans le sonnet CCXVII qui présente « Amour ardent, et Cupido bandé, Enfans jumeaulx de toy, mere Cypris », ils sont confondus dans les sonnets CXL, CCCLXXIV. Pour Boccace également, dans *La genealogie des dieux*, l'Amour est unique. Le nouvel Amour est un thème dominant des poésies de Marguerite de Navarre publiées chez Jean de Tournes en 1547. Dans la *Suyte des Marguerites de la Marguerite des princesses*, dans une épître « au Roy François son Frere », elle lui parle d'Amour, première-ment commencé dans la chair et qui maintenant a perdu tous les attributs du vice (bandeau, ailes, flèches), bien qu'il reste toujours le même[213]. L'aveugle né est devenu clairvoyant; l'en-

---

[210] Il est dit que Folie « tire les yeus à Amour », celle-ci fait savoir à Amour qu'il n'est pas en son pouvoir de lui rendre ses yeux et qu'elle lui prête des ailes pendant qu'il cherchera ses yeux. Amour se lamente que Folie lui ait crevé les yeux. Yeux crevés ou yeux dérobés ? La phrase finale du « Debat » (« Et sur la restitucion de ses yeus, apres en avoir parlé aus Parques, en sera ordonné », p. 99) évoque la possibilité pour l'Amour de retrouver la vue. Folie dit lui mettre un bandeau donné par une des Parques afin de cacher sa difformité, le temps que les yeux lui soient rendus; elle précise toutefois que, selon la Parque, ce bandeau est inamovible.

[211] Sur la subtilité des variations dans la désignation d'Amour dans le « Débat », voir Vân Dung Le Flanchec, « La désignation et l'allégorie dans le *Debat de Folie et d'Amour* de Louise Labé », *Styles, genres, auteurs*, 4, p. 31-46.

[212] Voir Marsille Ficin, ch. VIII, voir aussi les *Azolains* de Bembo, livre III; Castiglione, *Le courtisan*, Livre IV.

[213] François Habert, *La nouvelle Venus*, Lyon, Jean de Tournes, 1547, de même, célèbre la nouvelle Vénus qui aime parfaitement; il s'inspire, comme il le dit, de Platon :

fant inconstant, ferme ; l'amour aimant s'est transformé en un bel homme parfait[214].

L'existence de ce nouvel Amour est en filigrane du « Debat ». Le discours IV du « Debat », qui met en scène Jupiter et Amour avec en tête la mention « Cupidon vient donner le bon jour à Jupiter », est l'occasion pour Amour de fournir une autre définition de l'Amour que celles qui sont proposées par Marsille Ficin ou par Léon Hébreu :

> la vraye et entiere Amour : qui ne cherche son proufit, mais celui de la personne, qu'il ayme (p. 32).

> « Dizain de la nouvelle Venus.
> Amy lecteur, qui ce livre liras :
> Ou de Venus la louenge est comprise,
> Je sçay assez que tu t'esbahiras,
> Puis que Venus des chastes est reprise :
> Mais de Platon la sentence bien prise,
> Il te viendra un meilleur jugement :
> Car ma Venus ayme parfaictement.
> Parfaicte amour est divine et celeste.
> Dame aymez (comme moy) nettement,
> Lors ma raison ne vous sera moleste ».

[214] Marguerite de Navarre, *Suyte des Marguerites de la Marguerite des princesses*, p. 67 :

> « Au temps heureux vostre infelicité,
> Vostre longueur par grand necessité
> A le bendeau rompu de cest enfant,
> Qui fut par vous, et maintz cœurs triomphant.
> Il a rompu ses traitz, perdu ses aelles.
> Tirer ne peult, ne plus voler sans aelles.
> O temps heureux par vostre grand longueur,
> Par voz tourmens, fascherie, et langueur
> Avez rendu le cruel gracieux,
> L'aveugle né cler voyant des deux yeux :
> L'enfant leger, inconstant, et muable,
> Ferme, asseuré, et plus qu'un Roc estable.
> C'est tousjours luy toutesfois : mais son vice
> Est converty en vertu, et justice.
> Il fut enfant petit en mauvais point ;
> Souvent chagrin, et ne profitoit point.
> Mais maintenant qu'il est devenu homme,
> Beau et parfait, il vault bien qu'on le nomme
> Amour aymant, qui chacun fait aymer,
> Plus gracieux, qu'il ne fut onc amer ».

C'est la définition de la Charité selon Saint Paul (I, Corinthiens, 13, 5) et c'est dans un contexte évangélique qu'il faut lire ce passage du « Debat ». Amour fait un discours sur la nécessité de la réciprocité dans l'amour, alors même que Jupiter reconnaît qu'il n'a été que peu aimé ; il fustige « la lubricité et ardeur de reins » qui « n'a rien de commun, ou bien peu, avec Amour » (p. 33). Amour dit que, certes, il fait aimer, mais que c'est en la puissance de chacun le plus souvent de se faire aimer et que peu font ce qui est alors nécessaire. Les consonances évangéliques de ce discours d'Amour, son accord avec le passage précité de Marguerite de Navarre sont manifestes.

Dans ce même discours IV, Amour, face à Jupiter, condamne les métamorphoses du séducteur :

> Les Dames que tu as aymees, vouloient estre louees, entretenues par un long tems, priees, adorees : quell' Amour penses tu qu'elles t'ayent porté, te voyant en foudre, en Satire, en diverses sortes d'Animaus, et converti en choses insensibles ? (p. 32)

La figure de Jupiter dans le « Debat » est donc liée à un amour trop terrestre et le petit Amour dans le dialogue de ce discours n'hésite pas à lui faire la morale.

Si les amours de Jupiter sont ainsi dénoncées et ses habitudes amoureuses fustigées, il est toutefois remarquable que, par ailleurs, dans l'ensemble du « Debat », Jupiter s'acquitte de son rôle de juge avec une grande équité. Ainsi, en réponse à Vénus qui demande justice, il promet, si le tort est avéré, une punition exemplaire ; il souligne la nécessité d'entendre Folie, afin qu'elle ne puisse se plaindre :

> Car encore que je pusse savoir de moymesme la verité du fait, si ne véus je point mettre en avant cette coutume, qui pourroit tourner à consequence, de condamner une personne sans l'ouir (p. 26).

Il invite Mercure à ne pas se récuser pour la défense de Folie, car il ne faut pas refuser de prendre la parole pour un misérable ou un affligé. Après la plaidoirie d'Apollon, les dieux, mus de compassion pour Vénus et Cupidon, auraient volontiers condamné Folie, « Quand l'equitable Jupiter par une magesté Imperiale leur commanda silence » (p. 61). Les mots utilisés pour célébrer Jupiter sont remarquables.

La figure de François Ier, l'homme de justice et l'homme aux amours multiples, apparaît manifestement derrière les traits du Jupiter du « Debat ». La condamnation des amours de Jupiter au cours de son dialogue avec Cupidon dans le « Debat » offre des accents voisins de ceux par lesquels Marguerite de Navarre s'efforce de convaincre son frère de se tourner vers le véritable amour. Ainsi, dans l'épître qu'elle adresse à son frère dans la *Suyte des Marguerites*, Marguerite de Navarre se réjouit du changement advenu chez son frère, elle qui a tant souhaité que ses yeux trop endormis s'ouvrent et que disparaissent tous vains désirs et qu'il reconnaisse le vrai Amour :

> Il est tout tel, qu'il a esté, sinon
> Que vous sçavez trop mieux quel est son nom,
> Que ne faisiez, quand le cuydiez sçavoir.
> Pas ne l'aviez, quand le cuidiez avoir (p. 68).

Ce déguisement des grands de ce monde derrière des dieux est tout à fait conforme aux habitudes du siècle. Un des jeux des poètes de Marguerite de Navarre, c'est le travestissement mythologique. Ainsi Marguerite de Navarre est Pallas-Minerve, sœur de Jupiter-François Ier sous la plume de Clément Marot[215] ou de Bonaventure Des Périers. Celui-ci, dans le *Cymbalum mundi* de 1537, série de dialogues satiriques dans la veine de Lucien, qui mettent en scène Mercure et Cupidon, évoque sous le couvert de Minerve, les choix d'écrivain de la reine et son rôle modérateur dans la fameuse querelle entre les poètes François Sagon et Clément Marot[216]. Dans ce même

---

[215] Voir, dans « L'enfer » de Clément Marot, *Œuvres complètes*, II, p. 28 :

> « Mais bien congneu suis des Umbres Celiques,
> Bien congneu suis des [Ames] Angeliques,
> Et de touts ceulx de la tresclaire voye,
> Où Juppiter les desvoyés avoye :
> Bien me congneut, et bien me guerdonna,
> Lors qu'à sa Sœur Pallas il me donna :
> Je dy Pallas la si sage, et si belle.
> Bien me congnoist la prudente Cybelle,
> Mere du grand Juppiter amyable »

avec en marges les indications suivantes : « Juppiter pour le Roy Pallas pour la Royne de Navarre » ; « Cybelle pour ma dame la Regente ».

[216] *Cymbalum mundi*, éd. P. Hampshire Nurse, Genève, Droz, 1983, p. 26 : « Memoire à Mercure de dire aux poetes, de par Minerve, qu'ilz se depor-

Cymbalum mundi, il est fait plaisamment référence aux amours secrètes de Jupiter révélées dans un livre par les humains, allusion évidente à François I[er][217]. Le « Debat de Folie et d'Amour » relève, comme le *Cymbalum mundi*, de ce genre très particulier qui est celui du dialogue lucianiste[218], forme littéraire que Lucien a particulièrement développée et qui consiste à unir le dialogue philosophique et la comédie. Le discours IV du « Debat » est une transcription du dialogue des dieux de Lucien qui met en scène l'Amour et Jupiter ; la différence significative tient au fait que, chez Lucien, c'est Jupiter qui reproche à l'Amour de l'avoir incité aux métamorphoses pour séduire[219].

Le très riche « Debat de Folie et d'Amour » montre, à coup sûr, une érudite gaillardise, dont témoignent bien les manipulations des ouvrages qui se lisent en filigrane, tout particulièrement des ouvrages philosophiques qui traitent de l'amour, comme l'ouvrage de Léon Hébreu, que Maurice Scève avait déjà largement utilisé dans sa version italienne pour sa *Delie* ; la préparation de la traduction par son ami Pontus de Tyard a dû être l'objet de discussions parmi les habitués du cercle de Bissy. Les gravures de l'amour sans bandeau, dont Jean de Tournes orne les pages de titre des ouvrages de Marguerite de Navarre de 1547 et la traduction de Léon Hébreu en 1551, montrent l'actualité, dans son atelier, de ce thème de l'Amour aveugle. L'érudite gaillardise se manifeste dans la veine para-

---

tent de plus escrire l'ung contre l'autre, ou elle les desadvouera, car elle n'en ayme ny appreuve aucunement la façon, et qu'ilz ne s'amusent point tant à la vaine parolle de mensonge, qu'ilz ne prennent garde à l'utile silence de verité ; et que, s'ilz veullent escrire d'amour, que ce soit le plus honestement, chastement et divinement qu'il leur sera possible, et à l'exemple d'elle ».

[217] Voir Mireille Huchon, « Dialogue poétique et littérature mercurienne », *Cymbalum mundi*, Genève, Droz, 2003, p. 187-200.

[218] Voir Béatrice Périgot, « Le *Debat de Folie et d'Amour* et la théorie du dialogue au XVIe siècle », *Cahiers Textuel*, N°28, p. 68-70, qui note les affinités entre le *Cymbalum mundi* et le « Debat » dans le cadre du dialogue lucianiste qui est « le modèle qui permet de comprendre le fonctionnement du *Debat*».

[219] Dans les Dialogues des dieux de Lucien, se trouve aussi un Dialogue de Vénus et d'Apollon dont une traduction française a été donnée dans *Le petit œuvre d'amour et gaige d'amytié* paru en 1538, ouvrage attribué à Maurice Scève (voir Verdun-L. Saulnier, *op. cit.*, I, p. 167-193).

doxale, tout autant que dans le recours au dialogue lucianiste. Si, dans l'élaboration de l'ouvrage, l'importance de *la Pazzia*, en vogue à Lyon au temps où Maurice Scève s'intéressait de près à la traduction des *Paradossi* d'Ortensio Lando, et l'éventuelle allusion à François Ier, mort en 1547, laissent supposer, pour partie, une rédaction du « Debat » dans la décennie 1540, la parution en 1553 d'une traduction française des fameux *Paradossi* d'Ortensio Lando, qui remettait à la mode le genre paradoxal dans la cité lyonnaise, a pu amener à prévoir la publication d'un texte composé quelques années auparavant comme le laisse entendre le privilège accordé à Louise Labé selon son humble supplication « contenant qu'elle auroit dés long temps composé quelque Dialogue de Folie et d'Amour ». C'était pour Maurice Scève l'occasion de remettre d'actualité un ouvrage où s'étaient donné libre cours sa veine plaisante, son esprit du paradoxe et de la manipulation de textes, sa grande culture, un ouvrage aussi qui aurait dû être à lire en relation avec les productions de Marguerite de Navarre et de son entourage en ces années 1540. Et ce n'est sûrement pas par hasard que les deux recueils de Marguerite, publiés par Jean de Tournes, avec l'image de l'Amour sans bandeau en frontispice, s'ornent de sonnets de Maurice Scève.

Actualité de la publication dans les années 1550:
paradoxes et pseudo-écriture féminine

C'est à l'imitation des Italiens qu'a pu venir le projet d'accompagner la production littéraire d'une femme[220], *corteggiana honesta*, de louanges de poètes contemporains, sur le modèle de la publication des œuvres de Tullia d'Aragone ou de Gaspara Stampa, comme l'a relevé la critique[221]: ainsi, les *Rime*

---

[220]   Pour les textes de femmes de lettres italiennes disponibles lors de la publication de l'ouvrage de Louise Labé, voir François Rigolot, *Louise Labé Lyonnaise,* p. 10.

[221]   Marie Madeleine Fontaine, « Louise Labé et son entourage lyonnais », p. 28: « Dans tous les cas, les *Escriz* ont à l'évidence voulu suivre le modèle de deux publications vénitiennes dans lesquelles des Italiens, au demeurant réputés à Lyon, accompagnaient avec un certain retentissement les œuvres de deux femmes, Tullia d'Aragone et Gaspara Stampa. Tullia d'Aragone est elle-même très bien connue à Lyon par toute une

della Signora Tulla d'Aragona : et di diversi a lei, en 1547, offrent quarante-neuf poèmes de Tullia et soixante-cinq qui lui sont dédiés ou ont été écrits à son sujet par une vingtaine de poètes masculins; les *Rime di Madonna Gaspara Stampa*, publiées en 1554, sont accompagnées d'éloges dûs, entre autres, à un proche de Maurice Scève, Ortensio Lando[222].

Mais, c'est aussi à l'imitation des Italiens qu'a pu naître le dessein d'imputer à une courtisane des productions littéraires sorties de plumes masculines. Plusieurs exemples sont particulièrement significatifs. L'idée de faire d'une courtisane réelle une nouvelle Sappho pourrait s'inspirer d'un dialogue de Sperone Speroni qui avait publié ses *Dialoghi* en 1542, dix dialogues qui traitent, entre autres, de l'amour, de l'usure, de la discorde, de la dignité des femmes, des langues (ce dernier dialogue ayant été largement utilisé par Du Bellay dans la *Deffence, et illustration de la Langue Françoyse*) et qui seront traduits en français en 1551. L'un d'entre eux, le *Dialogue traittant d'Amour et Jalousie* traduit le *Dialogo d'amore* dont Maurice Scève s'était inspiré dans la *Delie*, tout particulièrement dans la séquence du dizain CCCCXXVI au dizain CCCCXLVI[223]. Un des personnages centraux de ce dialogue est Tullie, correspondant à la célèbre courtisane italienne Tullia d'Aragone, dont il a été conservé, à côté des *Rime,* un *Dialogo della infinita d'amore* signé de son nom, mais imputable au poète Girolamo Mulzio. Ce dialogue de Sperone Speroni peut se lire comme un éloge paradoxal de la courtisane. A l'intérieur même du dialogue, un des personnages, le philosophe Grazia fait référence à un paradoxe à la louange des courti-

série d'intermédiaires possibles et importants; elle fut surtout lancée par deux écrivains, Mulzio et Speroni, fort puissants alors et qui réunirent autour d'elle d'autres personnages; le dialogue qu'ils lui attribuent et ses *Rimes* sont voués à l'amour. Il est d'autre part difficile d'imaginer que l'œuvre de Gaspara Stampa ait été ignorée à Lyon en 1555, un an après sa publication posthume à Venise, parce qu'elle fréquente beaucoup d'écrivains et de personnages en relation avec Lyon...».

[222] Pour des rapprochements textuels de l'œuvre de Gaspara Stampa et de celle de Louise Labé, voir Louise Labé, *Œuvres complètes*, éd. Enzo Giudici, p. 167, note 13.

[223] Voir Doranne Fenoaltea, «The final Dizain of Sceve's *Delie* and the *Dialogo d'amore* of Sperone Speroni», *Studi francesi,* LIX, Torino, 1976, p. 201-225.

sanes écrit par Antonio Brocardo[224]. Il y montre que la courtisane, à l'égal de Dieu, distribue ses faveurs aux uns et aux
autres, quelle que soit leur diversité. Elle est comparable au
soleil qui est en continuel mouvement, et qui, avec une inva-
riable variété, conserve l'état universel. Il ajoute que Sappho
fut de cette catégorie, ainsi que celle dont Socrate se glorifie
d'avoir appris l'amour (c'est à-dire Diotime, personnage présent dans le *Banquet* de Platon). Il invite Tullie à être la troisième[225], Tullie qui est présentée comme une « dame tant belle
et eloquente » (p. 88), entourée de nobles et rares esprits qui
sont coutumiers de la visiter « poëtisant et philosophant avec
elle » (p. 153)[226].

   Après Sappho, après Diotime, la tentation a dû être grande
de prendre une courtisane à célébrer à l'imitation des Italiens
qui avaient fait un véritable type littéraire de la *corteggiana
honesta*, telles Tullia d'Aragone ou Gaspara Stampa et de déve-
lopper sur l'ensemble d'un livre une veine paradoxale, à commencer par la dédicace à la plus pure des jeunes filles.

---

[224] Sperone Speroni, *Dialogo d'amore traduit par Claude Gruget Dialogue trait-
     tant d'amour et jalou*sie, éd. Pierre Martin, Poitiers, la licorne, 1998,
     p. 129 : « Resjouïssez vous dame Tullie, j'ay veu ces jours passez une orai-
     son de Brocard, faite à la louange des Courtisanes, en laquelle il les exalte
     tellement, que si Lucresse resuscitoit, et l'oyoit lire, elle ne voudroit point
     mener autre vie. Entre autres choses apres qu'il a monstré, que la courti-
     sanye est le propre des femmes, et que celles qui vivent autrement cor-
     rompent Nature, qui ne les a engendrées à autre fin, il preuve en quelle
     sorte les meurs courtisanes (si nous les estimons bien) sont la voye et l'es-
     chelle pour parvenir à la congnoissance de Dieu ».

[225] *Id., ibid.*, p. 132 : « Sapho fut de cest ordre. Aussi fut celle de laquelle, Socrates
     excellent et tressavant homme, se glorifie d'avoir apris que c'est d'Amour.
     Veuillez donques ne desdaigner d'estre la troisiesme en nombre parmy tant
     de bien : et priez amour, que de noz propoz soit composée une nouvelle, ou
     vostre nom soit escrit : Tout ainsi que Diotime aux dialogues de Platon ».

[226] Il y a tout un passage consacré aux portraits, en particulier à l'art du Titien
     (en 1544, Sperone Speroni avait fait réaliser son portrait par ce peintre).
     C'est l'occasion de préciser que l'Arétin dans ses sonnets est aussi admi-
     rable que le Titien : « L'Aretin ne pourrait pas moins par escrit, que Titian
     en couleurs. J'ay veu de ses sonetz faitz d'aucuns pourtraitz de Titian, et
     n'est pas facile à juger, si les sonetz sont nez des pourtraitz, ou les pour-
     traitz des sonetz. Certainement tous les deux, le sonet et le pourtrait, sont
     perfetz, l'un baille la parole au pourtrait, et l'autre revest le sonet de chair
     et d'os » (p. 139). Voir dans les « Escriz de divers Poëtes », le sonnet
     « A. D. Louïze Labé, sur son portrait » (p. 128).

La concurrence entre Ortensio Lando, auteur des *Paradossi*, et Maurice Scève, est, comme il a déjà été précisé[227], remarquable et il faut mentionner une pratique éditoriale significative à laquelle s'est prêté l'Italien. A Lyon, en 1546, puis en 1549, paraît un livre mis sous le nom d'une femme et qui est en fait l'œuvre d'Ortensio Lando, *De la vraye tranquillité de l'esprit, œuvre très utile composée en langue toscane par tres-illustre Dame Madame Isabelle Sforce*[228]. L'ouvrage avait paru en italien à Venise en 1544, *Della vera tranquillita dell'animo*. Publier ses propres écrits sous le nom d'une femme, voilà ce que n'avait pas hésité à faire Ortensio Lando, jeu de lettrés qu'il a pu partager avec d'autres… amoureux de la littérature paradoxale et tout aussi facétieux. Il est significatif également qu'en 1552, un des descendants des dédicataires du *Canzoniere* de Pétrarque attribue une œuvre poétique à Laure en réponse à Pétrarque[229].

C'est aussi, et indépendamment de tout souci de mystification sur l'auteur, une tradition lyonnaise que celle des hommes qui font entendre une voix féminine. Dans l'édition de 1547 du recueil intitulé *Deploration de Venus sur la mort du bel Adonis. Avec plusieurs chansons nouvelles*, il y a des chansons par une dame ou par une demoiselle et plusieurs pièces venues du *Decameron* (comme la chanson de Madame Emylie ou de madame Pampinee) et des extraits des œuvres de Pietro Bembo qui fournissent une « chanson d'une Damoyselle » ou une « Response par une autre Damoyselle ». Dans les *Opuscules d'amour, par Heroet, La Borderie, et autres divins Poëtes* parus chez Jean de Tournes en 1547, le lecteur lyonnais trouvaient réunis les opuscules de la fameuse querelle des amies, où Antoine Héroët avait donné la parole à la Parfaicte amye et à une dame surprise nouvellement d'amour, Bertrand de La Borderie à l'Amye de Court, Charles Fontaine à la Contre

---

[227]   Voir *supra*, p. 138.

[228]   Voir Eliane Viennot, « La diffusion du féminisme au temps de Louise Labé », *Louise Labé 2005*, Publications de l'Université de Saint-Etienne, 2004, p. 33.

[229]   *I sonetti, le canzoni e i triomphi di M. Laura in riposta di M. Francesco Petrarcha*, Venise, 1552, cité par François Rigolot, « Echos pétrarquiens dans la poésie de Louise Labé : la nouvelle Laure lyonnaise et le paradigme poétique du *Giovenile errore*», *Les poètes français de la Renaissance et Pétrarque*, p. 186.

amye de Court. En 1545, le *Panegyric des damoyselles de Paris
sur les neuf muses* offre des pièces comme la « Complainte
d'une damoyselle fugitive », « L'amante loyalle qui depuis ha
esté variable ». Pour *Le Tuteur d'Amour* et les pièces qui l'accompagnent, « le tout composé par Gilles d'Aurigny », l'auteur
masculin a rédigé plusieurs pièces au nom de demoiselles ou
de dames, telles l'« Elegie d'une fille se complaingnant d'avoir
aymé homme de trop grande qualité, sans pouvoir estre
aymee » ou la « Response d'une dame à un Gentilhomme qui la
disoit plus belle que la Rose ». Jean de Tournes publie en 1546
une *Complainte au nom d'une dame, sur le trespas de feu Monseigneur M. d'Orleans*. Etienne Forcadel a écrit, dans l'ouvrage *Le
chant des Seraines* publié à Lyon, chez Jean de Tournes, en
1548, le « Chant des trois seraines filles d'Achelous et de
Calliope », un « Chant lyrique d'une Damoiselle », un « Chant
triste de Medée abandonnée de son aymé Jason »; Pontus de
Tyard, l'« Elegie d'une dame enamourée d'une autre dame »
qui sera publiée dans ses *Œuvres poetiques* de 1573. Par
ailleurs, dans l'édition de 1546 des œuvres de Pernette Du
Guillet publiée à Paris par Jeanne de Marnef, une des pièces
ajoutées, « Response de la dame a l'Amy dissimulé L.P.A », est
l'œuvre de Jean Maugin. Ces plaintes de dames sous la plume
des hommes ne diffèrent guère de celles de Louise Labé ou de
Pernette Du Guillet[230].

Ces jeux de voix masculine ou féminine peuvent être aussi
ambigus. La critique a relevé dans le texte même de Louise
Labé des hésitations qui peuvent donner matière à réflexion

---

[230]   Voir dans la *Deploration de Venus* de 1547, p. 97, la chanson d'une demoiselle extraite par Antoine Du Moulin de l'œuvre de Pietro Bembo :

> « Jeune ay vescu en plaisirs et en jeu,
> De mes pensers et fortunes contente :
> Mais maintenant Amour tant me tourmente,
> Qu'à tourmenter ne luy reste, que peu.
>
> Làs je pensoye heureuse vie avoir,
> Lors qu'en ta court, Amour, feis mon entree :
> Et j'en attens estre de mort outree.
> O foy, comment tu m'as peu decevoir ?
>
> Tant que Medee à l'amour n'entendit,
> En Colchos fut gaye, et non langoureuse :
> Mais jusqu'au bout se trouva malheureuse,
> Quand pour Jason vivement elle ardit ».

sur la voix féminine[231]. Elles pourraient bien renvoyer non seulement aux équivoques des textes néoplatoniciens, comme il a été précisé à propos de l'emploi *d'amant/aimé* pour *amant/aimée*, mais aussi à des dévoilements ironiques où amour est bivalent, employé au masculin et au féminin :

> Car cette affection de gaigner ce qui est au cœur d'une personne, chasse *la vraye et entiere Amour :* qui ne cherche son proufit, mais celuy de la persone, qu'*il* ayme (p. 32).

> Depuis deus mois me tient en cette peine,
> Ne vivant pas, mais mourant *d'une Amour*
> *Lequel* m'occit dix mile fois le jour (p. 107).

L'ambiguïté est favorisée par la langue française où Amour est des deux genres, où certaines formes du pronom personnel sont féminine et masculine. Ainsi, la sentence de Jupiter à la fin du « Debat de Folie et d'Amour » empêche facétieusement toute résolution :

> Et guidera Folie l'aveugle Amour, et le conduira par tout ou bon lui semblera (p. 99)

Qui est ce « lui », elle ou il ?

---

[231] Pour François Rigolot, *Louise Labé lyonnaise ou la Renaissance au féminin*, p. 113, qui souligne les agrammaticalités du texte : « les anomalies de genre auraient alors un sens référentiel : elles reflèteraient le statut de la femme écrivain, déchirée entre une *grammaire de l'amour* exigée par les conventions (« Amour » moteur de l'univers doit être masculin, mais « amour », sentiment humain sera féminin) et une *poétique de l'amour* qui veut affirmer la spécificité d'une nouvelle subjectivité amoureuse ».

EMBLEME   VI.

Chascun veult faindre & colo-
rer sa ruse.

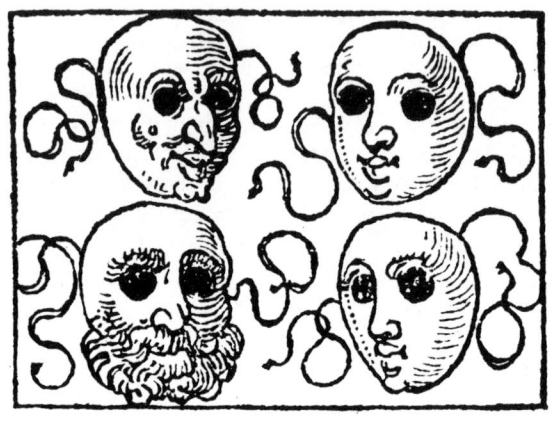

Masques seront cy apres de requeste
Autant ou plus qu'elles furent iamais.
Quand lon souloit faire banquet ou feste
Lon en vsoit par forme d'entremetz.
Cheres seront par force desormais:
Car à present n'est homme qui n'en vse.
Chascun veult faindre & colorer sa ruse.
Trahison gist soubz beau & doulx langage.
Merueille n'est si tout le monde abuse:
Car chascun tend à faulcer son visage.

Guillaume de La Perrière, *Le theatre des bons engins*, Lyon, Jean de Tournes, 1545.

CONCLUSION

C'est à coup sûr un moment unique de l'histoire poétique que cette édition des *Euvres de Louïze Labé Lionnoize* qui voit, réunies en un même livre, pour célébrer ses louanges, les créations de Lyonnais, comme Maurice Scève et les poètes qui gravitent autour de cet astre, Pontus de Tyard, Claude de Taillemont, Philibert Bugnyon, Guillaume de La Tayssonnière et les créations de poètes liés à la Brigade comme Olivier de Magny ou Jean-Antoine de Baïf. Ils avancent toutefois masqués, derrière des devises, des initiales. Le seul qui apparaisse à visage découvert, Jacques Peletier, le fait dans une ode qu'il fait paraître dans un autre ouvrage, récusant la mascarade de ces poètes qui, sous le couvert de louer Louise, n'ont fait que « gayement dire et ouyr maintes sornettes ». Ils avaient leur raison de ne pas signer ostensiblement leur contribution à l'hommage à une prétendue créature d'exception, qui n'a flori qu'une année, celle de 1555, à un auteur d'une seule date, « Loise Labbé Lionnoise 1555 », comme il est écrit sous le portrait d'elle qu'a gravé Pierre Woeiriot. Car, à D.L.L., qu'offre-t-on en hommage sinon des pièces qui célèbrent d'autres femmes, des pièces à la gloire de Maurice Scève, des pièces qui sont autant de gammes sur des thèmes à la mode comme celui du baiser? Louise est singulièrement moquée dans les pièces qui lui sont apparemment dédiées. Une des versions du portrait de Pierre Woeiriot qui aurait dû orner l'ouvrage la traite de Laïs lyonnaise à fuir impérativement pour ne pas être blessé de ses yeux. Les *Euvres de Louïze Labé Lionnoize* ne sont qu'une supercherie brillante, mais qui ne devait pas faire illusion au lecteur lyonnais de 1555, habitué aux masques et aux déguisements, aux momeries et aux figures allégoriques et mythologiques qui hantent Fourvière – le forum de Vénus –, attaché à la littérature paradoxale à la mode dans cette cité où l'on débat entre Italiens et Français, dans un contexte néoplatonicien, des vertus de l'Amour. Le lecteur contemporain devait toutefois s'interroger sur les raisons de faire, d'une courtisane bien connue, une poétesse d'exception : goût du paradoxe, invite à décryptage, imitation des Italiens ?

Les *Euvres de Louïze Labé Lionnoize* sont une opération collective élaborée dans l'atelier Jean de Tournes, par des auteurs pour la plupart très liés aux réalisations de cet imprimeur. Un vieux projet de « louer Louize », proposé, dans un dialogue entre poètes, par Clément Marot à une figure majeure de ses collaborateurs, Antoine Du Moulin, valet de chambre de la reine de Navarre, comme version française du « laudare Laure » de Pétrarque, se trouve réactualisé. La brillante courtisane devient l'objet de poètes qui font jouer leurs relations. C'est l'occasion de rencontres de mondes divers. Permanence des Lyonnais, du cercle de Bissy, mais aussi présence des auteurs des ouvrages de la Brigade, Jean-Antoine de Baïf, Olivier de Magny. Il y a une émulation entre les poètes, des relations parfois conflictuelles – comme l'atteste l'attitude de retrait de Jacques Peletier – à défaut du prétendu cénacle de Louise Labé. Olivier de Magny, de bref passage à Lyon, a dû jouer un rôle d'intermédiaire, demandant à son grand Muret qu'il « adore » la pièce grecque qui compare la nouvelle poétesse à Sappho, sollicitant sans succès Joachim Du Bellay, ayant plus de réussite avec Jean-Antoine de Baïf qui lui cède des pièces écrites pour d'autres circonstances et qui a peut-être entraîné le jeune Guillaume Aubert qui appartenait, à la même époque, au groupe des poètes du Clain. A moins que ce ne soit le très répandu Charles Fontaine qui ait fait le lien entre Lyon et Poitiers, lui qui s'est intéressé à la Sappho d'Ovide, alors qu'à la même époque, c'est la Sappho de Denys d'Halicarnasse qui retient aussi l'attention.

Claude de Taillemont a, selon toute vraisemblance, joué un rôle décisif avec son complice Maurice Scève, ces deux ordonnateurs de fête, les deux seuls poètes qui s'amusent du nom de Louise Labé, avec les jeux de mots « Belle à soy » et « La loy se laberinthe », retrouvant ce goût pour les formules énigmatiques dont ils ornaient le parcours d'entrée royale dans la ville. C'est un metteur en scène hors pair que Maurice Scève, ainsi que le montre son invention du tombeau de la Laure de Pétrarque consignée par le texte et par l'image dans *Il Petrarqua* publié par Jean de Tournes. La pièce aux « Poetes de Louise Labé » est selon toute vraisemblance de sa plume ; Claude de Taillemont est certainement l'auteur de la préface féministe des *Euvres* dédiée à Clémence de Bourges, et qui offre des corrections sous presse (telle la substitution des *grâces* aux *idées*) et des développements philosophiques qui signent l'imposture.

Ils auraient décidé de publier le «Debat de Folie et d'Amour», éloge paradoxal, rédigé vraisemblablement dans la décennie précédente par Maurice Scève qui aimait à débattre de ces questions d'amour dans les cercles franco-italiens. Le «Debat» et la figure de Maurice Scève semblent essentiels dans l'ouvrage de Louise Labé; il est remarquable que, dans les «Escriz de divers Poëtes», ses proches lui dédient des pièces où le soleil scévien se substitue au traditionnel soleil pétrarquiste de la dame. Les amis auraient joué plaisamment du paradoxe des écrits d'une insigne courtisane dédiés à cette pure jeune fille qu'ils célèbrent par ailleurs conjointement, alors que certaines des louanges qui seront adressées à Louise Labé, lui reviennent; ainsi est-elle sous la plume de Claude de Taillemont la dixième muse, sous celle de Claude de Rubys, Sappho; ses dons musicaux l'ont distinguée devant le roi et ils sont, des attributs d'excellence reconnues à la figure féminine célébrée dans les «Escriz de divers Poëtes», les plus patents. Et si les deux poètes, habiles ordonnateurs de fêtes, avaient voulu amuser leur jeune amie…., leurs amies. Il y a aussi en filigrane de l'ouvrage une autre Lyonnaise, Marguerite de Bourg, personnage en vue dans le Lyon italianisé.

C'est un sujet chatoyant que cette célébration de Louise. Toutes louanges et toutes grâces sans rapport avec la réalité. Les poètes de Louise ont sans conteste exploité la figure féminine, un nom, Louise Labé, aux connotations multiples: cordes de l'artisan et cordes du luth, Louise est de tous bons accords. Cette œuvre se révèle comme une mystification de poètes qui se sont servis d'une femme, courtisane insigne, de son nom (*Labé*, à rapprocher de *labea* «lèvre», de Lesbia, Lesbie, la femme chantée par Catulle et «lesbienne» de Lesbos et qui a été plaisamment lu dans le refrain ancien de Clément Marot, en *la bai*sant), d'un projet déjà ancien, lancé par Clément Marot à des jeunes auteurs de l'atelier de Tournes, de «louer Louise», de la redécouverte des textes de Sappho, pour des jeux cruels à l'affût des modes, des opportunités éditoriales.

Il faut souligner, derrière l'ensemble des textes, l'importance de pièces canoniques de la littérature poétique du temps:

tel le rondeau « en la baisant » de Clément Marot ou la définition de l'amour selon Mellin de Saint-Gelais, pièces qui sont
devenues des illustrations dans les ouvrages théoriques. De
façon générale, les textes qui se lisent en filigrane de l'ensemble de l'ouvrage montrent des intentions très concertées ;
qu'il s'agisse de l'utilisation des textes néoplatoniciens que l'on
traduisait dans l'entourage de la reine de Navarre ; des images
brouillées de l'Amour qui renvoient aux débats contemporains
sur l'amour ferme et le fol amour et à l'abondante littérature
qui lui est consacrée.

Les ouvrages néoplatoniciens sur l'Amour sont d'un intérêt
capital pour la compréhension du dessein de cet ouvrage, qui
porte aussi sur les particularités de l'amour platonique. La
référence à Sappho est ambiguë : figure d'excellence dans les
paradoxes, figure d'autant plus paradoxale que les textes
d'Horace ou ceux d'Ovide lui accordent des mœurs particulières ; image de la femme abandonnée par Phaon, héroïne
d'élégie, aux chants plaintifs ou représentation symbolique de
la femme poète retrouvée dans l'authenticité de ses chants
grecs. Si Louise apparaît comme une héroïne guerrière aux
mâles occupations, c'est peut-être par référence aux héroïnes
du *Roland furieux*, mais aussi aux activités discutées de la mâle
Sappho, autant de rapprochements qui pouvaient plaire à certains de ces poètes masculins, à l'évidence, sensibles aux
amours homosexuelles.

Les *Euvres de Louïze Labé Lionnoize* sont un laboratoire, où
s'élabore, en ce milieu du siècle si riche en expérimentations
formelles, un véritable art poétique, avec des jeux très subtils,
parodiques. C'est un texte artificiel, bien éloigné de ces
accents de sincérité et d'authenticité absolue que l'on a cru y
lire. Maurice Scève s'est amusé du dialogue lucianiste et du
paradoxe dans le « Debat de Folie et d'Amour », Olivier de
Magny du pétrarquisme dans les sonnets attribués à Louise
Labé ; les *Héroïdes* sont parodiées dans les élégies. Combien
furent-ils à écrire ces textes ? à participer à cette œuvre mysti-
ficatrice, supercherie d'hommes facétieux ?

Louise Labé (mais sûrement aussi d'autres Lyonnaises du
cercle des poètes qui gravitent autour de Maurice Scève, telles
Pernette Du Guillet, Jeanne Flore) s'inscrit donc dans ce qui
deviendra une grande tradition française, celle de ces autrices
supposées, objet de prédilection des écrivains mâles qui ont

donné plumes aux Bilitis, Clotilde de Surville, Clémence Isaure, Clara Gazul, Louise Lalanne[1]. Mais, contrairement à ces femmes nées, entre autres de l'imagination d'un Pierre Louÿs ou d'un Mérimée et peut-être à certaines de ses contemporaines de la Renaissance, l'existence de Louise Labé n'est pas en cause, même si elle ne fut qu'une femme de paille.

Louise, en poupée désarticulée sur son lit mol de courtisane? alors que les siècles ultérieurs ont célébré ses vers comme « les plus beaux vers passionnés du monde », la louent comme « la plus grande poétesse qui soit née en France », femme qui « parle à tout lecteur le langage de l'âme ». Reste pour le lecteur moderne cette Louise Labé « imprimée » qui a troublé les hommes, apporté réconfort aux femmes, poète notable et champion du féminisme [2], voix d'autant plus forte et insolite qu'elle était travestie. Que cette femme ait été couchée sur le papier par des hommes cyniques, elle reste un nom auquel attacher une lecture, invitant à renouer avec une pratique où le plaisir pur s'abstrait des contingences de la création et où chacun est invité à faire sa propre lecture[3]!

---

[1] Voir Jean-François Jeandillou, *Supercheries littéraires, La vie et l'œuvre des auteurs supposés*, Genève, Droz, 2001.

[2] Keith Cameron, *Louise Labé: Feminist and Poet of the Renaissance*, New York-Oxford, Munich, Berg, 1990, p. 92: «Whoever the "real" Louise Labé was, wathever the identity of her lover (if he existed), wathever the true facts of her life and her morality, we should be grateful for the existence of the "printed" Louise Labé. Her work, ever since it has been published, has troubled men and has brought confort to women. We should look to her as a notable poet and as one of the great forerunners of feminism in modern Europe ».

[3] Voir les propos de Jean des Goutes, romancier lyonnais en tête du *Roland Furieux. Composé premierement en ryme Thuscane par messire Loys Arioste, noble Ferraroys, et maintenant traduict en prose Françoyse*, Lyon, Sulpice Sabon, 1544, qui bruit de ces héroïnes guerrières, Bradamante et Marphise, auxquelles l'élégie III de Louise Labé s'est plu à comparer Louise: «Au lecteur benivole... Et ces allegories je t'eusse sans doubte, mises plus au long. Car dessoubz l'escorce y a tant, et tant de beaulx sens qui averez pourroient estre l'instruction à tous Princes, et aultres de quelconque qualité qu'ilz soient, que cela est une droicte infinité. Et pour ce, humain Lecteur, selon tes affections toy-mesmes tires en les sens, qui à toy seul seront propres et peculiers [particuliers]. En quoy faisant tu congnoistras que le divin Autheur de ce beau livre n'a pas voulu seulement repaistre les oreilles d'une coulante et fluxe volonté d'eloquence, mais y a mis (come est dict) soubz le voile des parolles plaisantes, choses, en quoy l'esprit de l'homme se peult merveilleusement delecter ».

FAC-SIMILÉS

Euvres de Louïze Labé Lionnoize,
Lyon, Jean de Tournes, 1555

Reproduction intégrale de l'exemplaire
de la Bibliothèque Mazarine, Rés. 36516

Il faut restituer :
p. 107 CONSVMEE
         EMBRAZEE
p. 154 en marge :   *apherese pour
                   sapins.
p. 166 en marge :   Le mont de Four
                   uiere ancienne-
                   ment apelé fo-
                   rum Veneris.

Dans les « Escriz de divers Poëtes », pour la commodité des références, les vingt-quatre pièces ont été individualisées par des chiffres romains portés en marge.

Reproduction du premier état de la dédicace
avant corrections sous presse (exemplaire
de la Bibliothèque Municipale de Lyon, Rés. 355915)

A comparer avec le texte de dédicace dans l'exemplaire précédent.

Le lecteur trouvera également la reproduction de l'ode à Louise Labé que Jacques Peletier a publiée dans son *Art poëtique*, Lyon, Jean de Tournes et Guillaume Gazeau, 1555.

Pour une lecture aisée des fac-similés

- Conformément aux usages typographiques les plus courants à cette époque:

  - La consonne v et la voyelle u ne sont pas distinguées; elles sont transcrites indifféremment par une graphie v à l'initiale du mot et u à l'intérieur (*vsage, venu, pouuoir*).

  - La consonne j et la voyelle i ne sont pas distinguées (*ie, il*).

  - La consonne s est transcrite par une s longue à l'initiale et à l'intérieur des mots (à ne pas confondre avec une graphie ſ).

- Pour la spécificité orthographique du texte de Louise Labé (accents, absence du x final (*yeus*), suppression de consonnes doubles (*apliquer*) ou non prononcées (*tems*)...), voir *supra*, p. 185.

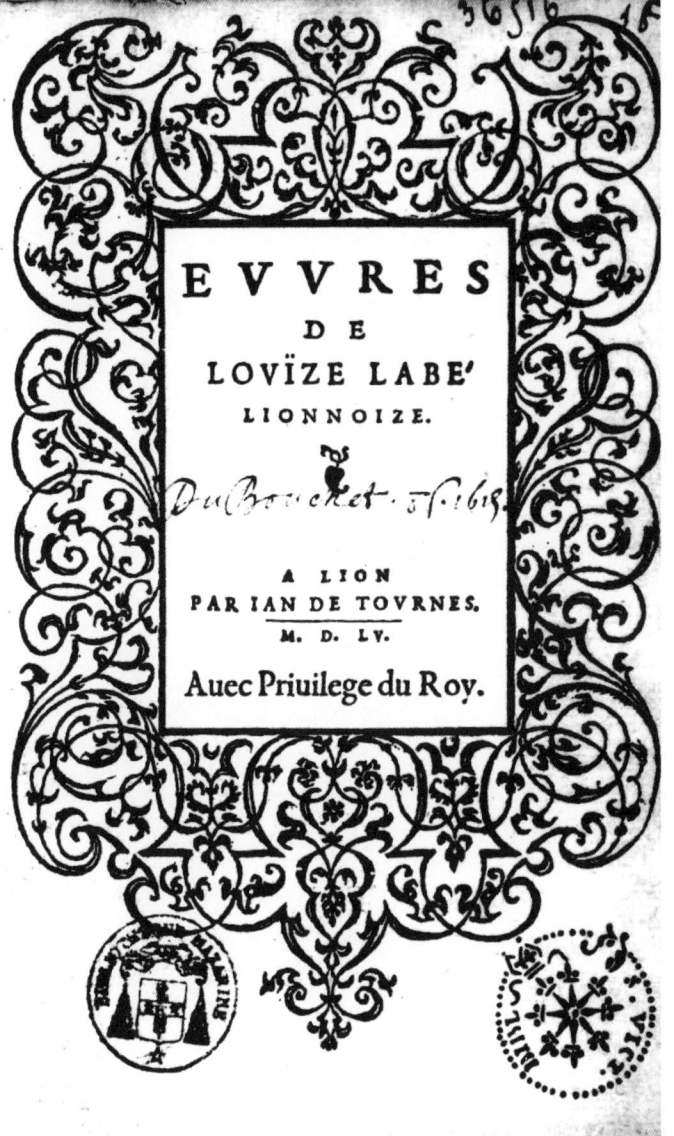

EVVRES

DE

LOVÏZE LABE'

LIONNOIZE.

Du Bouchet . . . .

A LION
PAR IAN DE TOVRNES.
M. D. LV.

Auec Priuilege du Roy.

A. M. C. D. B. L.

E STANT le tems venu, Madamoiselle, que les seueres loix des hommes n'empeschent plus les femmes de s'apliquer aus sciences & disciplines : il me semble que celles qui ont la commodité, doiuent employer cette honneste liberté que notre sexe ha autrefois tant desiree, à icelles aprendre:& montrer aus hômes le tort qu'ils nous faisoient en nous priuant du bien & de l'honneur qui nous en pouuoit venir : Et si quelcune paruient en tel degré, que de pouuoir mettre ses concepcions par escrit, le faire songneusement & non dédaigner la gloire, & s'en parer plustot que de chaines, anneaus, & somptueus habits : lesquels ne pouuons vrayement estimer notres, que par vsage. Mais l'honneur que la science nous procurera,

a 2   rera,

4

rera, fera entierement notre : & ne nous
pourra eftre oté, ne par fineffe de larron, ne
force d'ennemis, ne longueur du tems.
Si i'euffe efté tãt fauorifee des Cieus, que d'a-
uoir l'efprit grand affez pour comprendre ce
dont il ha ù enuie, ie feruirois en cet endroit
plus d'exemple que d'amonicion, Mais ayãt
paffé partie de ma ieuneffe à l'exercice de la
Mufique, & ce qui m'a refté de tems l'ayant
trouué court pour la rudeffe de mon entendement, & ne pouuant de moymefme fatif-
faire au bon vouloir que ie porte à notre fexe, de le voir non en beauté feulement, mais
en fcience & vertu paffer ou egaler les hommes : ie ne puis faire autre chofe que prier
les vertueufes Dames d'efleuer vn peu leurs
efprits par deffus leurs quenoilles & fufeaus,
& s'employer à faire entendre au monde
que fi nous ne fommes faites pour comman
der, fi ne deuõs nous eftre defdaignees pour
compagnes tant es afaires domeftiques que
publiques, de ceus qui gouuernent & fe font
obeïr. Et outre la reputacion que notre fexe
en receura nous aurons valù au publiq, que
les hommes mettront plus de peine & d'e-
ftude aus fciences vertueufes, de peur qu'ils
n'ayent

n'ayent honte de voir preceder celles , defquelles ils ont pretendu eftre toufiours fupe-
rieurs quafi en tout. Pource,nous faut il animer l'une l'autre à fi louable entreprife : De
laquelle ne deuez eflongner ny efpargner
votre efprit,ià de plufieurs & diuerfes graces
acompagné : ny votre ieuneffe, & autres faueurs de fortune , pour aquerir cet honneur
que les lettres & fciences ont acoutumé porter aus perfonnes qui les fuyuent. S'il y **ha**
quelque chofe recommandable apres la gloire & l'honneur, le plaifir que l'eftude des lettres ha acoutumé donner nous y doit chacune inciter : qui eft autre que les autres re-
creations : defquelles quand on en ha pris
tant que lon veut,on ne fe peut vanter d'autre chofe , que d'auoir paffé le tems. **Mais**
celle de l'eftude laiffe vn contentement de
foy , qui nous demeure plus longuement.
Car le paffé nous refiouit , & fert plus que **le**
prefent:mais les plaifirs des fentimens fe **per-**
dent incontinent , & ne reuiennent iamais,
& en eft quelquefois la memoire autant fa-
cheufe , côme les actes ont efté delectables.
Dauantage les autres voluptez font telles,
que quelque fouuenir qui en vienne , fi ne

a   3   **nous**

284

nous peut il remettre en telle difpoficion
que nous eftions : & quelque imaginacion
forte que nous imprimions en la tefte, fi
connoiffons nous bien que ce n'eft qu'une
ombre du paffé qui nous abufe & trompe.
Mais quand il auient que mettons par efcrit
nos concepcions, combien que puis apres
notre cerueau coure par vne infinité d'afaires & inceffamment remue, fi eft ce que long
tems apres reprenans nos efcrits, nous reue-
nons au mefme point, & à la mefme difpoficion ou nous eftions. Lors nous redouble
notre aife: car nous retrouuons le plaifir paffé
qu'auons ù ou en la matiere dont efcriuions,
ou en l'intelligéce des fciences ou lors eftiõs
adonnez. Et outre ce, le iugement que font
nos fecondes concepcions des premieres,
nous rend vn fingulier contentement. Ces
deus biens qui prouiennent d'efcrire vous y
doiuent inciter, eftant affeuree que le premier ne faudra d'acõpagner vos efcrits, comme il fait tous vos autres actes & façons de
viure. Le fecond fera en vous de le prendre,
ou ne l'auoir point : ainfi que ce dont vous
efcrirez vous contentera. Quant à moy tant
en efcriuant premierement ces ieuneffes que
en les

7

en les reuoyant depuis , ie n'y cherchois autre chofe qu'un hô_n_efte paſſetems & moyen
de fuir oiſiueté : & n'auois point intencion
que perſonne que moy les duſt iamais voir.
Mais depuis que quelcuns de mes amis ont
trouué moyen de les lire ſans que i'en ſuſſe
rien , & que (ainſi comme aiſément nous
croyons ceus qui nous louent) ils m'ont fait
à croire que les deuois mettre en lumiere : ie
ne les ay oſé eſconduire , les menaſſant ce
pendant de leur faire boire la moitié de la
honte qui en prouiendroit.   Et pource que
les femmes ne ſe montrent volontiers en publiq ſeüles,ie vous ay choiſie pour me ſeruir
de guide,vous dediant ce petit euure,que ne
vous enuoye à autre fin que pour vous acer-
tener du bon vouloir lequel de long tems ie
vous porte, & vous inciter & faire venir enuie en voyant ce mien euure rude & mal
bati, d'en mettre en lumiere vn autre qui
ſoit mieus limé & de meilleure grace.
Dieu vous maintienne en ſanté.
De Lion ce 24. Iuillet
1555.
Votre humble amie Louïze Labé.

a   4

DEBAT DE FOLIE
ET D'AMOVR,
PAR
LOVÏZE LABE'
LIONNOIZE.

ARGVMENT.

IVPITER *faisoit vn grand festin, ou estoit côman-*
dé à tous les Dieux se trouuer. Amour & Folie arriuent
en mesme instant sur la porte du Palais: laquelle estant ià
fermee, & n'ayant que le guichet ouuert, Folie voyant
Amour ià prest à mettre vn pied dedens, s'auance &
passe la premiere. Amour se voyant poussé, entre en co-
lere: Folie soutient lui apartenir de passer deuant. Ils
entrent en dispute sur leurs puissances, dinitez & pré-
seances. Amour ne la pouuant veincre de paroles, met
la main à son arc, & lui lasche vne flesche, mais en vain:
pource que Folie soudein se rend inuisible: & se voulant
venger, óte les yeus à Amour. Et pour couurir le lieu
ou ils estoient, lui mit vn bandeau, fait de tel artifice,
qu'impossible est lui óter. Venus se pleint de Folie, Iupi-
ter veut entendre leur diferent. Apolon & Mercure de-
batét le droit de l'une & l'autre partie. Iupiter les ayant
longuement ouiz, en demande l'opinion aus Dieux: puis
prononce sa sentence.

10

Les Personnes { FOLIE, AMOVR,
VENVS, IVPITER,
APOLON, MERCVRE.

DISCOVRS I.

FOLIE.

Ce que ie voy, ie feray la derniere au feftin de Iupiter, ou ie croy que lon m'attent. Mais ie voy, ce me femble, le fils de Venus, qui y va auffi tart que moy. Il faut que ie le paffe : à fin que lon ne m'apelle tardiue & pareffeufe.

AMOVR Qui eft cette fole qui me pouffe fi rudement? quelle grande hâte la preffe? fi ie t'uffe aperçue, ie t'uffe bien gardé de paffer.

FOLIE Tu ne m'uffes pù empefcher, eftant fi ieune & foible. Mais à Dieu te command', ie vois deuant dire que tu viens tout à loifir.

AM. Il n'en ira pas ainfi: car auant que tu m'efcha

m'eſchapes, ie te donneray à connoitre que
tu ne te dois atacher à moy.

FOL. Laiſſe moy aller, ne m'arreſte point:
car ce te ſera honte de quereler auec vne
femme. Et ſi tu m'eſchaufes vne fois, tu
n'auras du meilleur.

A M. Quelles menaſſes ſont ce cy? ie n'ay
trouué encore perſonne qui m'ait menaſſé
que cette fole.

FOL. Tu montres bien ton indiſcrecion,
de prendre en mal ce que ie t'ay fait par ieu:
& te meſconnois bien toymeſme, trouuant
mauuais que ie penſe auoir du meilleur ſi tu
t'adreſſes à moy. Ne vois tu pas que tu n'es
qu'vn ieune garſonneau? de ſi foible taille
que quand i'aurois vn bras lié, ſi ne te crein-
drois ie gueres.

A M. Me connois tu bien?

FOL. Tu es Amour, fils de Venus.

A M. Comment donques fais tu tant la
braue aupres de moy, qui, quelque petit que
tu me voyes, ſuis le plus creint & redouté
entre les Dieus & les hommes? & toy femme inconnue, oſes tu te faire plus grande
que moy? ta ieuneſſe, ton ſexe, ta façon de
faire te demétent aſſez: mais plus ton ignorance,

290

rance, qui ne te permet connoitre, le grand
degré que ie tiens.

F O L. Tu trionfes de dire. Ce n'eft à moy
à qui tu dois vendre tes coquilles. Mais di
moy, quel eft ce grand pouuoir dont tu te
vantes?

A M. Le ciel & la terre en rendent témoignage. il n'y ha lieu ou n'aye laiſsé quelque
trofee. Regarde au ciel tous les ſieges des
Dieus, & t'interrogue ſi quelcun d'entre eus
s'eft pù eſchaper de mes mains. Commence
au vieil Saturne, Iupiter, Mars, Apolon, &
finiz aus Demidieus, Satires, Faunes & Siluains. Et n'auront honte les Deeſses d'en
confeſser quelque choſe. Et ne m'a Pallas eſ-
pouenté de ſon bouclier : mais ne l'ay voulu
interrompre de ſes ſutils ouurages, ou iour
& nuit elle s'employe. Baiſse toy en terre, &
di ſi tu trouueras gens de marque, qui ne
ſoient ou ayent eſté des miens. Voy en la
furieuſe mer, Neptune & ſes Tritons, me
preſtans obeïſſance. Penſes tu que les infernaus s'en exemptent? ne les áy ie fait ſortir
de leurs abimes, & venir eſpouenter les humains, & rauir les filles à leurs meres : quelques iuges qu'ils ſoient de telz forfaits &
tranſg

transgreſſions faites contre les loix? Et à ſin
que tu ne doutes auec quelles armes ie ſay
tant de proueſſes, voila mon Arc ſeul &
mes fleſches, qui m'ont fait toutes ces con-
queſtes. Ie n'ay beſoin de Vulcan qui me
forge de foudres, armet, eſcu & glaiue. Ie ne
ſuis acompagné de Furies, Harpies & tour-
menteurs de monde, pour me faire creindre
auant le combat. Ie n'ay que faire de cha-
riots, ſoudars, hommes darmes & grandes
troupes de gens: ſans leſquelles les hommes
ne trionferoient la bas, eſtant d'eus ſi peu de
choſe, qu'vn ſeul (quelque fort qu'il ſoit &
puiſſant) eſt bien empeſché alencontre de
deus. Mais ie n'ay autres armes, conſeil, mu-
nicion, ayde, que moymeſine. Quand ie voy
les ennemis en campagne, ie me preſente
auec mon Arc: & laſchant vne fleſche les
mets incontinent en route: & eſt auſſi tot la
victoire gaignee, que la bataille donnee.

 F O L. I'excuſe vn peu ta ieuneſſe, autrement ie te pourrois à bon droit nommer le
plus preſomptueus fol du monde. Il ſemble-
roit à t'ouir que chacun tienne ſa vie de ta
merci: & que tu ſois le vray Signeur & ſeul
ſouuerain tant en ciel qu'en terre. Tu t'es
                                        mal

mal adreſſé pour me faire croire le contraire
de ce que ie ſay.

   A M O V R   C'eſt vne eſtrange façon de
me nier tout ce que chacun confeſſe.

   F O L.   Ie n'ay afaire du iugement des autres : mais quant à moy , ie ne ſuis ſi aiſee à
tromper. Me penſes tu de ſi peu d'entendement , que ie ne connoiſſe à ton port , & à
tes contenances, quel ſens tu peus auoir ? &
me feras tu paſſer deuant les yeus , qu'un eſprit leger comme le tien , & ton corps ieune & flouet,ſoit dine de telle ſigneurie,puiſ-
ſance & autorité , que tu t'atribues ? & ſi
quelques auentures eſtranges , qui te ſont
auenues , te deçoiuent, n'eſtime pas que ie
tombe en ſemblable erreur, ſachant tresbien
que ce n'eſt par ta force & vertu,que tant de
miracles ſoient auenuz au monde:mais par
mon induſtrie,par mon moyen & diligence:
combien que tu ne me connoiſſes.Mais ſi tu
veus vn peu tenir moyen en ton courrous,ie
te feray connoitre en peu d'heure ton arc;
& tes fleſches, ou tant tu te glorifies, eſtre
plus molz que paſte , ſi ie n'ay bandé l'arc,
& trempé le fer de tes fleſches.

   A M.   Ie croy que tu veus me faire perdre
pacien

pacience. Ie ne ſache iamais que perſonne
ait manié mon arc, que moy : & tu me veus
faire à croire , que ſans toy ie n'en pourrois
faire aucun effort. Mais puis qu'ainſi eſt que
tu l'eſtimes ſi peu , tu en feras tout à cette
heure la preuue.

Folie ſe fait inuiſible, tellement, qu' Amour
ne la peut aſſener.

A M. Mais qu'es tu deuenue ? comment
m'es tu eſchapee ? Ou ie n'ay ſù t'ofenſer,
pour ne te voir , ou contre toy ſeule ha re-
bouché ma fleſche : qui eſt bië le plus eſtrange cas qui iamais m'auint. Ie penſois eſtre
ſeul d'entre les Dieus , qui me rendiſſe inuiſible à eus meſmes quand bon me ſembloit:
Et maintenant ay trouué qui m'a eſbloui les
yeus. Aumoins di moy , quiconque ſois , ſi
à l'auenture ma fleſche t'a frapee , & ſi elle
ta bleſſee.

F O L. Ne t'auois ie bien dit, que ton arc
& tes fleſches n'ont effort,que quand ie ſuis
de la partie. Et pourautant qu'il ne m'a plu
d'eſtre naurée,ton coup ha eſté ſans effort.Et
ne t'eſbahis ſi tu m'as perdue de vuë.car quãd
bon me ſemble , il n'y ha œil d'Aigle , ou de
ſerpët Epidaurien, qui me ſache aperceuoir.

Et

Et ne plus ne moins que le Cameleon, ie
pren quelquefois la femblance de ceus aupres defquelz ie fuis.

A M. A ce que ie voy, tu dois eftre quelque forciere ou enchanterefle. Es tu point
quelque Circe, ou Medee, ou quelque Fée?

F O L. Tu m'outrages toufiours de paroles: & n'a tenu à toy que ne l'aye efté de fait.
Ie fuis Deefle, comme tu es Dieu: mon nom
eft Folie. Ie fuis celle qui te fay grand, &
abaifle à mon plaifir. Tu lafches l'arc, & get-
tes les flefches en l'air: mais ie les affois aus
cœurs que ie veus. Quand tu te penfes plus
grand qu'il eft poffible d'eftre, lors par quelque petit defpit ie te renge & remets auec le
vulgaire. Tu t'adreffes contre Iupiter: mais
il eft fi puiffant, & grand, que fi ie ne dreffois
ta main, fi ie n'auois bien trempé ta flefche,
tu n'aurois aucun pouuoir fur lui. Et quand
toy feul ferois aymer, quelle feroit ta gloire
fi ie ne faifois paroitre cet amour par mille
inuencions? Tu as fait aymer Iupiter: mais
ie l'ay fait trafmuer en Cigne, en Taureau, en
Or, en Aigle: en danger des plumaffiers, des
loups, des larrons, & chaffeurs. Qui fit prendre Mars au piege auec ta mere, fi non moy,
                                      qui

qui l'auois rendu si mal auisé, que venir faire
un poure mari cocu dedens son lit mesme?
Qu'ust ce esté, si Paris n'ust fait autre chose,
qu'aymer Heleine? Il estoit à Troye, l'autre
à Sparte:ils n'auoient garde d'eus assembler.
Ne lui fis ie dresser une armee de mer, aller
chez Menelas, faire la court à sa femme,
l'emmener par force,& puis defendre sa que-
rele iniuste contre toute la Grece? Qui ust
parlé des Amours de Dido, si elle n'ust fait
semblant d'aller à la chasse pour auoir la
commodité de parler à Enee seule à seul, &
lui montrer telle priuauté, qu'il ne deuoit
auoir honte de prendre ce que volontiers
elle ust donné, si à la fin n'ust couronné son
amour d'une miserable mort? On n'ust
non plus parlé d'elle, que de mile autres
hotesses, qui font plaisir aus passans. Ie croy
qu'aucune mencion ne seroit d'Artemise, si
ie ne lui usse fait boire les cendres de son
mari.Car qui ust sù si son affeccion ust passé
celle des autres femmes,qui ont aymé,& re-
gretté leurs maris & leurs amis? Les effets
& issues des choses les font louer ou mespri-
ser. Si tu fais aymer, i'en suis cause le plus
souuent. Mais si quelque estrange auenture,

　　　　　　b　　　·ou

ou grand effet en fort,en celà tu n'y as rien:
mais en eſt à moy ſeule l'honneur. Tu n'as
rien que le cœur:le demeurant eſt gouuerné
par moy. Tu ne ſcez quel moyen faut tenir.
Et pour te declarer qu'il faut faire pour conı
plaire , ie te meine & condui : & ne te ſer-
uent tes yeus non plus que la lumiere à un
aueugle. Et à fin que tu me reconnoiſſes
d'orenauant, & que me ſaches gré quand ie
te meneray ou conduiray : regarde ſi tu vois
quelque choſe de toymeſme?

Folie tire les yeus à Amour.

A M. O Iupiter! ô ma mere Venus! Iupiter,Iupiter,que m'a ſerui d'eſtre Dieu, fils de
Venus tant bien voulu iuſques ici , tant au
ciel qu'en terre , ſi ie ſuis ſuget à eſtre iniu-
rié & outragé , comme le plus vil eſclaue ou
forfaire, qui ſoit au monde? & qu'une femme inconnue m'ait pù creuer les yeus? Qu'à
la malheure fut ce banquet ſolennel inſtitué
pour moy. Me trouueráy ie en haut auecques les autres Dieus en tel ordre? Ils ſe reſ-
iouiront,& ne ſeray que me pleindre.O fem
me cruelle! comment m'as tu ainſi acoutré.

F O L. Ainſi ſe chatient les ieunes & preſomptueus,comme toy. Quelle temerité ha
un

un enfant de s'adreſſer à une femme, & l'iniurier & outrager de paroles : puis de voye
de fait tacher à la tuer. Vne autre fois eſtime ceus que tu ne connois eſtre, poſſible,
plus grans que toy. Tu as ofenſé la Royne
des hommes, celle qui leur gouuerne le cerueau, cœur, & eſprit : à l'ombre de laquelle
tous ſe retirent une fois en leur vie, & y demeurent les uns plus, les autres moins, ſelon
leur merite. Tu as ofenſé celle qui t'a fait
auoir le bruit que tu as : & ne s'eſt ſouciee
de faire entendre au Monde, que la meilleure partie du loz qu'il te donnoit, lui eſtoit
due. Si tu uſſes eſté plus modeſte, encore que
ie te fuſſe inconnue : cette faute ne te fuſt
auenue.

A M. Comment eſt il poſſible porter honneur à une perſonne, que lon n'a iamais vuë?
Ie ne t'ay point fait tant d'iniure que tu dis,
vù que ne te connoiſſois. Car ſi i uſſe ſù qui
tu es, & combien tu as de pouuoir, ie t'uſſe
fait l'honneur que merite une grand' Dame.
Mais eſt il poſſible, s'ainſi eſt que tant m'ayes
aymé, & aydé en toutes mes entrepriſes, que
m'ayant pardonné, me rendiſſes mes yeus?

F O L. Que tes yeus te ſoient renduz, ou

b 2 non,

non,il n'eſt en mon pouuoir.Mais ie t'acou-
treray bien le lieu ou ils eſtoiét, en ſorte que
lon n'y verra point de diformité.

Folie bande Amour, & lui met des eſles.

Et ce pendant que tu chercheras tes yeus,
voici des eſles que ie te preſte , qui te con-
duiront auſſi bien comme moy.

A M. Mais ou auois tu pris ce bandeau ſi
à propos pour me lier mes plaies?

F O L. En venant i'ay trouué une des Parques,qui me l'a baillé,& m'a dit eſtre de telle
nature, que iamais ne te pourra eſtre oté.

A M. Comment oté ! ie ſuis donq aueugle
à iamais. O meſchante & traytreſſe ! il ne te
ſufit pas de m'auoir creué les yeus , mais tu
as oté aus Dieus la puiſſance de me les pouuoir iamais rendre. O qu'il n'eſt pas dit ſans
cauſe, qu'il ne faut point receuoir preſent de
la main de ſes ennemis.La malheureuſe m'a
bleſſé , & me ſuis mis entre ſes mains pour
eſtre penſé. O cruelles Deſtinees ! O noire
iournee ! O moy trop credule ! Ciel, Terre,
Mer,n'aurez vous cõpaſſion de voir Amour
aueugle?O infame & deteſtable, tu te vante-
ras que ne t'ay pù fraper, que tu m'as oté les
yeus,& trompé en me fiant en toy.Mais que
me

me ſert de ploret ici? Il vaut mieus que me
retire en quelque lieu apart, & laiſſe paſſer
ce feſtin. Puis s'il eſt ainſi que i'aye tant de
faueur au Ciel ou en Terre : ie trouueray
moyen de me venger de la fauſſe Sorciere,
qui tant m'a fait d'outrage.

DISCOVRS II.

Amour ſort du Palais de Iupiter, & va
refuant à ſon infortune.

AMOVR.

RES ſuis ie las de toute choſe. Il
vaut mieus par deſpit deſcharger
mon carquois, & getter toutes
mes fleſches, puis rendre arc &
trouſſe à Venus ma mere. Or aillent, ou elles
pourront, ou en Ciel, ou en Terre, il ne m'en
chaut : Auſſi bien ne m'eſt plus loiſible faire
aymer qui bon me ſemblera. O que ces belles Deſtinees ont auiourdhui fait un beau
trait, de m'auoir ordonné eſtre aueugle, à
fin qu'indiferemment, & ſans accepcion de
perſonne, chacun ſoit au hazard de mes
traits & de mes fleſches. Ie faiſois aymer les

ieunes pucelles, les ieunes hommes : i'acom-
pagnois les plus iolies des plus beaus & plus
adroits. Ie pardonnois aus laides, aus viles &
baſſes perſonnes : ie laiſſois la vieilleſſe en
paix : Maintenant, penſant fraper un ieune,
i'aſſeneray ſus un vieillart : au lieu de quelque beau galand, quelque petit laideron à
la bouche torſe : & auiendra qu'ils ſeront les
plus amoureus , & qui plus voudront auoir
de faueur en amours : & poſſible par impor-
tunité, preſens, ou richeſſes, ou diſgrace de
quelques Dames , viendront au deſſus de
leur intencion : & viendra mon regne en
meſpris entre les hommes , quand ils y ver-
ront tel deſordre & mauuais gouuernement.
Baſte : en aille comme il pourra. Voila toutes mes fleſches. Tel en ſoufrira , qui n'en
pourra mais.

　V E N V S. Il eſtoit bien tems que ie te trou-
uaſſe, mon cher fils , tant tu m'as donné de
peine. A quoy tient il, que tu n'es venu au
banquet de Iupiter ? Tu as mis toute la compagnie en peine. Et en parlant de ton ab-
ſence , Iupiter ha ouy dix mile pleintes de
toy d'une infinité d'artiſans, gens de labeur,
eſclaues, chambrieres, vieillars, vieilles eden-
tees,

tees , crians tous à Iupiter qu'ils ayment : &
en font les plus aparens fachez , trouuant
mauuais, que tu les ayes en cet endroit ega-
lez à ce vil populaire : & que la paſſion propre aus bons eſprits ſoit auiourdhui familiere & commune aus plus lourds & groſſiers.

A M.　Ne fuſt l'infortune , qui m'eſt auenue,i'uſſe aſſiſter au banquet,comme les autres,& ne fuſſent les pleintes,qu'auez ouyes,
eſté faites.

V E N.　Es tu bleſsé,mon fils ? Qui t'a ainſi
bandé les yeus ?

A M.　Folie m'a tiré les yeus : & de peur
qu'ils ne me fuſſent renduz , elle m'a mis ce
bandeau qui iamais ne me peut eſtre oté.

V E N.　O quelle infortune ! he moy miſerable ! Donq tu ne me verras plus, cher enfant ? Au moins ſi te pouuois arroſer la plaie
de mes larmes.

Venus tache à deſnouer la bande.

A M.　Tu pers ton tems : les neuz ſont in-
diſſolubles.

V E N.　O maudite ennemie de toute ſa-
pience,ô femme abandonnee,ô à tort nommee Deeſſe,& à plus grand tort immortelle.
Qui vid onq telle iniure ? Si Iupiter , & les

　　　　　b　4　　　Dieus

24 **Ð E B A T**

Dieus me croient. A tout le moins que iamais cette meſchante n'ait pouuoir ſur toy,
mon fils.

· A M. A tard ſe feront ces defenſes , il les
failloit faire auant que fuſſe aueugle : maintenant ne me ſeruiront gueres.

· v e n. Et donques Folie,la plus miſerable
choſe du monde, ha le pouuoir d'oter à Venus le plus grand plaiſir qu'elle uſt en ce
monde : qui eſtoit quand ſon fils Amour la
voyoit. En ce eſtoit ſon contentement, ſon
deſir, ſa felicité. Helas fils infortuné ! O deſ-
aſtre d'Amour ! O mere deſolee ! O Venus
ſans fruit belle ! Tout ce que nous aque-
rons,nous le laiſſons à nos enfans : mon treſor n'eſt que beauté,de laquelle que chaut il
à un aueugle ? Amour tant cheri de tout le
monde, comme as tu trouué beſte ſi furieuſe, qui t'ait fait outrage ! Qu'ainſi ſoit dit,
que tous ceus qui aymeront (quelque faueur qu'ils ayent) ne ſoient ſans mal , & infortune,à ce qu'ils ne ſe dient plus heureus,
que le cher fils de Venus.

· A M. Ceſſe tes pleintes douce mere : &
ne me redouble mon mal te voyant en-
nuiee. Laiſſe moy porter ſeul mon infortune

tune : & ne deſire point mal à ceus qui me
ſuiuront.

VEN. Allons mon fils, vers Iupiter, &
lui demandons vengeance de cette malheureuſe.

DISCOVRS III.

VENVS.

S I ONQVES tu uz pitié de moy,
Iupiter, quand le fier Diomede
me naura, lors que tu me voyois
trauailler pour ſauuer mon fils
Enee de l'impetuoſité des vents, vagues, &
autres dangers, eſquels il fut tant au ſiege de
Troye, que depuis : ſi mes pleurs pour la
mort de mon Adonis te murent à compaſ-
ſion : la iuſte douleur, que i'ay pour l'iniure
faite à mon fils Amour, te deura faire auoir
pitié de moy. Ie dirois que c'eſt, ſi les larmes
ne m'empeſchoient. Mais regarde mon fils
en quel eſtat il eſt, & tu connoitras pourquoy ie me pleins.

IVP. Ma chere fille, que gaignes tu auec
ces pleintes me prouoquer à larmes ? Ne

b 5   ſcez

ſcez tu l'amour que ie t'ay portee de toute
memoire? As tu defiance, ou que ie ne te
veuille ſecourir, ou que ie ne puiſſe?

V E N. Eſtant la plus afligee mere du monde,ie ne puis parler,que comme les afligees.
Encore que vous m'ayez tant montré de faueur & d'amitié, ſi eſt ce que ie n'oſe vous
ſuplier,que de ce que facilement vous otroi-
riez au plus eſtrange de la terre. Ie vous demande iuſtice, & vengeance de la plus malheureuſe femme qui fuſt iamais,qui m'a mis
mon fils Cupidon en tel ordre que voyez.
C'eſt Folie, la plus outrageuſe Furie qui onques fut es Enfers.

I V P. Folie! ha elle eſté ſi hardie d'atenter
à ce,qui plus vous eſtoit cher:Croyez que ſi
elle vous ha fait tort, que telle punicion en
ſera faite,qu'elle ſera exemplaire. Ie penſois
qu'il n'y uſt plus debats & noiſes qu'entre les
hommes : mais ſi cette outrecuidee ha fait
quelque deſordre ſi pres de ma perſonne, il
lui ſera cher vẽdu.Toutefois il la faut ouir, à
fin qu'elle ne ſe puiſſe pleindre. Car encore
que ie puſſe ſauoir de moymeſme la verité
du fait, ſi ne véus ie point mettre en auant
cette coutume, qui pourroit tourner à con-
ſequen

sequence, de condamner une personne sans l'ouir. Pource, que Folie soit apelee.

FOLIE. Haut & souuerein Iupiter, me voici preste à respondre à tout ce qu'Amour me voudra demander. Toutefois i'ay vne requeste à te faire. Pource que ie say que de premier bõd la plus part de ces ieunes Dieus seront du coté d'Amour, & pourront faire trouuer ma cause mauuaise en m'interrompant, & ayder celle d'Amour acompagnant son parler de douces acclamacions : ie te suplie qu'il y ait quelcun des Dieus qui parle pour moy, & quelque autre pour Amour : à fin que la qualité des personnes ne soit plus tot consideree, que la verité du fait. Et pource que ie crein ne trouuer aucun, qui, de peur d'estre apelé fol, ou ami de Folie, veuille parler pour moy : ie te suplie commander à quelcun de me prendre en sa garde & proteccion.

IVP. Demande qui tu voudras, & ie le chargeray de parler pour toy.

FOL. Ie te suplie donq que Mercure en ait la charge. Car combien qu'il soit des grans amis de Venus, si suis ie seure, que s'il entreprent parler pour moy, il n'oubliera rien

qui

D E B A T

qui ferue à ma caufe.

I V P. Mercure,il ne faut iamais refufer de
porter parole pour un miferable & afligé:
Car ou tu le mettras hors de peine,& fera ta
louenge plus grande,d'autãt qu'auras moins
ù de regard aus faueurs & richeffes , qu'à la
iuftice & droit d'un poure homme : ou ta
priere ne lui feruira de rien , & neanmoins
ta pitié , bonté & diligence , feront recom-
mandees. A cette caufe tu ne dois diferer
ce que cette poure afligee te demande : Et
ainfi ie veus & commande que tu le faces.

M E R C. C'eft chofe bien dure à Mercure
moyenner defplaifir à Venus. Toutefois,
puis que tu me contreins, ie feray mon deuoir tant que Folie aura raifon de fe contenter.

I V P. Et toy,Venus,quel des Dieus choi-
firas tu? l'affeccion maternelle,que tu portes
à ton fils , & l'enuie de voir venger l'iniure,
qui lui ha efté faite, te pourroit tranfporter.
Ton fils eftant irrité, & nauré recentement,
n'y pourroit pareillement fatisfaire. A cette
caufe,choifi quel autre tu voudras pour parler pour vous:& croy qu'il ne lui fera befoin
lui commander:& que celui,à qui tu t'adref-
feras

feras, fera plus aife de te faire plaifir en cet endroit, que toy de le requerir. Neanmoins s'il en eft befoin, ie le lui commanderay.

V E N. Encor que lon ait femé par le monde, que la maifon d'Apolon & la mienne ne s'acordoient gueres bien : fi le crois ie de fi bonne forte qu'il ne me voudra efconduire en cette neceffité, lui requerant fon ayde à ceftui mien extreme befoin : & montrera par l'iffue de cette afaire, combien il y ha plus d'amitié entre nous, que les hommes ne cuident.

A P O L. Ne me prie point, Deeffe de beauté : & ne fais dificulté que ne te veuille autant de bien, comme merite la plus belle des Deeffes. Et outre le témoignage, qu'en pourroiét rendre tes iardins, qui font en Cypre & Ida, fi bien par moy entretenus, qu'il n'y ha rien plus plaifant au monde : encore connoitras tu par l'iffue de cette querelle combien ie te porte d'affeccion & me fens fort aife que, te retirant vers moy en cet afaire, tu declaires aus hommes comme fauffement ils ont controuué, que tu auois coniuré contre toute ma maifon.

I V P. Retirez vous donq un chacun, & reuen

DÉBAT

reuenez demain à semblable heure, & nous mettrons peine d'entendre & vuider vos querelles.

DISCOVRS IIII.

Cupidon vient donner le bon iour
à Iupiter.

IVPITER.

QVE dis tu petit mignon? Tant que ton diferent soit terminé, nous n'aurons plaisir de toy. Mais ou est ta mere?

A M. Elle est allee vers Apolon, pour l'amener au consistoire des Dieus. Ce pendant elle m'a comandé venir vers toy te donner le bon iour.

I V P. Ie la plein bien pour l'ennui qu'elle porte de ta fortune. Mais ie m'esbahi come, ayant tant ofensé de hauts Dieus & grans Signeurs, tu n'as iamais ù mal que par Folie!

A M. C'est pource que les Dieus & hommes, bien auisez, creingnent que ne leur face pis. Mais Folie n'a pas la consideracion

&

DE FOLIE ET D'AMOVR.

& iugement si bon.

I V P. Pour le moins te deuroient ils haïr, encore qu'ils ne t'osassent ofenser. Toutefois tous tant qu'ils sont t'ayment.

A M. Ie serois bien ridicule, si ayant le pouuoir de faire les hommes estre aymez, ne me faisois aussi estre aymé.

I V P. Si est il bien contre nature, que ceus qui ont reçu tout mauuais traitement de toy, t'ayment autant comme ceus qui ont ù plusieurs faueurs.

A M O V R. En ce se montre la grandeur d'Amour, quand on ayme celui dont on est mal traité.

I V P. Ie say fort bien par experience, qu'il n'est point en nous d'estre aymez : car, quelque grand degré ou ie sois, si áy ie esté bien peu aymé : & tout le bien qu'ay reçu, l'ay plus tot ù par force & finesse, que par amour.

A M. I'ay bien dit que ie fais aymer encore ceus, qui ne sont point aymez : mais si est il en la puissance d'un chacun le plus souuent de se faire aymer. Mais peu se treuuent, qui facent en amour tel deuoir qu'il est requis.

I V P.

DEBAT

IV P. Quel deuoir?

A M. La premiere chofe dont il faut s'en-
querir, c'eft, s'il y ha quelque Amour imprimee:& s'il n'y en ha,ou qu'elle ne foit encor
enracinee, ou qu'elle foit defia toute ufee,
faut fongneufemét chercher quel eft le naturel de la perfonne aymee : &, connoiffant le
notre, auec les cõmoditez, façons, & quali-
tez eftre fenblables, en ufer : fi non, le changer. Les Dames que tu as aymees,vouloient
eftre louees, entretenues par un long tems,
priées,adorees:quell'Amour penfes tu qu'elles t'ayent porté, te voyant en foudre,en Satire , en diuerfes fortes d'Animaus , & conuerti en chofes infenfibles? La richeffe te fera iouir des Dames qui font auares : mais
aymer non. Car cette affeccion de gaigner
ce qui eft au cœur d'une perfonne , chaffe la
vraye & entiere Amour: qui ne cherche fon
proufit , mais celui de la perfonne , qu'il ayme. Les autres efpeces d'Animaus ne pou-
uoiét te faire amiable.Il n'y ha animant cour
tois & gracieus que l'homme , lequel puiffe
fe rédre fuget aus complexions d'autrui,aug-
menter fa beauté & bonne grace par mile
nouueaus artifices: plorer,rire,châter,& paf-
fionner

fionner la perfonne qui le voit. La lubricité
& ardeur de reins n'a rien de commun, ou
bien peu, auec Amour. Etpource les fem‑
mes ou iamais n'aymeront, ou iamais ne fe‑
ront femblant d'aymer pour ce refpect. Ta
mageflé Royale encores ha elle moins de
pouuoir en ceci : car Amour fe pleint de
chofes egales. Ce n'eft qu'un ioug, lequel
faut qu'il foit porté par deus Taureaus fem‑
blables:autrement le harnois n'ira pas droit.
Donq,quand tu voudras eftre aymé,defcens
en bas, laiffe ici ta couronne & ton fceptre,
& ne dis qui tu es.Lors tu verras en bien fer‑
uant & aymant quelque Dame, que fans
qu'elle ait egard à richeffe ne puiffance, de
bon gré t'aymera. Lors tu fentiras bien un
autre contentement, que ceus que tu as uz
par le pafsé : & au lieu d'un fimple plaifir,en
receuras un double. Car autant y ha il de
plaifir à eftre baifé & aymé, que de baifer &
aymer.

I V P. Tu dis beaucoup de raifons : mais
il y faut un long tems, une fugeccion gran‑
de,& beaucoup de paffions.

A M. Ie fay bien qu'un grand Signeur fe
fache de faire longuement la court, que fes

afaires

afaires d'importance ne permettent pas qu'il
s'y affugettiffe , & que les honneurs qu'il reçoit tous les iours , & autres paffetems fans
nombre , ne lui permettent croitre fes paffions , de forte qu'elles puiffent mouuoir
leurs amies à pitié. Auffi ne doiuent ils atendre les grans & faciles contentemens qui
font en Amour , mais fouuentefois i'abaiffe
fi bien les grans, que ie les fay à tous, exemple de mon pouuoir.

　I V P I T E R. Il eft tems d'aller au confi-
ftoire : nous deuiferons une autrefois plus à
loifir.

D I S C O V R S V.

A P O L O N.

S I onques te falut fongneufement
pouruoir à tes afaires , fouuerein
Iupiter , ou quand auec l'ayde de
Briare tes plus proches te vouloient mettre en leur puiffance , ou quand
les Geans, fils de la Terre , mettans montaigne fur montaigne, deliberoient nous venir
combatre iufques ici,ou quand le Ciel & la
Terre

Terre cuiderent bruler : à cette heure, que la
licence des fols est venue si grande, que d'outrager deuant tes yeus l'un des principaus de
ton Empire, tu n'as moins d'ocasion d'a-
uoir creinte, & ne dois diferer à donner
pront remede au mal ia commencé. S'il
est permis à chacun atenter sur le lien qui
entretient & lie tout ensemble : ie voy en
peu d'heure le Ciel en desordre, ie voy les
uns changer leur cours, les autres entreprendre sur leurs voisins une consommacion uni-
uerselle : ton sceptre, ton trone, ta magesté
en danger. Le sommaire de mon oraison sera conseruer ta grandeur en son integrité, en
demandant vengeance de ceus qui outra-
gent Amour, la vraye ame de tout l'uniuers,
duquel tu tiens ton sceptre. D'autant donq
que ma cause est tant fauorable, coniointe
auec la conseruacion de ton estat, & que
neanmoins ie ne demande que iustice: d'autant plus me deuras tu atentiuement escouter. L'iniure que ie meintien auoir esté faite à Cupidon, est telle : Il venoit au festin
dernier : & voulant entrer par une porte,
Folie acourt apres lui, & lui mettant la main
sur l'espaule le tire en arriere, & s'auance, &

paſſe la premiere. Amour voulant ſauoir qúi
c'eſtoit, s'adreſſe à elle. Elle lui dit plus d'iniures , quil n'apartient à une femme de bien
à dire. De là elle commence ſe hauſſer en paroles, ſe magnifier , fait Amour petit. Lequel
ſe voyant ainſi peu eſtimé , recourt à la
puiſſance , dont tu l'as touſiours vù , & permets uſer contre toute perſonne. Il la veut
faire aymer : elle euite au coup : & feingnant
ne prendre en mal, ce que Cupidon lui auoit
dit, recommence à deuiſer auec lui: & en parlant tout d'un coup lui leue les yeus de la teſte. Ce fait, elle ſe vient à faire ſi grande ſur
lui , qu'elle lui fait entendre de ne lui eſtre
poſſible le guerir, s'il ne reconnoiſſoit qu'il
ne lui auoit porté l'honneur qu'elle meritoit.
Que ne feroit on pour recouurer la ioyeuſe
vuë du Soleil? Il dit , il fait tout ce qu'elle
veut. Elle le bande , & penſe ſes plaies en
atendant que meilleure ocaſion vinſt de lui
rendre la vuë. Mais la traytreſſe lui mit un
tel bandeau , que iamais ne ſera poſſible lui
oter : par ce moyen voulant ſe moquer de
toute l'ayde que tu lui pourrois donner : &
encor que tu lui rendiſſe les yeus , qu'ils
fuſſent neanmoins inutiles. Et pour le mieus

acout

acoutrer lui ha baillé de ſes eſles, a fin d'eſtre
auſſi bien guidé comme elle. Voila deus iniures grandes & atroces faites à Cupidon.
On l'a bleſſé, & lui ha lon oté le pouuoir &
moyen de guerir. La plaie ſe voit, le delit eſt
manifeſte : de l'auteur ne s'en faut enque-
rir. Celle qui ha fait le coup, le dit, le preſ-
che, en fait ſes contes par tout. Interrogue
la : plus tot l'aura confeſſé que ne l'auras demandé. Que reſte il ? Quand il eſt dit : qui
aura tiré une dent, lui en ſera tiré une autre:
qui aura arraché un œil, lui en ſera ſembla-
blement creué un, celà s'entent entre perſonnes egales. Mais quand on ha ofenſé
ceus, deſquels depend la conſeruacion de
pluſieurs, les peines s'aigriſſent, les loix s'ar-
ment de ſeuerité, & vengent le tort fait au
publiq. Si tout l'Vniuers ne tient que par
certeines amoureuſes compoſicions, ſi elles
ceſſoient, l'ancien Abime reuiendroit. Otant
l'amour, tout eſt ruïné. C'eſt donq celui, qu'il
faut conſeruer en ſon eſtre : c'eſt celui, qui
fait multiplier les hommes, viure enſemble,
& perpetuer le monde, par l'amour & ſoli-
citude qu'ils portent à leurs ſucceſſeurs. Iniurier cet Amour, l'outrager, qu'eſt ce, ſinon

vouloir troubler & ruïner toutes choſes?
Trop mieus vaudroit que la temeraire ſe fuſt
adreſſee à toy : car tu t'en fuſſes bien donné
garde. Mais s'eſtant adreſſee à Cupidon, elle
t'a fait dommage irreparable , & auquel n'as
ù puiſſance de donner ordre. Cette iniure
touche auſſi en particulier tous les autres
Dieus, Demidieus, Faunes, Satires, Siluains,
Deeſſes , Nynfes , Hommes & Femmes : &
croy qu'il n'y ha Animant, qui ne ſente mal,
voyant Cupidon bleſſé. Tu as donq oſé, ô
deteſtable, nous faire à tous deſpit, en outra-
geant ce que tu ſauois eſtre de tout aymé.
Tu as ù le cœur ſi malin, de naurer celui qui
apaiſe toutes noiſes & querelles. Tu as oſé
atenter au fils de Venus : & ce en la court
de Iupiter : & as fait qu'il y ha ù ça haut
moins de franchiſe , qu'il n'y ha la bas entre
les hommes , es lieus qui nous ſont conſa-
crez. Par tes foudres, ô Iupiter, tu abas les arbres, ou quelque poure femmelette gardant
les brebis, ou quelque meſchāt garſonneau,
qui aura moins dinement parlé de ton nom:
& cette cy, qui, meſpriſant ta mageſté, ha vio
lé ton palais, vit encores ! & ou ? au ciel : & eſt
eſtimee immortelle, & retiét nom de Deeſſe!
                                    Les

Les roues des Enfers foutiennent elles une
ame plus deteſtable que cette cy ? Les montaignes de Sicile couurent elles de plus exe-
crables perſonnes ? Et encores n'a elle honte de ſe preſenter deuant vos diuinitez : & lui
ſemble (ſi ie l'oſe dire) que ſerez tous ſi fols,
que de l'abſoudre. Ie n'ay neanmoins charge par Amour de requerir vengeance & punicion de Folie. Les gibets, potences, roues,
couteaus, & foudres ne lui plaiſent, encor
que fuſt contre ſes malueuillans, contre leſ-
quels meſmes il ha ſi peu uſé de ſon ire, que,
oté quelque ſubit courrous de la ieuneſſe qui
le ſuit, il ne ſe trouua iamais un ſeul d'eus,
qui ait voulu l'outrager, fors cette furieuſe.
Mais il laiſſe le tout à votre diſcrecion, ô
Dieus : & ne demande autre choſe, ſinon que
ſes yeus lui ſoient rendus, & qu'il ſoit dit, que
Folie ha ù tort de l'iniurier & outrager. Et
à ce que par ci apres n'auienne tel deſordre,
en cas que ne veuillez enſeuelir Folie ſous
quelque montaigne, ou la mettre à l'aban-
don de quelque aigle, ce qu'il ne requiert,
vous vueillez ordonner, que Folie ne ſe trouuera pres du lieu ou Amour ſera, de cent
pas à la ronde. Ce que trouuerez deuoir

eſtre fait, apres qu'aurez entendu de quel
grand bien ſera cauſe Amour, quand il aura
gaigné ce point: & de combien de maus il
ſera cauſe, eſtant ſi mal acompagné, meſmes
à preſent qu'il ha perdu les yeus. Vous ne
trouuerez point mauuais que ie touche en
brief en quel honneur & reputacion eſt
Amour entre les hommes, & qu'au demeurant de mon oraiſon ie ne parle guere plus
que d'eus. Donques les hommes ſont faits
à l'image & ſemblance de nous, quant aus
eſprits : leurs corps ſont compoſez de pluſieurs & diuerſes complexions : & entre eus
ſi diferens tant en figure, couleur & forme,
que iamais en tant de ſiecles, qui ont paſſé,
ne s'en trouua, que deus ou trois pers, qui ſe
reſſemblaſſent : encore leurs ſeruiteurs & domeſtiques les connoiſſoiét particulierement
l'un d'auec l'autre. Eſtás ainſi en meurs, complexions, & forme diſſemblables, ſont neanmoins enſemble liez & aſſemblez par une
beniuolence, qui les fait vouloir bien l'un
à l'autre : & ceus qui en ce ſont les plus excellens, ſont les plus reuerez entre eus. Delà
eſt venue la premiere gloire entre les hommes. Car ceus qui auoient inuenté quelque
choſe

chofe à leur proufit, eſtoient eſtimez plus
que les autres. Mais faut penſer que cette
enuie de proufiter en publiq, n'eſt procedee
de gloire, comme eſtant la gloire poſterieure
en tems.　Quelle peine croyez vous, qu'a ù
Orphee pour deſtourner les hommes barbares de leur acoutumee cruauté ? pour les faire aſſembler en compagnies politiques? pour
leur mettre en horreur le piller & robber l'au
trui? Eſtimez vous que ce fuſt pour gain? duquel ne ſe parloit encores entre les hommes, qui n'auoient fouillé es entrailles de la
terre ? La gloire, côme i'ay dit, ne le pouuoit
mouuoir. Car n'eſtans point encore de gens
politiquement vertueus, il n'y pouuoit eſtre
gloire, ny enuie de gloire. L'amour qu'il portoit en general aus hommes, le faiſoit trauailler à les conduire à meilleure vie. C'eſtoit la
douceur de ſa Muſique, que lon dit auoir
adouci les Loups, Tigres, Lions: attiré les
arbres, & amolli les pierres : & quelle pierre
ne s'amolliroit entendant le dous preſche-
ment de celui qui amiablement la veut aten-
drir pour receuoir l'impreſſion de bien &
honneur ? Combien eſtimez vous que Promethee ſoit loué là bas pour l'uſage du feu,

qu'il inuenta ? Il le vous defroba, & encou-
rut votre indinacion. Eſtoit ce qu'il vous
vouluſt ofenſer ? ie croy que non : mais l'a-
mour, qu'il portoit à l'homme , que tu lui
baillas, ô Iupiter, commiſſion de faire de terre, & l'aſſembler de toutes pieces ramaſſees
des autres animaus. Cet amour que lon porte en general à ſon ſemblable, eſt en telle re-
cõmandacion entre les hommes, que le plus
ſouuent ſe trouuent entre eus qui pour ſauuer un païs, leur parent, & garder l'honneur
de leur Prince , s'enfermeront dedens lieus
peu defenſables, bourgades, colombiers : &
quelque aſſeurance qu'ils ayent de la mort,
n'en veulent ſortir à quelque compoſicion
que ce ſoit, pour prolonger la vie à ceus que
lon ne peut aſſaillir que apres leur ruïne.
Outre cette afeccion generale, les hommes
en ont quelque particuliere l'un enuers l'autre , & laquelle , moyennant qu'elle n'ait
point le but de gain, ou de plaiſir de ſoymeſme, n'ayant reſpeĉt à celui, que lon ſe dit aymer, eſt en tel eſtime au monde, que lon ha
remarqué ſongneuſement par tous les ſiecles ceus, qui ſe ſont trouuez excellés en icelle , les ornant de tous les plus honorables
                                              titres

titres que les hommes peuuent inuenter.
Mesmes ont estimé cette seule vertu estre sufi
sante pour d'un homme faire un Dieu. Ainsi
les Scythes deïfierent Pylade & Oreste, &
leur dresserent temples & autels, les ape-
lans les Dieus d'amitié. Mais auant iceus
estoit Amour, qui les auoit liez & uniz ensemble. Raconter l'opinion, qu'ont les
hommes des parens d'Amour, ne seroit hors
de propos, pour montrer qu'ils l'estiment
autant ou plus, que nul autre des Dieus.
Mais en ce ne sont d'un acord, les vns le
faisant sortir de Chaos & de la Terre : les
autres du Ciel & de la Nuit : aucuns de Discorde & de Zephire : autres de Venus la
vraye mere, l'honorant par ces anciens peres & meres, & par les effets merueilleus que
de tout tems il ha acoutumé montrer. Mais
il me semble que les Grecs d'un seul surnom
qu'ils t'ont donné, Iupiter, t'apelant amiable, témoignent assez que plus ne pouuoient
exaucer Amour, qu'en te faisant participant
de sa nature. Tel est l'honneur que les plus
sauans & plus renommez des hommes donnent à Amour. Le commun populaire le
prise aussi & estime pour les grandes expe-
riences

riences qu'il voit des commoditez, qui prouiennent de lui. Celui qui voit que l'homme
(quelque vertueus qu'il foit) languit en fa
maifon, fans l'amiable compagnie d'une fem
me, qui fidelement lui difpenfe fon bien,
lui augmente fon plaifir, ou le tient en bride
doucement, de peur qu'il n'en prenne trop,
pour fa fanté, lui ote les facheries, & quelquefois les empefche de venir, l'appaife, l'a-
doucit, le traite fain & malade, le fait auoir
deus corps, quatre bras, deus ames, & plus
parfait que les premiers hommes du banquet de Platon, ne confeffera il que l'amour
coniugale eft dine de recommandacion ? &
n'atribuera cette felicité au mariage, mais à
l'amour qui l'entretient. Lequel, s'il defaut
en cet endroit, vous verrez l'homme force-
né, fuir & abandonner fa maifon. La femme au contraire ne rit iamais, quand elle n'eft
en amour auec fon mari. Ilz ne font iamais
en repos. Quãd l'un veut repofer, l'autre crie.
Le bien fe diffipe, & vont toutes chofes au
rebours. Et eft preuue certeine, que la feule
amitié fait auoir en mariage le contentement, que lon dit s'y trouuer. Qui ne dira
bien de l'amour fraternelle, ayant veu Ca-
ftor

ſtor & Pollux, l'un mortel eſtre fait immortel à moitié du don de ſon frere? Ce n'eſt pas
eſtre frere, qui cauſe cet heur (car peu de
freres ſont de telle ſorte) mais l'amour grande qui eſtoit entre eus. Il ſeroit long à di-
ſcourir, comme Ionathas ſauua la vie à Da-
uid : dire l'hiſtoire de Pythias & Damon : de
celui qui quitta ſon eſpouſe à ſon ami la premiere nuit, & s'en fuit vagabond par le
monde. Mais pour montrer quel bien vient
d'amitié, i'allegueray le dire d'un grand Roy,
lequel, ouurant une grenade, interrogué de
quelles choſes il voudroit auoir autant, comme il y auoit de grains en la pomme, Reſ-
pondit : de Zopires. C'eſtoit ce Zopire, par
le moyen duquel il auoit recouuré Babilone.
Vn Scyte demandant en mariage une fille,
& ſommé de bailler ſon bien par declara-
cion, dit : qu'il n'auoit autre bien que deus
amis, s'eſtimant aſſez riche auec telle poſſeſ-
ſion pour oſer demander la fille d'un grand
Signeur en mariage. Et pour venir aus femmes, ne ſauua Ariadne la vie à Theſee?
Hypermneſtre à Lyncee? Ne ſe ſont trouuees
des armees en danger en païs eſtranges, &
ſauuees par l'amitié que quelques Dames
port

portoient aus Capiteines? des Rois remiz
en leurs principales citez par les intelligen-
ces, que leurs amies leur auoient pratiquees
secretement? Tant y ha de poures soudars,
qui ont esté esleuez par leurs amies es Contez, Duchez, Royaumes qu'elles possedoiët.
Certeinement tant de commoditez proue-
nans aus hommes par Amour ont bien aydé
à l'estimer grand. Mais plus que toute chose,
l'afeccion naturelle, que tous auons à aymer,
nous le fait esleuer & exalter. Car nous voulons faire paroitre, & estre estimé ce à quoy
nous nous sentōs enclins. Et qui est celui des
hommes, qui ne prenne plaisir, ou d'aymer,
ou d'estre aymé? Ie laisse ces Mysanthropes,
& Taupes cachees sous terre, & enseueliz
de leurs bizarries, lesquels auront par moy
tout loisir de n'estre point aymez, puis qu'ils
ne leur chaut d'aymer. S'il m'estoit licite, ie
les vous depeindrois, comme ie les voy des-
crire aus hommes de bon esprit. Et neanmoins il vaut mieus en dire un mot, à fin de
connoitre combien est mal plaisante & miserable la vie de ceus, qui se sont exemptez
d'Amour. Ils dient que ce sont gens mornes,
sans esprit, qui n'ont grace aucune à parler,
une

une voix rude , un aller penſif , un viſage de
mauuaiſe rencontre, un œil baiſſé, creintifs,
auares,impitoyables,ignorans,& n'eſtimans
perſonne : Loups garous. Quand ils entrent
en leur maiſon , ils creingnent que quelcun
les regarde. Incontinent qu'ils ſont entrez,
barrent leur porte, ſerrent les feneſtres,men-
gent ſallement ſans compagnie , la maiſon
mal en ordre : ſe couchent en chapon le
morceau au bec. Et lors à beaus gros bonnets gras de deus doits d'eſpais , la camiſole
atachee auec eſplingues enrouillees iuſques
au deſſous du nombril , grandes chauſſes de
laine venans à mycuiſſe , un oreiller bien
chaufé & ſentant ſa greſſe fondue : le dormir acompagné de toux,& autres tels excre-
mens dont ils rempliſſent les courtines. Vn
leuer peſant, s'il n'y ha quelque argent à receuoir : vieilles chauſſes repetaſſees : ſouliers
de païſant : pourpoint de drap fourré : long
ſaye mal ataché deuant : la robbe qui pend
par derriere iuſques aus eſpaules:plus de four
rures & peliſſes : calottes & larges bonnets
couurans les cheueus mal pignez : gens plus
fades à voir , qu'un potage ſans ſel à humer.
Que vous en ſemble il ? Si tous les hommes
                                        eſtoient

eſtoient de cette ſorte, y auroit il pas peu de
plaiſir de viure auec eus? Combien plus tot
choiſiriez vous un homme propre, bien en
point, & bien parlant, tel qu'il ne s'eſt pù faire ſans auoir enuie de plaire à quelcun? Qui
ha inuenté un dous & gracieus langage entre les hommes? & ou premierement ha il
eſté employé? ha ce eſté à perſuader de faire
guerre au païs? eſlire un Capiteine? acuſer
ou defendre quelcun? Auant que les guerres
ſe fiſſent, paix, alliances & confederacions
en publiq: auant qu'il fuſt beſoin de Capiteines, auant les premiers iugemens que fites
faire en Athenes, il y auoit quelque maniere plus douce & gracieuſe, que le commun: de laquelle uſerent Orphee, Amphion,
& autres. Et ou en firent preuue les hommes, ſinon en Amour? Par pitié on baille à
manger à une creature, encore qu'elle n'en
demande. On penſe à un malade, encore
qu'il ne veuille guerir. Mais qu'une femme
ou homme d'eſprit, prenne plaiſir à l'afeccion d'une perſonne, qui ne la peut deſcouurir, lui donne ce qu'il ne peut demander,
eſcoute un ruſtique & barbare langage: &
tout tel qu'il eſt, ſentant plus ſon comman-
                              dement,

dement,qu'amoureuſe priere,celà ne ſe peut
imaginer. Celle, qui ſe ſent aymee, ha quelque autorité ſur celui qui l'ayme:car elle voit
en ſon pouuoir, ce que l'Amant pourſuit,
comme eſtant quelque grand bien & fort
deſirable. Cette autorité veut eſtre reueree
en geſtes,faits,contenances,& paroles.Et de
ce vient, que les Amãs choiſiſſent les façons
de faire, par leſquelles les perſonnes aymees
auront plus d'ocaſion de croire l'eſtime &
reputacion que lon ha d'elles. On ſe com-
poſe les yeus à douceur & pitié,on adoucit le
front, on amollit le langage , encore que de
ſon naturel l'Amant uſt le regard horrible,
le front deſpité, & langage ſot & rude : car il
ha inceſſammét au cœur l'obieƈt de l'amour,
qui lui cauſe un deſir d'eſtre dine d'en receuoir faueur, laquelle il ſcet bien ne pouuoir
auoir ſans changer ſon naturel. Ainſi entre
les hommes Amour cauſe une connoiſſance
de ſoymeſme. Celui qui ne tache à complaire à perſonne , quelque perfeccion qu'il
ait,n'en ha non plus de plaiſir, que celui qui
porte une fleur dedens ſa manche. Mais celui qui deſire plaire , inceſſamment penſe à
ſon fait: mire & remire la choſe aymee : ſuit

d   les

les vertus , qu'il voit lui eftre agreables , &
s'adonne aus complexions contraires à foy-
mefme, comme celui qui porte le bouquet
en main, donne certein iugement de quelle
fleur vient l'odeur & fenteur qui plus lui eft
agreable. Apres que l'Amant ha composé
fon corps & complexion à contenter l'efprit
de l'aymee, il donne ordre que tout ce qu'elle verra fur lui , ou lui donnera plaifir , ou
pour le moins elle n'y trouuera à fe facher.
De là ha ù fource la plaifante inuéció des habits nouueaus. Car on ne veut iamais venir
à ennui & laffeté, qui prouient de voir toufiours une mefme chofe. L'homme ha toufiours mefme corps , mefme tefte , mefme
bras, iambes, & piez : mais il les diuerfifie de
tant de fortes, qu'il femble tous les iours eftre
renouuelé. Chemifes parfumees de mile &
mile fortes d'ouurages : bonnet à la faifon,
pourpoint, chauffes iointes & ferrees, montrans les mouuemens du corps bien difposé:
mile façons de bottines , brodequins , efcar-
pins, fouliers, fayons, cafaquins, robbes, rob-
bons, cappes, manteaus: le tout en fi bon ordre, que rien ne paffe. Et que dirons nous
des femmes, l'habit defquelles, & l'ornement
de

de corps, dont elles usent, est fait pour plaire, si iamais rien fut fait. Est il possible de
mieus parer une teste, que les Dames sont
& feront à iamais? auoir cheueus mieus do-
rez, crespes, frizez? acoutrement de teste
mieus seant, quand elles s'acoutreront à l'Espagnole, à la Françoise, à l'Alemande, à l'Italienne, à la Grecque? Quelle diligence mettent elles au demeurant de la face? Laquelle, si elle est belle, ils contregardent tant bien
contre les pluies, vents, chaleurs, tems &
vieillesse, qu'elles demeurent presque tousiours ieunes. Et si elle ne leur est du tout telle, qu'elles la pourroient desirer, par honneste soin la se procurent: & l'ayant moyen-
nement agreable, sans plus grande curiosité,
seulement auec vertueuse industrie la conti-
nuent, selon la mode de chacune naciõ, con-
tree, & coutume. Et auec tout celà, l'habit
propre comme la feuille autour du fruit. Et
s'il y ha perfeccion du corps, ou lineament
qui puisse, ou doiue estre vù & montré, bien
peu le cache l'agencement du vétement: ou,
s'il est caché, il l'est en sorte, que lon le cuide
plus beau & delicat. Le sein aparoit de tant
plus beau, qu'il semble qu'elles ne le veuil-

lent eftre vù : les mamelles en leur rondeur
releuees font donner un peu d'air au large
eftomac. Au refte, la robbe bien iointe, le
corps eftreci ou il le faut : les manches ferrees,fi le bras eft maffif : fi non, larges & bien
enrichies : la chauffe tiree : l'efcarpin façon-
nant le petit pié (car le plus fouuent l'amoureufe curiofité des hommes fait rechercher
la beauté iufques au bout des piez :) tant de
pommes d'or, chaines, bagues, ceintures,
pendans, gans parfumez, manchons : & en
fomme tout ce qui eft de beau, foit à l'acou-
tremét des hommes ou des femmes, Amour
en eft l'auteur. Et s'il ha fi bien trauaillé pour
contenter les yeus, il n'a moins fait aus autres fentimens : mais les ha tous emmiellez
de nouuelle & propre douceur. Les fleurs
que tu fiz, ô Iupiter, naitre es mois de l'an
les plus chaus, font entre les hommes faites
hybernalles : les arbres, plantes, herbages,
qu'auois diftribuez en diuers païs, font par
l'eftude de ceus qui veúlent plaire à leurs
amies, raffemblez en un verger : & quelquefois fuis contreint, pour ayder à leur afeccion, leur departir plus de chaleur que le
païs ne le requerroit. Et tout le proufit de ce,
n'eft

n'eſt que ſe raméteuoir par ces petis preſens
en la bonne grace de ces amis & amies. Di-
ráy ie q̃ la Muſique n'a eſté inuentee que par
Amour ? & eſt le chant & harmonie l'effect
& ſigne de l'Amour parfait. Les hommes en
uſent ou pour adoucir leurs deſirs enflam-
mez, ou pour donner plaiſir : pour lequel di-
uerſifier tous les iours ils inuẽtent nouueaus
& diuers inſtrumens de Luts, Lyres, Citres,
Doucines, Violons, Eſpinettes, Flutes, Cor-
nets : chantent tous les iours diuerſes chan-
ſons : & viendront à inuenter madrigalles,
ſonnets, pauanes, paſſemeſes, gaillardes, &
tout en commemoracion d'Amour : comme celui, pour lequel les hommes font plus
que pour nul autre. C'eſt pour lui que lon
fait des ſerenades, aubades, tournois, combats tant à pié qu'à cheual. En toutes leſquelles eutrepriſes ne ſe treuuent que ieunes
gens amoureus : ou s'ils s'en treuuent autres
meſlez parmi, ceus qui ayment emportent
touſiours le pris, & en remercient les Dames, deſquelles ils ont porté les faueurs. Là
auſſi ſe raporteront les Comedies, Tragedies, Ieux, Montres, Maſques, Moreſques.
Dequoy allege un voyageur ſon trauail, que

lui cauſe le long chemin , qu'en chantant
quelque chanſon d'Amour, ou eſcoutant de
ſon compagnon quelque conte & fortune
amoureuſe ? L'un loue le bon traitement de
s'amie : l'autre ſe pleint de la cruauté de la
ſienne. Et mile accidens, qui interuiennent
en amours : lettres deſcouuertes , mauuais
raports , quelque voiſine ialouſe , quelque
mari qui reuient plus tot que lon ne voudroit : quelquefois s'aperceuant de ce qui ſe
fait : quelquefois n'en croyant rien , ſe fiant
ſur la preudhommie de ſa femme : & à fois
eſchaper un ſouſpir auec un changement de
parler: puis force excuſes. Brief, le plus grand
plaiſir qui ſoit apres amour, c'eſt d'en parler.
Ainſi paſſoit ſon chemin Apulee , quelque
Filozofe qu'il fuſt. Ainſi prennent les plus ſeueres hommes plaiſir d'ouir parler de ces
propos , encores qu'ils ne le veuillent con-
feſſer. Mais qui fait tant de Poëtes au monde en toutes langues ? n'eſt ce pas Amour?
lequel ſemble eſtre le ſuget, duquel tous Poëtes veulent parler. Et qui me fait atribuer la
poëſie à Amour : ou dire , pour le moins,
qu'elle eſt bien aydec & entretenue par ſon
moyen ? c'eſt qu'incontinent que les hom-

mes

mes commencent d'aymer, ils eſcriuét vers.
Et ceus qui ont eſté excellens Poëtes, ou en
ont tout rempli leurs liures, ou, quelque autre ſuget qu'ils ayent pris, n'ont oſé toutefois acheuer leur euure ſans en faire honorable mencion. Orphee, Muſee, Homere, Line, Alcee, Saphon, & autres Poëtes & Filozofes : comme Platon, & celui qui ha ù le
nom de Sage, ha deſcrit ſes plus hautes concepcions en forme d'amourettes. Et pluſieurs autres eſcriueins voulans deſcrire autres inuencions, les ont cachees ſous ſemblables propos. C'eſt Cupidon qui ha gaigné ce point, qu'il faut que chacun chante
ou ſes paſſions, ou celles d'autrui, ou couure
ſes diſcours d'Amour, ſachant qu'il n'y ha
rien, qui le puiſſe faire mieus eſtre reçu. Oui-
de ha touſiours dit qu'il aymoit. Petrarque
en ſon langage ha fait ſa ſeule afeccion apro
cher à la gloire de celui, qui ha repreſenté
toutes les paſſions, coutumes, façons, & natures de tous les hommes, qui eſt Homere.
Qu'a iamais mieus chanté Virgile, que les
amours de la Dame de Carthage? ce lieu
ſeroit long, qui voudroit le traiter comme il
meriteroit. Mais il me ſemble qu'il ne ſe

peut nier, que l'Amour ne soit cause aus
hommes de gloire, honneur, proufit, plaisir:
& tel, que sans lui ne se peut commodément
viure. Pource est il estimé entre les humains,
l'honorans & aymans, comme celui qui leur
ha procuré tout bien & plaisir. Ce qui lui ha
esté bié aisé, tant qu'il ha ù ses yeus. Mais auiourdhui, qu'il en est priué, si Folie se mesle
de ses afaires, il est à creindre, & quasi ineui-
table, qu'il ne soit cause d'autant de vilenie,
incommodité, & desplaisir, comme il ha esté
par le passé d'honneur, proufit, & volupté.
Les grans qu'Amour contreingnoit aymer
les petis & les sugetz qui estoient sous eus,
changeront en sorte qu'ils n'aymeront plus
que ceus dont ils en penseront tirer seruice.
Les petis, qui aymoient leurs Princes & Signeurs, les aymeront seulement pour faire
leurs besongnes, en esperance de se retirer
quand ils seront pleins. Car ou Amour voudra faire cette harmonie entre les hautes &
basses personnes, Folie se trouuera pres, qui
l'empeschera : & encore es lieus ou il se sera
ataché. Quelque bon & innocent qu'il soit,
Folie lui meslera de son naturel : tellement
que ceus qui aymeront, feront tousiours

quelq

quelque tour de fol. Et plus les amitiez feront eftroites , plus s'y trouuera il de defor-
dre quand Folie s'y mettra. Il retournera
plus d'une Semiramis , plus d'une Biblis,
d'une Mirrha, d'une Canace, d'une Phedra.
Il n'y aura lieu faint au monde. Les hauts
murs & treilliz garderont mal les Veftales.
La vieilleffe tournera fon venerable & pa-
ternel amour,en fols & iuuenils defirs.Hon-
te fe perdra du tout. Il n'y aura difcrecion
entre noble,païfant, infidele, ou More, Dame, maitreffe, feruante. Les parties feront fi
inegales, que les belles ne rencontreront les
beaus,ains feront coniointes le plus fouuent
auec leurs diffemblables. Grands Dames aymeront quelquefois ceus dont ne daigne-
roient eftre feruies. Les gens d'efprit s'abu-
feront autour des plus laides. Et quand les
poures & loyaus amans auront langui de
l'amour de quelque belle : lors Folie fera
iouir quelque auolé en moins d'une heure
du bien ou l'autre n'aura pù ateindre.Ie laiffe les noifes & quereiles, qu'elle dreffera par
tout, dont s'en enfuiura bleffures, outrages,
& meurtres. Et ay belle peur, qu'au lieu, ou
Amour ha inuenté tant de fciences, & pro-

duit tant de bien, qu'elle n'ameine auec foy
quelque grãde oifiueté acompagnee d'ignorance : qu'elle n'empefche les ieunes gens
de fuiure les armes & de faire feruice à leur
Prince : ou de vaquer à eftudes honorables:
qu'elle ne leur mefle leur amour de paroles
deteftables, chanfons trop vileines, iuron-
gnerie & gourmandife : qu'elle ne leur fu-
fcite mile maladies, & mette en infiniz dangers de leurs perfonnes. Car il n'y ha point
de plus dangereufe compagnie que de Folie. Voila les maus, qui font à creindre, fi Folie fe trouue autour d'Amour. Et s'il auenoit
que cette mefchãte le vouluft empefcher ça
haut, que Venus ne vouluft plus rendre un
dous afpect auec nous autres, que Mercure
ne vouluft plus entretenir nos alliances,
quelle confufion y auroit il ? Mais i'ay promis ne parler que de ce qui fe fait en terre.
Or donq, Iupiter, qui t'apele pere des hommes, qui leur es auteur de tout bien, leur
donnes la pluie quand elle eft requife, fei-
ches l'humidité fuperabondante : confidere
ces maus qui font preparez aus hommes,
fi Folie n'eft feparee d'Amour. Laiffe Amour
fe refiouir en paix entre les hommes : qu'il
　　　　　　　　　　　　　　　　foit

foit loifible à un chacun de conuerfer priué-
ment & domeftiquement les perfonnes qu'il
aymera, fans que perfonne en ait creinte ou
foupfon : que les nuits ne chaffent, fous pre-
texte des mauuaifes langues, l'ami de la maifon de s'amie : que lon puiffe mener la femme de fon ami, voifin, parent, ou bon fem-
blera, en telle feurté que l'honneur de l'un
ou l'autre n'en foit en rien ofensé. Et à ce
que perfonne n'ait plus mal en tefte, quand
il verra telles priuautez, fais publier par toute la Terre, non à fon de trompe ou par ata-
ches mifes aus portes des temples, mais en
metant au cœur de tous ceus qui regarde-
ront les Amans, qu'il n'eft poffible qu'ils
vouſiffent faire ou penfer quelque Folie.
Ainfi auras tu mis tel ordre au fait auenu,
que les hommes auront ocafion de te louer
& magnifier plus que iamais, & feras beaucoup pour toy & pour nous. Car tu nous
auras deliurez d'une infinité de pleintes, qui
autrement nous feront faites par les hommes, des efclandres que Folie amoureufe fera au monde. Ou bien fi tu aymes mieus remettre les chofes en l'eftat qu'elles eftoient,
contreins les Parques & Deftinees (fi tu y

as

as quelque pouuoir) de retourner leurs fufeaus, & faire en forte qu'à ton commandement,& à ma priere,& pour l'amour de Venus, que tu as iufques ici tant cherie & aymee, & pour les plaifirs & contentemens
que tous tant que nous fommes,auons reçuz
& receuons d'Amour, elles ordonnent, que
les yeus feront rendus à Cupidon,& la bande otee:à ce que le puiffions voir encore un
coup en fon bel & naïf eftre, piteus de tous
les cotez dont on le fauroit regarder, &
riant d'un feulement. O Parques, ne foyez
à ce coup inexorables que lon ne die que
vos fufeaus ont efté miniftres de la cruelle
vengeance de Folie. Ceci n'empefchera
point la fuite des chofes à venir.Iupiter com-
pofera tous ces trois iours en un, comme il
fit les trois nuits, qu'il fut auec Alcmene.
Ie vous apelle, vous autres Dieus, & vous
Deeffes, qui tant auez porté & portez
d'honneur à Venus. Voici l'endroit ou lui
pouuez rendre les faueurs que d'elle auez
reçues. Mais de qui plus dois ie efperer,que
de toy, Iupiter? laifferas tu plorer en vain la
plus belle des Deeffes? n'auras tu pitié de
l'angoiffe qu'endure ce poure enfant dine de
meil

meilleure fortune ? Aurons nous perdu nos
veuz & prieres? Si celles des hommes te peu
uent forcer , & t'ont fait plusieursfois tomber des mains, sans mal faire , la foudre que
tu auois contre eus preparee : quel pouuoir
auront les notres , ausquels as communiqué
ta puissance & autorité ? Et te prians pour
personnes , pour lesquelles toymesme (si tu
ne tenois le lieu de commander) prierois
volontiers : & en la faueur desquelles (si ie
puis sauoir quelque secret des choses futures) feras , possible , apres certeines reuolu-
cions, plus que ne demandons, assugetissant
à perpetuité Folie à Amour, & le faisant plus
cler voyant que nul autre des Dieus. I'ay dit.

*Incontinent qu'Apolon ut fini son acusacion, toute
la compagnie des Dieus par un fremissement, se
montra auoir compassion de la belle Deesse là presente, & de Cupidon son fils. Et ussent volontiers
tout sur l'heure condamné la Deesse Folie: Quand
l'equitable Iupiter par une magesté Imperiale
leur commanda silence , pour ouir la defense de
Folie enchargee à Mercure , lequel commença à
parler ainsi:*

MERCVRE.   N'atendez point , Iupiter, & vous autres Dieus inmortels , que ie
commence mon oraison par excuses (com-
                                        me

me quelquefois font les Orateurs, qui creingnent eftre blamez, quand ils foutiennent
des caufes apertemét mauuaifes,)de ce qu'ay
pris en main la defenfe de Folie, & mefmes
contre Cupidon, auquel ay en plufieurs endrois porté tant d'obeïffance, qu'il auroit
raifon de m'eftimer tout fien : & ay tant aymé la mere, que n'ay iamais efpargné mes
allees & venues, tant qu'ay pensé lui faire quelque chofe agreable. La caufe, que ie
defens, eft fi iufte, que ceus mefmes qui ont
parlé au contraire, apres m'auoir ouy, changeront d'opinion. L'iffue du diferent, comme i'efpere, fera telle, que mefme Amour
quelque iour me remercira de ce feruice, que
contre lui ie fay à Folie. Cette queftion eft
entre deus amis, qui ne font pas fi outrez
l'un enuers l'autre, que quelque matin ne fe
puiffent reconciliér, & prendre plaifir l'un
de l'autre, comme au parauant. Si à l'apetit
de l'un, vous chaffez l'autre, quand ce defir
de vengeance fera pafsé (laquelle incontinent qu'elle eft acheuee commence à def-
plaire:)fi vous ordonnez quelque cas contre
Folie, Amour en aura le premier regret. Et
n'eftoit cette ancienne amitié & aliance de
ces

ces deus, meintenant auerſaires, qui les faiſoit ſi uniz & conioins, que iamais n'auez
fait faueur à l'un, que l'autre ne s'en ſoit ſenti : ie me deſierois bien que puſſiez donner
bon ordre ſur ce diferent, ayans tous ſuiui
Amour fors Pallas : laquelle eſtant ennemie
capitale de Folie, ne ſeroit raiſon qu'elle vouluſt iuger ſa cauſe. Et touteſois n'eſt Folie ſi
inconnue ceans, qu'elle ne ſe reſſente d'auoir
ſouuentefois eſté la bien venue, vous aportant touſiours auec ſa troupe quelques cas
de nouueau pour rendre vos banquets &
feſtins plus plaiſans. Et penſe que tous ceus
de vous, qui ont aymé, ont auſſi bonne ſouuenance d'elle, que de Cupidon meſme.
Dauantage elle vous croit tous ſi equitables
& raiſonnables, qu'encore que ce fait fuſt le
votre propre, ſi n'en feriez vous que la raiſon.
I'ay trois choſes à faire. Defendre la teſte de
Folie, contre laquelle Amour ha iuré : reſpondre aus acuſacions que i'entens eſtre faites à
Folie : & à la demande qu'il fait de ſes yeus.
Apolon, qui ha ſi long tems ouy les cauſeurs
à Romme, ha bien retenu d'eus à conter
touſiours à ſon auantage. Mais Folie, comme
elle eſt touſiours ouuerte, ne veut point que
i'en

i’en diſſimule rien : & ne vous en veut dire
qu’un mot ſans art , ſans fard & ornement
quelconque. Et , à la pure verité , Folie ſe
iouant auec Amour,ha paſſé deuant lui pour
gaigner le deuant , & pour venir plus tot
vous donner plaiſir. Amour eſt entré en co-
lere.Lui & elle ſe ſont pris de paroles.Amour
la taché naurer de ſes armes qu’il portoit.
Folie s’eſt defendue des ſiennes,dont elle ne
s’eſtoit chargee pour bleſſer perſonne , mais
pource que ordinairement elle les porte.Car,
comme vous ſauez , ainſi qu’Amour tire au
cœur , Folie auſſi ſe gette aus yeus & à la
teſte,& n’a autres armes que ſes doits.Amour
ha voulu montrer qu’il auoit puiſſance ſur le
cœur d’elle. Elle lui ha fait connoitre qu’elle
auoit puiſſance de lui oter les yeus. Il ne ſe
pleingnoit que de la deformité de ſon viſa-
ge.Elle eſmue de pitié la lui ha couuert d’une
bande à ce que lon n’aperçuſt deus trous
vuides d’iceus , enlaidiſſans ſa face. On dit
que Folie ha fait double iniure à Amour:pre
mierement, de lui auoir creué les yeus : ſe-
condement,de lui auoir mis ce bandeau.On
exaggere le crime fait à une perſonne aymee
d’une perſonne, dont pluſieurs ont afaire. Il
                                        faut

faut refpondre à ces deus iniures. Quant à
la premiere, Ie dy : que les loix & raifons
humaines ont permis à tous fe defendre
contre ceus qui les voudroient ofenfer, tellement que ce, que chacun fait en fe defen-
dant, eft eftimé bien & iuftemēt fait. Amour
ha efté l'agreffeur. Car combien que Folie
ait premierement parlé à Amour, ce n'eftoit
toutefois pour quereler, mais pour s'esbatre,
& fe iouer à lui. Folie s'eft defendue. Duquel
coté eft le tort? Quand elle lui uft pis fait, ie
ne voy point comment on lui en uft pù rien
demander. Et fi ne voulez croire qu'Amour
ait efté l'agreffeur, interroguez le. Vous verrez qu'il reconnoitra verité. Et n'eft chofe
incroyable en fon endroit de commencer
tels brouilliz. Ce n'eft d'auiourdhui, qu'il ha
efté fi infuportable, quand bon lui ha femblé.
Ne s'ataqua il pas à Mars, qui regardoit Vulcan forgeant des armes, & tout foudein le
bleffa? & n'y ha celui de cette compagnie,
qui n'ait efté quelquefois las d'ouir ces bra-
uades. Folie rit toufiours, ne penfe fi auant
aus chofes, ne marche fi auant pour eftre la
premiere, mais pource qu'elle eft plus pronte
& hatiue. Ie ne fay que fert d'alleguer la cou-
e   tume

tume toleree à Cupidon de tirer de son arc
ou bon lui semble. Car quelle loy ha il plus
de tirer à Folie, que Folie n'a de s'adresser à
Amour ? Il ne lui ha fait mal : neanmoins il
s'en est mis en son plein deuoir. Quel mal
ha fait Folie, rengeant Amour, en sorte qu'il
ne peut plus nuire, si ce n'est d'auenture?
Que se treuue il en eus de capital? y ha il
quelque guet à pens, ports darmes, congre-
gacions illicites, ou autres choses qui puissent tourner au desordre de la Republique?
C'estoit Folie & un enfant, auquel ne falloit
auoir egard. Ie ne say comment te prendre
en cet endroit, Apolon. S'il est si ancien, il
doit auoir apris à estre plus modeste, qu'il
n'est : & s'il est ieune, aussi est Folie ieune, &
fille de Ieunesse. A cette cause, celui qui est
blessé, en doit demeurer là. Et dorenauant
que personne ne se prenne à Folie. Car elle
ha, quand bon lui semblera, dequoy venger
ses iniures : & n'est de si petit lieu, qu'elle
doiue souffrir les ieunesses de Cupidon. Quāt
à la seconde iniure, que Folie lui ha mis vn
bandeau, ceci est vne pure calomnie. Car en
lui bandāt le dessous du frōt, Folie iamais ne
pensa lui agrandir son mal, ou lui oter le remede

mede de guerir. Et quel meilleur témoignage faut il , que de Cupidon mefme? Il ha
trouué bon d'eftre bandé : il ha connu qu'il
auoit efté agrefleur, & que l'iniure proue-
noit de lui : il ha reçu cette faueur de Folie.
Mais il ne fauoit pas qu'il fuft de tel pouuoir. Et quand il uft sù, que lui uft nuy de le
prendre? Il ne lui deuoit iamais eftre oté:par
confequent donq ne lui deuoient eftre fes
yeus rendus. Si fes yeus ne lui deuoient eftre
rendus , que lui nuit le bandeau? Que bien
tu te montres ingrat à ce coup, fils de Venus, quand tu calomnies le bon vouloir que
t'ay porté , & interpretes à mal ce que ie
t'ay fay pour bien. Pour agrauer le fait, on
dit que c'eftoit en lieu de franchife. Aufli
eftoit ce en lieu de franchife , qu'Amour
auoit aflailli. Les autels & temples ne font
inuentez à ce qu'il foit loifible aus mefchans
d'y tuer les bons, mais pour fauuer les infor-
tunez de la fureur du peuple , ou du courrous d'un Prince. Mais celui qui pollue la
franchife,n'en doit il perdre le fruit? S'il uft
bien fuccedé à Amour,comme il vouloit, &
uft blefsé cette Dame , ie croy qu'il n'uft pas
voulu que lon lui uft imputé ceci. Le fem-

blable faut qu'il treuue bon en autrui. Folie
m'a defendu que ne la fiſſe miſerable, que ne
vous ſupliaſſe pour lui pardonner, ſi faute y
auoit:m'a defendu le plorer, n'embraſſer vos
genous, vous adiurer par les gracieus yeus,
que quelquefois auez trouuez agreables ue-
nans d'elle , ny amener ſes parens , enfans,
amis, pour vous eſmouuoir à pitié. Elle vous
demande ce que ne lui pouuez refuſer, qu'il
ſoit dit : qu'Amour par ſa faute meſme eſt
deuenu aueugle. Le ſecond point qu'Apolon ha touché, c'eſt qu'il veut eſtre faites defenſes à Folie de n'aprocher dorenauant
Amour de cent pas à la ronde. Et ha fondé
ſa raiſon ſur ce, qu'eſtant en honneur & reputacion entre les hommes , leur cauſant
beaucoup de bien & plaiſirs, ſi Folie y eſtoit
meſlee, tout tourneroit au contraire. Mon
intencion ſera de montrer qu'en tout celà
Folie n'eſt rien inferieure à Amour, & qu'A-
mour ne ſeroit rien ſans elle: & ne peut eſtre,
& regner ſans ſon ayde. Et pource qu'Amour
ha commencé à montrer ſa grandeur par
ſon ancienneté, ie feray le ſemblable: & vous
prieray reduire en memoire comme incontinent que l'homme fut mis ſur terre, il commença

mença sa vie par Folie : & depuis ses successeurs ont si bien continué, que iamais Dame n'ut tant bon credit au monde. Vray est
qu'au commencement les hommes ne faisoient point de hautes folies, aussi n'auoient
ils encores aucuns exemples deuant eus.
Mais leur folie estoit à courir l'un apres l'autre : à monter sus un arbre pour voir de plus
loin : rouler en la vallee : à menger tout leur
fruit en un coup : tellement que l'hiuer n'a-
uoient que menger. Petit à petit ha cru Folie auec le tems. Les plus esuentez d'entre
eus, ou pour auoir rescous des loups & autres bestes sauuages , les brebis de leurs voisins & compagnons, ou pour auoir defendu
quelcun d'estre outragé , ou pource qu'ils se
sentoient ou plus forts,ou plus beaus,se sont
fait couronner Rois de quelque feuillage de
Chesne. Et croissant l'ambicion , non des
Rois, qui gardoient fort bien en ce tems les
Moutons,Beufs, Truies & Asnesses, mais de
quelques mauuais garnimens qui les sui-
uoient,leur viure ha esté separé du commun.
Il ha fallu que les viandes fussent plus deli-
cates, l'habillement plus magnifique. Si les
autres usoient de laiton, ils ont cherché un

metal plus precieus, qui eſt l'or. Ou l'or eſtoit
commun, ils l'ont enrichi de Perles, Rubis,
Diamans, & de toutes ſortes de pierreries.
Et, ou eſt la plus grand' Folie, ſi le commun
ha ù une loy, les grans en ont pris d'autres
pour eus. Ce qu'ils ont eſtimé n'eſtre licite
aus autres, ſe le ſont penſé eſtre permis. Folie ha premierement mis en teſte à quelcun
de ſe faire creindre : Folie ha fait les autres
obeïr. Folie ha inuenté toute l'excellence,
magnificence & grandeur, qui depuis à cette cauſe s'en eſt enſuiuie.Et neanmoins qui
ha il plus venerable entre les hommes, que
ceus qui commandent aus autres? Toymeſme, Iupiter, les apelles paſteurs de Peuples:
veus qu'il leur ſoit obeï ſous peine de la vie:
& neanmoins l'origine eſt venue par cette
Dame. Mais ainſi que touſiours as acoutumé faire, tu as conuerti à bien ce que les
hommes auoient inuenté à mal. Mais, pour
retourner à mon propos, quels hommes ſont
plus honorez que les fols? Qui fut plus fol
qu'Alexandre, qui ſe ſentant ſoufrir faim,
ſoif, & quelquefois ne pouuant cacher ſon
vin, ſuget à eſtre malade & bleſſé, neanmoins ſe faiſoit adorer comme Dieu? Et
                                    quel

quel nom eſt plus celebre entre les Rois:
quelles gens ont eſté pour un tems en plus
grande reputacion, que les Filozofes? Si en
trouuerez vous peu, qui n'ayent eſté abruuez
de Folie. Combien penſez vous qu'elle ait
de fois remué le cerueau de Chryſippe? Ari-
ſtote ne mourut il de dueil, comme un fol,
ne pouuant entendre la cauſe du flus & re-
flus de l'Euripe? Crate, getant ſon treſor en
la mer, ne fit il un ſage tour? Empedocle qui
ſe fuſt fait immortel ſans ſes ſabots d'erain,
en auoit il ce qui lui en failloit? Diogene
auec ſon tonneau: & Ariſtippe qui ſe pen-
ſoit grand Filozofe, ſe ſachant bien ouy d'un
grand Signeur, eſtoient ils ſages? Ie croy qui
regarderoit bien auant leurs opinions, que
lon les trouueroit auſſi crues, comme leurs
cerueaus eſtoient mal faits. Combien y ha il
d'autres ſciences au monde, leſquelles ne
ſont que pure reſuerie? encore que ceus qui
en font profeſſions, ſoient eſtimez grans per-
ſonnages entre les hommes? Ceus qui font
des maiſons au Ciel, ces geteurs de points,
faiſeurs de characteres, & autres ſemblables,
ne doiuent ils eſtre mis en ce reng? N'eſt à
eſtimer cette fole curioſité de meſurer le
Ciel,

Ciel, les Eſtoiles, les Mers, la Terre, conſu-
mer ſon tems à conter, getter, aprendre mile
petites queſtions, qui de ſoy ſont foles : mais
neanmoins reſiouiſſent l'eſprit : le ſont apa-
roir grand & ſubtil autant que ſi c'eſtoit en
quelque cas d'importance. Ie n'aurois iamais fait, ſi ie uoulois raconter combien
d'honneur & de reputacion tous les iours ſe
donne à cette Dame, de laquelle vous dites
tant de mal. Mais pour le dire en un mot:
Mettez moy au monde un homme totalement ſage d'un coté, & un fol de l'autre : &
prenez garde lequel ſera plus eſtimé. Mon-
ſieur le ſage atendra que lon le prie, & de-
meurera auec ſa ſageſſe tout ſeul, ſans que
lon l'apelle à gouuerner les Viles, ſans que
lon l'apelle en conſeil : il voudra eſcouter, aller poſément ou il ſera mandé:& on ha afaire de gens qui ſoient pronts & diligens, qui
faillent plus tot que demeurer en chemin.
Il aura tout loiſir d'aller planter des chous.
Le fol ira tant & viendra, en donnera tant à
tort & à trauers, qu'il rencontrera en fin
quelque cerueau pareil au ſien qui le pouſ-
ſera:& ſe fera eſtimer grand homme. Le fol
ſe mettra entre dix mile harquebuzades, &
　　　　　　　　　　　　　poſſib

poſſible en eſchapera : il ſera eſtimé , loué,
priſé, ſuiui d'un chacun. Il dreſſera quelque
entrepriſe eſceruelee, de laquelle s'il retour-
ne, il ſera mis iuſques au ciel. Et trouuerez
vray, en ſomme, que pour un homme ſage,
dont on parlera au monde, y en aura dix mile folſ qui ſeront à la vogue du peuple. Ne
vous ſufit il de ceci ? aſſembleráy ie les maus
qui ſeroient au monde ſans Folie, & les com
moditez qui prouiennɇ̃t d'elle? Que dureroit
meſme le monde, ſi elle n'empeſchoit q̃ lon
ne preuit les facheries & hazars qui ſont en
mariage? Elle empeſche q̃ lon ne les voye &
les cache: à fin que le monde ſe peuple touſiours à la maniere acoutumee. Combien du-
reroient peu aucuns mariages, ſi la ſottiſe des
hommes ou des femmes laiſſoit voir les vices qui y ſont? Qui uſt trauerſé les mers,
ſans auoir Folie pour guide ? ſe commettre
à la miſericorde des vents, des vagues, des
bancs, & rochers, perdre la terre de vüë , aller par voyes inconnues, trafiquer auec gens
barbares & inhumains, dont eſt il premierement venu, que de Folie ? Et toutefois par
là , ſont communiquees les richeſſes d'un
païs à autre, les ſciences , les façons de faire,

e ſ   & ha

& ha esté connue la terre , les proprietez , &
natures des herbes,pierres & animaus. Quelle folie fust ce d'aller sous terre chercher le
fer & l'or ? combien de mestiers faudroit il
chasser du monde, si Folie en estoit bannie?
la plus part des hommes mourroiét de faim:
Dequoy viuroient tant d'Auocats , Procu-
reurs, Greffiers, Sergens,Iuges, Menestriers,
Farseurs, Parfumeurs , Brodeurs, & dix mile
autres mestiers ? Et pource qu'Amour s'est
voulu munir, tant qu'il ha pù , de la faueur
d'un chacun,pour faire trouuer mauuais que
par moy seule il ait reçu quelque infortune,
c'et bien raison qu'apres auoir ouy toutes ses
vanteries, ie lui conte à la verité de mon
fait. Le plaisir, qui prouient d'Amour , consiste quelquefois ou en une seule personne,
ou bien, pour le plus , en deus, qui sont, l'a-
mant & l'amie.Mais le plaisir que Folie donne, n'a si petites bornes. D'un mesme passetems elle fera rire une grande compagnie.
Autrefois elle fera rire un homme seul de
quelque pensee, qui sera venue donner à la
trauerse. Le plaisir que donne Amour , est
caché & secret : celui de Folie se commu-
nique à tout le monde. Il est si recreatif, que
le

le seul nom esgaie une personne. Qui verra
un homme enfariné auec une bosse derriere
entrer en salle, ayant une contenance de fol,
ne rira il incontinent? Que lon nomme
quelque fol insigne, vous verrez qu'à ce nom
quelcun se resiouira, & ne pourra tenir le rire. Tous autres actes de Folie sont tels, que
lon ne peut en parler sans sentir au cœur
quelque allegresse, qui desfache un homme
& le prouoque à rire. Au contraire, les choses sages & bien composees, nous tiennent
premierement en admiracion: puis nous sou
lent & ennuient. Et ne nous feront tant de
bien, quelques grandes que soient & ceri-
monieuses, les assemblees des grans Signeurs
& sages, que fera quelque folatre compagnie
de ieunes gens deliberez, & qui n'auront ensemble nul respet & consideracion. Seulement icelle voir, resueille les esprits de l'ame,
& les rend plus dispos à faire leurs naturelles
operacions: Ou, quand on sort de ces sages
assemblees, la teste fait mal: on est las tant
d'esprit que de corps, encore que lon ne soit
bougé de sus une sellette. Toutefois, ne faut
estimer que les actes de Folie soient tousiours
ainsi legers comme le saut des Bergers, qu'ils
                                            sont

font pour l'amour de leurs amies:ny auſſi deliberez comme les petites gayetez des Satires.:ou comme les petites ruſes que font les
Paſtourelles, quand elles font tomber ceus
qui paſſent deuant elles, leur donnant par
derriere la iambette,ou leur chatouillant leur
ſommeil auec quelque branche de cheſne.
Elle en ha , qui ſont plus ſeueres , faits auec
grande premeditacion , auec grand artifice,
& par les eſprits plus ingenieus. Telles ſont
les Tragedies que les garçons des vilages
premierement inuenterent:puis furent auec
plus heureus ſoin aportees es viles. Les
Comedies ont de là pris leur ſource.La ſalta-
cion n'a ù autre origine : qui eſt une repre-
ſentacion faite ſi au vif de pluſieurs & diuerſes hiſtoires, que celui , qui n'oit la voix des
chantres , qui acompagnent les mines du
ioueur,entent toutefois non ſeulement l'hiſtoire , mais les paſſions & mouuemens : &
penſe entendre les paroles qui ſont conue-
nables & propres en tels actes : &, comme
diſoit quelcun , leurs piez & mains parlans.
Les Bouffons qui courent le monde,en tiennent quelque choſe. Qui me pourra dire,
s'il y ha choſe plus fole , que les anciennes
fables

fables contenues es Tragedies,Comedies,&
Saltacions? Et comment se peuuent exem-
pter d'estre nommez fols, ceus qui les repre-
sentent, ayans pris , & prenans tant de peines à se faire sembler autres qu'ils ne sont?Est
il besoin reciter les autres passetems, qu'a
inuentez Folie pour garder les hommes de
languir en oisiueté ? N'a elle fait faire les
somptueus Palais, Theatres, & Amphithea-
tres de magnificence incroyable , pour laisser témoignage de quelle sorte de folie chacun en son tems s'esbatoit? N'a elle esté in-
uentrice des Gladiateurs,Luiteurs, & Athle-
tes? N'a elle donné la hardiesse & dexterité
telle à l'homme, que d'oser,& pouuoir combatre sans armes un Lion, sans autre necessi-
té ou atente , que pour estre en la grace &
faueur du peuple? Tant y en ha qui assail-
lent les Taureaus,Sangliers, & autres bestes,
pour auoir l'honneur de passer les autres en
folie : qui est un combat, qui dure non seulement entre ceus qui viuent de mesme
tems, mais des successeurs auec leurs predecesseurs. N'estoit ce un plaisant côbat d'Antoine auec Cleopatra , à qui dépendroit le
plus en un festin? Et tout celà seroit peu , si
les

les hommes ne trouuans en ce monde plus
fols qu'eus, ne dreſſoient querelle contre les
morts. Ceſar ſe fachoit qu'il n'auoit encore
commencé à troubler le monde en l'aage,
qu'Alexandre le grand en auoit vaincu une
grande partie. Combien Luculle & autres,
ont ils laiſſé d'imitateurs, qui ont taché à les
paſſer, ſoit à traiter les hommes en grand
apareil, à amonceler les plaines, aplanir les
montaignes,ſeicher les lacs,mettre ponts ſur
les mers (comme Claude Empereur) faire
Coloſſes de bronze & pierre, arcs trionfans,
Pyramides? Et de cette magnifique folie en
demeure un long tems grand plaiſir entre
les hommes, qui ſe deſtournent de leur chemin, font voyages expres,pour auoir le contentement de ces vieilles folies. En ſomme,
ſans cette bonne Dame l'homme ſeicheroit
& ſeroit lourd, malplaiſant & ſongeart.Mais
Folie lui eſueille l'eſprit, fait chanter,danſer,
ſauter, habiller en mile façons nouuelles,leſ-
quelles changent de demi an en demi an,
auec touſiours quelque aparence de raiſon,
& pour quelque commodité. Si lon inuente
un habit ioint & rond, on dit qu'il eſt plus
ſeant & propre : quand il eſt ample & large,

ge,plus honneſte. Et pour ces petites folies,
& inuencions, qui ſont tant en habillemens
qu'en contenances & façons de faire, l'homme en eſt mieus venu, & plus agreable aus
Dames. Et comme i'ay dit des hommes,
il y aura grand' diference entre le recueil
que trouuera un fol, & un ſage. Le ſage ſera
laiſſé ſur les liures, ou auec quelques anciennes matrones à deuiſer de la diſſolucion des
habits, des maladies qui courent, ou à de-
meſler quelque longue genealogie. Les ieunes Dames ne ceſſerõt qu'elles n'ayẽt en leur
compagnie ce gay & ioly cerueau. Et combien qu'il en pouſſe l'une, pinſe l'autre,
deſcoiffe, leue la cotte, & leur face mile maus:
ſi le chercheront elles touſiours. Et quand
ce viendra à faire comparaiſon des deus, le
ſage ſera loué d'elles, mais le fol iouira du
fruit de leurs priuautez. Vous verrez les Sages meſmes, encore qu'il ſoit dit que lon
cherche ſon ſemblable, tomber de ce coté.
Quand ils feront quelq̃ aſſemblee, touſiours
donneront charge que les plus fols y ſoient,
n'eſtimant pouuoir eſtre bonne compagnie,
s'il n'y ha quelque fol pour reſueiller les autres. Et combien qu'ils s'excuſent ſur les fem-
                                          mes

mes & ieunes gens, si ne peuuent ils diffimu-
ler le plaisir qu'ils y prennent, s'adressans
tousiours à eus, & leur faisant visage plus
riant, qu'aus autres. Que te semble de Folie, Iupiter? Est elle telle, qu'il la faille ense-
uelir sous le mont Gibel, ou exposer au lieu
de Promethee, sur le mont de Caucase? Est
il raisonnable la priuer de toutes bonnes
compagnies, ou Amour sachant qu'elle sera,
pour la facher y viendra, & conuiendra que
Folie, qui n'est rien moins qu'Amour, lui
quitte la place? S'il ne veut estre auec Folie,
qu'il se garde de s'y trouuer. Mais que cette
peine, de ne s'assembler point, tombe sur elle, ce n'est raison. Quel propos y auroit il,
qu'elle ust rendu une compagnie gaie & de-
liberee, & que sur ce bon point la falluft des-
loger? Encore s'il demandoit que le premier
qui auroit pris la place, ne fust empesché par
l'autre, & q ce fust au premier venu, il y auroit
quelque raison. Mais ie lui montreray que
iamais Amour ne fut sans la fille de Ieunesse,
& ne peut estre autrement: & le grand dommage d'Amour, s'il auoit ce qu'il demande.
Mais c'est une petite colere, qui lui ronge le
cerueau, qui lui fait auoir ces estranges afec-
                                             cions.

cions : lefquelles cefferont quand il fera un
peu refroidi. Et pour commencer à la belle
premiere naiſſance d'Amour , qui ha il plus
defpouruu de fens , que la perſonne à la
moindre ocaſion du mõde viẽne en Amour,
en receuant une pomme comme Cydipee?
en liſanr un liure, comme la Dame Franciſ-
que de Rimini ? en voyant, en paſſant, ſe
rende ſi tot ſerue & eſclaue , & conçoiue eſperance de quelque grand bien ſans ſauoir
s'il en y ha? Dire que c'eſt la force de l'œil
de la choſe aymee , & que de là ſort une ſu-
tile euaporacion, ou ſang, que nos yeus re-
çoiuent, & entre iuſques au cœur : ou, comme pour loger un nouuel hôſte , faut pour
lui trouuer ſa place,mettre tout en deſordre.
Ie ſay que chacun le dit : mais s'il eſt vray,
i'en doute.Car pluſieurs ont aymé ſans auoir
ù cette ocaſion, comme le ieune Gnidien,
qui ayma l'euure fait par Praxitelle. Quelle
influxion pouuoit il receuoir d'un œil mar-
brin ? Quelle ſympathie y auoit il de ſon
naturel chaud & ardent pàr trop , auec une
froide & morte pierre ? Qu'eſt ce donq qui
l'enflammoit? Folie, qui eſtoit logee en ſon
eſprit. Tel ſeu eſtoit celui de Narciſſe. Son

f   œil

œil ne receuoit pas le pur fang & futil de fon cœur mefme : mais la fole imaginacion du beau pourtrait, qu'il voyoit en la fontei-ne, le tourmentoit. Exprimez tant que vou-drez la force d'un œil : faites le tirer mile traits par iour : n'oubliez qu'une ligne qui paffe par le milieu, iointe auec le fourcil, eft un vray arc : que ce petit humide, que lon voit luire au milieu, eft le trait preft à partir: fi eft ce que toutes ces flefches n'iront en au-tres cœurs, que ceus que Folie aura prepa-rez. Que tant de grans perfonnages, qui ont efté & font de prefent, ne s'eftiment eftre iniuriez, fi pour auoir aymé ie les nomme fols. Qu'ils fe prennent à leurs Filozofes, qui ont eftimé Folie eftre priuacion de fagef-fe, & fageffe eftre fans paffions : defquelles Amour ne fera non plus tot deftitué, que la Mer d'ondes & vagues : vray eft, qu'aucuns diffimulét mieus leur paffion: & s'ils s'en trou uent mal, c'eft une autre efpece de Folie. Mais ceus qui montrent leurs afeccions eftans plus grandes que les fecrets de leurs poitrines, vous rendront & exprimeront une fi viue image de Folie, qu'Apelle ne la fauroit mieus tirer au vif. Ie vous prie ima-giner

giner un ieune homme, n'ayant grand afaire,qu'à fe faire aymer : pigné,miré, tiré,par-
fumé : fe penfant valoir quelque chofe, for-
tir de fa maifon le cerueau embrouillé de
mile confideracions amoureufes : ayant dif-
couru mile bons heurs , qui pafferont bien
loin des cotes :ffuiui de pages & laquais ha-
billez de quelque liuree reprefentant quelque trauail, fermeté , & efperance : & en
cette forte viendra trouuer fa Dame à l'Egli-
fe : autre plaifir n'aura qu'à geter force œil-
lades,& faire quelque reuerence en paffant.
Et que fert ce feul regard ? Que ne va il en
mafque pour plus librement parler ? Là fe
fait quelque habitude , mais auec fi peu de
demontrance du coté de la Dame, que rien
moins. A la longue il vient quelque priuauté : mais il ne faut encore rien entreprendre,
qu'il n'y ait plus de familiarité. Car lors on
n'ofe refufer d'ouir tous les propos des hommes,foient bons ou mauuais. On ne creint
ce que lon ha acoutumé voir.On prent plaifir à difputer les demandes des pourfuiuans.
Il leur femble que la place qui parlemente,
eft demi gaignee. Mais s'il auient,que,com-
me les femmes prennent volontiers plaifir à

voir debatre les hommes, elles leur ferment
quelquefois rudement la porte , & ne les
apellent à leurs petites priuautez , comme elles ſouloient, voilà mon homme auſſi
loin de ſon but comme n'a gueres s'en pen-
ſoit pres. Ce ſera à recommencer. Il faudra trouuer le moyen de ſe faire prier d'a-
compagner ſa Dame en quelque Egliſe, aus
ieus, & autres aſſemblees publiques. Et ce
pendant expliquer ſes paſſions par ſoupirs
& paroles tremblantes : redire cent fois une
meſme choſe : proteſter, iurer , promettre à
celle qui poſſible ne s'en ſoucie, & eſt tournee ailleurs & promiſe. Il me ſemble que
ſeroit folie parler des ſottes & plaiſantes
Amours vilageoiſes : marcher ſur le bout du
pié, ſerrer le petit doit : apres que lon ha
bien bu, eſcrire ſur le bout de la table auec
du vin , & entrelaſſer ſon nom & celui de
s'amie : la mener premiere à la danſe, & la
tourmenter tout un iour au Soleil. Et encore ceus, qui par longues alliances, ou par entrees ont pratiqué le moyen de voir leur
amie en leur maiſon , ou de leur voiſin , ne
viennent en ſi eſtrange folie, que ceus qui
n'ont faueur d'elles qu'aus lieus publiques
& feſt

& feftins : qui de cent foupirs n'en peuuent
faire connoitre plus d'un ou deus le mois:
& neanmoins penfent que leurs amies les
doiuent tous conter. Il faut auoir toufiours
pages aus efcoutes, fauoir qui va, qui vient,
corrompre des chambrieres à beaus deniers,
perdre tout un iour pour voir paffer Madame par la rue, & pour toute remuneracion,
auoir un petit adieu auec quelque fouzris,
qui le fera retourner chez foy plus content,
que quand Vlyffe vid la fumee de fon Itaque.
Il vole de ioye : il embraffe l'un, puis l'autre:
chante vers : compofe , fait s'amie la plus
belle qui foit au monde , combien que poffible foit laide.Et fi de fortune furuient quelque ialoufie , comme il auient le plus fouuent, on ne rit, on ne chante plus : on deuient penfif & morne : on connoit fes vices
& fautes : on admire celui que lon penfe
eftre aymé : on parangonne fa beauté , grace, richeffe, auec celui duquel on eft ialous:
puis foudein on le vient à defprifer : qu'il
n'eft poffible , eftant de fi mauuaife grace,
qu'il foit aymé : qu'il eft impoffible qu'il face
tant fon deuoir que nous, qui languiffons,
mourons,brulons d'Amour.On fe pleint,on
f 3   apelle

apelle s'amie cruelle, variable : lon se lamente de son malheur & destinee. Elle n'en
fait que rire, ou lui fait acroire qu'à tort il se
pleint : on trouue mauuaises ses querelles,
qui ne viennent que d'un cœur soupson-
neus & ialous : & qu'il est bien loin de son
conte : & qu'autant lui est de l'un que de
l'autre. Et lors ie vous laisse penser qui ha du
meilleur. Lors il faut connoitre que lon ha
failli par bien seruir , par masques magnifiques, par deuises bien inuentees, festins, banquets. Si la commodité se trouue, faut se faire paroitre par dessus celui dont on est ialous. Il faut se montrer liberal : faire present
quelquefois de plus que lon n'a : incontinent
qu'on s'aperçoit que lon souhaite quelque
chose, l'enuoyer tout soudein, encores qu'on
n'en soit requis : & iamais ne confesser que
lon soit poure. Car c'est une tresmauuaise
compagne d'Amour, que Poureté : laquelle
estant suruenue , on connoit sa folie, & lon
s'en retire à tard. Ie croy que ne voudriez
point ressembler encore à cet Amoureus,
qui n'en ha que le nom. Mais prenons le cas
que lon lui rie, qu'il y ait quelque recipro-
que amitié, qu'il soit prié se trouuer en quelque

que lieu : il pense incontinent qu'il soit fait,
qu'il receura quelque bien , dont il est bien
loin : vne heure en dure cent : on demande
plus de fois quelle heure il est:on fait semblāt
d'estre demandé : & quelque mine que lon
face, on lit au visage qu'il y ha quelque passion vehemente.Et quand on aura bien couru , on trouuera que ce n'est rien , & que
c'estoit pour aller en compagnie se promener sur l'eau, ou en quelque iardin : ou aussi
tot un autre aura faueur de parler à elle que
lui,qui ha esté conuié. Encore ha il ocasion
de se contenter , à son auis. Car si elle n'ust
plaisir de le voir , elle ne l'ust demandé en sa
compagnie. Les plus grandes & hazardeu-
ses folies suiuent tousiours l'acroissement
d'Amour. Celle qui ne pensoit qu'à se iouer
au commencement, se trouue prise. Elle se
laisse visiter à heure suspecte. En quels dangers? D'y aller acompagné , seroit declarer
tout. Y aller seul, est hazardeus. Ie laisse les
ordures & infeccions, dont quelquefois on
est parfumé. Quelquefois se faut desguiser
en portefaix,en cordelier,en femme : se faire
porter dens un coffre à la merci d'un gros
vilain,que s'il sauoit ce qu'il porte,le lairroit

tomber pour auoir fondé fon fol faix. Quelquefois ont efté furpris, batuz, outragez, &
ne s'en ofe lon vanter. Il fe faut guinder par
feneftres , par fus murailles , & toufiours en
danger, fi Folie n'y tenoit la main. Encore
ceus cy ne font que des mieus payez. Il y en
ha qui rencontrent Dames cruelles, defquelles iamais on n'obtient merci. Autres font fi
rufees , qu'apres les auoir menez iufques aupres du but, les laiffent là. Que font ils? apres
auoir longuement foupiré, ploré & crié, les
uns fe rendent Moynes : les autres abandonnent le païs : les autres fe laiffent mourir. Et
penferiez vous , que les amours des femmes
foient de beaucoup plus fages? les plus froi-
des fe laiffent bruler dedens le corps auant
que de rien auouer. Et combien qu'elles vou-
fiffent prier , fi elles ofoient, elles fe laiffent
adorer : & toufiours refufent ce qu'elles voudroient bien que lon leur otaft par force.
Les autres n'atendent que l'ocafion: & heureus qui la peut rencontrer : Il ne faut auoir
creinte d'eftre efconduit. Les mieus nees ne
fe laiffent veincre, que par le tems. Et fe connoiffant eftre aymees , & endurant en fin le
femblable mal qu'elles ont fait endurer à autrui,

trui,ayant fiance de celui auquel elles se des-
couurent, auouent leur foibleffe, confeffent
le feu qui les brule : toutefois encore un peu
de honte les retient , & ne se laiffent aller,
que vaincues,& confumees à demi. Et auffi
quand elles font entrees une fois auant,elles
font de beaus tours. Plus elles ont refifté à
Amour,& plus s'en treuuent prifes.Elles fer-
mēt la porte à raifon.Tout ce qu'elles creingnoient , ne le doutent plus. Elles laiffent
leurs ocupacions muliebres.Au lieu de filer,
coudre, befongner au point, leur eftude eft
fe bien parer, promener es Eglifes, feftes, &
banquets pour auoir toufiours quelque rencontre de ce qu'elles ayment.Elles prennent
la plume & le lut en main:efcriuent & chantent leurs paffions : & en fin croit tant cette
rage,qu'elles abandonnēt quelquefois pere,
mere, maris, enfans, & fe retirent ou eft leur
cœur. Il n'y ha rien qui plus fe fache d'eftre
contreint,qu'une femme : & qui plus fe con
treingne, ou elle ha enuie montrer fon afec-
cion.Ie voy fouuentefois une femme,laquel-
le n'a trouué la folitude & prifon d'enuiron
fept ans longue , eftant auec la perfonne
qu'elle aymoit. Et combien que nature ne
                    f 5   lui

lui uſt nié pluſieurs graces, qui ne la faiſoient indine de toute bonne compagnie, ſi eſt ce qu'elle ne vouloit plaire à autre qu'à celui qui la tenoit priſonniere. I'en ay connu une autre, laquelle abſente de ſon ami, n'alloit iamais dehors qu'acompagnee de quelcun des amis & domeſtiques de ſon bien aymé: voulant touſiours rendre témoignage de la foy qu'elle lui portoit. En ſomme, quand cette afeccion eſt imprimee en un cœur genereus d'une Dame, elle y eſt ſi forte, qu'à peine ſe peut elle efacer. Mais le mal eſt, que le plus ſouuent elles rencontrent ſi mal: que plus ayment, & moins ſont aymees. Il y aura quelcun, qui ſera bien aiſe leur donner martel en teſte, & fera ſemblant d'aymer ailleurs, & n'en tiendra conte. Alors les pourettes entrent en eſtranges fantaſies : ne peuuent ſi aiſément ſe defaire des hommes, comme les hommes des femmes, n'ayans la commodité de s'eſlongner & cōmencer autre parti, chaſſans Amour auec autre Amour. Elles blament tous les hommes pour un. Elles apellent foles celles qui ayment. Maudiſſent le iour que premieremēt elles aymerēt. Proteſtēt de iamais n'aymer: mais celà ne

leur

leur dure gueres. Elles remettent incontinent deuant les yeus ce qu'elles ont tant aymé. Si elles ont quelque enseigne de lui, elles
la baisent, rebaisent, sement de larmes, s'en
font un cheuet & oreiller, & s'escoutent
elles mesmes pleingnantes leurs miserables
destresses. Combien en vóy ic, qui se retirent iusques aus Enfers, pour eslaier si elles
pourront, comme iadis Orphee, reuoquer
leurs amours perdues ? Et en tous ces actes,
quels traits trouuez vous que de Folie? Auoir
le cœur separé de soymesme, estre meintenant en paix, ores en guerre, ores en treues:
couurir & cacher sa douleur : changer visage mile fois le iour : sentir le sang qui lui
rougit la face, y montant : puis soudein s'en-
fuit, la laissant palle, ainsi que honte, esperance, ou peur, nous gouuernent : chercher
ce qui nous tourmente, feingnant le fuir.
Et neanmoins auoir creinte de le trouuer:
n'auoir qu'un petit ris entre mile soupirs : se
tromper soymesme : bruler de loin, geler de
pres : un parler interrompu : un silence venant tout à coup : ne sont ce tous signes d'un
homme aliené de son bon entendement?
Qui excusera Hercule deuidant les pelo-
                                              tons

tons d'Omphale ? Le fage Roy Hebrieu
auec cette grande multitude de femmes?
Annibal s'abatardiffant autour d'une Dame?
& mains autres, que iournellement voyons
s'abufer tellement , qu'ils ne fe connoiffent
eus mefmes. Qui en eft caufe , finon Folie?
Car c'eft celle en fomme , qui fait Amour
grand & redouté : & le fait excufer, s'il fait
quelque chofe autre que de raifon. Recon-
nois donq, ingrat Amour , quel tu es, & de
combien de biens ie te fuis caufe ? Ie te fay
grand : ie te fay efleuer ton nom : voire & ne
t'uffent les hommes reputé Dieu fans moy.
Et apres que t'ay toufiours acompagné , tu
ne me veus feulement abandonner, mais me
veus renger à cette fugeccion de fuir tous
les lieus ou tu feras. Ie croy auoir fatisfait à
ce qu'auois promis montrer : que iufques ici
Amour n'auoit efté fans Folie. Il faut paffer
outre, & montrer qu'impoffible eft d'eftre
autrement. Et pour y entrer : Apolon, tu me
confefferas , qu'Amour n'eft autre chofe
qu'un defir de iouir, auec une conionccion,
& affemblement de la chofe aymee. Eftant
Amour defir, ou, quoy que ce foit , ne pouuant eftre fans defir : il faut confefler qu'in-
contin

continent que cette paſſion viết ſaiſir l'homme, elle l'altere & immue. Car le deſir inceſſamment ſe demeine dedens l'ame , la
poingnant touſiours & reſueillant. Cette agi
tacion d'eſprit , ſi elle eſtoit naturelle , elle
ne l'afligeroit de la ſorte qu'elle fait : mais,
eſtant contre ſon naturel , elle le malmeine,
en ſorte qu'il ſe fait tout autre qu'il n'eſtoit.
Et ainſi en ſoy n'eſtant l'eſprit à ſon aiſe,
mais troublé & agité , ne peut eſtre dit ſage
& poſé. Mais encore fait il pis : car il eſt
contreint ſe deſcouurir : ce qu'il ne fait que
par le miniſtere & organe du corps & membres d'icelui. Et eſtant vne fois acheminé, il
faut que le pourſuiuant en amours ſace deus
choſes : qu'il donne à connoitre qu'il ayme:
& qu'il ſe ſace aymer. Pour le premier , le
bien parler y eſt bien requis : mais ſeul ne
ſuffira il. Car le grand artifice , & douceur
inuſitee , fait ſoupſonner pour le premier
coup, celle qui l'oit : & la fait tenir ſur ſes
gardes. Quel autre témoignage ſaut il? Touſiours l'ocaſion ne ſe preſente à combatre
pour ſa Dame, & defendre ſa querelle. Du
premier abord vous ne vous offrirez à lui
ayder en ſes afaires domeſtiques. Si faut il
faire

faire à croire que lon est passionné. Il faut
long tems, & long seruice, ardentes prieres,
& cõformité de complexions.L'autre point,
que l'Amant doit gaigner, c'est se faire aymer : lequel prouient en partie de l'autre.
Car le plus grand enchantement, qui soit
pour estre aymé, s'est aymer. Ayez tant de
sufumigacions, tant de characteres, adiura-
cions, poudres, & pierres, que voudrez:
mais si sauez bien vous ayder, montrant &
declarant votre amour : il n'y aura besoin
de ces estranges receptes. Donq pour se faire aymer, il faut estre aymable. Et non simplement aymable, mais au gré de celui qui
est aymé : auquel se faut renger, & mesurer
tout ce que voudrez faire ou dire. Soyez
paisible & discret. Si votre Amie ne vous
veut estre telle,il faut changer voile, & naui-
guer d'un autre vent : ou ne se mesler point
d'aymer. Zethe & Amphion ne se pouuoiẽt
acorder, pource que la vacacion de l'un ne
plaisoit à l'autre. Amphion ayma mieus
changer, & retourner en grace auec son frere. Si la femme que vous aymez est auare,
il faut se transmuer en or, & tomber ainsi en
son sein. Tous les seruiteurs & amis d'Ata-
lanta

lanta estoient chasseurs, pource qu'elle y pre
noit plaisir. Plusieurs femmes, pour plaire à
leurs Poëtes amis , ont changé leurs paniers
& coutures, en plumes & liures. Et certes il
est impossible plaire , sans suiure les afeccions de celui que nous cherchons. Les tristes se fachent d'ouir chanter. Ceus, qui ne
veulent aller que le pas, ne vont volontiers
auec ceus qui tousiours voudroient courir.
Or me dites, si ces mutacions contre notre
naturel ne sont vrayes folies, ou non exem-
ptes d'icelle ? On dira qu'il se peut trouuer
des complexions si semblables,que l'Amant
n'aura point de peine de se transformer es
meurs de l'Aymee. Mais si cette amitié est
tant douce & aisee, la folie sera de s'y plaire
trop : en quoy est bien dificile de mettre
ordre. Car si c'est vray amour , il est grand
& vehement, & plus fort que toute raison.
Et, comme le cheual ayant la bride sur le
col, se plonge si auant dedens cette douce
amertume, qu'il ne pense aus autres parties
de l'ame, qui demeurent oisiues : & par une
repentance tardiue , apres un long tems
témoigne à ceus qui l'oyent, qu'il ha esté
fol comme les autres. Or si vous ne trouuez

folie

folie en Amour de ce coté là, dites moy entre vous autres Signeurs, qui faites tant
profeſſion d'Amour, ne conſeſſez vous, que
Amour cherche union de ſoy auec la choſe
aymee? qui eſt bien le plus fol deſir du monde : tant par ce, que le cas auenant, Amour
faudroit par ſoymeſme, eſtant l'Amant &
l'Aymé confonduz enſemble, que auſſi il eſt
impoſſible qu'il puiſſe auenir, eſtant les eſ-
peces & choſes indiuidues tellemēt ſeparees
l'une de l'autre, qu'elles ne ſe peuuent plus
conioindre, ſi elles ne changent de forme.
Alleguez moy des branches d'arbres qui s'u-
niſſent enſemble. Contez moy toutes ſortes
d'Antes, que iamais le Dieu des iardins inuenta. Si ne trouuerez vous point que deus
hommes ſoient iamais deuenuz en un : & y
ſoit le Gerion à trois corps tant que voudrez.
Amour donq ne fut iamais ſans la compagnie de Folie : & ne le ſauroit iamais eſtre.
Et quand il pourroit ce faire, ſi ne le deuroit
il pas ſouhaiter : pource que lon ne tiendroit
conte de lui à la fin. Car quel pouuoir auroit il, ou quel luſtre, s'il eſtoit pres de ſageſſe ? Elle lui diroit, qu'il ne faudroit aymer
l'un plus que l'autre : ou pour le moins n'en
　　　　　　　　　　　　　　faire

faire semblant de peur de scandaliser quelcun. Il ne faudroit rien faire plus pour l'un
que pour l'autre : & seroit à la fin Amour ou
aneanti, ou deuisé en tant de pars, qu'il seroit bien foible. Tant s'en faut que tu doiues
estre sans Folie , Amour, que si tu es bien
conseillé, tu ne redemanderas plus tes yeus.
Car il ne t'en est besoin, & te peuuent nuire
beaucoup: desquels si tu t'estois bien regardé quelquefois , toymesme te voudrois mal.
Pensez vous qu'un soudart, qui va à l'assaut,
pense au fossé , aus ennemis, & mile harquebuzades qui l'atendent? non. Il n'a autre
but, que paruenir au haut de la bresche : &
n'imagine point le reste.　Le premier qui se
mit en mer, n'imaginoit pas les dangers qui
y sont. Pensez vous que le ioueur pése iamais
perdre? Si sont ils tous trois au hazard d'estre
tuez, noyez , & destruiz. Mais quoy, ils ne
voyent,& ne veulent voir ce qui leur est dom
mageable. Le semblable estimez des Amans:
que si iamais ils voyent, & entendent clerement le peril ou ils sont , combien ils sont
trompez & abusez, & quelle est l'esperance
qui les fait tousiours aller auant, iamais n'y
demeureront une seule heure.　Ainsi se per-

　　　　g　　　　droit

droit ton regne, Amour : lequel dure par
ignorance, nonchaillance, esperance, & ce-
cité, qui sont toutes damoiselles de Folie, lui
faisans ordinaire compagnie. Demeure donq
en paix, Amour : & ne vien rompre l'ancienne ligue qui est entre toy & moy : combien
que tu n'en susses rien iusqu'à present. Et
n'estime que ie t'aye creué les yeus, mais que
ie t'ay montré, que tu n'en auois aucun usage auparauant, encore qu'ils te fussent à la
teste que tu as de present. Reste de te prier,
Iupiter, & vous autres Dieus, de n'auoir
point respect aus noms (comme ie say que
n'aurez) mais regarder à la verité & dinité
des choses. Et pourtant, s'il est plus honorable entre les hommes dire un tel ayme, que,
il est fol : que celà leur soit imputé à ignorance. Et pour n'auoir en commun la vraye
intelligence des choses, n'y pù donner noms
selon leur vray naturel, mais au contraire
auoir baillé beaus nõs à laides choses, & laids
aus belles, ne delaissez, pour ce, à me conseruer Folie en sa dinité & grandeur. Ne
laissez perdre cette belle Dame, qui vous ha
donné tant de contentement auec Genie,
Ieunesse, Bacchus, Silene, & ce gentil Gar-
dien

DE FOLIE ET D'AMOVR. 99

dien des iardins. Ne permetez facher celle,
que vous auez conſeruce iuſques ici ſans
rides, & ſans pas un poil blanc. Et n'otez, à
l'apetit de quelque colere, le plaiſir d'entre
les hommes. Vous les auez otez du Royaume de Saturne : ne les y faites plus entrer:&,
ſoit en Amour, ſoit en autres aſaires, ne les
enuiez, ſi pour apaiſer leurs facheries, Folie
les fait esbatre & s'eſiouir.   I'ay dit.

Quand Mercure ut fini la defenſe de Folie, Iupiter
voyant les Dieus eſtre diuerſemẽt afeccionnez, &
en contrarietez d'opinions, les uns ſe tenãs du coté
de Cupidon, les autres ſe tournans à aprouuer la
cauſe de Folie : pour apointer le diferent, và pro-
noncer un arreſt interlocutoire en cette maniere:

Pour la dificulté & importance de vos diferens,& diuerſité d'opinions,nous auons re-
misvotre afaire d'ici à trois fois,ſept fois,neuf
ſiecles.Et ce pendant vous commandons viure amiablement enſemble,ſans vous outrager l'un l'autre. Et guidera Folie l'aueugle
Amour, & le conduira par tout ou bon lui
ſemblera.Et ſur la reſtituciõ de ſes yeus,apres
en auoir parlé aus Parques, en ſera ordonné.

Fin du debat d'Amour & de Folie.

g 2

ELEGIES.

ELEGIE I.

Au tems qu'Amour, d'hommes & Dieus vainqueur,
Faisoit bruler de sa flamme mon cœur,
En embrassant de sa cruelle rage
Mon sang, mes os, mon esprit & courage:
Encore lors ie n'auois la puissance
De lamenter ma peine & ma souffrance.
Encor Phebus, ami des Lauriers vers,
N'auoit permis que ie fisse des vers:
Mais meintenant que sa fureur diuine
Remplit d'ardeur ma hardie poitrine,
Chanter me fait, non les bruians tonnerres
De Iupiter, ou les cruelles guerres,
Dont trouble Mars, quand il veut, l'Vniuers.
Il m'a donné la lyre, qui les vers
Souloit chanter de l'Amour Lesbienne:
Et à ce coup pleurera de la mienne.
O dous archet, adouci moy la voix.
Qui pourroit fendre & aigrir quelquefois,
En recitant tant d'ennuis & douleurs,
Tant de despits fortunes & malheurs.
Trempe l'ardeur, dont iadis mon cœur tendre
Fut en brulant demi reduit en cendre.

Ie sen

ELEGIES.

Ie sen desia un piteux souuenir,
Qui me contreint la larme à l'œil venir.
Il m'est auis que ie sen les alarmes,
Que premiers i'u d'Amour, ie voy les armes,
Dont il s'arma en venant m'assaillir.
C'estoit mes yeux, dont tant faisois saillir
De traits, à ceux qui trop me regardoient,
Et de mon arc assez ne se gardoient.
Mais ces miens traits ces miens yeux me desirent,
Et de vengeance estre exemple me firent.
Et me moquant, & voyant l'un aymer,
L'autre bruler & d'Amour consommer:
En voyant tant de larmes espandues,
Tant de soupirs & prieres perdues,
Ie n'aperçu que soudein me vint prendre
Le mesme mal que ie soulois reprendre:
Qui me persa d'une telle furie,
Qu'encor n'en suis apres long tems guerie:
Et meintenant me suis encor contreinte
De rafreschir d'une nouuelle pleinte
Mes maux passez. Dames, qui les lirez,
De mes regrets auec moy soupirez.
Possible, un iour ie feray le semblable,
Et ayderay votre voix pitoyable
A vos trauaux & peines raconter,
Au tems perdu vainement lamenter.
Quelque rigueur qui loge en votre cœur,
Amour s'en peut un iour rendre vainqueur.
Et plus aurez lui esté ennemies,
Pis vous fera, vous sentant asseruies.

g 3   N'estimez

N'estimez point que lon doiue blamer
Celles qu'à fait Cupidon enflamer.
Autres que nous, nonobstant leur hautesse,
Ont enduré l'amoureuse rudesse:
Leur cœur hautein, leur beanté, leur lignage,
Ne les ont su preseruer du seruage
De dur Amour: les plus nobles esprits
En sont plus fort & plus soudein espris
Semiramis, Royne tant renommee,
Qui mit en route auecques son armee
Les noirs squadrons des Ethiopiens,
Et en montrant louable exemple aux siens
Faisoit couler de son furieux branc
Des ennemis les plus braues le sang,
Ayant encor ennie de conquerre
Tous ses voisins, ou leur mener la guerre,
Trouua Amour, qui si fort la pressa,
Qu'armes & loix veincue elle laissa.
Ne meritoit sa Royalle grandeur
Au moins auoir un moins fascheux malheur
Qu'aymer son fils? Royne de Babylonne
Ou est ton cœur qui es combaz resonne?
Qu'est denenu ce fer & cet escu,
Dont tu rendois le plus braue veincu?
Ou as tu mis la Marciale creste,
Qui obombroit le blond or de ta teste?
Ou est l'espee, ou est cette cuirasse,
Dont tu rompois des ennemis l'audace?
Ou sont fuiz tes coursiers furieux,
Lesquels trainoient ton char victorieux?

ELEGIES.

T'a pû ſi tot un foible ennemi rompre?
Ha pû ſi tot ton cœur viril corrompre,
Que le plaiſir d'armes plus ne te touche:
Mais ſeulement languis en une couche?
Tu as laiſſé les aigreurs Marciales,
Pour recouurer les douceurs geniales.
Ainſi Amour de toy t'a eſtrangee,
Qu'on te diroit en une autre changee,
Donques celui lequel d'amour eſpriſe
Pleindre me voit, que point il ne meſpriſe
Mon triſte deuil: Amour, peut eſtre, en brief
En ſon endroit n'aparoitra moins grief.
Telle i'ay vû qui auoit en ieuneſſe
Blamé Amour: apres en ſa vieilleſſe
Bruler d'ardeur, & pleindre tendrement
L'âpre rigueur de ſon tardif tourment.
Alors de fard & eau continuelle
Elle eſſayoit ſe faire venir belle,
Voulant chaſſer le ridé labourage,
Que l'aage auoit graué ſur ſon viſage.
Sur ſon chef gris elle auoit empruntee
Quelque perruque, & aſſez mal antee:
Et plus eſtoit à ſon gré bien fardee,
De ſon Ami moins eſtoit regardee:
Lequel ailleurs fuiant n'en tenoit conte,
Tant lui ſembloit laide, & auoit grand honte
D'eſtre aymé d'elle. Ainſi la poure vieille
Receuoit bien pareille pour pareille.
De maints en vain un tems fut reclamee,
Ores qu'elle ayme, elle n'eſt point aymee.

g 4   Ainſi

ELEGIES

Ainſi Amour prend ſon plaiſir, à faire
Que le veuil d'un ſoit à l'autre contraire.
Tel n'ayme point, qu'une Dame aymera:
Tel ayme auſſi, qui aymé ne ſera:
Et entretient, neanmoins, ſa puiſſance
Et ſa rigueur d'une vaine eſperance.

ELEGIE II.

D'un tel vouloir le ſerf point ne deſire
La liberté, ou ſon port le na"ire,
Comme i'atens, helas, de iour en iour
De toy, Ami, le gracieux retour.
Là i'auois mis le but de ma douleur,
Qui fineroit, quand i'aurois ce bon heur
De te revoir: mais de la longue atente,
Helas, en vain mon deſir ſe lamente.
Cruel, Cruel, qui te faiſoit promettre
Ton brief retour en ta premiere lettre?
As tu ſi peu de memoire de moy,
Que de m'auoir ſi tot rompu la foy?
Comme oſe tu ainſi abuſer celle
Qui de tout tems t'a eſté ſi fidelle?
Or' que tu es aupres de ce riuage
Du Pau cornu, peut eſtre ton courage
S'eſt embraſé d'une nouuelle flame,
En me changeant pour prendre vne autre Dame:
Ià en oubli inconſtamment eſt miſe
La loyauté que tu m'auois promiſe.
S'il eſt ainſi, & que deſia la foy
Et la bonté ſe retirent de toy:

Il

ELEGIES.

Il ne me faut emerueiller si ores
Toute pitié tu as perdu encores.
O combien ha de pensee & de creinte,
Tout aparsoy, l'ame d'Amour ateinte!
Ores ie croy, vù notre amour passee,
Qu'impossible est, que tu m'aies laissee:
Et de nouuel ta foy ie me fiance,
Et plus qu'humeine estime ta constance.
Tu es, peut estre, en chemin inconnu
Outre ton gré malade retenu.
Ie croy que non : car tant suis coutumiere
De faire aus Dieus pour ta santé priere,
Que plus cruels que tigres ils seroient,
Quand maladie ils te prochasseroient:
Bien que ta fole & volage inconstance
Meriteroit auoir quelque soufrance.
Telle est ma foy, qu'elle pourra sufire
A te garder d'auoir mal & martire.
Celui qui tient au haut Ciel son Empire
Ne me sauroit, ce me semble, desdire:
Mais quand mes pleurs & larmes entendroit
Pour toy prians, son ire il retiendroit.
I'ay de tout tems vescu en son seruice,
Sans me sentir coulpable d'autre vice
Que de t'auoir bien souuent en son lieu
D'amour forcé, adoré comme Dieu.
Desia deus fois depuis le promis terme,
De ton retour, Phebe ses cornes ferme,
Sans que de bonne ou mauuaise fortune
De toy, Ami, i'aye nouuelle aucune.

g 5   si

Si toutefois, pour estre enamouré
En autre lieu, tu as tant demeuré,
Si sçay ie bien que t'amie nouuelle
A peine aura le renom d'estre telle,
Soit en beauté, vertu, grace & faconde,
Comme plusieurs gens sauans par le monde
M'ont fait à tort, ce croy ie, estre estimee.
Mais qui pourra garder la renommee?
Non seulement en France suis flatee,
Et beaucoup plus, que ne veus, exaltee.
La terre aussi que Calpe & Pyrenee
Auec la mer tiennent enuironnee,
Du large Rhin les roulantes areines,
Le beau païs auquel or' te promeines,
Ont entendu (tu me l'as fait à croire)
Que gens d'esprit me donnent quelque gloire.
Goute le bien que tant d'hommes desirent:
Demeure au but ou tant d'autres aspirent:
Et croy qu'ailleurs n'en auras une telle.
Ie ne dy pas qu'elle ne soit plus belle:
Mais que iamais femme ne t'aymera,
Ne plus que moy d'honneur te portera.
Maints grans Signeurs à mon amour pretendent,
Et à me plaire & seruir prets se rendent,
Ioustes & ieus, maintes belles deuises
En ma faueur sont par eus entreprises:
Et neanmoins, tant peu ie m'en soucie,
Que seulement ne les en remercie:
Tu es tout seul, tout mon mal & mon bien:
Auec toy tout, & sans toy ie n'ay rien:

Et

ELEGIES.

Et n'ayant rien qui plaise à ma pensee,
De tout plaisir me treuue delaissee,
Et pour plaisir, ennui saisir me vient.
Le regretter & plorer me conuient,
Et sur ce point entre en tel desconfort,
Que mile fois ie souhaite la mort.
Ainsi, Ami, ton absence lointeine
Depuis deus mois me tient en cette peine,
Ne viuant pas, mais mourant d'une Amour
Lequel m'occit dix mile fois le iour.
Reuien donq tot, si tu as quelque enuie
De me reuoir encor' un coup en vie.
Et si la mort auant ton arriuee
Ha de mon corps l'aymante ame priuee,
Au moins un iour vien, habillé de dueil,
Enuironner le tour de mon cercueil.
Que plust à Dieu que lors fussent trouuez
Ces quatre vers en blanc marbre engrauez.

PAR TOY, AMI, TANT VESQVI ENFLAMMEE,
QV'EN LANGVISSANT PAR FEV SVIS CONSVM
QVI COVVE ENCOR SOVS MA CENDRE EMBRAZ
SI NE LA RENS DE TES PLEVRS APAIZEE.

ELEGIE III.

Quand vous lirez, ô Dames Lionnoises,
Ces miens escrits pleins d'amoureuses noises,
Quand mes regrets, ennuis, despits & larmes
Morrez, chanter en pitoyables carmes,
Ne veuillez point condamner ma simplesse,
Et ieune erreur de ma fole ieunesse,

Si c'est erreur: mais qui dessous les Cieux
Se peut vanter de n'estre vicieux?
L'un n'est content de sa sorte de vie,
Et tousiours porte à ses voisins enuie:
L'un forcenant de voir la paix en terre,
Par tous moyens tache y mettre la guerre:
L'autre croyant poureté estre vice,
A autre Dieu qu'Or, ne fait sacrifice:
L'autre sa foy pariure il emploira
A decevoir quelcun qui le croira:
L'un en mentant de sa langue lezarde,
Mile brocars sur l'un & l'autre darde:
Ie ne suis point sous ces planettes nee,
Qui m'ussent pû tant faire infortunee.
Onques ne fut mon œil marri, de voir
Chez mon voisin mieux que chez moy pleuuoir.
Onq ne mis noise ou discord entre amis:
A faire gain iamais ne me soumis.
Mentir, tromper, & abuser autrui,
Tant m'a desplu, que mesdire de lui.
Mais si en moy rien y ha d'imparfait,
Qu'on blame Amour: c'est lui seul qui l'a fait.
Sur mon verd aage en ses laqs il me prit,
Lors qu'exerçoi mon corps & mon esprit
En mile & mile euures ingenieuses,
Qu'en peu de tems me rendit ennuieuses.
Pour bien sauoir auec l'esguille peindre
I'usse entrepris la renommee esteindre
De celle là, qui plus docte que sage,
Auec Pallas comparoit son ouurage.

Qui

ELEGIES.

Qui m'uſt vù lors en armes fiere aller,
Porter la lance & bois faire voler,
Le deuoir faire en l'eſtour furieux,
Piquer, volter le cheual glorieux,
Pour Bradamante, ou la haute Marphiſe,
Seur de Roger, il m'uſt, poßible, priſe.
Mais quoy? Amour ne put longuement voir,
Mon cœur n'aymant que Mars & le ſauoir:
Et me voulant donner autre ſouci,
En ſouriant, il me diſoit ainſi:
Tu penſes donq, ô Lionnoiſe Dame,
Pouuoir fuir par ce moyen ma flame:
Mais non feras, i'ay ſubiugué les Dieux
Es bas Enfers, en la Mer & es Cieux.
Et penſes tu que n'aye tel pouuoir
Sur les humeins, de leur faire ſauoir
Qu'il n'y ha rien qui de ma main eſchape?
Plus fort ſe penſe & plus tot ie le frape.
De me blamer quelquefois tu n'as honte,
En te fiant en Mars dont tu fais conte:
Mais meintenant, voy ſi pour perſiſter
En le ſuiuant me pourras reſiſter.
Ainſi parloit, & tout eſchaufé d'ire
Hors de ſa trouſſe une ſagette il tire,
Et decochant de ſon extreme force,
Droit la tira contre ma tendre eſcorce,
Foible harnois, pour bien couurir le cœur,
Contre l'Archer qui touſiours eſt vainqueur.
La breſche faite, entre Amour en la place,
Dont le repos premierement il chaſſe:

Et de

Et de trauail qui me donne sans cesse,
Boire, menger, & dormir ne me laisse.
Il ne me chaut de soleil ne d'ombrage:
Ie n'ay qu'Amour & feu en mon courage,
Qui me desguise, & fait autre paroitre,
Tant que ne peu moymesme me connoitre.
Ie n'auois vù encore seize Hiuers,
Lors que i'entray en ces ennuis diuers:
Et ià voici le treiziéme Esté
Que mon cœur fut par Amour arresté.
Le tems met fin aus hautes Pyramides,
Le tems met fin aus fonteines humides:
Il ne pardonne aus braues Colisees,
Il met à fin les viles plus prisees:
Finir aussi il ha acoutumé
Le feu d'Amour tant soit il allumé:
Mais, las! en moy il semble qu'il augmente
Auec le tems, & que plus me tourmente.
Paris ayma Oenone ardemment,
Mais son amour ne dura longuement:
Medee fut aymee de Iason,
Qui tot apres la mit hors sa maison.
Si meritoient elles estre estimees,
Et pour aymer leurs Amis, estre aymees.
S'estant aymé on peut Amour laisser
N'est il raison, ne l'estant, se lasser?
N'est il raison te prier de permettre,
Amour, que puisse à mes tourmens fin mettre?
Ne permets point que de Mort face espreuue,
Et plus que toy pitoyable la treuue:

                                              Mais

ELEGIES.

Mais si tu veus que i'ayme iusqu'au bout,
Fay que celui que i'estime mon tout,
Qui seul me peut faire plorer & rire,
Et pour lequel si souuent ie soupire,
Sente en ses os, en son sang, en son ame,
Ou plus ardente, ou bien egale flame.
Alors ton faix plus aisé me sera,
Quand auec moy quelcun le portera.

F I N.

228

SONNETS.

I.

Non hauria Vlyſſe o qualunqu' altro mai
  Piu accorto fu, da quel diuino aſpetto
  Pien di gratie, d'honor & di riſpetto
  Sperato qual i ſento affanni e guai.
Pur, Amour, co i begliochi tu fatt' hai
  Tal piaga dentro al mio innocente petto,
  Di cibo & di calor gia tuo ricetto,
  Che rimedio non v'e ſi tu n'el dai.
O ſorte dura, che mi fa eſſer quale
  Punta d'un Scorpio, & domandar riparo
  Contr' el velen' dall' iſteſſo animale.
Chieggio li ſol' ancida queſta noia,
  Non eſtingua el deſir à me ſi caro,
  Che mancar non potra ch' i non mi muoia.

I I.

O beaus yeus bruns, ô regars deſtournez,
  O chaus ſoupirs, ô larmes eſpandues,
  O noires nuits vainement atendues,
  O iours luiſans vainement retournez:
O triſtes pleins, ô deſirs obſtinez,
  O tems perdu, ô peines deſpendues,
  O mile morts en mile rets tendues,
  O pires maus contre moy deſtinez.
O ris, ô front, cheueus, bras, mains & doits:
  O lut pleintif, viole, archet & vois:
  Tant de flambeaus pour ardre une femmelle!
De toy me plein, que tant de feus portant,
  En tant d'endrois d'iceus mon cœur tatant,
N'en eſt ſur toy volé quelque eſtincelle.

                              O longs

SONNETS.

III.

O longs desirs, O esperances vaines,
Tristes soupirs & larmes coutumieres
A engendrer de moy maintes rivieres,
Dont mes deus yeus sont sources & fontaines:
O cruautez, o durtez inhumaines,
Piteus regars des celestes lumieres:
Du cœur transi o passions premieres,
Estimez vous croitre encore mes peines?
Qu'encor Amour sur moy son arc essaie,
Que nouueaus feus me gette & nouueaus dars:
Qu'il se despite, & pis qu'il pourra face:
Car ie suis tant nauree en toutes pars,
Que plus en moy une nouuelle plaie,
Pour m'empirer ne pourroit trouuer place.

IIII.

Depuis qu'Amour cruel empoisonna
Premierement de son feu ma poitrine,
Tousiours brulay de sa fureur diuine,
Qui un seul iour mon cœur n'abandonna.
Quelque trauail, dont assez me donna,
Quelque menasse & procheine ruïne:
Quelque penser de mort qui tout termine,
De rien mon cœur ardent ne s'estonna.
Tans plus qu'Amour nous vient fort assaillir,
Plus il nous fait nos forces recueillir,
Et tousiours frais en ses combats fait estre:
Mais ce n'est pas qu'en rien nous fauorise,
Cil qui les Dieus & les hommes mesprise:
Mais pour plus fort contre les fors paroitre.

h   Clere

SONNETS.

V.

Clere Venus, qui erres par les Cieus,
   Entens ma voix qui en pleins chantera,
   Tant que ta face au haut du Ciel luira,
   Son long trauail & fouci ennuieus.
Mon œil veillant s'atendrira bien mieus,
   Et plus de pleurs te voyant getera.
   Mieus mon lit mol de larmes baignera,
   De fes trauaus voyant témoins tes yeus.
Donq des humains font les laffez efprits
   De dous repos & de fommeil efpris.
   I'endure mal tant que le Soleil luit:
Et quand ie fuis quafi toute caffee,
   Et que me fuis mife en mon lit laffee,
   Crier me faut mon mal toute la nuit.

V I.

Deus ou trois fois bienheureus le retour
   De ce cler Aftre, & plus heureus encore
   Ce que fon œil de regarder honore.
   Que celle là receuroit un bon iour,
Qu'elle pourroit fe vanter d'un bon tour
   Qui baiferoit le plus beau don de Flore,
   Le mieus fentant que iamais vid Aurore,
   Et y feroit fur fes leures feiour!
C'eft à moy feule à qui ce bien eft du,
   Pour tant de pleurs & tant de tems perdu:
   Mais le voyant, tant lui feray de fefte,
Tant emploiray de mes yeus le pouuoir,
   Pour deffus lui plus de credit auoir,
   Qu'en peu de tems feray grande conquefte.

On

S O N N E T S.

V I I.

On voit mourir toute chose animee,
  Lors que du corps l'ame sutile part:
  Ie suis le corps, toy la meilleure part:
  Ou es tu donq, o ame bien aymee?
Ne me laissez par si long tems pâmee,
  Pour me sauuer apres viendrois trop tard.
  Las, ne mets point ton corps en ce hazart:
  Rens lui sa part & moitié estimee.
Mais fais, Ami, que ne soit dangereuse
  Cette rencontre & reuuë amoureuse,
  L'acompagnant, non de seuerité,
Non de rigueur : mais de grace amiable,
  Qui doucement me rende ta beauté,
  Iadis cruelle, à present fauorable.

V I I I.

Ie vis, ie meurs : ie me brule & me noye.
  I'ay chaut estreme en endurant froidure:
  La vie m'est & trop molle & trop dure.
  I'ay grans ennuis entremeslez de ioye:
Tout à un coup ie ris & ie larmoye,
  Et en plaisir maint grief tourment i'endure:
  Mon bien s'en va, & à iamais il dure:
  Tout en un coup ie seiche & ie verdoye.
Ainsi Amour inconstamment me meine:
  Et quand ie pense auoir plus de douleur,
  Sans y penser ie me treuue hors de peine.
Puis quand ie croy ma ioye estre certeine,
  Et estre au haut de mon desiré heur,
  Il me remet en mon premier malheur.

h 2   Tout

I X.

Tout aussi tot que ie commence à prendre
  Dens le mol lit le repos desiré,
  Mon triste esprit hors de moy retiré
  S'en va vers toy incontinent se rendre.
Lors m'est avis que dedens mon sein tendre
  Ie tiens le bien, ou i'ay tant aspiré,
  Et pour lequel i'ay si haut souspiré,
  Que de sanglots ay souvent cuidé fendre.
O doux sommeil, o nuit à moy heureuse!
  Plaisant repos, plein de tranquilité,
  Continuez toutes les nuiz mon songe:
Et si iamais ma poure ame amoureuse
  Ne doit auoir de bien en verité,
  Faites au moins qu'elle en ait en mensonge.

X.

Quand i'aperçoy ton blond chef couronné
  D'un laurier verd, faire un Lut si bien pleindre,
  Que tu pourrois à te suiure contreindre
  Arbres & rocs : quand ie te vois orné,
Et de vertus dix mile enuironné,
  Au chef d'honneur plus haut que nul ateindre,
  Et des plus hauts les louenges esteindre:
  Lors dit mon cœur en soy passionné:
Tant de vertus qui te font estre aymé,
  Qui de chacun te font estre estimé,
  Ne te pourroient aussi bien faire aymer?
Et aioutant à ta vertu louable
  Ce nom encor de m'estre pitoyable,
  De mon amour doucement t'enflamer?

                                O dous

SONNETS.

XI.

O dous regars, o yeus pleins de beauté,
   Petis iardins, pleins de fleurs amoureuses
   Ou sont d'Amour les flesches dangereuses,
   Tant à vous voir mon œil s'est arresté!
O cœur felon, o rude cruauté,
   Tant tu me tiens de façons rigoureuses,
   Tant i'ay coulé de larmes langoureuses,
   Sentant lardeur de mon cœur tourmenté!
Donques, mes yeus, tant de plaisir auez
   Tant de bons tours par ses yeus receuez:
   Mais toy, mon cœur, plus les vois s'y complaire,
Plus tu languiz, plus en as de souci,
   Or deuinez si ie suu aise außi,
   Sentant mon œil estre à mon cœur contraire,

XII.

Lut, compagnon de ma calamité,
   De mes soupirs témoin irreprochable,
   De mes ennuis controlleur veritable,
   Tu as souuent auec moy lamenté:
Et tant le pleur piteus t'a molesté,
   Que commençant quelque son delectable,
   Tu le rendois tout soudein lamentable,
   Feingnant le ton que plein auoit chanté.
Et si te veus efforcer au contraire,
   Tu te destens & si me contreins taire:
   Mais me voyant tendrement soupirer,
Donnant saueur à ma tant triste pleinte:
   En mes ennuis me plaire suis contreinte,
   Et d'un dous mal douce fin esperer.

SONNETS.

XIII.

Oh ſi i'eſtois en ce beau ſein rauie
  De celui là pour lequel vois mourant:
  Si auec lui viure le demeurant
  De mes cours iours ne m'empeſchoit enuie:
Si m'acollant me diſoit, chere Amie,
  Contentons nous l'un l'autre, s'aſſeurant
  Que ia tempeſte, Euripe, ne Courant
  Ne nous pourra deſioindre en notre vie:
Si de mes bras le tenant acollé,
  Comme du Lierre eſt l'arbre encercelé,
  La mort venoit, de mon aiſe enuieuſe:
Lors que ſouef plus il mè baiſeroit,
  Et mon eſprit ſur ſes leures fuiroit,
  Bien ie mourrois, plus que viuante, heureuſe.

XIIII.

Tant que mes yeus pourront larmes eſpandre,
  A l'heur paſſé auec toy regretter:
  Et qu'aus ſanglots & ſoupirs reſiſter
  Pourra ma voix, & un peu faire entendre:
Tant que ma main pourra les cordes tendre
  Du mignart Lut, pour tes graces chanter:
  Tant que l'eſprit ſe voudra contenter
  De ne vouloir rien fors que toy comprendre:
Ie ne ſouhaitte encore point mourir.
  Mais quand mes yeus ie ſentiray tarir,
  Ma voix caſſee, & ma main impuiſſante,
Et mon eſprit en ce mortel ſeiour
  Ne pouuant plus montrer ſigne d'amante:
  Prirey la Mort noircir mon plus cler iour.

397

SONNETS.

X V.

Pour le retour du Soleil honorer,
  Le Zephir, l'air serein lui apareille:
  Et du sommeil l'eau & la terre esueille,
  Qui les gardoit l'une de murmurer,
En dous coulant, l'autre de se parer
  De mainte fleur de couleur nompareille.
  Ia les oiseaus ès arbres font merueille,
  Et aus passans font l'ennui moderer:
Les Nynfes ia en mile ieus s'esbatent
  Au cler de Lune, & dansans l'herbe abatent:
  Veus tu Zephir de ton heur me donner,
Et que par toy toute me renouuelle?
  Fay mon Soleil deuers moy retourner,
  Et tu verras s'il ne me rend plus belle.

X V I.

Apres qu'un tems la gresle & le tonnerre
  Ont le haut mont de Caucase batu,
  Le beau iour vient, de lueur reuétu.
  Quand Phebus ha son cerne fait en terre,
Et l'Ocean il regaigne à grand erre:
  Sa seur se montre auec son chef pointu.
  Quand quelque tems le Parthe ha combatu,
  Il prent la fuite & son arc il desserre.
Vn tems t'ay vù & consolé pleintif,
  Et defiant de mon feu peu hatif:
  Mais maintenant que tu m'as embrasee,
Et suis au point auquel tu me voulois:
  Tu as ta flame en quelque eau arrosee,
  Et es plus froit qu'estre ie ne soulois.

h 4   Ie suis

110   S O N N E T S.

X V I I.

Ie fuis la vile, & temples, & tous lieux,
  Esquels prenant plaisir à t'ouir pleindre,
  Tu peux, & non sans force, me contreindre
  De te donner ce qu'estimois le mieux.
Masques, tournois, ieux me sont ennuieux,
  Et rien sans toy de beau ne me puis peindre:
  Tant que tachant à ce desir esteindre,
  Et un nouuel obget faire à mes yeux,
Et des pensers amoureux me distraire,
  Des bois espais sui le plus solitaire:
  Mais i'aperçoy, ayant erré maint tour,
Que si ie veux de toy estre deliure,
  Il me conuient hors de moymesme viure,
  Ou fais encor que loin sois en seiour.

X V I I I.

Baise m'encor, rebaise moy & baise:
  Donne m'en un de tes plus sauoureux,
  Donne m'en un de tes plus amoureux:
  Ie t'en rendray quatre plus chaus que braise.
Las, te pleins tu? ça que ce mal i'apaise,
  En t'en donnant dix autres doucereux.
  Ainsi meslans nos baisers tant heureux
  Iouissons nous l'un de l'autre à notre aise.
Lors double vie à chacun en suiura.
  Chacun en soy & son ami viura.
  Permets m'Amour penser quelque folie:
Tousiours suis mal, viuant discrettement,
  Et ne me puis donner contentement,
  Si hors de moy ne fay quelque saillie.

                                 Diane

SONNETS.

XIX.

Diane estant en l'espesseur d'un bois,
  Apres auoir mainte beste assenee,
  Prenoit le frais, de Nynfes couronnee:
  I'allois resuant comme fay maintefois,
Sans y penser: quand i'ouy une vois,
  Qui m'apela, disant, Nynfe estonnee,
  Que ne t'es tu vers Diane tournee?
  Et me voyant sans arc & sans carquois,
Qu'as tu trouué, o compagne, en ta voye,
  Qui de ton arc & flesches ait fait proye?
  Ie m'animay, respons ie, à un passant,
Et lui getay en vain toutes mes flesches
  Et l'arc apres: mais lui les ramassant
  Et les tirant me fit cent & cent bresches.

XX.

Predit me fut, que deuoit fermement
  Vn iour aymer celui dont la figure
  Me fut descrite: & sans autre peinture
  Le reconnu quand vy premierement:
Puis le voyant aymer fatalement,
  Pitié ie pris de sa triste auenture:
  Et tellement ie forçay ma nature,
  Qu'autant que lui aymay ardentement.
Qui n'ust pensé qu'en faueur deuoit croistre
  Ce que le Ciel & destins firent naitre?
  Mais quand ie voy si nubileus aprets,
Vents si cruels & tant horrible orage:
  Ie croy qu'estoient les infernaus arrets,
  Qui de si loin m'ourdissoient ce naufrage,

h 5   Quelle

SONNETS.

XXI.

Quelle grandeur rend l'homme venerable?
　Quelle grosseur? quel poil? quelle couleur?
　Qui est des yeux le plus emmieleur?
　Qui fait plus tot une playe incurable?
Quel chant est plus à l'homme conuenable?
　Qui plus penetre en chantant sa douleur?
　Qui un dous lut fait encore meilleur?
　Quel naturel est le plus amiable?
Ie ne voudrois le dire assurément,
　Ayant Amour forcé mon iugement:
　Mais ie say bien & de tant ie m'assure,
Que tout le beau que lon pourroit choisir,
　Et que tout l'art qui ayde la Nature,
　Ne me sauroient acroitre mon desir.

XXII.

Luisant Soleil, que tu es bien heureus,
　De voir tousiours de t'Amie la face:
　Et toy, sa seur, qu'Endimion embrasse,
　Tant te repais de miel amoureus.
Mars voit Venus: Mercure auentureus
　De Ciel en Ciel, de lieu en lieu se glasse:
　Et Iupiter remarque en mainte place
　Ses premiers ans plus gays & chaleureus.
Voilà du Ciel la puissante harmonie,
　Qui les esprits diuins ensemble lie:
　Mais s'ils auoient ce qu'ils ayment lointein,
Leur harmonie & ordre irreuocable
　Se tourneroit en erreur variable,
　Et comme moy trauailleroient en vain.

Las,

SONNETS.

XXIII.

Las ! que me sert, que si parfaitement
  Louas iadis & ma tresse doree,
  Et de mes yeus la beauté comparee
  A deus Soleils, dont Amour finement
Tira les trets causez de ton tourment?
  Ou estes vous, pleurs de peu de duree?
  Et Mort par qui deuoit estre honoree
  Ta ferme amour & iteré serment?
Donques c'estoit le but de ta malice
  De m'asseruir sous ombre de seruice?
  Pardonne moy, Ami, à cette fois,
Estant outree & de despit & d'ire:
  Mais ie m'assure, quelque part que tu sois,
  Qu'autant que moy tu soufres de martire.

XXIIII.

Ne reprenez, Dames, si i'ay aymé:
  Si i'ay senti mile torches ardentes,
  Mile trauaus, mile douleurs mordentes:
  Si en pleurant, i'ay mon tems consumé,
Las que mon nom n'en soit par vous blamé.
  Si i'ay failli, les peines sont presentes,
  N'aigrissez point leurs pointes violentes:
  Mais estimez qu'Amour, à point nommé,
Sans votre ardeur d'un Vulcan excuser,
  Sans la beauté d'Adonis acuser,
  Pourra, s'il veut, plus vous rendre amoureuses:
En ayant moins que moy d'ocasion,
  Et plus d'estrange & forte passion.
  Et gardez vous d'estre plus malheureuses.

FIN DES EVVRES DE LOVIZE
LABE' LIONNOIZE.

AVS POËTES
DE LOVÏZE LABE'.

SONNET.

Vous qui le los de Louïze escriuez,
 Et qui auez, par gaye fantasie
 Cette beauté, votre suget, choisie,
 Voyez quel bien pour vous, vous pourfuiuez.
Elle des dons des Muses cultiuez,
 S'est pour soymesme & pour autrui saisie:
 Tant qu'en louant sa dine Poësie,
 Mieus que par vous par elle vous viuez.
Laure ut besoin de faueur empruntee,
 Pour de renom ses graces animer:
 Louïze autant en beauté reputee,
Trop plus se fait par sa plume estimer.
 Et de soymesme elle se faisant croire,
 A ses loueurs est cause de leur gloire.

E S C R I Z D E
diuers Poëtes, à la louenge de
Louïze Labé Lion-
noize.

Εἰς ᾠδὰς Λοΐσης Λαβάιας.   I

Τὰς Σαπφῦς ᾠδ᾽ὰς γλυκυφώνϑ ἃς ἀπόλεσιμ
  Ἡ παμφάγϑ χρόνϑ βίη,
Μειλιχίῳ Γαφίης κὴ ἐρώτωμ νῦμ γὲ Λαβάιη
  Κόλπῳ τραφεῖσ᾽ ἀνήγαγε.
Εἰ δ᾽έ τις ὡς κανὸμ θαυμάζει, κὴ πόθϑμ ὅϑὶ,
  Φησὶμ, νέϑ ποιήτρια;
Γνοίη ὡς γοργὸμ, κὴ ἄκαμπϑομ, δυσυχέϑσα
  Ἔχει Φάωμ ἐρώμιλϑομ:
Τϑ πληχθεῖσα φυγῆ, λιγυρὸμ μέλϑϑ ἦρξϑ τάλαινα
  Χορδαῖς ἐναρμόζειμ λύρης.
Σφοδρὰ ἢ πρὸς ταύτας ποήσεις ὅϑϑ᾽ ἐνίϑϑ
  Γαιδῶμ ἐρᾶμ ὑπϑρηφάνωμ.

De Aloysæ Labææ osculis.   II

Iam non canoras Pagasidas tuis
  Assuesce votis : nil tibi Cynthius
    Fontiúue Dircæi recessus
    Profuerint, vel manus Euan.

Sed

126

Sed tu Labaa basia candida
Imbuta poscas nectare, qua rosae
Spirant amaracosáq́ molles,
Et violas, Arabumáq́ succos.
Non illa summis dispereunt labris,
Sed quà reclusis obicibus patet
Inerme pectus, suaueolentis
Oris aculeolo calescit.
Illo medullæ protinus æstuant,
Et dissolutis spiritus omnibus
Nodis in ore suauiantis
Lenius emoritur Labaa.
Hoc plenus æstro (dicere seu lubet
Sectis puellas vnguibus acriter
Depræliantes, aut inustam
Dente notam labijs querenteis:
Cæli̓ue motus & redeuntia
Anni viciſſim tempora: nec suo
Fulgore lucentem Dianam,
Sýderibus̓ ue polos micanteis,
Dignum Labaa basiolis melos
Quod voce mistis cum fidibus canat)
Dices coronatus quòd aureis
Cecropias Latiasq́ pungat.

III

En grace du Dialogue d'Amour, & de Folie,
Euure de D. Louïze Labé
Lionnoize.

Amour est donq pure inclinacion
Du Ciel en nous, mais non neceſſitante:

Ou

Ou bien vertu, qui nos cœurs impuiſſante
  A reſiſter contre ſon accion?
C'eſt donq de l'ame une alteracion
  De vain deſir legerement naiſſante
  A tout obiet de l'eſpoir periſſante,
  Comme muable à toute paſſion?
La ne ſoit crù, que la douce folie
  D'un libre Amant d'ardeur libre amollie
  Perde ſon miel en ſi amer Abſynte,
Puis que lon voit un eſprit ſi gentil
  Se recouurer de cë Chaos ſutil,
  Ou de Raiſon la Loy ſe laberynte.

NON SI NON LA.

En contemplacion de D. Louïze Labé.

    IV

Quel Dieu graua cette mageſté douce
  En ce gay port d'une pronte allegreſſe?
  De quel liz eſt, mais de quelle Deeſſe
  Cette beauté, qui les autres deſtrouſſe?
Quelle Syrene hors du ſein ce chant pouſſe,
  Qui deceuroit le caut Prince de Grece?
  Quels ſont ces yeus, mais bien quel Trofee eſt ce,
  Qui tient d'Amour l'arc, les trets & la trouſſe?
Ici le Ciel liberal me fait voir
  En leur parfait, grace, honneur, & ſauoir,
  Et de vertu le rare témoignage:
Ici le traytre Amour me veut ſurprendre:
  Ah! de quel feu brule un cœur ia en cendre?
  Comme en deus pars ce peut il mettre en gage?

P. D. T.

118

A D. Louïze Labé, ſur ſon portrait.

Iadis un Grec ſus une froide image,
  Que conſacra Praxitele à Cyprine,
  Rafreſchiſſant ſon ardente poitrine
  Rendit du maitre admirable l'ouurage.
Las! peu s'en faut qu'à ce petit ombrage,
  Reconnoiſſant ta bouche coralline,
  Et tous les traits de ta beauté diuine,
  Ie n'aye autant porté de témoignage.
Qu'uſt fait ce Grec ſi cette image nue
  Entre ſes bras fuſt Venus deuenue?
  Que ſuis ie lors quand Louïze me touche,
Et l'accollant d'un long baiſer me baiſe?
  L'ame me part, & mourant en cet aiſe,
  Ie la reprens ia fuiant en ſa bouche.

SONNET.

Ie laiſſe apart Meduſe, & ſa beauté,
  Qui tranſmuoit en pierre froide & dure,
  Ceus qui prenoient à la voir trop de cure,
  Pour admirer plus grande nouueauté:
Et reciter la douce cruauté
  De BELLE A SOY, qui fait bien plus grand' choſe,
  Lors qu'en ſon tous grace naïue encloſe,
  Veut eſlargir ſa douce priuauté.
Car d'un corps fait au comble de ſon mieus,
  Du vif mourant contournement des yeus,
  A demi clos tournans le blanc en vuë:
Puis d'un ſoupir mignardement iſſant,
  Auant l'apas d'un ſouZris blandiſſant,
  Les regardans en ſoymeſme tranſmue.

DEVOIR DE VOIR.

A celle qui n'est seulement à soy belle.

Si le Soleil ne peut tousiours reluire,
 Fuir ne faut pourtant tout ce qui luit,
 Car si au Ciel quelqu'autre flamme duit,
 Sans le Soleil peut bien la clarté luire.
Mais quoy? sans lui, las! on la veut reduire
 Au seul plaisir d'un Astre radieux,
 Qui autre part d'esclairer enuieux,
 Par ce moyen peut à la clarté nuire.
Las! quel Climat lui sera donq heureux,
 N'ayant faueur que par l'Astre amoureux,
 Ou vine meurt cette lueur premiere?
Si d'autre espoir de sa propre vertu
 N'est par effet son lustre reuestu,
 Sous tel Phebus s'esteindra sa lumiere.

DEVOIR DE VOIR.
Autre à elle mesme.

Voyez, Amans, voyez si la pitié
 A mon secours or' à tort ie reclame:
 Du haut, ou bas, rien n'est, fors ma poure ame,
 Qui n'ait gouté quelque fruit d'amitié.
Par quel destin, las! toute autre moitié
 La mienne fuit? suiuant l'ingrate trace
 De celle là, dont esperant la grace,
 Acqui ie n'ay que toute inimitié?
O douce Mort (à tous plus qu'à soy belle)
 A sa clarté ne sois ainsi rebelle,
 Ains doucement la fais en toy mourir:
Si tu ne veux par façon rigoureuse
 Sans aliment la rendre tenebreuse:
 Car ia l'esteint, qui la peut secourir.

     i   *A D.*

130

IX

A D. Louïze, des Muses ou premiere ou diziéme couronnante la troupe.

Nature ayant en ses Idees pris
Vn tel suget, qu'il surpassoit son mieus:
De grace ell' ut pour l'illustrer des Dieus
Otroy entier du plus supernel pris:
Dont elle put l'Vniuers rendre espris,
Ouurant l'amas des influz bienheureus,
Duquel le rare epuré par les Cieus
Atire encor le bien né des esprits.
Dieus qui soufrez flamboyer tel Soleil
A vous egal, à vous le plus pareil,
Témoin le front de sa beauté premiere,
Permettrez vous chose si excellente
Patir l'horreur d'Atrope palissante,
Ne la laissant immortelle lumiere?

D'IMMORTEL ZELE.

X

SONETTO.

Qui doue in braccio al Rodano si vede
Girne la Sona queta, si ch'à pena
Scorger si puo là doue l'onde mena,
Si lenta muoue entr' al suo letto il piede;
Giunsi punto d'Amor, cinto di Fede,
Di speme priuo, e colmo de la pena,
Ch'all'Alma (pria d'ogni dolcezza piena)
Fa di tutto il piacere aperte prede;

E mouen

E mouendo i sospiri à chiamar voi
   (Lungi dal vostro puro aër' sereno)
   Sperai vinto dal sonno alta quiete:
Ma tosto vdij dirmi da voi : Se i tuoi
   Occhi son tristi e molli, i miei non meno,
   Così sempre per noi pianto si miete.

S O N E T T O.

Ardo d'un dolce fuoco, e quest' ardore
   Smorzar non cerco; anzi m'è caro tanto,
   Che lieto in mezo de le fiamme io canto
   Le vostre lodi e'l sopran vostre honore;
E chieggio in guiderdone al mio signore
   Che non mi dia cagion d'eterno pianto;
   Ma d'un istesso fuoco hoggi altrettanto
   Vi porga si ch'ogn'hor n'auuampi il cuore.
Amor seco ogni ben mai sempre apporta,
   Quando d'un par diso due Petti inuoglia:
   Ma s'un ne lascia, è morte atroce e ria:
Siatemi dunque voi sicura scorta:
   Suegliate homai questa grauosa spoglia,
   Ch'à voi consacrero la penna mia.

Auuenturosi fiori,
   Che così dolce seno,
   Che così care chiome in guardia haueste;
   Benedetto il sereno
   Aër' doue nasceste;
   E' que' mille colori
   Di cui natura in voi vaga si piacque:

232

Ben' fu dolce destino
Il vostro, e' quel mattino
Che si felice al morir' vostro nacque:
Vinchino hor' vostri odori
Gli odorosi Sabei, gli Arabi honori.

Dolce Luisa mia
Che tanto bella sete,
Quanto esser' vi volete: E' come il core
Hauete sculto amore, e cortesia:
Tal' ne gli occhi di lor' si scorge traccia:
Da queste dolci braccia
Da questi ardenti baci, anima bella,
Morte sola mi suella
Ne vnqua mai fra noi maggior' si sia
Paura e' gelosia.

Altra luce non veggio:
Altro sole, alma bella,
Fuor' che i vostri occhi santi
Non hò: e' questi hor' chieggio
Sol' per mia guida e' stella
Sempre come hor' sereni.
A voi beati amanti
Altra inuidia, altro zelo
Non haurò mai: se il cielo
Vuol' che io mia vita meni
In cosi fatta guisa
A i dolci raggi lor' dolce Luisa.

Estreines

Estreines, à Dame Louïze Labé.

Louïze est tant gracieuse & tant belle,
Louïze à tout est tant bien auenante,
Louïze ha l'œil de si viue estincelle,
Louïze ha face au corps tant conuenante,
De si beau port, si belle & si luisante,
Louïze ha voix que la Musique auoue,
Louïze ha main qui tant bien au lut ioue,
Louïze ha tant ce qu'en toutes on prise,
Que ie ne puis que Louïze ne loue,
Et si ne puis assez louer Louïze.

A D. L. L.

Ton lut hersoir encor se resentoit
De ta main douce, & gozier gracieus,
Et sous mes dois sans leur ayde chantoit:
Quand un Demon, ou sur moy enuieus,
Ou de mon bien se feingnant soucieus,
Me dit : c'est trop sus un lut pris plaisir.
N'aperçois tu un furieus desir
Cherchant autour de toy une cordelle,
Pour de ton cœur la Dame au lut saisir?
Et, ce disant, rompit ma chanterelle.

Epitre à ses amis, des gracieusetez
de D. L. L.

Que faites vous, mes compagnons,
Des cheres Muses chers mignons?
Au'ous encore en notre absence

i 3   *De*

134

De votre Magny souuenance?
Magny votre compagnon dous,
Qui ha souuenance de vous
Plus qu'assez, s'une Damoiselle
Sa douce maitresse nouuelle
Qui l'estreint d'une estroite Foy
Le laisse souuenir de soy.
Mais le Pouret qu'Amour tourmente
D'une chaleur trop vehemente,
En oubli le Pouret ha mis
Soymesme & ses meilleurs amis:
Et le Pouret à rien ne pense,
Et si n'a de rien souuenance,
Mais seulement il lui souuient
De la maitresse qui le tient,
Et rien sinon d'elle il ne pense
N'ayant que d'elle souuenance.
Et tout brulé du feu d'amours
Passe ainsi les nuits & les iours,
Sous le ioug d'une Damoiselle
Sa douce maitresse nouuelle,
Qui le fait ore esclaue sien,
Ataché d'un nouueau lien:
Qui le cœur de ce miserable
Brule d'un feu non secourable,
Si le secours soulacieux
Ne lui vient de ses mesmes yeus,
Qui premiers sa flamme alumerent,
Qui premier son cœur enflammerent,
Et par qui peut estre adouci

                                        L'amour

L'amoureux feu de son souci.
Mais ny le vin ny la viande,
Tant soit elle douce & friande,
Ne lui peuuent plus agreer.
Rien ne pourroit le recreer,
Non pas les gentilesses belles
De ces gentiles Damoiselles,
De qui la demeure lon met
Sur l'Heliconien sommet,
Qu'il auoit tousiours honorees,
Qu'il auoit tousiours adorees
Des son ieune aage nouuelet,
Encores enfant tendrelet.
Adieu donq Nynfes, adieu belles,
Adieu gentiles Damoiselles,
Adieu le Chœur Pegasien,
Adieu l'honneur Parnasien.
Venus la mignarde Deesse,
De Paphe la belle Princesse,
Et son petit fils Cupidon
Me maitrisent de leur brandon.
Vos chansons n'ont point de puissance
De me donner quelque allegeance
Aus tourmens qui tiennent mon cœur,
Genné d'une douce langueur
Ie n'ay que faire de vous, belles:
Adieu, gentiles Damoiselles:
Car ny pour voir des monceaus d'or
Assemblez dedens un tresor,
Ny pour voir flosloter le Rone,

Ny pour voir escouler la Sone,
Ny le gargouillant ruißelet,
Qui coulant d'un bruit doucelet,
A dormir, d'une douce enuie,
Sur la fresche riue conuie:
Ny par les ombreus arbrisseaus
Le dous ramage des oiseaus,
Ny violons, ny espinettes,
Ny les gaillardes chansonnettes,
Ny au chant des gaies chansons
Voir les garces & les garçons
Fraper en rond, sans qu'aucun erre,
D'un branle mesuré, la terre.
Ny tout celà qu'a de ioyeus
Le renouueau delicieus,
Ny de mon cher Giués (qui m'ayme
Comme ses yeus) le confort mesme.
Mon cher Giués, qui comme moy
Languit en amoureus émoy,
Ne peuuent flater la langueur
Qui tient genné mon poure cœur:
Bien que la mignarde maitreße,
Pour que ie languis en détreße,
Contre mon amoureus tourment
Ne s'endurciße fierement:
Et bien qu'ingrate ne soit celle,
Celle gentile damoiselle
Qui fait d'un regard bien humain,
Ardre cent feus dedens mon sein.
    Mais que sert toute la careße

Que ie reçoy de ma maitresse?
Et que me vaut passer les iours
En telle esperance d'amours,
Si les nuiz de mile ennuiz pleines
Rendent mes esperances veines?
Et les iours encor plein d'ennuiz,
Qu'absent de la belle ie suiz?
Quand ie meurs, absent de la belle,
Ou quand ie meurs present pres d'elle
N'osant montrer (o dur tourment!)
Comment ie l'ayme ardantement?

   Celui vraiment est miserable
Qu'amour, voire estant fauorable,
Rend de sa flame langoureus.
Chetif quiconque est amoureus,
Par qui si cher est estimee
Vne si legere fumee
D'un plaisir suiui de si pres
De tant d'ennuiz qui sont apres.
Si áy ie aussi cher estimee
Vne si legere fumee,

Des beautez de D. L. L.

Ou print l'enfant Amour le fin or qui dora
  En mile crespillons ta teste blondissante?
  En quel iardin print il la roze rougissante
  Qui le liz argenté de ton teint colora?
La douce grauité qui ton front honora,

138

Les deux rubis balais de ta bouche allechante,
Et les rais de cet œil qui doucement m'enchante
En quel lieu les print il quand il t'en decora?
D'ou print Amour encor ces filets & ces lesses
Ces hains & ces apasts que sans fin tu me dresses
Soit parlant ou riant ou guignant de tes yeus?
Il print d'Herme, de Cypre, & du sein de l'Aurore,
Des rayons du Soleil, & des Graces encore,
Ces atraits & ces dons, pour prendre hommes et Dieux.

XVII   A elle mesme.

O ma belle rebelle,
Las que tu m'es cruelle!
Ou quand d'un dous souzris
Larron de mes esprits,
Ou quand d'une parole
Si mignardement mole,
Ou quand d'un regard d'yeus
Traytrement gracieus,
Ou quand d'un petit geste
Non autre que celeste,
En amoureuse ardeur
Tu m'enflammes le cœur.
  O ma belle rebelle,
Las que tu m'es cruelle!
Quand la cuisante ardeur
Qui me brule le cœur,
Veut que ie te demande
A sa brulure grande
Vn rafrechissement

                                        D'un

D'un baiser seulement.

O ma belle rebelle,
Que tu serois cruelle!
Si d'un petit baiser
Ne voulois l'apaiser,
Au lieu d'alegement
Acroissant mon tourment.
Me puisse ie un iour, dure,
Vanger de cette iniure:
Mon petit maitre Amour
Te puisse outrer un iour,
Et pour moy langoureuse
Il te face amoureuse,
Comme il m'a langoureux
Pour toy fait amoureux.
Alors par ma vengeance
Tu auras connoissance
Que vaut d'un doux baiser
Vn Amant refuser.
Et si ie te le donne,
Ma gentile mignonne,
Quand plus fort le desir
En viendroit te saisir:
Lors apres ma vengeance,
Tu auras connoissance
Quel bien fait, d'un baiser
L'Amant ne refuser.

540

XVIII

Double Rondeau, à elle.

Estant nauré d'un dard secrettement.
Par Cupidon, & blessé à outrance,
Ie n'osois pas declairer mon tourment
Saisir de peur, delaissé d'esperance,
Mais celui seul, qui m'auoit fait l'ofense,
M'a asseuré, disant, que sans ofense
Ie pouuois bien mon ardeur deceler,
Ce que i'ay fait sans plus le receler,
   Estant nauré.

A une donq pourement asseuré,
Creingnant bien fort d'elle estre refusé,
Ay declairé du tout ma doleance:
Et sur mon mal hardiment excusé
Lui supliant me donner allegeance,
Ou autrement ie perdrois pacience
   Estant nauré.

Au mien propos ha si bien respondu
Celle que i'ay plus chere, que mon ame,
Et mon vouloir sagement entendu,
Que ie consens qu'il me soit donne blame
Si ie l'oublie : car elle m'a rendu
Le sens, l'esprit, l'honneur, le cœur & l'ame
   Estant nauré.

          Ode

Ode en faueur de D. Louïze Labé,
à son bon Signeur.
D. M.

Muses, filles de Iupiter,
  Il nous faut aquiter
  Vers ce docte & gentil Fumee,
  Qui contre le tems inhumain
  Tient vos meilleurs trets en sa main,
  Pour paranner sa renommee.

Ie lui dois, il me doit aussi:
  Et si i'ay ores du souci
  Pour faire mon payment plus dine,
  Ie le voy ores deuant moy
  En un aussi plaisant émoy
  Pour faire son Ode Latine.

Mais par ou commencerons nous?
  Dites le, Muses: car sans vous
  Ie ne fuis l'ignorante tourbe,
  Et sans vous ie ne peu chanter
  Chose, qui puisse contenter
  Le pere de la lyre courbe.

Quand celui qui iadis naquit
  Dens la tour d'erein, que conquit
  Iupiter d'une caute ruse,
  Vt trenché le chef qui muoit
  En rocher celui qu'il voyoit,
  ·Le chef hideus de la Meduse:

Aaon

Adonques par l'air s'en allant,
Monté sur un cheual volant,
Il portoit cette horrible teste:
Et ia desia voisin des Cieus
Il faisoit voir en mile lieus
La grandeur de cette conqueste.

Tandis du chef ainsi trenché
Estant freschement arraché,
Distiloit du sang goute à goute:
Qui soudein qu'en terre il estoit,
Des fleurs vermeilles enfantoit,
Qui changeoient la compagne toute,

Non en Serpent, non en ruisseau,
Non en Loup, & non en oiseau,
En pucelle, Satire ou Cyne:
Mais bien en pierre: faisant voir
Par un admirable pou noir
La vertu de leur origine.

Et c'est aussi pourquoy ie crois,
Que fendant l'air en mile endrois
Sur mile estrangeres campagnes,
A la fin en France il vola,
Ou du chef hideus s'escoula
Quelque sang entre ces montagnes:

Mesmement aupres de ce pont
Opposé viz à viz du mont,

Du mont orgueilleus de Foruiere:
En cet endroit ou ie te vois
Egaier meinte & meintefois
Entre l'une & l'autre riuiere.

Car deslors que fatalement
    Ien aprochay premierement,
    Ie vis des la premiere aproche
    Ie ne say quelle belle fleur:
    Qui soudein mesclauant le cœur
    Le fit changer en une roche.

Ie viz encor tout à lentour
    Mile petis freres d'Amour,
    Qui menoient mile douces guerres:
    Et mile creintifs amoureus
    Qui tous comme moy langoureus
    Auoient leurs cœurs changez en pierres.

Depuis estant ainsi rocher,
    Ie viz pres de moy aprocher
    Vne Meduse plus acorte
    Que celle dont s'arme Pallas,
    Qui changea iadis cet Atlas
    Qui le Ciel sur l'eschine porte.

Car elle ayant moins de beautez,
    De ces cheueus enserpentez
    Faisoit ces changemens estranges:
    Mais cetteci, d'un seul regard

De

344

De son œil doucement hagard
Fait mile plus heureus eschanges.

Celui qui voit son front si beau,
Voit un ciel, ainçois un tableau
De cristal, de glace, ou de verre:
Et qui voit son sourcil benin,
Voit le petit arc hebenin,
Dont Amour ses trets nous desserre.

Celui qui voit son teint vermeil,
Voit les roses qu'à son réueil
Phebus épanit & colore:
Et qui voit ces cheueus encor,
Voit dens Pactole le tresor
Dequoy ses sablons il redore.

Celui qui voit ses yeus iumeaus,
Voit au ciel deus heureus flambeaus,
Qui rendent la nuit plus cerene:
Et celui qui peut quelquefois
Escouter sa diuine voix
Entend celle d'une Sirene.

Celui qui fleure en la baisant
Son vent si dous & si plaisant,
Fleure l'odeur de la Sabee:
Et qui voit ses dens en riant
Voit des terres de l'Orient
Meinte perlette desrobee.

Celui

Celui qui contemple son sein
  Large, poli, profond & plein,
  De l'Amour contemple la gloire,
  Et voit son teton rondelet,
  Voit deus petis gazons de lait,
  Ou bien deus boulettes d'iuoire.

Celui qui voit sa belle main,
  Se peut asseurer tout soudein
  D'auoir vù celle de l'Aurore:
  Et qui voit ses piez si petis,
  S'asseure que ceus de Thetis
  Heureus il ha pù voir encore.

Quant à ce que l'acoutrement
  Cache, ce semble, expressement
  Pour mirer sur ce beau chef d'euure,
  Nul que l'Ami ne le voit point:
  Mais le grasselet embonpoint
  Du visage le nous descœuure.

Et voilà comment ie fuz pris
  Aus rets de l'enfant de Cypris,
  Esprouuant sa douce pointure:
  Et comme une Meduse fit,
  Par un dommageable proufit,
  Changer mon cœur en pierre dure.

Mais c'est au vray la rarité
  De sa grace & de sa beauté,
  Qui rauit ainsi les personnes:

k   Et

Et qui leur ôte cautement
La franchise & le sentiment,
Ainsi que faisoient les Gorgonnes.

Le Tems cette grand' fauls tenant
Se vêt de couleur azuree,
Pour nous montrer qu'en moissonnant
Les choses de plus de duree,
Il se gouuerne par les Cieus:
Et porte ainsi la barbe grise,
Pour faire voir qu'Hommes & Dieu
Ont de lui leur naissance prise.

Il assemble meinte couleur
Sur son azur, pource qu'il treine
Le plaisir apres la douleur
Et le repos apres la peine:
Montrant qu'il nous faut endurer
Le mal, pensant qu'il doit fin prendre,
Comme l'Amant doit esperer,
Et merci de sa Dame atendre.

Il porte sur son vétement,
Vn milier d'esles empennees,
Pour montrer comme vitement
Il s'en vole auec nos annees:
Et s'acompagne en tous ses faits
De cette gente Damoiselle,
Confessant que tous ses efets
N'ont grace ne vertu sans elle.

Elle s'apelle Ocasion

Qui

Qui chauue par derriere porte,
Sous une docte allusion,
Ses longs cheueus en cette sorte:
A fin d'enseigner à tous ceus
Qui la rencontrent d'auenture,
De ne se montrer paresseus
A la prendre à la cheuelure.

Car s'elle se tourne & s'en fuit,
En vain apres on se trauaille:
Sans espoir de fruit on la suit.
Le Tems ce dous loisir nous baille,
De pouuoir gayement ici
Dire & ouir meintes sornettes,
Et adoucir notre souci,
En contant de nos amourettes.

Le Tems encore quelquefois,
Admirant ta grace eternelle,
Chantera d'une belle voix
D'Auanson ta gloire eternelle:
Mais or' l'ocasion n'entend
Que plus long tems ie l'entretienne,
Creingnant perdre l'heur qui m'atend
Ou qu'autre masque ne suruienne.

MADRIGALE.

XX

Arse così per voi, Donna, il mio core
Il primo di ch'intento vi mirai,
Che certo mi pensai
Che nò potesse in me crescere piu ardore:
Ma in voi belta crescendo d'hor' in hora,

Cresc̀

148

Cresc' in me il fuoco ancora,
Il qual nò potra mai crescer' si pocco,
Ch' altro nò saro piu che fiamme e fuoco.

XXI   O D E.

Toute bonté abondante
   Aus gouuerneurs des saints Cieus,
   Vn, qui de main foudroyante
   Estonne mortels & Dieus,
   Ensemença ces bas lieus
   De diuersité d'atomes
   Formez de ce vertueus
   Surpassant celui des hommes.

Lesquels d'une destinee
   Sous quelque fatal heureus,
   Pour former une bien nee
   Furent ensemble amoureus:
   Et goutant le sauoureus,
   Lequel ou l'Amour termine,
   Ou le rend plus doucereus,
   La font voir chose diuine.

Mesmement si familiere
   A la troupe des neuf Seurs,
   Qu'elle l'ont pour leur lumiere
   Fait lampeger en leurs chœurs:
   Là receuant les honneurs
   De ceus, qu'on n'a laissé boire
   Aus sourses & cours donneurs
   De perpetuelle gloire.

                                 Elle

Elle le fait aparoitre
   Au docte de ses escriz,
   Qu'on voit iournellement naitre,
   Et deuancer les esprits,
   Qui auoient gaigné le pris
   D'estre mieus luʒ en notre aage.
   O feminin entrepris
   De l'immortalité gage!

Qui une flame amoureuse,
   Qui mieus les passionnez,
   Et de veine plus heureuse
   Discerne les aptes nez,
   Et à l'Amour fortunez,
   De ceus, lesquels à outrance
   Seront tousiours mal menez,
   Et repuʒ d'une esperance?

Qui de langue plus diserte
   Fait le Musagete orer
   Contre l'eloquence experte
   Du Dieu, qui peut atirer
   Par le caut de son parler
   L'erreur à la vraye trace?
   Qui pres d'eus peut sommeiller,
   Comme elle, sur le Parnasse?

Donq que sur ses temples vole
   Ce vert entortillonné
   Pris de la ramure mole
   De la fuyarde Daphné,

                    k 3   Et

150

Et doctement façonné
Pour orner la fleur de celle,
Qui fortit, le coup donné
En armes, de la ceruelle,

XXII

Sonnet à D. L. L. par A. F. R.

Si de ceus qui ne t'ont connue, qu'en lifant
   Tes Odes & Sonnets, Louïze, & honoree:
   Si ta voix de ton lut argentin temperee,
   D'arrester les passans est moyen sufsant:
Et si souuent des yeus d'un seul rayon luisant
   Ont meinte ame en prison pour t'adorer serree:
   Tu te peus bien de moy tenir toute asseuree.
   Car si iamais ton œil sus un cœur fut puissant,
Il ha esté sur moy, & fait meinte grand' playe:
   Telle grace à chanter, baller, sonner te suit,
   Qu'à rompre ton lien ou fuir ie n'essaye.
Tant tes vers amoureus t'ont donné los & bruit,
   Qu'heureus me sens t'auoir non le premier aymee,
   Mais prisé ton sauoir auant la renommee.

XXIII

A Dame Louîze Labé, Lionnoize, la
comparant aus Cieus.

Sept feus on voit au Ciel, lesquels ainsi
   Sont tous en toy meslez ensemblement.
   Phebé est blanche : & tu es blanche aussi.
   Mercure est docte : & toy pareillement.
Venus tousiours belle : semblablement
   Belle tousiours à mes yeus tu te montre.
   Tout de fin or est le chef du Soleil:
   Le tien au sien ie voy du tout pareil.
   Mars est puissant : mais il creint ta rencontre.

                                  Iupiter

Iupiter tient les Cieus en sa puissance:
 Ta grand' beauté tient tout en son pouuoir.
 Saturne au Ciel ha la plus haute essence:
 Tu as aussi la douce iouissance
 Du plus haut heur qu'autre pourroit auoir.
Donq qui veut voir les grans dons, que les Dieus
 Ont mis en toy, qu'il contemple les Cieus.

   Des louenges de Dame Louïze Labé,   XXIV
     Lionnoize.

Il ne faut point que i'apelle
 Les hauts Dieus à mon secours,
 Ou bien la bande pucelle
 Pour m'ayder en mon discours.
 Puis que les Dieus, de leur grace,
 Les saintes Muses, les Cieus
 Ont tant illustré la face,
 Le corps, l'esprit curieus
 De celle, dont i'apareille
 La louenge nompareille,
 Ie congnoy bien clerement
 Que toute essence diuine
 Me fauorise, & s'encline
 A ce beau commencement.

Sus sus donq, blanche senestre,
 Fay tes resonans effors:
 Et toy, ô mignarde destre,
 Chatouille ses dous acors:
 Chantons la face angelique,
 Chantons le beau chef doré,
 Si beau, que le Dieu Delphique

      k 4   D'un

D'un plus beau n'est decoré.
Noublions en notre metre
Comme elle osa s'entremettre
D'armer ses membres mignars:
Montrant au haut de sa teste
Vne espouuentable creste
Sur tous les autres soudars.

O noble, ô diuin chef d'euure
Des Dieux hauteins tous puissans,
Au moins meintenant descœuure
Tes yeux tous resiouissans,
Pour voir ma Muse animee,
Qui de sa robuste main
Haussera ta renommee,
Trop mieux que ce vieil Rommain,
Qui sa demeure ancienne,
La terre Saturnienne
Delaissa pour ta beauté,
A fin qu'à toy rigoureuse
Il fut hostie piteuse
En sa ferme loyauté.

La Muse docte diuine
Du vieillard audacieux,
Par le vague s'achemine
Pour t'enleuer iusqu'aus Cieux:
Mais la Parque naturelle
Dens les Iberiens chams,
Courut desemplumer l'aile
De ses pleurs, & de ses chams:

                              Ennoyant

Ennoyant en fa vieilleffe,
Mal feant en ta ieuneffe,
Son corps, au tombeau ombreux:
Et fon ame enamouree
En l'obfcure demouree
Des Royaumes tenebreux.

Dieux des voutes eftoilees,
    Qui en perdurable tour
    Retiennent emmantelees
    Les terres, tout à l'entour:
    Permetez moy que ie vine
    Des ans le cours naturel,
    A fin qu'à mon gré i'efcrine
    En un ounrage eternel,
    De cette noble Deeffe
    La beauté enchanteresse,
    Ce qu'elle ha bien merité:
    Et qu'en fa gloire immortelle,
    On voye esbahie en elle
    Toute la pofterité.

Ainfi que Semiramide,
    Qui feingnant eftre l'enfant
    De fon mari, print la guide
    Du Royaume trionfant,
    Puis démantant la Nature,
    Et le fexe feminin
    Hazarda à l'auenture
    Son corps iadis tant benin,
    Courant furieufe en armes

k 5   Parmi

154

Parmi les Mores gendarmes,
Et es Indiques dangers
De sa rude simeterre
Renuersant dessus la terre
Les escadrons estrangers.

Ainsi qu'es Alpes cornues
(Qui, soit Hiuer soit Esté,
Ont tousiours couuert de nues
Le front au Ciel aresté)
On voit la superbe teste
D'un roc de * pins emplumé,
Rauie par la tempeste
De son corps acoutumé,
En roullant par son orage
Froisser tout le labourage,
Des Beufs les apres trauaus,
Ne laissant rien en sa voye
Qu'en pieces elle n'enuoye,
Cherchant les profondes vaux:

Ou comme Penthasilee,
Qui pour son ami Hector
Combatoit entremeslee
Par les Grecs, aus cheueus d'or,
Ores de sa roide lance
Enferrant l'un au trauers,
Or du branc en violance
Trebuchant l'autre à l'enuers:
Et ainsi que ces pucelles
Qui l'une de leurs mammelles

Phorese pour
fins.

Se

Se bruloient pour s'adestrer
Aus combas & entreprises
Aus bons guerroyeurs requises,
Pour l'ennemi rencontrer:

Louïze ainsi furieuse
En laissant les habiz mols
Des femmes, & enuieuse
De bruit, par les Espagnols
Souuent courut, en grand' noise,
Et meint assaut leur donna,
Quand la ieunesse Françoise
Parpignan enuironna.
Là sa force elle desploye,
Là de sa lance elle ploye
Le plus hardi assaillant:
Et braue dessus la celle
Ne demontroit rien en elle
Que d'un cheualier vaillant.

Ores la forte guerriere
Tournoit son destrier en rond:
Ores en une carriere
Essayoit s'il estoit pront:
Branlant en flots son panache,
Soit quand elle se iouoit
D'une pique, ou d'une hache,
Chacun Prince la louoit:
Puis ayant à la senestre
L'espee ceinte, à la destre
La dague, enrichies d'or,

En s'en allant toute armée
Ell' sembloit parmi l'armée
Vn Achile, ou un Hector.

L'orgueilleus fils de Clymene
Nous peut bien auoir apris
Qu'il ne faut par gloire vaine
Qu'un grand trein soit entrepris.
L'entreprise qui est faite
Sans le bon conseil des Dieux
N'a point, ainsi qu'on souhaite,
Son dernier efet ioyeus:
Ainsi cette belliqueuse
Ne fut iamais orguilleuse:
Telle au camp elle n'alla:
Ains ce fut à la priere
De Venus, sa douce mere,
Qui un soir lui en parla.

Vn peu plus haut que la plaine,
Ou le Rone impetueus
Embrasse la Sone humeine
De ses grans bras tortueus,
De la mignonne pucelle
Le plaisant iardin estoit,
D'une grace & façon telle
Que tout autre il surmontoit:
En regardant la merueille
De la beauté nompareille
Dont tout il estoit armé,
Celui bien on l'ust pù dire

Du

Du iuste Roy de Corcyre
En pommes tant renommé.

A l'entree on voyoit d'herbes,
Et de thin verflorissant,
Les lis & croissans superbes
De notre Prince puissant:
Et tout autour de la plante
De petis ramelets vers
De marioleine flairante
Estoient plantez ces six vers:

DV TRESNOBLE ROY DE FRANCE
LE CROISSANT NEVVE ACROISSANCE
DE IOVR EN IOVR REPRENDRA,
IVSQVES A TANT QVE SES CORNES
IOINTES SANS AVCVNES BORNES
EN VN PLEIN ROND IL RENDRA.

Tout autour estoient des treilles
Faites auec un tel art,
Qu'aucun n'ust su sans merueilles
Là espandre son regard:
La voute en estoit sacree
Au Dieu en Inde inuoqué,
Car elle estoit acoutree
Du sep au raisin musqué:
Les coulomnes bien polies
Estoient autour enrichies
De Romarins & rosiers,
Lesquels faciles à tordre
S'entrelassoient en bel ordre

En mile neus fais d'osiers.

Au milieu pour faire ombrage
   Estoient meints arceaus couuers
   De Coudriers, & d'un bocage
   Fait de cent arbres diuers:
   Là l'Oliue palissante
   Qu'Athene tant reclama,
   Et la branche verdissante
   Qu'Apolon iadis ayma:
   Là l'Arbre droit de Cibelle,
   Et le ceruerin rebelle
   Au plaisir venerien:
   Auec l'obscure ramee
   Par Phebe iadis formee
   Du corps Cyparissien.

Sous cette douce verdure,
   Soit en la gaye saison,
   Ou quand la triste froidure
   Nous renferme en la maison,
   Tarins, Rossignols, Linotes
   Et autres oiseaus des bois
   Exercent en gayes notes
   Les dous iargons de leurs voix:
   Et la vefue tourterelle
   Y pleint & pleure à par elle
   Son amoureus tout le iour:
   De sa parole enrouee
   A pleints & à pleurs vouee
   Effroyant l'air tout autour.

Et

Et à fin qu'a beauté telle
    Rien manquer on ne puſt voir,
  De la beauté naturelle
    Qu'un beau iardin peut auoir,
  Il y ut une fonteine,
    Dont l'eau coulant contre val
  En ſautant hors de ſa veine
    Sembloit au plus cler criſtal:
  Elle ne fut point ornee,
    Ny autour enuironnee
  De beaus mirtes Cipriens,
    Ny de buis, ny d'aucun arbre,
  Ny de ce precieus marbre
    Qu'on taille es monts Pariens:

Mais elle eſtoit tapiſſee
    Tout l'enuiron de ſes bors,
  Ou ſon onde courroucee
    Murmuroit ſes dous acors,
  D'herbe touſiours verdoyante,
    Peinte de diuerſes fleurs,
  Qui en l'eau douſondoyante
    Meſloient leurs belles couleurs.
  Qui uſt regardé la teſte
    D'un Narciſſe qui s'arreſte
  Tout panchant le col ſur l'eau,
    On uſt dit que ſon courage
  Contemploit encor l'image
    Qui trop & trop lui fut beau.

Auſſi par cette verdure

Eſtoit

Estoit le iaune Souci,
Qui encor la peine dure
De ses feus n'a adouci:
Ains touiours se vire et tourne
Vers son Ami qu'il veut voir,
Soit au matin, qu'il aiourne,
Ou quand il est pres du soir.
Là aussi estoient Brunettes,
Mastis, damas, violettes
Ça & là sans nul compas:
Auec la fleur, en laquelle
Hiacinte renouuelle
Son nom apres son trespas.

Le ruisseau de cette sourse
A par soy s'ebanoyant,
D'une foible & lente course
Deça dela tournoyant
Faisoit une protraiture
Du lieu ou fut renfermé
Le monstre contre nature
En Pasiphae formé:
Puis son onde entrelassee,
De longues erreurs lassee,
Par un beau pré s'espandoit:
Ou maugré toute froidure
Vne plaisante verdure
Eternelle elle rendoit.

Titan laissant sa campagne
Peu à peu sous nous couloit,

Et

Et dens la tiede eau' d'Espagne
Son char il desateloit:
Quand en ce lieu de plaisance
Louïse estoit pour un soir,
Qui cherchant resiouïssance
Pres la font se vint assoir:
Elle ayant assez du pouce
Taté l'harmonie douce
De son lut, sentant le son
Bien d'acord, d'une voix franche
Iointe au bruit de sa main blanche,
Elle dit cette chanson:

La forte Tritonienne,
  Fille du Dieu Candien,
  Et la vierge Ortygienne,
  Seur du beau Dieu Cynthien,
  Sont les deus seules Deesses
  Ou i'ay mis tout mon desir,
  Et que ie sù pour maitresses
  Des mon enfance choisir.
  Si Venus m'a rendu belle,
  Et toute semblable qu'elle,
  Auec sa diuinité,
  Que pourtant elle ne pense,
  Qu'en un seul endroit i'ofense
  Ma chaste virginité.

La pucelle Lionnoize
  Fredonnant meints tons diuers,
  Au son plein de douce noise,

l   N'us

262

N'ut deux fois chanté ces vers,
Qu'un sommeil de course lente
Descendant parmi les Cieux,
Finit sa voix excellente
Et son ieu melodieux.
Sur la verdure espandue
Tout doux il l'a estendue,
Flatant ses membres dispos:
Dessus ses yeux il se pose,
Et tout son corps il arrose
D'un tresgracieux repos.

En dormant tout deuant elle
Sa mere se presenta,
En son beau visage telle
Qu'alors qu'elle s'acointa
D'Anchise, pres du riuage
Du Simoent Phrygien:
Dont naquit le preux courage
Qui au champ Hesperien
Renouuella la memoire,
Et la trionfante gloire
Du sang Troyen abatu,
Qui deuoit en rude guerre
Tout le grand rond de la Terre
Conquerir par sa vertu.

Ell' regarde par merueille
Son visage nompareil,
Son haut front, sa ronde oreille,
Son teint freschement vermeil,

Le vif

Le vif coral de sa bouche,
Ses sourcis tant gracieus,
Que doucement elle touche
Pour voir les rais de ses yeus:
Non sans contempler encore
Celle beauté qui decore
La rondeur de son tetin,
Qui ni plus ni moins soupire
Qu'au printems le dous Zephire
Alenant l'air du matin.

Apres que la Cyprienne
Vt son regard contenté,
Voyant de la fille sienne
La plus qu'humeine beauté,
Esbahie en son courage
De sa grand' perfeccion,
Elle augmenta dauantage
Vers ell' son afeccion:
Puis toute gaye & ioyeuse,
D'une voix tresgracieuse,
Pour descouurir son souci,
Tenant les vermeilles roses
De sa bouche un peu descloses
Elle parola ainsi:

Les Dieus n'ont voulu permettre
Aus vains pansers des mortels,
Que d'eus ils se pussent mettre
A fin : bien que leurs autels
Soient tous couuers de fumee,

164

Ou pour gaigner leur faueur,
Ou pour leur ire animee
Faire tourner en douceur,
Tous les yeus pas ils n'entendent
Qui dauant leurs yeus se rendent:
Ains les ont à nonchaloir.
Veu ni priere qu'on face
N'y sont rien, si de leur grace
Ils n'ont un mesme vouloir.

Que penses tu fille chere,
Penses tu bien resister
Contre les dars de ton frere
S'il lui plait t'en molester?
Il sçet domter tout le monde
De son arc audacieus:
L'Ocean, la Terre ronde,
L'Air, les Enfers, & les Cieus.
Onq fille n'ut la puissance
De lui faire resistance,
Et ses fiers coups soutenir:
Mais ie te veus faire entendre
Pourquoy i'ay voulu descendre
Du Ciel, pour à toy venir.

Les hommes, pleins d'ignorance,
Citoyens de ces bas lieus,
Te pensent de leur semence,
Et non de celle des Dieus:
Mais par trop ils se deçoiuent
(Bien qu'ils le tiennent pour seur)

Et

Et assez il n'aperçoiuent
De ta beauté la grandeur.
Qui diroit, voyant ta face,
Que tu fusses de la race
D'un homme simple & mortel?
La Terre sale & immunde,
Ne sauroit aus yeus du monde
De soy produire riens tel.

Tout ainsi la beauté rare
D'Heleine, chacun pensoit
Engendree de Tyndare:
Car on ne la connoissoit.
Toutefois si estoit elle
Fille du Dieu haut tonnant,
Qui sa maison supernelle,
Le haut Ciel, abandonnant,
Atourné d'un blanc plumage,
Semblant l'Oiseau qui presage,
En chantant, sa proche mort,
En Lede fille de Theste
De sa semence celeste,
La conçut par son effort,

Auecques deus vaillans freres,
Dont l'un alaigre escrimeur
Domta les menasses fieres,
Et la trop ápre rigueur
Du cruel Roy de Bebrice,
Acoutumé d'outrager,
Et meurtrir par sa malice

166

Chacun soudart estranger:
L'autre de hardi courage,
Inuenta premier l'usage
De ioindre au char le coursier:
Ou il se roula grand' erre,
Effroyant toute la terre
Des deus ronds bornez d'acier.

Ainsi, bien qu'on ne te donne
L'honneur d'estre de mon sang,
Et du fier Dieu qui ordonne
Les puissans soudars en rang,
Si m'est ce chose asseuree,
Que de Gradiue le fort
En moy tu fus engendree,
Ioingnant le gracieus bord,
Ou la Sone toute quoye
Fait une paisible voye
S'en allant fendre Lion:
Dens lequel on voit encore
Vn mont, ou lon me decore,
Qui retient de moy son nom.

*le mont de Four-
uiere ancienne-
ment apelé Io-
uis Veneris.*

Le lieu ou tu fus conçue
Ne fut vile ny chateau,
Ains une forest tissue
De meint plaisant arbrisseau,
Dont ie veus (en témoignage
De ta race) te pouruoir,
Ainsi que d'un heritage
Que ie tiens en mon pouuoir.

Là

Là autour font meintes plaines,
Efquelles les blondes graines
De Ceres pourras cueillir,
Et la liqueur qui agree
A Bachus, & meinte pree
Ou l'herbe ne peut faillir.

Là außi font meints bocages
Deça delà efpandus,
Ou en tout tems les ramages
Des Oifeaus font entendus.
Par fois tu y pourras tendre
Le ret rare, à ton defir,
Et quelque gibier y prendre
Pour acroitre ton plaifir:
Ou t'exerçant à la chaffe
Tu pourfuiuras à la trace
Les Lieures fuians de peur,
De chiens autour toute armee,
Vagans deffous la ramee
Se guidans à la fenteur.

Et fi par trop tu te peines
En trop violent effort,
De meintes cleres fonteines
Tu pourras auoir confort:
L'eau fortante de leur fourfe
Tes membres refrefchira,
Et la murmurante courfe
A fon bruit t'endormira:
Apres chargee de proye,

168

Tu te pourras mettre en voye
Pour à ton chateau tourner,
Qu'en brief batir ie veus faire,
Sufisant pour te complaire
S'il te plait y seiourner.

Sur tout (fille) ie t'auise,
Que d'un cœur tant odieus
Ton frere tu ne mesprise,
C'est le plus puissant des Dieus.
En ta beauté excellente
Meint homme il rendra transi,
Mais sa main ne sera lente
A te tourmenter aussi.
Prens bien à ce propos garde,
Car ia desia il te darde
Son tret âpre & rigoureus:
Dont il t'abatra par terre,
Rendant d'un homme de guerre
Ton tendre cœur amoureus.

En ce il prendra bien vengeance
Du bon Poëte Rommain,
Auquel sans nulle allegeance
Ton cœur est trop inhumein.
Bien prendra à ta ieunesse
Auoir apris à soufrir
Des durs harnois la rudesse,
Et à meint trauail s'ofrir:
Souuent seras rencontree
Depuis la tarde vespree

Iusqu'au

Iusqu'au point du prochein iour,
Parmi les bois languissante,
Et tendrement gemissante
La grand' cruauté d'Amour.

Alors pour estre asseuree
Point en femme tu n'iras,
Ains d'une lance paree
Cheualier tu te diras.
Ia en ton harnois brauante
Ie te regarde assaillir
Meint cheualier, qui se vante
Hors de l'arçon te saillir:
Puis dextrement aprestee,
Ayant ta lance arrestee
Le desarçonner en bas,
Lui tout froissé, à grand' peine
Leuer son ame incerteine,
Chancelant à chacun pas.

A si grans trauaus ton frere
Durement te contreindra,
Iusqu'à ce qu'à la premiere
Liberté il te rendra:
Alors laissant les alarmes,
Et les hazars perilleus,
Tu rueras ius les armes,
Et le courage orguilleus,
Dont tu soulois mettre en terre
Meint vaillant homme de guerre
Renuersé sous son escu,

Qui

Qui repentant en sa face,
De sa premiere menasse
Tout haut se crioit vaincu.

Donq laissant dague & espee
Ton habit tu reprendras,
A plus dous ieus ocupee
Ton dous lut tu retendras:
Et lors meints nobles Poëtes,
Pleins de celestes esprits,
Diront tes graces parfaites
En leurs tresdoctes escriz:
Marot, Moulin, la Fonteine,
Auec la Muse hauteine
De ce Sceue audacieus,
Dont la tonnante parole,
Qui dens les Astres carole,
Semble un contrefoudre es Cieus.

Toutefois leur fantasie
Ton loz point tant ne dira,
Comme d'un la Poësie,
Qui de l'onde sortira
Du petit Clan, dont la riue
Priuee de flots irez,
Ha en tout tems l'herbe viue
Autour des bors retirez.
De cil la Muse nouuelle
Rendra ta grace immortelle:
Du Ciel il est ordonné
Qu'à lui le bruit de la gloire

De

De t'auoir mise en memoire,
Entierement soit donné.

Qu'à ton cœur tousiours agree
Du Poëte le labeur:
Son escriture est sacree
A tout immortel bonheur.
Ayant qui ton loz escriue,
Mourir ne peus nullement:
Ainsi Laure, ainsi Oliue
Viuent eternellement.
Vn Bouchet en façon telle,
Met en memoire immortelle
De son Ange le beau nom:
Sacrant l'Angelique face,
Sa beauté, sa bonne grace,
Au temple du saint renom.

A tant la Deesse belle
Mit fin à son dous parler:
Son chariot elle atelle
Toute preste à s'en voler:
Les mignonnes colombelles
Par le vague doucement
Esbranlent leurs blanches esles
D'un paisible mouuement.
Louïze estant esueillee
Resta toute esmerueillee
De la sainte vision:
Ignorante si son songe
Est verité ou mensonge,

872

Ou quelque autre illusion.

Son corps droit, sa bonne grace,
 Son dur teton, ses beaux yeux,
 Les diuins traits de sa face,
 Son port, son ris gracieux,
 Le front serein, la main belle,
 Le sein comme albastre blanc
 Montrent euidemment qu'elle
 Sortit du Ciprien flanc.
 Puis sa vaillance & prouesse,
 Son courage, son adresse,
 Et la force du bras sien
 De grand heur acompagnee,
 La montrent de la lignee
 Du Gradiue Thracien.

Mais d'autre part, sa doctrine,
 Sa sagesse, son sauoir,
 La pensee aus arts encline
 Autant qu'autre onq put auoir.
 Les vers doctes qu'elle acorde,
 En les chantant de sa voix,
 A l'harmonieuse corde,
 Fretillante sous ses doits:
 Et la chasteté fidelle,
 Qui tousiours est auec elle,
 Nous rendent quasi tous seurs
 Qu'elle ut la naissance sienne
 De la couple Cynthienne,
 Ou de l'une des neuf seurs.

      Toutefois

Toutefois il nous faut croire
  Ce que nous disent les Dieux,
  Qui par la nuitee noire
  Se montrent au, dormans yeux.
  Ainsi Hector à Enee
  En un songe s'aparut,
  Et la sienne destinee
  En songe il lui discourut.
  Souuent la future chose
  Du sain esprit qui repose
  Est preuuë de bien loin:
  Ce songe presque incroyable,
  Qui apres fut veritable,
  En pourra estre témoin.

Mais il est tems douce Lire
  Que tu cesse tes acors.
  Si assez tu n'as pù dire,
  Si as tu fait tes effors.
  Celle harpe Methimnoise,
  Qui peut la mer esmouuoir,
  N'ut la Ninfe Lionnoize
  Chanté selon son deuoir:
  Non pas toute la Musique
  De celle bende Lirique
  Qui (long tems ha) florissoit
  En la Grece: qui meint Prince,
  Meint païs, meinte Prouince,
  De son chant resiouissoit.

F I N.

FAVTES A CORRIGER
en l'impreſsion.

Page 33. lig. 7. lis plait, pour pleint
Page 67. lig. 15. lis fait, pour ſay
Page 102. lig. 16. lis Tous ſes voiſins
Page 141. lig. 5. lis Il nous faut ores aquiter

Acheué d'imprimer ce 12. Aouſt,
M. D. LV.

Le Priuilege du Roy.

HENRI par la grace de Dieu Roy de France. *A notre Preuot de Paris, & Seneschal de Lionnois, ou leurs Lieutenans, & à chacun d'eus si comme à lui apartiendra, Salut & dileccion. Reçue auons l'humble suplicacion de notre chere & bien aymee Louïze Labé, Lionnoize, contenāt qu'elle auroit des long tems composé quelque Dialogue de Folie & d'Amour: ensemble plusieurs Sonnets, Odes & Epitres, qu'aucuns ses Amis auroient souztraits, & iceus encores non parfaits, publiez en diuers endroits. Et doutant qu'aucuns ne les vousissent faire imprimer en cette sorte, elle les ayant reuuz & corrigez à loisir les mettroit volontiers en lumiere, à fin de suprimer les premiers exemplaires: mais elle doute que les Imprimeurs ne se vousissent charger de la despense sans estre asseurez qu'autres puis apres n'entreprendront sur leur labeur. POVRCE EST IL: que nous inclinant liberalement à la requeste de ladite supliante, lui auons de notre grace speciale donné Priuilege, congé, licence & permißion de pouuoir faire imprimer sesdites Euures cy dessus mencionnees, par tel Imprimeur que bon lui semblera. Auec inhibicions & defenses à tous Libraires, Imprimeurs & tous autres qu'il apartiendra, de non imprimer ne faire imprimer, vendre ne faire vendre & distribuer ledit Liure cy dessus declairé, sans le vouloir & consentement de ladite supliante, & de celui à qui premierement elle en aura donné la charge, dens le tems de cinq*

de cinq ans conſecutifs, faits & acompliſ : commençans
au iour & date que ledit liure ſera acheué d'imprimer,
ſans qu'il ſoit libre à autres Imprimeurs ou Libraires, &
autres perſonnes quels qu'ils ſoient, & pour quelque im-
preßion que ce ſoit : ſoit grande ou petite forme, les pouuoir imprimer ou faire imprimer, & expoſer en vente,
ſinon de ceus que ladite ſupliante aura fait ou fera faire
imprimer, que leſdis cinq ans ne ſoient expirez, finiz &
acompliſ. Et ce, ſur peine de confiſcacion deſdis Liures, &
d'amende arbitraire. De ce faire vous auons donné pouuoir & mandement ſpecial par ces preſentes. Mandons
& commandons à tous nos Iuſticiers, Officiers & ſugets,
que à vous ce faiſant ſoit obeï : car tel eſt notre plaiſir.
Donné à Fonteinebleau le X I I I iour de Mars, L'an de
grace mile cinq cens cinquantequatre. Et de notre regne
le V I I I.

Par le Roy en ſon conſeil.

Rob...art.

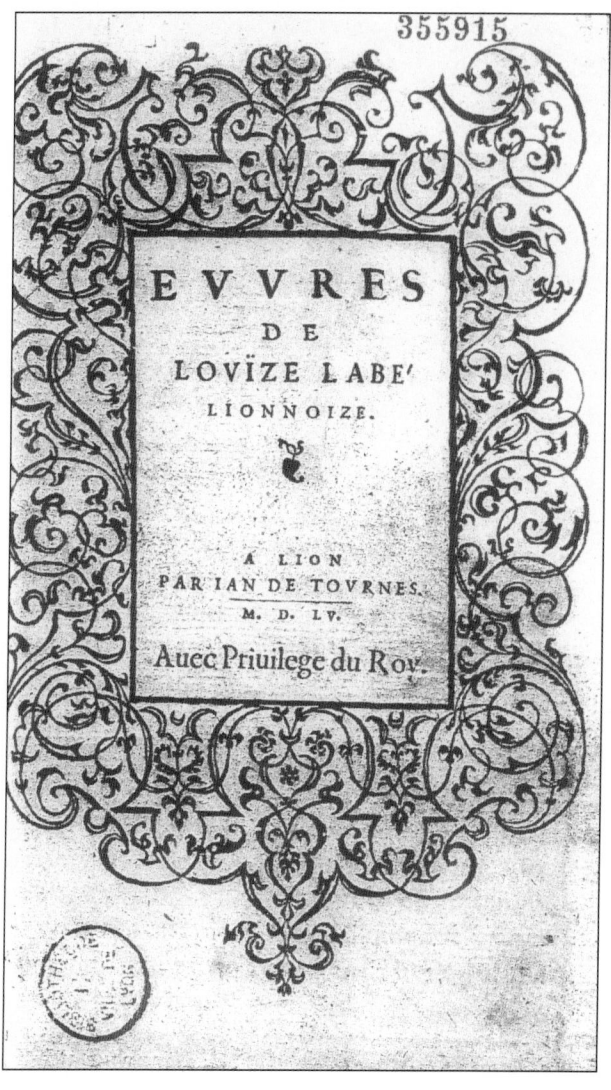

EVVRES

DE

LOVÏZE LABE'

LIONNOIZE.

A LION
PAR IAN DE TOVRNES.
M. D. LV.

Auec Priuilege du Roy.

A. M. C. D. B.

STANT le temps venu, Madamoiselle, que les seueres loix des hommes n'empeschent plus les femmes de s'apliquer aus sciences & disciplines : il me semble que celles qui ont la commodité, doiuent employer cette honneste liberté que notre sexe ha autrefois tant desiree, à icelles aprendre: & montrer aus hômes le tort qu'ils nous faisoient en nous priuant du bien & de l'honneur qui nous en pouuoit venir : Et si quelcune paruient en tel degré, que de pouuoir mettre ses concepcions par escrit, le faire songneusement & non dédaigner la gloire, & s'en parer pluftot que de chaines, anneaus, & somptueus habits : lesquels ne pouuons vrayement estimer notres, que par vsage. Mais l'honneur que la science nous procu-

a 2   rera,

rera entierement notre ! & ne nous
aura pas ôté, ne par finesse de larron, ne
par ennemis, ne longueur du temps. Car
ayant esté tant fauorisee des Cieus, que d'a-
voir l'esprit grand assez pour comprendre ce
que il ha ù enuie, ie seruirois en cet endroit
tant d'exemple que d'amonicion. Mais ayãt
passé partie de ma ieunesse à l'exercice de la
Musique, & ce qui m'a resté de tems l'ayant
trouué court pour la rudesse de mon entendement, & ne pouuant de moymesme satisfaire au bon vouloir que ie porte à notre sexe, de le voir non en beauté seulement, mais
en science & vertu passer ou égaler les hommes : ie ne puis faire autre chose que prier
les vertueuses Dames d'esleuer vn peu leurs
esprits par dessus leurs quenoilles & fuseaus,
& s'employer à faire entendre au monde
que si nous ne sommes faites pour commander, si ne deuons nous estre desdaignees pour
compagnes tant es afaires domestiques que
publiques, de ceus qui gouuernent & se font
obéir. Et outre la reputacion que notre sexe
en receura nous aurons valù au publiq, que
les hommes mettront plus de peine & d'e-
stude aus sciences vertueuses, de peur qu'ils
n'ayent

n'ayent honte voir preceder les Dames fur
quelles ils ont pretendu eſtre touiours ſupe-
rieurs quaſi en tout. Pour ce, nous faiſons armer l'une l'autre à ſi louable entrepriſe pour
laquelle ne deuez eſlongner ny diſtraire
votre eſprit, ià de pluſieurs & diuerſes idées
acompagné : ny vôtre ieuneſſe, & autres faueurs de fortune, pour aſſerir cet honneur
que les lettres & ſciences ont acoutumé porter aus perſonnes qui les ſuyuent. S'il y ha
quelque choſe recommandable apres la gloire & l'honneur, le plaiſir que l'eſtude des lettres ha acoutumé doner nous y doit chacune inciter : qui eſt autre que les autres re-
creations : deſquelles quand on en ha pris
tant que lon veut, on ne ſe peut vanter d'autre choſe que d'auoir paſſé le tems. Mais
celle de l'eſtude laiſſe vn contentement de
ſoy, qui nous demeure plus longuement.
Car le paſſé nous reſiouit, & ſert plus que le
preſent:mais les plaiſirs des ſentimens ſe per-
dent:incontinent, & ne reuiennent iamais,
& en eſt quelquefois la memoire autant fa-
cheuſe, côme les actes ont eſté delectables.
Dauantage les autres voluptez ſont telles,
que quelque ſouuenir qui en vienne, ſi ne

a 3   nous

nous voulons remettre en telle difpoſicion
que jà nous eſtions : & quelque imaginacion
qui vienne nous imprimions en la teſte , ſi
ne faſſons nous bien que ce n'eſt qu'une
imaginacion paſſé qui nous abuſe & trompe.
Mais quand il auient que mettons par eſcrit
nos concepcions , combien que puis apres
notre cerueau coure par vne infinité d'afaires & inceſſamment remue, ſi eſt ce que long
tems apres reprenans nos eſcrits , nous reue-
nons au meſme point, & à la meſme diſpoſi-
cion ou nous eſtions. Lors nous redouble
notre aiſe:car nous retrouuons le plaiſir paſſé
qu'auons ù ou en la matiere dont eſcriuions ,
ou en intelligéce des ſciences ou lors eſtiõs
adonnez. Et outre ce, le iugement que font
nos ſecondes concepcions des premieres ,
nous rend vn ſingulier contentement. Ces
deus biens qui prouiennent d'eſcrite vous y
doiuent inciter , eſtant aſſeuree que le premier ne faudra d'acõpagner vos eſcrits,cõm-
me il fait tous vos autres actes & façons de
viure. Le ſecond ſera en vous de le prendre,
ou ne l'auoir point : ainſi que ce dont vous
eſcrirez vous contentera. Quant à moy tant
en eſcriuant premierement ces ieuneſſes que
en les

en les reuoyant depuis, ie n'y cherchois autre chofe qu'un hôneſte paſſetems & moyen
de fuir oiſiueté : & n'auois point intencion
que perſonne que moy les duſt iamais voir.
Mais depuis que quelcuns de mes amis ont
trouué moyen de les lire ſans que i'en ſuſſe
rien, & que (ainſi comme aiſément nous
croyons ceus qui nous louent) ils m'ont fait
à croire que les deuois mettre en lumiere:ie
ne les ay oſé eſconduire, les menaſſant ce
pendant de leur faire boire la moitié de la
honte qui en prouiendroit. Et pource que
les femmes ne ſe montrent volontiers en publiq ſeules,ie vous ay choiſie pour me ſeruir
de guide,vous dediant ce petit euure,que ne
vous enuoye à autre fin que pour vous acer-
tener du bon vouloir lequel de long tems ie
vous porte, & vous inciter & faire venir enuie en voyant ce mien euure rude & mal
bati, d'en mettre en lumiere vn autre qui
ſoit mieus limé & de meilleure grace.
Dieu vous maintienne en ſanté.
De Lion ce 24. Iuillet
1555.
Votre humble amie Louïze Labé.

2 4

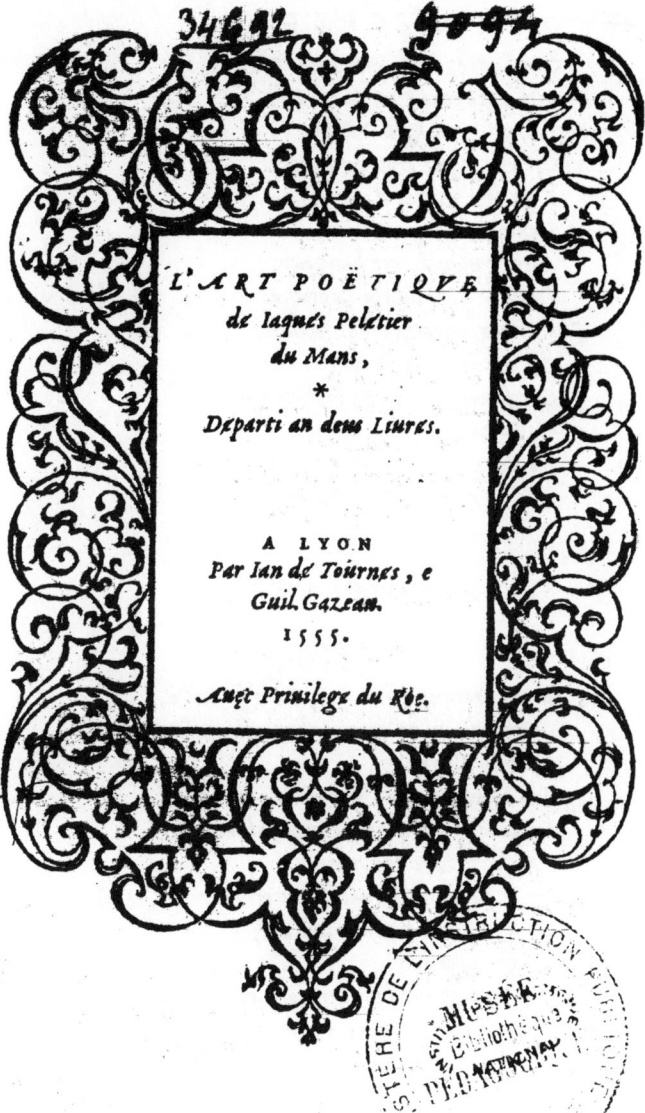

L'ART POËTIQVE
de Iaques Peletier
du Mans,

*

Departi an deus Liures.

A LYON
Par Ian de Tournes, e
Guil. Gazeau.
1555.

Auęc Priuilege du Roę.

Auſſi m'ęt toujours ſouuenù,
An quel conte tu m'as tenù.
Męs, Carles, ne lęſſe vielhir
    Cet eſprit par trop de paręce:
    E ne ſoęs ingrat d'akeulhir
    La neuueine qui te caręce.
    Sachęs uſer de cet honneur,
    Dont le Ciel t'a ete donneur.
Quand noz ancętres ſont fameus,
    C'ęt un onereus heritage:
    Car ſi nous ne fęſons comme eus,
    C'ęt a notre deſauantage.
    Sus donq, montre par hauz eſęz,
    Que tu ęs fort pour plus grand fęs.

        A Louiſe Labe, Lionnoęſe,

            O D E.

Mon eur voulut qu'un jour Lion je viſſe,
    Afin qu'a plein mon deſir j'aſſouuiſſe,
    Altere du ręnom.
    I'è vu le lieu ou l'impetueus Róne,
    Dedans ſon ſein prenant la calme Sóne,
    Lui fęt perdre ſon nom.
I'è vù le ſiege ou le marchant etale
    Sa ſoęe fine e perle oriantale,
    E laborieus or:
    I'è vù l'ecrin, dont les Roęs qui conduiſęt
    Leur grand' armęe, a leur beſoin epuiſęt
    Vn infini treſor.

                                    I'è

I'è contamplè le total edifice,
  Que la nature auequès l'artifice
  A` clos e ammurè.
  I'è vù le plom imprimant meint volume
  D'un brief labeur, qui souz les trez de plume
  V't si long tans durè.
I'è vù an fin Damoesēlzs e Damēs,
  Plēsir des yeus e passion des amēs,
  Aus visagēs tant beaus:
  Mes j'an è viu sus toutes autres l'une,
  Resplandissant comme de nuit la Lune
  Sus les moindres flambeaus.
E bien qu'el' soèt an tel nombre si bēle,
  La beaute ēt le moins qui soèt an ēle:
  Car le sauoer qu'ēle à,
  E le parler qui soeuēmant distile,
  Si viuēmant anime d'un dous stile,
  Sont trop plus que cēla.
Sus donq, mes vers, louèz cete Louïse:
  Soïez, ma plume, a la louèr soumise,
  Puis qu'ēle à meritè,
  Maugre le tans fuitif, d'ētre mēnee
  Dessus le vol de la Fame ampannee
  A l'immortalite.

Le Desespere.

O la mal'heure ou je fu nè!
  O que je suis infortune!
  Ie me san odieus
  Aus hommēs e aus Dieus.

INDEX NOMINUM

TABLE DES ILLUSTRATIONS

TABLE DES MATIÈRES

Mise en pages :
Atelier Perrin – CH-2014 Bôle

Impression :
Imprimerie Slatkine
CH – 1279 Chavannes-de-Bogie

Décembre 2005